13430

ABREGÉ
DE LA
PHILOSOPHIE
DE
GASSENDI

Par F. BERNIER Docteur en Medecine, de la Faculté de Montpelier.

SECONDE EDITION
Reveüe, & augmentée par l'Autheur.

TOME VII.

A LYON
Chez ANISSON, POSUEL & RIGAUD.

M. DC. LXXXIV.
AVEC PRIVILEGE DU ROY.

TABLE DES LIVRES ET CHAPITRES

Contenus dans ce Tome.

LA MORALE.

De la Morale en general, page 1

LIVRE PREMIER.

De la Felicité.

Chap. I. Ce que c'est que Felicité, 7
Divers Sentimens sur les Causes

TABLE.

Efficientes de la Felicité, 11

Quelques Chefs dont l'Examen, & la Meditation font beaucoup pour la Felicité, & le repos de l'Esprit, 19

CHAP. II. *Quelle est la Volupté qu'Epicure veut estre la fin de la Vie-heureuse,* 66

En quoy Epicure, & Aristipe different, 89

L'estat, & la joye du Sage selon Epicure, 95

Que les douleurs, & les voluptez de l'Esprit sont plus grandes que celles du Corps, 97

En quoy Epicure differe des Stoïciens, 104

Que les Vertus selon Epicure se rapportent à la Volupté comme la fin de la Vie heureuse, 106

CHAP. III. *En quoy consiste la Vie heureuse,* 119

Si toute Volupté est de soy un bien, 120

Si l'Opinion des Stoïciens à l'egard

TABLE

du Bien, & du Mal est soûtenable, 128

Du premier Bien que la Nature a en veüe, 135

Que le bien Utile se rapporte à la Volupté, 143

Que le Bien Honneste se rapporte à la Volupté, 146

Si le Desir de l'Honneur est blasmable, 152

CHAP. IV. Quel Bien la Vertu Morale produit, 156

De l'Amour propre, 174

De la fausse Vertu, & fausse Felicité de Regulus, 179

CHAP. V. Que le seul Sage embrasse la Vertu Morale, 191

De la Tranquillité d'Esprit en particulier, 202

De la Vie, & de la Felicité Active, 209

Si la Felicité Contemplative est preferable à la Felicité Active, 215

TABLE.

De l'Indolence en particulier, 219

Chap. VI. *Que de Bien, & de Vertu il y a à se sçavoir passer de peu,* 233

Peinture des Diogenes des Indes, 270

LIVRE II.

Des Vertus.

Chap. I. Des Vertus en general, 273

En quel sens la Vertu est dite se tenir au Milieu, ou consister dans la Mediocrité, 278

De l'Apatie des Stoïciens, 284

De la Connexion mutuelle des Vertus, 293

Division generale de la Vertu, 299

Chap. II. *De la Prudence en ge-*

TABLE

neral, 303
Des Devoirs ou Offices generaux de la Prudence, 307
Des Dispositions ou Qualitez necessaires pour l'execution des Devoirs de la Prudence, 310

CHAP. III. De la Prudence Privée, 316
Des Devoirs de la Prudence Privée, 319
Qu'il est dangereux de rien entreprendre contre son inclination naturelle, 327

CHAP. IV. De la Prudence Economique, 334
De la Prudence Nuptiale, & de ses Devoirs, 338
De la Prudence Paternelle, & de ses Devoirs, 342
De la Prudence Herile, ou Magistrale, & de ses Devoirs, 346
De la Prudence Possessoire, & de ses Devoirs, 348

CHAP. V. De la Prudence Politi-

TABLE.

que, ou Civile, 357
L'Origine de la Puissance Souveraine des Anciens, 358
Si la Domination Monarchique est la meilleure, 367
Des Devoirs du Souverain en general, 368
Des Consequences importantes du Mien, & du Tien, 380
Des Devoirs du Souverain qui regardent le temps de la Paix, 385
Des Devoirs du Souverain qui regardent le temps de la Guerre, 393
Si le Sage se doit mesler dans les Affaires publiques, 401
CHAP. VI. De la Force, 407
Des Especes de la Force, 418
Si les maux preveus sont moins d'effet, 423
De la maniere dont il faut supporter les maux externes, & publics, 427

TABLE.

Des maux externes, & particuliers, & premierement de l'Exil, 431
De la Prison, 435
De la Servitude, 437
De l'Infamie, ou Ignominie, 440
De la Perte des Enfans, & des Amis, 443
De la Perte des Biens, 446
De la Douleur & de la Mort, 449

CHAP. VII. De la Temperance, 452
De la Pudeur, & de l'Honnesteté, 454
De la Sobrieté, & de la Chasteté en general, 457
De la Sobrieté en particulier, 463
De la Chasteté en particulier, 468
De la Mansuetude, 476
De la Clemence, 481
De la Misericorde, 483

TABLE.

De la Modestie, & de l'Humilité, 486

CHAP. VIII. *De la Iustice, du Droit, & des Loix,* 495

Du Talion, 499

De la Iustice en general selon Epicure, 505

Du Droit, ou du Iuste d'ou la Iustice prend son nom, 508

De l'Origine du Droit, & de la Iustice, 512

Entre qui le Droit, & la Iustice a lieu, 515

Que c'est avec beaucoup de raison qu'on observe la Iustice, 530

Si l'on peut faire du dommage à un homme sans luy faire injure, 538

CHAP. IX. *Des Vertus qui accompagnent la Iustice, asçavoir la Religion, la Pieté, l'Observance, l'Amitié, la Beneficence, la Liberalité, la Gratitude, & premierement de la Religion,* 541

TABLE.

De la Pieté, 557
De l'Observance, 565
De l'Amitié, 568
De la Beneficence, & de la Liberalité, 580
De la Gratitude, 585

LIVRE III.

De la Liberté, de la Fortune, du Destin, & de la Divination.

CHAP. I. *Ce que c'est que Liberté, ou Libre-Arbitre,* 593
CHAP. II. *Ce que c'est que la Fortune, & le Destin,* 625
Du Destin, 631
CHAP. III. *Comment le Destin peut estre concilié ou accordé avec la Fortune, & la Liberté,* 649

TABLE.

CHAP. IV. *De la Divination, ou du Preſſentiment des choſes futures purement fortuites,* 673
Des Demons ſelon les Anciens, 680
Des Oracles, 711

ABREGE'

ABREGÉ DE LA PHILOSOPHIE DE GASSENDI.

LA MORALE.

DE LA MORALE en general.

Tous les Hommes naturellement desirent d'estre heureux, & tout ce qu'ils font tend à pouvoir vivre heureusement ; tant il est vray que la Felicité, ou la Vie heureuse est le but, & la fin derniere de tous nos souhaits, & de toutes nos actions. Cependant comme on voit quantité de personnes à qui rien ne manque de tout ce qui est necessaire pour les usages de la Vie, qui ont des biens en abondance, qui sont elevez aux honneurs, & aux dignitez, qui ont des Enfans bien faits, & bien nez, en un mot, qui possedent tout ce qui semble ordinairement pouvoir faire un homme heureux; comme on en voit, dis-je, plusieurs qui se trouvent avoir tout ces avantages, & qui ne laissent pas pour cela de mener une vie miserable, chagrine, & inquiete, accablée de soins, & de soucis, & troublée par de continuelles terreurs; les Sages ont enfin reconnu que l'origine du mal venoit, de ce qu'ignorant ce qui fait la vraye Felicité, en quoy elle consiste, & quelle est cette fin derniere qu'un chacun se doit proposer dans toutes ses actions, on se laisse aveuglement aller à ses Passions, & on abandonne l'honnesteté, la Vertu, & les bonnes mœurs, sans quoy il est impossible de vivre heureux: C'est pourquoy ils se font attachez à enseigner en quoy consiste cette vraye Felicité, & à inventer des Preceptes utiles à reprimer les Passions qui seroient capables de la troubler; & c'est cet amas de Preceptes, de Reflections, & de Raisonnemens qu'ils ont nommé *l'Art de la Vie*, ou *l'Art de passer heureusement la vie*, & qu'ils ont generalement appellé *la Morale*, comme estant une Doctrine qui regarde *les mœurs*, c'est à dire les actions coûtumieres ou habituelles de la Vie.

Or tout cecy doit d'abord faire comprendre que cette Partie de la Philosophie n'est pas purement Speculative, ou qu'elle ne s'areste simplement pas à considerer son Objet, mais qu'elle passe à l'Action, & qu'elle est, comme on parle ordinairement, Active, ou Pratique, en ce qu'elle dirige effectivement les Mœurs, & qu'elle tend à les bien former, & à les rendre bonnes, & honnestes; de façon qu'a cet egard elle peut estre definie *la Science*, ou si l'on ne veut pas se servir du mot de Science, *l'Art de bien faire* : Ie dis si l'on ne veut pas; car qu'elle doive estre appellée Art, ou Science, c'est une pure question de nom, qui depend de la maniere dont on veut prendre ces deux termes & qui par consequent ne merite pas que nous-nous y arrestions.

Nous remarquerons plutost que Democrite, Epicure, & plusieurs autres ont tant eu d'estime pour la Philosophie Morale, qu'ils ont cru que la Physique ne devoit estre cultivée qu'en ce qu'estant utile à nous delivrer de certaines erreurs, & de certaines inquietudes d'Esprit qui sont capables de troubler le repos, & la tranquillité de la Vie, elle sert consequemment à la Morale, ou à la fin de la Morale, qui est de vivre heureusement, & sans inquietude. Pour ne dire point que les Auditeurs de Socrate Aristipe, & Anthistene, les Cyrenaiciens, & les Cyniques banirent entierement la Physique, & s'attacherent uniquement à la Morale, recherchant avec Socrate ce qui peut faire le bien, ou le mal des Familles, le repos, ou le trouble de la Vie.

Quid siet in domibus fortasse malumvè,
bonumvè.

Nous remarquerons aussi en passant, qu'encore que Socrate soit renommé pour estre l'Inventeur de la Philosophie Morale, cela ne doit neanmoins s'entendre que d'une culture considerable, & renouvellée, & non pas de l'Invention premiere & originaire; car il est constant que Pythagore avant luy l'avoit fort cultivée, & l'on sçait qu'il soutenoit entre-autres choses, *que le discours du Philosophe qui ne guerit l'Esprit d'aucune Passion est vain & inutile; demesme que la Medecine qui ne chasse point les maladies du corps est de nul usage:* Il est mesme indubitable que les Sages de Grece, qui estoient un peu plus anciens que Pythagore, ne furent appellez Sages, que parcequ'ils s'appliquoient particulierement à l'etude de la Sagesse Morale; ce qui fait encore presentement que leurs celebres Sentences qui regardent les mœurs sont dans la bouche de tout le monde: Ajoûtez que si l'on veut remonter jusques aux temps Heroiques, l'on trouvera que ce fut par cette mesme etude de la Morale qu'Orphée detourna les hommes de leur premiere Vie barbare, & sauvage, d'où vient qu'on dit de luy qu'il adoucissoit les Tygres, & les Lions. *Moribus, & fœdo victu deterruit Orpheus*

*Dictus obid lenire Tigres, rabidosq; Leones,
Dictus & Amphion, &c.*

Enfin l'on sçait que ce fut cette mesme Sagesse Morale qui autrefois distingua les biens publics des biens particuliers, & les choses prophanes des Sacrées; qui defendit le vague,& indifferent concubinage; qui etablit le droit,& l'authorité des Maris; qui fit bastir des Villes, & qui fit graver les Loix de la Societé sur des Tables de bois.

——*Fuit hac Sapientia quondam
Publica privatis secernere, Sacra profanis,
Cōcubitu prohibere vago, dare jura maritis,
Oppida moliri, Leges incidere ligno.*

Neanmoins il faut demeurer d'acord qu'à l'egard de la Morale nous sommes fort redevables à Socrate,& que depuis qu'il s'est appliqué à cette Science, elle a esté fort amplifiée,& donnée ou mise par ecrit beaucoup plus au long, & en meilleur ordre que par le passé; car nous sçavons que les Auditeurs de ce grand homme, Platon, & Xenophon en ont laissé de beaux & excellens monumens, & que ceux qui sont venus ensuite comme Aristote, & les Stoiciens, l'ont traittée bien plus amplement,& plus regulierement.

LIVRE I.
DE LA FELICITÉ.

CHAPITRE I.
Ce que c'est que Felicité.

ENCORE que la Felicité soit proprement la jouïssance mesme du souverain Bien, & consequemment l'estat le meilleur qui se puisse desirer; neanmoins parce que cet estat de jouïssance comprend le souverain Bien, cela a fait qu'elle a esté elle mesme appellée le souverain Bien. On l'appelle aussi le souverain des Biens, le dernier des Biens, la fin des [fins], & la Fin par excellence, acause [que t]outes choses sont de telle maniere [desiré]es pour elle, ou pour l'amour [d'elle], qu'elle est en dernier lieu desirée pour elle-mesme; Aristote nous enseignant *que dans les choses desirables il* faut qu'il y en ait une derniere pour n'aller pas à l'infini ; mais faisons d'abord deux Remarques importantes.

La premiere, qu'il n'est pas ici question de cette Felicité dont les Sacrez Docteurs traittent particulierement lors qu'ils enseignent combien heureux est celuy qui aidé des secours surnaturels, s'attache purement au Culte de Dieu, & qui plein de Foy, d'Esperance, & de Charité, vit du reste doucement, & tranquillement ; nous ne traitterons que de celle qui peut estre dite Naturelle, comme pouvant estre acquise par les forces de la Nature, & qui est telle que les Philosophes n'ont pas desesperé de la pouvoir obtenir.

La seconde Remarque est, que par cette Felicité naturelle dont il est icy question, l'on n'entend pas un estat qui soit tel qu'on n'en puisse point imaginer un meilleur, un plus doux, un plus desirable, dans lequel il n'y ait aucun mal qu'on craigne, aucun bien [qu'on] ne possede, rien qu'on vueille [...] qu'on n'en ait le pouvoir, & qu[i] soit ferme, constant, & assuré ; l'on entend un certain estat dans lequel on soit autant bien qu'il est possible, dans lequel il y ait des biens neceſſaires beaucoup, de quelque mal que ce ſoit tres peu, & dans lequel on puiſſe par conſequent paſſer la vie doucement, tranquillement, & conſtamment, autant que l'eſtat du Pays, la ſocieté civile, le genre de vie, la conſtitution du corps, l'âge, & les autres circonſtances le peuvent permettre : Car du reſte, de ſe promettre, ou d'affecter durant le cours de noſtre vie cette autre Felicité ſupreme, c'eſt ne reconnoître pas, ou avoir oublié qu'on eſt homme, c'eſt à dire un Animal foible & debile, & qui par la condition de ſa nature eſt ſujet à une infinité de maux, & de miſeres.

Et c'eſt en ce ſens-là que nous diſons que le Sage, quoy que tourmenté de cruelles douleurs, ne laiſſe pas d'eſtre heureux, non pas de cette Felicité parfaite, & ſouveraine, mais de cette Felicité humaine qui eſt toujours dans le Sage autant grande que le temps le peut permettre ; en ce que le Sage n'aigriſſant pas ſes malheurs par ſon impatience, & par le deſeſpoir, mais les adouciſſant plutoſt par ſa conſtance, il eſt plus heureux, ou pour mieux dire, moins malheureux que s'il succomboit à la maniere de ceux qui en pareil cas ne les supportent pas avec la mesme vertu, & la mesme constance, & qui d'ailleurs n'ont pas comme luy les secours que la Sagesse fournit, tel qu'est au moins une vie innocente, & une conscience sans reproche, ce qui est toujours d'une merveilleuse consolation.

C'est pourquoy l'on ne doit point user de cette espece de raillerie, & nous dire *Qu'il est donc indifferent au Sage de brusler dans le Taureau de Phalaris, ou de se reposer doucement sur les Roses.* Car il est des choses, comme le feu, & les tourmens dont il souhaiteroit d'estre exempt, & qu'il aimeroit beaucoup mieux n'estre point que d'être, ou d'en ressentir l'atteinte, mais quand elles arrivent, il les considere comme des maux inevitables, & il les soufre constamment; de façon qu'il peut dire, *uror, sed invictus,* je brûle, il est vray, & je patis, je soupire mesme quelquefois, & laisse couler des larmes, mais je ne succombe pas pour cela, je ne suis pas pour cela vaincu, & je ne me laisse pas aller à un lâche desespoir, ce qui rendroit l'estat où il est beaucoup plus miserable.

Divers sentimens sur les Causes Efficientes de la Felicité.

CE qu'il faut encore icy remarquer dés le commencement, c'est que les causes efficientes de la Felicité n'estant autres que les Biens de l'Esprit, du Corps, & de la Fortune, quelques Philosophes estiment souverainement ceux-là, quelques uns ceux-cy, & quelques uns les comprenent tous. A l'egard de ceux qui recommandent principalement les biens de l'Esprit, Anaxagore demande pour la Felicité *la contemplation des choses, & conjointement cette espece de liberté qui naist des belles connoissances*; Posidonius *la contemplation, & avec cela l'empire sur la partie irraisonnable*; Herillus generalement, & simplement *la Science*; Apollodorus, & Lycus generalement *les plaisirs de l'Esprit*; Leucinus *les plaisirs qui reuienent des choses honnestes*; les Stoïciens, Zenon, Cleanthes, Aristus, & les autres, *la Vertu*; d'où vient que ce dernier poussoit la chose jusques là dire que *possedant la Vertu, il n'importoit pas qu'on fust sain ou malade*, tous les autres soûtenant d'ailleurs d'une commune voix, *que vivre heureusement n'estoit autre chose que vivre vertueusement*, ou, comme ils disoient, *selon la Nature.*

Pour ce qui est de ceux qui preferent les biens du Corps, & qui pour n'avoir principalement en veuë que la Volupté sensuelle, furent nommez les Voluptueux, *Voluptuarii Philosophi*, nous serons obligez d'en parler ensuite lorsque nous les comparerons avec Epicure ; il suffira de remarquer ici en passant qu'ils ont eu Aristipe pour leur Coriphée, & avec luy les Cyrenaiciens dont nous parlerons aussi dans la suite, & que les Anniceriens qui descendent des Cyrenaiciens, ne regardoient à aucune fin determinée de toute la vie, mais au plaisir particulier de chaque action particuliere de quelque nature qu'elle pût estre.

Entre ceux enfin qui donnent le prix aux biens de la Fortune, il s'en trouve veritablement beaucoup du commun du peuple, lorsqu'ils regardent avec une avidité extraordinaire les uns les richesses, les autres les honneurs, les autres autre chose ; mais entre les Philosophes on ne cite que ceux qui à ces sortes de biens externes joignent ceux de l'Esprit, & du Corps ; car c'est ce qui a donné sujet à toutes ces belles descriptions de la Felicité que les Poëtes ont tirées des divers sentimens des Philosophes, telle qu'est celle-cy qui avec la Vertu demande de la bonne Fortune.

Virtus colenda; Sors petenda à Diis bona.
Hæc quippè duo cui suppetunt, is vivere
Et vir beatus, & bonus simul potest.

Cette autre qui demande qu'on ait de la santé, un bon naturel, des richesses acquises sans fraude, & enfin qu'on passe doucement la vie avec ses Amis.

Fragili Viro optima res bene valere ;
Atque indolem bonam esse sortitum ;
Tum & possidere opes dolo haud partas ;
Tandem & cum Amicis exigere vitam.

Et celle de Martial qui demande ainsi plusieurs autres choses, comme d'avoir des biens de Patrimoine, & qui ne coustent point de peine à acquerir, de n'avoir jamais de procez, & de n'entrer que rarement dans les charges publiques, d'avoir l'Esprit tranquille, le Corps sain, une Simplicité accompagnée de prudence & des Amis d'egale condition, une Femme qui ne soit pas laide, mais qui cependant ait de la pudeur, un sommeil qui fasse les nuits courtes, ne vouloir estre que ce que l'on est, ne craindre, ni ne souhaiter son dernier jour.

Vitam quæ faciunt beatiorem,
Iucundissime Martialis, hæc sunt ;
Res non parta labore, sed relicta ;
Lis nunquam, toga rara, mens quieta ;
Vires ingenuæ, salubre corpus ;
Prudens simplicitas ; pares Amici ;
Non tristis thorus, attamen pudicus ;
Somnus qui faciat breves tenebras ;
Quod sis, esse velis, nihilque malis ;
Summum nec metuas diem, nec optes.

Surquoy l'on pourroit remarquer Premierement, que plusieurs se trompent souvent, comme dit Horace apres Aristote, dans la recherche de la Felicité, la faisant consister dans des choses qui leur manquent, & qu'ils admirent dans les autres, comme les Ignorans dans la Science, les Pauvres dans les Richesses, les Malades dans la Santé ; ce qu'Horace exprime si bien dans ses Satyres à l'egard du Marchand, du Soldat, & du Laboureur, dont l'un

De la Felicité. 15
admire, & envie la fortune de l'autre.
O fortunati Mercatores! gravis annis
Miles ait, multo jam fractus membra
labore.
Contrà Mercator, navim iactantibus
Auſtris
Militia eſt potior! ——
Agricolam laudat iuris, legúmque peritus,
Sub Galli cantū Conſultor ubi oſtia pulſat.
Ille datis vadibus qui rure extractus in
Vrbem eſt,
Solos felices viventes clamat in Vrbe.

Secondement, que ne rien Admirer, comme dit encore Horace apres Ariſtote, eſt preſque la ſeule & unique choſe qui puiſſe faire un Homme heureux, & l'entretenir dans ſa felicité.

Nil admirari prope res eſt una, Numici,
Soláq; quæ poſſit facere, & ſervare beatū.

Et defait, cela marque non ſeulement la tranquillité à laquelle eſt parvenu celuy qui ayant reconnu la vanité des choſes humaines, n'admire, ni n'affecte, ou plutoſt meſpriſe cet eclat de puiſſance, d'honneurs, & de richeſſes qui ebloüit d'ordinaire les yeux des Hommes, mais cela marque meſme auſſi cette autre eſpece de tranquillité que s'est acquise celuy qui estant parvenu à la connoissance des Causes Naturelles, ne s'etonne, ne craint, & ne s'epouvante plus comme le vulgaire.

Felix qui potuit rerum cognoscere Causas,
Ille metus omnes, & inexorabile fatum
Subiecit pedibus, strepitúmque Acheruntis avari!

Troisiemement, que ce doux Loisir ou repos tant vanté qui se trouve dans la Solitude, & hors de l'embaras des affaires du Monde, contribuë beaucoup pour la Felicité. Car il ne faut pas, dit specialement Democrite, que celuy qui aspire au vray bonheur de la vie, qui consiste principalement dans la tranquillité de l'Esprit, s'embarasse dans beaucoup d'affaires soit privées, soit publiques; & l'on sçait que l'Oracle estima le grand Roy Gyges bien moins heureux que ce vieillard Aglaus Psophidius, qui dans un coin de l'Arcadie cultivoit un petit lieu d'ou il tiroit largement les choses necessaires à la vie, & qui n'estant jamais sorty de ce petit coin de terre, passoit là doucement la vie sans ambition, & sans avoir senty le moindre de ces maux dont la plufpart des Hommes sont tourmentez.

DE LA FELICITÉ. 17

C'est ce doux repos qu'Horace a tant recommandé dans la loüange qu'il fait de la vie rustique, lors qu'il dit que celuy-là est heureux, lequel n'estant point chargé de debtes, s'applique simplement, comme faisoient les premiers Hommes, à labourer sa terre paternelle, sans connoitre ni la Guerre, ni la Mer, ni le Barreau, ni les Maisons des Grands.

Beatus ille, qui procul negotiis,
Vt prisca gens mortalium,
Paterna rura bobus exercet suis
Solutus omni fœnore.
Neque excitatur classico miles truci,
Neque horret iratum mare;
Forúmque vitat, & superba Civium
Potentiorum limina.

Et c'est ce que Virgile nous a aussi voulu exprimer quand il s'ecrie, O trop heureux Laboureurs si vous connoissiez vostre bonheur! Heureux qui loin du bruit des armes vivez contens & satisfaits des fruits dont la terre recompense vos justes travaux! Si vos maisons ne regorgét pas d'une foule de gens qui tous les matins vous vienent dôner le bonjour; au moins rien n'empesche que menant une vie innocente, une vie qui est preferable à toutes les richesses du Monde, vous ne dormiez doucement & sans inquietude à l'ombre de vos bois, & ne joüissiez d'une tranquillité d'Esprit constante, ferme, & assurée.

O fortunatos nimiùm, sua si bona norint,
Agricolas, quibus ipsa procul discordi-
bus armis
Fundit humo facilem victum iustissima
Tellus!
Si non ingentē foribus domus alta superbis
Manè salutantū totis vomit ædibus undā,
At secura quies, & nescia fallere vita,
Dives opum variarum; at latis otia fundis,
Speluncæ, vivique lacus; at frigida Tempe
Mugitúsque boum, mollésque sub arbore
somni
Non absunt, ——

Pour ce qui est d'Epicure, nous dirons plus au long ensuite, comme il fait consister la felicité dans l'Indolence du Corps, & dans la Tranquillité de l'Esprit, soutenant en mesme temps, & enseignant que les causes efficientes de cette felicité ne sont ni les vins, ni les mets delicieux, ni autres choses semblables, *mais une Raison, qui estant saine, droite, eclairée, & accompagnée* des vertus dont elle est inseparable, considere, & examine les causes, & les motifs qui portent à suivre, ou à fuir quelque chose ; C'est pourquoy dans le dessein qu'il a de traiter ensuite de la felicité, il exhorte sur tout à bien penser aux choses qui font la felicité, & parce qu'entre ces choses le principal est que l'Esprit soit degagé de certaines Opinions erronées, & qui engendrent de continuels troubles, & de vaines terreurs, il touche premierement certains Chefs qu'il croit estre de telle importance, qu'estant bien examinez ils mettent l'Esprit en repos, & luy donnent une vraye & solide felicité.

Quelques Chefs dont l'Examen, & la Meditation font beaucoup pour la Felicité, & le repos de l'Esprit.

LE Premier Chef regarde *la connoissance, & la crainte de Dieu*: Et ce n'est pas certes sans raison que ce Philosophe veut que nous commencions par les idées qui se doivent prendre de ce Souverain Estre; parceque celuy qui est dans les vrays sentimens qu'on en doit avoir, se trouve tellement epris d'amour pour luy, & s'etudie de telle maniere à luy plaire, qu'il s'attache uniquement à l'Honnesteté, & à la Vertu, se confiant d'ailleurs dans sa bonté infinie, esperant tout de luy, comme estant la Source de tout bien, & passant ainsi sa Vie doucement, tranquillement, agreablement : Nous ne nous arresterons pas icy à demontrer l'existence de cet Estre, puis que nous l'avons deja fait ailleurs; mais nous remarquerons simplement qu'encore qu'Epicure en donne quelques notions fort justes, & fort raisonnables, il en donne aussi quelques-unes qui ne sont pas supportables aux Ames pieuses, quoy qu'il interprete à sa maniere quels sont ceux qui doivent estre censez Impies. Car de croire que Dieu existe, comme Lucrece luy fait avouer dans ces beaux Vers.

Omnis enim per se Divûm natura necess'st
Immortali avo summa cum pace fruatur,
Semota à nostris rebus, seiunctáque longè,
Nam privata dolore omni, privata periclis,
Ipsa suis pollens opibus, nihil indiga nostri,
Nec bene promeritis capitur, nec tangitur
irâ, &c.

De croire, dis-je, un Souverain Estre

qui existe de toute Eternité, & que ce soit une Nature immortelle, heureuse, riche d'elle mesme, ou qui n'ait point besoin de nous, qui n'ait rien à craindre de quoy que ce soit, & qui ne soit sujette ni à la douleur, ni à la colere, ni aux autres Passions, ce sont des veritez incontestables, & des sentimens qu'on ne sçauroit trop louer principalement dans un Philosophe Payen; mais de vouloir oster la Providence, comme ces mesmes Vers semblent le marquer, ou de la croire incompatible avec la souveraine Felicité, de façon que Dieu n'ait aucun soin particulier des hommes, & que les gens de bien n'ayent rien à esperer de sa Bonté, ni les méchans rien à craindre de sa Iustice, c'est enfin ce que la raison & la vraye & legitime Pieté ne soufriront jamais.

Le second chef regarde *la Mort*. Car comme la Mort, selon l'observation qu'en a fait Aristote, est estimée de tous les maux le plus horrible, en ce que personne n'en est exempt, & qu'elle est inevitable, Epicure pretend qu'on doit s'accoûtumer à y penser, afin d'apprendre par là à se defaire autant qu'il est possible de ces terreurs qui pourroient troubler la tranquillité, & par consequent la felicité de la vie; & c'est pour cela qu'il tasche de persuader que bien loin qu'elle soit le plus horrible de tous les maux, elle n'est pas mesme un mal, voicy son raisonnement. *La Mort*, dit-il, *ne nous regarde point, & ne doit par consequent point estre censée un mal à nostre egard; parce que tout ce qui nous regarde est accompagné de quelque sentiment, & la mort est la privation du sentiment.* Il ajoûte avec Anaxagore, *que comme avant que d'avoir receu le sentiment, il n'a point esté facheux de ne point sentir; ainsi apres l'avoir perdu, il ne nous sera pas facheux de ne le point avoir; & demesme que lors que nous dormons, nous ne sommes point faschez de ne veiller pas, ainsi lorsque nous sommes morts nous ne sommes point faschez de ne vivre pas.* Il dit consequemment avec Arcesilas, *que la Mort qu'on dit estre un mal, a cela de particulier, qu'elle n'a jamais estant presente fasché personne, & qu'il n'y a que la bassesse d'Ame, & les calomnies qu'on repand contre elle qui font qu'estant absente, elle est si formidable, jusques-là qu'il s'en trouve mesme quelques-uns qui meurent de la peur qu'ils ont de mourir.*

Or l'on peut bien ici admettre, que

la Mort est la privation du sentiment externe, ou du sentiment proprement dit, & Epicure a raison de dire que dans la Mort il n'y a rien à craindre qui puisse desormais faire mal à la Veuë, à l'Ouye, à l'Odorat, au Goust, au Toucher, puisque tous ces Sens ne sont point sans le Corps, & qu'alors le corps n'est plus, ou est dissous : Mais ce qui se doit improuver, c'est qu'il soûtient ailleurs que la Mort est aussi la privation, & l'extinction de l'Esprit, ou de l'Entendement qui est un sens interieur, un sens à sa maniere. C'est pourquoy pour ne nous arrester pas à cette impieté qui a esté suffisamment refutée en traitant de l'Immortalité de l'Ame, attachons-nous simplement à reprimer ces horreurs excessives de la Mort, & ces terreurs qui souvent troublent tout le repos & la tranquillité de nostre vie, & qui de leur lugubre noirceur, comme dit Lucrece, infectent les plaisirs les plus innocens.

——— *qui vitam turbat ab imo*
Omnia suffundēs mortis nigrore, nec ullam
Esse voluptatē liquidā, purámq; relinquit.

Souvenons-nous donc en premier lieu,

pour reprimer cette fole passion de prolonger la vie à l'Infini, souvenons nous, dis-je, de la foiblesse, & de la condition de nostre nature, & n'affectant rien au dessus de sa portée, & de sa capacité, joüissons doucement, paisiblement, & sans plainte de ce Present de la vie qui nous est accordé, quelque court, ou long qu'il doive estre ; nous aurions assurement pû sans qu'on nous eust fait aucun tort en estre privez, rendons graces à la liberalité de celuy de qui nous le tenons, & cependant mettons au nombre de nos profits ce que nous en tirons journellement.

La Nature nous a favorisez pour un certain temps de l'usage de ses spectacles, ne soyons point faschez qu'il nous faille partir quand le temps est expiré, comme n'ayant esté admis qu'a condition de ceder la place aux autres, de mesme qu'les autres nous l'ót cedeór Nos Corps sont naturellement sujets à la corruption, & la condition de naistre a fait la condition de mourir necessaire ; s'il est doux d'estre nez, qu'il ne soit donc pas fascheux de denaistre, pour nous servir du terme de Seneque.

Que

Que si en combattant contre cette necessité, cela pouvoit servir de quelque chose, peuteltre devroit-on approuver les efforts qui se feroient ; mais tout ce que nous faisons ne sert de rien, & lorsque nous-nous tourmentons, nous ne faisons qu'ajoûter mal sur mal.

Le nombre de nos jours est de telle maniere determiné, que le temps de la vie coule irreparablement, & nous courons de telle sorte nostre carriere, que soit que nous le veüillions, ou que nous ne le veüillions pas, nous venons enfin au terme.

Autant de jours que nous vivons, autant est-il retranché de la vie que la Nature nous a prescrite ; de sorte que la Mort estant la privation de la vie, nous mourons autant que nous vivons, & cela par une mort qui ne vient pas tout ensemble, mais par parties que nous allons accumulant les unes sur les autres, quoy qu'il n'y ait que celle qui vient la derniere à qui l'on donne le nom de Mort. Tant il est vray que la fin depend du commencement !

Moderons donc le desir de la Nature selon la regle mesme que la Nature a prescrite, & si les Destins, pour nous servir des termes des Poëtes anciens, ne peuvent estre flechis, ensorte que malgré nous ils nous emportent, du moins adoucissons-en la rigueur en nous y laissant aller volontairement.

Le seul & unique remede pour pouvoir passer la vie doucement & sans inquietude, c'est de nous accommoder à la Nature, de ne vouloir que ce qu'elle veut, de mettre au nombre de ses presens le dernier moment de la vie, & de nous disposer, & preparer de maniere que lorsque la Mort arrivera, nous puissions dire: I'ay vescu, & j'ay achevé la carriere que la Nature m'avoit donnée à parcourir.

Vixi, & quē dederas cursū Natura peregi.
Elle m'appelle, voicy que je viens de moy-mesme; elle demande son depost, je le luy rends volontiers ; elle me commande de mourir, je meurs sans regret.

Nous pourrions aussi utilement nous servir du conseil de Lucrece, & nous dire quelquefois à nous-mesmes : Les plus grands, & les puissans Roys du Monde sont morts, & Scipion le foudre de la guerre, la terreur de Carthage a laissé ses os à la terre comme le plus

DE LA FELICITÉ. 27

vil esclave. Anchise le plus pieux des hommes, & Homere le Prince des Poëtes sont morts ; & nous-nous facherons de mourir !

Hoc etiam tibi tutè interdum dicere possis,
Scipiades belli fulmen, Cartaginis horror,
Ossa dedit terra proinde ac famul infimus
   esset ;
Inde alii multi Reges, rerúmque potentes
Occiderunt magnis qui Gentibus imperi-
   tarum, &c.
Lumina sis oculis bonus Ancu' reliquit
Qui melior multis quā tu fuit improbe reb°
Adde Heliconiadum comites quorum unus
   Homerus
Sceptra potitus, eadē aliis sopitu quiete'st.

Disons plus, Gassendi mesme est mort, & ce grand Homme a fini sa carriere comme les autres, luy qui en force d'esprit, en science, & en sagesse a surpassé l'humaine nature, s'estant elevé comme un Soleil qui obscurcit la lumiere de toutes les Etoiles.

Ipse Gasendus obit decurso lumine vita,
Qui genus humanum ingenio superavit &
   omnes
Præstrinxit stellas exortus uti ætherius Sol.

Et toy miserable tu ne pourras pas te resoudre à la mort !

B 2

Tu verò dubitabis, & indignabere obire,
Mortua quoi vita'st prope jam vivo, atque
  videnti ?
Qui somno partem maiorem conteris ævi,
Et vigilans stertis, nec sõnia cernere cessas,
Sollicitámque geris cassa formidine mentẽ,
Nec reperire potes quid sit tibi sæpè mali,
  cùm
Ebrius urgeris multis miser undique curis,
Atq; animi incerto fluitans errore vagaris?

Toy dont la vie est comme à demi-morte, Toy qui passe plus de la moitié de ton temps à dormir, qui ronfle, pour ainsi dire, en veillant, qui ne te repais que de Chymeres, & qui vis dans des troubles, & dans des frayeurs continuelles. C'est ce que nostre celebre Malherbe devoit avoir eu en pensée lorsqu'il deplore le sort des grands hommes qui se trouvent estre sujets aux mesmes Loix de la mort que les Ames les plus basses.

  Ils sont poudre toutefois,
  Tant la Parque a fait ses Lois
  Egales, & necessaires,
  Rien n'a sceu les en parer;
  Apprenez, Ames vulgaires,
  A mourir sans murmurer.

Cependant dira quelqu'un, nous ne

jouirons plus des douceurs de la vie, plus de Maisons de plaisance, plus de Femme, plus d'Enfans, plus d'Amis à qui faire du bien ; helas, dira-t'on, un jour, un malheureux jour luy a tout ravy !

At jam non domus accipiet te læta, neque
  Vxor
Optima, nec dulces occurrent oscula nati
Præripere, & tacitâ pectus dulcedine
  tangent.
Non poteris factis tibi fortibus esse, tuisque
Præsidio, Miser, ô miser ! aiunt omnia
  ademit
Vna dies infesta tibi tot præmia vitæ.

Il est vray que cela se dit d'ordinaire, mais l'on n'ajoûte pas que ce pretendu miserable ne sentira alors aucune passion pour toutes ces choses, & qu'apres qu'il sera veritablement mort, il ne verra pas un autre luy-mesme qui soit là debout à se plaindre, à se dechirer le sein, & à se consumer de douleur alentour de son tombeau.

Illud in his rebus non addunt, nec tibi
  earum
Iam desiderium rerum superinsidet unà ;
Nec videt in vera nullum fore morte
  alium se,

B 3

*Qui possit vivus sibi se lugere peremptum,
Stansque iacentem, nec lacerari, uri-ve
dolore.*

Ne pourrions-nous point aussi nous servir de ce Raisonnement que Plutarque remarque, & qui souvent nous est venu en pensée ? Si naturellement nostre vie, que nous croyons tres longue quand elle s'etend jusques à cent ans, n'eust esté que d'un jour, comme celle de ces Animaux qui selon Aristote naissent dans le Royaume de Pont, desorte qu'au matin nous fussions entrez comme eux dans l'adolescence, à midy dans la vigueur de l'age, & au soir dans la vieillesse; il est constant qu'en ce cas-là nous serions aussi satisfaits de pouvoir vivre jusques au soir, que nous le sommes presentement de vivre jusques à cent ans ; & si au contraire il estoit arrivé que nostre vie fust allée jusques à mille ans comme celle de nos premiers Peres; il nous eust esté alors aussi facheux de mourir à six cent ans, qu'il nous l'est presentement de mourir à soixante ; & il en est le mesme de ceux qui sont venus les premiers au monde, s'ils avoient vescu jusques à present, il ne leur seroit sans doute pas moins fascheux de mourir qu'a nous.

Tout cela certes nous doit bien apprendre que la vie, quelle qu'elle soit, se doit mesurer non pas par la longueur, mais par l'honnesteté, & par la douceur qui l'accompagnent, demesme que *la perfection d'un cercle*, comme dit Seneque, *doit estre mesurée non par la grandeur du cercle, mais par l'exactitude de sa rondeur* : O vaine & imprudente diligence disoit Pline, l'on conte le nombre des jours où l'on ne doit chercher que le prix ! *heu vana, & imprudens diligentia, numerus dierum computatur ubi quæritur pondus* ! Nous ne prenons pas garde que demesme que toute la masse de la Terre, le Monde mesme entier, & mille autres Mondes, si vous voulez, ne sont qu'un poinct si on les compare avec l'etenduë immense de l'Univers ; ainsi la vie de l'Homme la plus longue, fust-elle aussi longue que celle des Hamadryades, ou mille & mille fois davantage, n'est qu'un moment si elle est comparée avec l'Eternité. Cette vie n'est qu'un poinct dit Seneque, jusques où pouvons nous etendre ou alonger ce

poinct ? *In hoc punctum coniectus es, quod ut extendas, quousque extendes ?*
Sachez qu'en prolongeant la vie, c'est Lucrece qui fait cette remarque, nous ne retranchons rien du temps & de la longue durée de la mort, & que celuy qui meurt aujourd'huy ne sera pas mort moins longtemps, que celuy qui est mort il y a mille ans.

Nec prorsum vitã ducendo demimus hilũ
Tempore de mortis, nec delibrare valemus,
Quominùs esse diu possimus morte perēpti.
Proinde licet quot vis vivēdo cõderesæcla,
Non minùs ille diu jam non erit ex hodierno
Lumine qui finem vitaï fecit, & ille
Mensibus atque annis qui multis occidit ante.

Que si la Nature en colere, ajoûte-t'il s'adressoit à nous, & nous parloit de cette sorte, Qu'as tu tant, Mortel, à pleurer, & à te plaindre de la Mort ? Si ta vie passée t'a esté agreable, & si tu as sceu te servir des biens, & des douceurs que je t'ay fourny, pourquoy comme un Convive ne te retires-tu pas plein & satis-fait de la vie ? Et pourquoy insensé que tu es n'accepte tu pas de bon gré le repos asseuré qui t'est presenté ? Si au contraire la vie t'a esté ennuyeuse, & si tu as laissé perir mes presens, pourquoy en demandes-tu davantage pour les laisser perir de mesme ; car je n'ay rien à te produire de nouveau, & quand tu vivrois les millions d'années, tu ne verrois jamais que les mesmes choses ? Si la Nature, dis-je, s'adressoit à nous de cette sorte, ne devrions-nous pas avoüer que son raisonnement seroit juste,& qu'elle auroit raison de nous faire ces sortes de reproches ?

Quid tibi tantopere'st, Mortalis, quod nimis ægris
Luctibus indulges ? Quid mortem congemis, ac fles ?
Nam si grata fuit tibi vita ante acta, priorque,
Et non omnia, pertusum congesta quasi in vas,
Commoda perfluxere, atque ingrata interiere,
Cur non, ut plenus vita conviva recedis,
Æquo animo capis securam, stulte, quietem ?
Sin ea quæ functus cumque es perire profusa,
Vitáque in offensu'st, cur amplius addere quæris

*Rursum quod pereat malè, & ingratum
 occidat omne,
Nec potiùs vitæ finem facis, atque laboris ?
Nam tibi præterea quod machiner, inve-
 niámque
Quod placeat, nihil est ; eadém sunt om-
 nia semper,
Omnia si pergas vivendo vincere sæcla.*

Du moins faut-il avoüer qu'un Homme sage qui a assez longtemps vescu pour considerer le Monde, se doit volontiers soûmettre à la necessité de la Nature, lors qu'il s'apperçoit que son heure approche; & il doit penser qu'il a fait son cours, que le cercle qu'il a achevé est parfait, & que si ce cercle n'est pas cóparable avec l'Eternité, il l'est du moins avec la durée du Monde. Car pour ce qui regarde la face de la Nature, il a souvét cótéplé le Ciel, la Terre, & les autres choses qui sont comprises dans le Monde. Il a souvent veu le lever, & le coucher des Astres, il a veu plusieurs Eclipses, plusieurs autres Phenomenes, les vicissitudes generales des Saisons, & enfin diverses generations particulieres, diverses corruptions, & transmutations. Et pour ce qui est des choses qui regardent les hommes, s'il

DE LA FELICITÉ. 35
n'a veu, du moins a-t'il leu, ou appris par relation tout ce qui est arrivé depuis le commencement, la paix & la guerre, la bonne foy & la perfidie, la politesse & la barbarie, des Loix etablies & abrogées, des Republiques fondées & renversées, & generalement toutes les autres choses qu'il sçait, & dont il est instruit comme s'il avoit esté present lors qu'elles sont arrivées ; desorte qu'il doit penser que tout le temps qui a precedé le regarde, & qu'ainsi sa vie a commencé avec les choses mesmes : Et parceque du passé il faut augurer de l'avenir, il doit encore penser que tout le temps qui doit suivre le regarde demesme, en ce qu'il n'y aura rien à l'avenir que ce qui a deja esté, qu'il n'y a que les seules circonstances qui changent, & que la suite universelle des choses va toujours son train ordinaire, & represente toujours les mesmes objects ; desorte que ce n'est pas sans raison que le sacré Texte a prononcé, *Nihil aliud futurum est quàm quod fuit, nihil faciendum nisi quod factum est, nihilque est sub Sole novum, nec potest quisquam dicere ecce hoc recens est* : D'où l'on peut conclure

qu'un homme sage ne doit pas estimer la vie courte, puis qu'en jettant les yeux sur le passé, & en prevoyant l'avenir, il la peut faire d'une aussi grande etendüe que la durée de tout le Monde

Au reste, quoy qu'Epicure ait eu raison de dire, *que celuy là est ridicule, qui demeurant d'acord qu'il n'y a aucun mal dans la Mort lorsqu'elle est presente, ne laisse neanmoins pas de la craindre, & de s'affliger de ce qu'elle doit venir*; comme s'il y avoit seulement l'ombre de raison qu'une chose qui n'attristera aucunement lorsqu'elle sera presente, doive affliger lorsqu'elle est absente : Cependant, comme il semble qu'il y a d'ailleurs quelque raison de craindre la mort, en ce qu'elle peut avoir quelques maux qui la precedent, ou qui la suivent ; cela fait que Seneque s'attache à ramasser quantité de choses pour faire voir que si la Mort n'est pas un mal, elle paroit neanmoins tellement sous l'espece de mal, qu'elle ne doit pas tout à fait passer pour indifferente. *Car la Mort*, dit-il, *n'est pas indifferente de la maniere qu'il est indifferent que vous ayez les cheveux pair, ou non-pair.*

DE LA FELICITÉ. 37

La mort est du nombre de ces choses, qui bien qu'elles ne soient pas des maux, ont toutefois l'apparêce de mal. On s'aime soy-mesme, on a naturellement envie de subsister, & de se conserver, & on a une horreur naturelle pour la dissolution; parce qu'il semble qu'elle nous oste beaucoup de biens, & qu'elle nous tire de cette abondance de choses ausquelles nous nous sommes accoustumez. Ce qui nous donne encore de l'aversion pour la Mort, c'est que nous connoissons ces choses presentes, que nous ne sçavons quelles sont celles ausquelles nous devons passer, & que nous apprehendons celles qui nous sont inconnues. Nous avons de plus une crainte naturelle des tenebres où nous croyons que la mort nous doit mener; c'est pourquoy encore que la mort soit indifferente, neanmoins elle n'est pas du nombre de ces choses qui se puissent facilement negliger : Il faut s'endurcir l'Esprit par un long exercice, pour qu'il en puisse supporter la veuë, & l'approche.

Le troisieme chef regarde l'Opinion execrable des Stoïciens, qui tenoient que dans certaines circonstances l'on pouvoit avancer sa mort ; car voicy comme ils parlent dans Seneque. C'est veritablement un mal, disent-ils, de vivre dans l'indigence, mais rien ne nous contraint absolument d'y demeurer; puisque de quelque costé qu'on puisse regarder, l'on appercoit la fin de ses maux, & sa liberté, un precipice, un fleuve, un poignard, une arbre, une veine à ouvrir, l'abstinence. L'on doit rendre graces à Dieu de ce que personne ne peut estre retenu de force dans la vie. La Loy eternelle n'a rien fait de meilleur que de nous avoir donné une seule porte pour entrer dans la vie, & plusieurs pour en sortir. La Mort, ajoute-t'ils, se trouve par tout, Dieu a tres sagement ordonné qu'il n'y ait personne qui ne puisse oster la vie à l'homme, mais que personne ne luy puisse oster la mort ; à celle-cy mille portes sont ouvertes.

Vbique Mors est ; optime hoc cavit Deus,
Eripere vitam nemo non homini potest ;
At nemo Mortem ; mille ad hanc exitus
  patent.

Celuy qui sçait mourir, sçait se mettre en liberté, & il a toujours la porte de la prison ouverte. Il y a veritablement une chaine qui nous tient attachez, asçavoir l'amour de la vie, & cet amour ne doit pas estre reietté, mais il doit neanmoins estre diminué, afin que si quelquefois la chose le requiert, il ne nous retienne pas, & ne nous empesche pas d'estre prests de faire tout maintenant ce qu'il faudra faire un iour.

Cecy est encore de la mesme Ecole. Le Sage vit autant qu'il doit, & non pas autant qu'il peut; il voit où il doit vivre, avec qui, comment, & ce qu'il fera. Il pense toujours à la qualité de la vie, & non pas à la longueur. S'il se rencontre plusieurs choses fascheuses, il se delivre, & n'attend pas à le faire dans la derniere necessité, mais deslors que la fortune commence à luy estre suspecte, il considere attentivement s'il ne faudroit point finir ce iour là mesme. Il croit que de se faire luy mesme sa fin, ou de la recevoir, cela ne le regarde point, & que la chose se fasse ou plutost, ou plus tard, c'est ce qui le met peu en peine. Quelque fois neanmoins quoy que sa mort soit certaine, & determinée, & qu'il scache que le supplice luy est destiné, il ne prestera pas sa main à l'execution, & ne s'abandonnera pas à sa tristesse. C'est une folie de mourir pour la crainte de la mort. Celuy qui te doit faire mourir vient-il, attens-le, pourquoy le prevenir, & pourquoy prendre sur soy le soin de la cruauté d'autruy ? Portes-tu envie à ton Bourreau, ou veux-tu luy epargner ses peines ? Socrate put finir sa vie par l'abstinence, & mourir par la faim plutost que par le poison ; cependant il demeura trente jours dans la prison en attendant la mort ; non que le temps luy donnast des esperances, mais pour se montrer obeïssant aux Loix, & pour donner à ses Amis le plaisir de iouir de Socrate dans les approches de la Mort. Lors donc qu'une force etrangere denonce la Mort, l'on ne sçauroit en general & absolument determiner si on la doit prevenir, ou l'attendre, car il y a plusieurs choses à considerer; mais si de deux façons de mourir l'une doit estre accompagnée de grands tourmens, l'autre simple & facile, pourquoy ne prendre pas la derniere ?

C'estoit-là le sentiment de Hieronymus, de tous les Stoïciens, & nommement de Pline, qui donne le nom de bonne Mere à la Terre, *parce qu'ayant compassion de nous, elle a institué les Venins.* Ce devoit aussi estre le sentiment de Platon: Car encore que Ciceron luy fasse dire, *qu'il faut retenir l'Esprit dans la garde du corps, & que sans le comman-*

dement de celuy qui l'a donné l'on ne doit point sortir de la vie, pour ne sembler pas avoir méprisé le present que Dieu a fait à l'*Homme*; neanmoins dans le livre des Loix il tient, *que celuy qui se tuë n'est blasmable que lors qu'il le fait sans y estre contraint par la Sentence des Magistrats, ou par quelque accident insupportable, & inevitable de la fortune, ou par la misere, & l'ignominie* : Pour ne rien dire de Ciceron, qui bien que dans un endroit il loüe Pytagore *de ce qu'il deffend de sortir de sa forteresse, ou d'abandonner le poste de la vie sans le commandement de l'Empereur, c'est à dire de Dieu*, il enseigne neanmoins dans un autre endroit, *que dans la vie il faut garder la mesme Loy que celle qu'on observe dans les festins des Grecs, c'est à dire de boire, ou de s'en aller; de sorte que si l'on ne peut pas soufrir les iniures de la fortune, on les laisse en s'enfuyant*: Pour ne rien dire aussi de Caton qui semble n'avoir point tant cherché de mourir pour fuïr Cesar, que pour suivre les decrets de Stoïciens ausquels il faisoit gloire de se soumettre, & pour rendre par quelque grande action son nom celebre à la posterité; *Car*, comme dit Lactance,

Caton fut toute sa vie imitateur de la vanité des Stoïciens.

Pour ce qui est de Democrite, veritablement son sentiment, à ce que dit le mesme Lactance, *fut tout autre que celuy des Stoïciens*; neanmoins il se laissa enfin mourir par l'abstinence, quand il s'apperceut dans son extreme vieillesse que ses forces tant celles du corps, que celles de son Esprit luy manquoient.

Sponte sua letho caput obvius obtulit ipse.
Ce que l'on peut dire estre tout à fait criminel; car si un homicide est criminel parce qu'il tuë un homme, celuy qui se tuë soy mesme est dans le mesme crime, puisqu'il tuë aussi un homme. Il est mesme à croire que ce crime là est plus grand dont la vangeance est reservée à Dieu seul. Car demesme que nous ne sommes pas venus de nous mesme dans la vie, demesme aussi ne devons nous pas nous en retirer de nous mesmes, mais par l'ordre de celuy qui nous a mis dans le corps pour l'habiter; & si l'on nous fait quelque force & quelque injustice, il la faut supporter patiemment, parce que la vie eteinte d'un innocent ne peut n'estre pas vangée, & que nous avons un puissant vangeur à qui la vangeance est toujours reservée.

Pour ce qui est enfin d'Epicure, il est croyable qu'il estoit aussi d'opinion contraire aux Stoïciens, tant parce qu'il dit, *que le Sage est heureux dans les tourmens*, que parce qu'estant luy-mesme tourmenté d'une Nefretique qui luy causoit des douleurs extremes, il n'avança neanmoins pas sa mort, mais il l'attendit constamment. Ioint que Seneque dit *qu'Epicure blasme autant ceux qui desirent la mort, que ceux qui la craignent, & qu'il y a de l'imprudence, & mesme de la folie à se procurer la mort par la crainte de la mort*; ce qui arrive neanmoins assez souvent, non seulement, comme dit Lucrece, parce que la crainte excessive de la mort jette quelquefois dans une certaine melancolie noire qui fait que tout deplait, & qu'on en vient enfin à haïr la vie, comme une chose incommode, ennuyante, & insupportable, & à chercher mesme enfin les voyes les plus étranges pour s'en delivrer, & se procurer la mort.
Et sape usque adeò mortis formidine, vita
Percepit ingratos odium, lucisque videndæ
Vt sibi conciscant mærenti pectore lethum.
mais parce que cette crainte excessive cause insensiblement une certaine tri-

steſſe, qui reſſerrant le Cœur & les eſprits, trouble toutes les fonctions de la vie, empeſche la digeſtion, & attire enfin des maladies qui ſont ſuivies de la mort.

Quoy qu'il en ſoit, l'Opinion des Stoïciens eſt non ſeulement contraire aux ſacrez Dogmes de la Religion (ſi ce n'eſt pourtant qu'elle n'improuve pas que quelques-uns par un certain inſtinct particulier & divin, ſe ſoyent eux-meſmes avancez la mort, comme Sanſon, & Raxia dans l'anciene Loy, Sophronie, & Pelagia dans la nouvelle) mais elle eſt de plus contraire à la Nature, & à la Raiſon. Car la Nature a donné un amour naturel de la vie à tous les genres d'Animaux, & il n'y en a aucun, hormis l'Homme, qui de quelques maux qu'il puiſſe eſtre tourmenté, ne ſe conſerve encore la vie autant qu'il peut, & ne fuye la mort; ce qui eſt une marque, que n'y ayant que l'Homme qui par ſes opinions erronées corrompe l'inſtitution de la Nature, s'il rejette l'uſage de la vie, & ſe procure la mort, il le fait par une depravation particuliere: d'autant que le veritable eſtat de la Nature ſe doit considerer dans le general des Animaux, & non pas dans quelque peu d'individus d'une seule espece qui se procurent leur destruction, & se perdent avant le temps institué par la Nature. D'où l'on doit inferer que ceux-là sont injurieux à la Nature, & à son Autheur, lesquels estant destinez pour parcourir une certaine carriere, s'arrestent au milieu de la course, & qui ayant esté mis en garde, & en sentinelle, desertent & abandonnent leur poste sans attendre l'ordre & le Commandement.

D'ailleurs la Raison qui defend d'user de cruauté envers un Innocent, & qui ne nous a fait aucun mal, defend consequemment de nous estre cruels à nous-mesmes, de qui nous n'avons jamais experimenté de haine, mais plutost trop d'amour.

Deplus, en quelle occasion la Vertu peut-elle paroître davantage, qu'a souffrir genereusement les maux que la dureté de la fortune aura fait necessaires? *Mourir*, dit Aristote, *acause de la pauvreté, acause de l'amour, ou de quelque autre chose fascheuse, n'est pas d'un homme fort & genereux, mais d'une Ame foible*

& timide; & c'est le propre de la molesse de fuyr les choses difficiles à supporter. Les hommes forts, ajouste Curtius, sçavent plutost mespriser la mort que haïr la vie. L'ennuy ou la lassitude de souffrir porte souvent les poltrons à des bassesses qui les rendent mesprisables. La Vertu ne laisse rien à eprouver, & la Mort est la derniere des choses à laquelle il suffit de n'aller pas en lasche & en paresseux.

Ainsi je ne m'arresteray point à ceux qui soupçonnant, dit Lactance, que les Ames fussent eternelles, se sont tuez eux-mesmes, comme Cleante, Crysyppe, & Zenon, dans l'esperance d'estre en mesme temps transportez au Ciel, ou comme Empedocle, qui se jetta de nuit dans l'antre du mont d'Etna, afin qu'ayant disparu l'on crust qu'il s'en estoit allé aux Dieux; ou comme Caton, qui toute sa vie fut imitateur de la vanité Stoïque, & qui avant que de se tuer avoit, dit-on, leu le livre de Platon intitulé de l'Eternité des Ames; ou enfin comme Cleombrotus, qui apres avoir leu ce mesme livre se precipita: Execrable & abominable Doctrine, si elle chasse les hommes de la vie!

Ie ne m'arresteray pas aussi à ce Cyrenaicien d'Hegesie, qui disputoit avec tant d'eloquence sur les miseres de la vie, & sur l'estat bienheureux desAmes apres la mort, que le Roy Ptolomée fust obligé de luy faire defense de parler en public; parceque plusieurs de ses disciples, au rapport de Ciceron & de quelques autres, se tuoient eux-mesmes apres l'avoir entendu. Car les maux qui sont à souffrir dans la vie peuvent bien devenir si grands, & se multiplier d'une telle maniere, que lorsque l'occasion de mourir se presente, la perte de la vie ne soit pas fascheuse, & que la mort soit censée comme le Port où l'on se trouve delivré des miseres & des tempestes de la vie; mais de pousser l'exageration jusques à exciter un mespris, & une haine de la vie, c'est estre iniurieux, & ingrat envers la Nature; comme si le present de la vie qu'on nous a fait pour nostre usage, se devoit rejetter temerairement, ou comme si nous ne le devions pas plutost prendre agreablement, & le prolonger autant honnestement, & doucement qu'il est possible!

Il est vray que ce que dît autrefois Theognis qu'il seroit beaucoup meilleur aux hommes de ne naistre point, ou de mourir aussitost qu'on est né, s'est rendu celebre.

Non nasci res est mortalibus optima longè,
  Nec Solis radiis acre videre jubar,
Aut natum Ditis quamprimùm-limen
  adire.

Il en est demesme des exemples de Cleobis, de Biton, d'Agamede, de Pindare, & de quelques autres, qui ayant prié les Dieux de leur donner pour recompense de leur Pieté ce qui estoit de meilleur, & de plus souhaitable, *receurent comme une tres grande faveur, de mourir bien tost.* Il en est encore demesme de la coûtume des Thraces, qui pleurent ceux qui naissent, & felicitent les mourans : Pour ne rien dire de Menandre, qui vouloit qu'un certain jeune homme fust mort, parcequ'il estoit aimé des Dieux.

Quem diligunt Dii, juvenis ipsus interit.
Pour ne rien dire aussi de cette espece de Sentence si celebre, *Vitam nemo acciperet, si daretur scientibus,* que persône n'accepteroit la vie, si elle se donnoit à des gens qui la connussent. Mais, je vous prie, qui est-ce qui croira que Theognis, & les autres ayent parlé serieusement, ou sans aucune

DE LA FELICITÉ. 49
cune restriction ? Ie dis sans aucune restriction ; car si l'on vouloit simplement qu'il fust meilleur pour ceux qui doivent estre miserables toute leur vie, de ne naistre point, ou du moment qu'ils seroient nez, de mourir, la chose seroit en quelque façon tolerable ; mais de vouloir que cela ait lieu à l'egard de tous les hommes, c'est faire tort à la Nature, qui est la Maîtresse de la vie, & de la mort, & qui a etabli, & institué nostre naissance, & nostre destruction, comme celle de toutes les autres choses pour la perfection de l'Vnivers ; & c'est s'exposer au dementir, sinon de tous, du moins de la plus grande partie des hommes, à qui la vie ne deplaist pas, & qui prenent tous les soins de la conserver. Car la vie, comme il a deja esté dit, a toujours de soy quelque chose d'aimable, par quoy celuy qui tient ces sortes de discours, se sentira estre attiré, & retenu ; & je crois d'ailleurs que celuy là mesme ressembleroit au Vieillard d'Esope, qui renvoya la Mort, quoy qu'il l'eust appellée, ou à celuy qui refusa le poignard qu'on luy presentoit, quoy qu'il l'eust demandé pour

TOME VII. G

se delivrer, disoit-il, de la misere qui luy estoit insupportable. Assurement celuy là railloit lequel dît *que vivre, & mourir estoit une chose indifferente*, & qui lorsqu'on luy objecta, Pourquoy ne mourez-vous donc pas, repondit, *parce qu'il est indifferent*; & je m'assure que si quelqu'un l'epée nüe à la main l'eust obligé à choisir, il auroit preferé la vie à la mort. Celuy là certes en usoit fort ingenument, qui lorsqu'on luy reprochoit, que faisant profession de Sagesse, il pallissoit au danger, repondit, *Vous avez raison de ne pas craindre, vostre Ame n'estant pas de grand prix; mais moy ie crains pour l'Ame d'Aristippe*: Et cet autre à qui l'on reprochoit, qu'estant deja vieil il avoit beaucoup de passion pour la vie. *Comme ie ne suis*, dit-il, *parvenu que tard à la Sagesse, ie souhaite du temps pour en joüir, de mesme que ceux qui se marient tard souhaitent une longue vie pour elever leurs Enfans*: Mais rien n'est plus memorable que ce que Ciceron rapporte d'un certain Leontinus Gorgias, qui estant parvenu à l'age de cent & sept ans, sans jamais interrompre son travail, & ses occupations ordinaires, repondit à ceux qui luy demandoient pourquoy il vouloit demeurer si longtemps dans la vie, *Nihil habeo quod incusem senectutem*, Ie n'ay point sujet de me plaindre de la Vieillesse.

Le quatrieme Chef regarde l'Avenir, & nous deffend *d'Esperer avec anxieté, ou de Desesperer impatiëment*, afin de nous accoûtumer à nous rendre l'Esprit indifferent sur les choses futures, & ne nous repaissant point de vaines esperances, à ne dependre pas de ce qui n'est point, ni ne sera peuteftre point du tout. Car la Fortune estant changeante & inconstante comme elle est, rien de ce qui depend de sa puissance n'est preveu, & attendu avec tant de certitude, qu'il ne trompe souvent celuy qui prevoit, & qui attend ; de sorte que le plus seur est de ne desesperer veritablement pas absolument de ce que l'on prevoit, mais de ne se le promettre pas aussi comme une chose indubitable, & cependant se preparer de telle maniere à tout evenement, qu'encore qu'il en arrive autrement qu'on n'espere, l'on ne se croye pas pour cela privé d'une chose absolument necessaire. Cette espece de Sentence,

Ni trop esperer, ni trop desesperer revient presque à ce que nous venons de dire; car esperer avec trop de confiance fait qu'on neglige tout, & que l'Esprit s'egare ailleurs, & n'avoir nulle esperance relache tout, & fait tout abandonner; au lieu que celuy qui a l'Esprit moderé à l'egard de l'une & de l'autre passion, est dans une assiette d'Ame admirable, & n'est point contraint de s'ecrier,

O tu Iupiter venerande, quale Spes malum est!

Que l'esperance est un grand mal! C'est ce que Torquatus exprime si bien dans Ciceron, lorsqu'il dit, *que le Sage attend veritablement les choses futures, comme se pouvant faire qu'elles arrivent; mais qu'il n'en depend neanmoins pas, comme se pouvant bien faire aussi qu'elles n'arrivent pas, & que cependant il iouït des choses presentes, & se souvient avec plaisir des passées.* C'est aussi ce qu'il dit ailleurs, *qu'il faut se donner de garde, de ne desesperer pas temerairement par une laschetévile & basse, & de n'avoir pas trop de confiance par une cupidité emportée.* Et c'est pour cela qu'Epicure en parlant du Fou comme opposé au Sage, dit que la vie du fou est desagreable, craintive, & toute dans l'Avenir, *Stulti vita ingrata est, trepida est, tota in futurum fertur.*

Le cinquieme Chef n'est qu'un reproche aux hommes, de ce qu'en differant de demain à demain, leur vie se passe inutilement, & dans une dependance continuelle de l'avenir. *Pensez,* dit Seneque apres Epicure, *combien il est agreable de ne rien demander, & que de grandeur d'Ame il y a à estre rempli, & à ne dependre point de la fortune; saisissez-vous du present, cela fera que vous ne dependrez point de l'avenir ; en remettant à vivre, la vie s'ecoule & s'en va, dum differtur, vita transcurrit.* Il dit la mesme chose dans Plutarque, *Celuy-là qui n'a pas besoin du lendemain, & qui ne soupire point aprez, vient doucement au lendemain* ; comme s'il vouloit dire que le Sage doit de telle maniere faire son conte, qu'il considere chaque jour de sa vie comme le dernier, & celuy qui doit accomplir le cercle : Car de cette sorte il n'en differera pas la douceur par l'esperance du lendemain, & s'il vient au lendemain, ce jour luy sera d'autant plus agreable, qu'il sera moins attendu, & qu'estant comme surajoûté au comble, & consideré comme une usure, il sera conté comme un pur gain.

Pacuvius Lieutenant de Syrie, apres avoir passé le jour entier dans le vin, & dans la bonne chere, avoit coûtume lorsqu'on l'emportoit de la Table au lict de se faire châter en Musique, *Vixit, Vixit*, il a vescu, il a vescu. *Ce que ce perdu*, dit Seneque, *faisoit par un Esprit de debauche, faisons-le de bonne foy; & lors qu'ayant passé doucement,& honnestement la iournée, nous-nous allons reposer, disons-nous ioyeux, & contens,*
Vixi, & quem dederas cursum fortuna peregi,
J'ay vescu, & j'ay achevé la course que la fortune m'avoit prescrit. Si Dieu aioûte la iournée de demain, recevons la ioyeusement. Celuy là est heureux,& assuré possesseur de soy, qui attend sans inquietude le lendemain. Quiconque a dit j'ay vescu, se leve tous les iours en gain nouveau.

Horace donne à peu pres le mesme conseil. Il faut, dit-il, s'imaginer que chaque jour soit le dernir de nostre vie, le temps à quoy l'on ne s'attendra

point surviendra agreablement.
Omnem crede diem tibi diluxisse supremũ;
Grata superveniet quæ non sperabitur
hora.

Iouïssons agreablement du present, & ne contons point sur le lendemain.
Carpe diem quam minimum credula po-
stero.

Ne vous informez point de ce qui doit arriver demain, & comme si vous aviez deu mourir aujourdhuy, mettez au nombre de vos profits les jours que la fortune vous accordera de plus.
Quid sit futurum cras fuge quærere, &
Quam sors dierum cumque ferat, lucro
Appone——

Recevez agreablement le temps que Dieu vous donnera, & ne remetez point le repos, & la douceur de la vie à l'année suivante.
Tu quamcumque Deus tibi fortunaverit
horam,
Grata sume manu, nec dulcia differ in
annum.

Les meilleurs de nos jours sont ceux qui s'en vont les premiers,
Optima quæque dies miseris mortalibus
Prima fugit ——

Comme si de jour à autre l'on approchoit de la lie de la vie, côme si les plus purs plaisirs qu'on differe ne se pouvoient plus recouvrer, & que ceux qui suivent ne fussent point comparables avec ceux qui ont precedé. C'est de là que vienent ces plaintes frequentes des heures mal passées.

O mihi præteritos referat si Iupiter annos!
Et cependant nous ne nous efforcons pas de passer de telle maniere le temps present, que si Dieu nous le ramenoit, nous pussions dire, *ie ne vois pas comment ie le pourrois mieux passer?* Nous nous imaginons toujours que le temps de bien & heureusement vivre n'est jamais venu, que le bien que nous desirons est infiniment au dessus de tous ceux dont nous avons joui, ou pû jouir, & n'estimant rien tout le passé, nous n'avons jamais en vëue que l'avenir, toujours autant passionnez pour la vie que jamais.

Sed dum abest quod avemus, id exsuperare videtur
Cætera, post aliud cùm contigit, illud avemus,
Et sitis æqua tenet vitaï semper hiantes.

Comme si nous ne devions par conter le passé pour quelque chose d'agreable, & en mesme temps nous rejouir de ce qu'il est comme mis en seureté ; d'autant plus qu'il s'en trouve plusieurs qui s'attendent à une pareille fortune, & qui cependant se trouvent frustrez de leurs esperances. *Il faut rendre ce temoignage à Epicure*, s'ecrie Seneque, *qu'incessamment il se plaint de ce que nous sommes ingrats à l'egard du passé, que nous ne nous remettons pas en memoire les biens dont nous avons ioui, & que nous ne les contons pas entre les veritables plaisirs ; comme n'y ayant point de plaisir plus certain que celui qui ne se peut point oster.* Præsentia bona nondum tota in solido sunt, potest illa casus aliquis incidere, futura pendent, & incerta sunt, quod præteriit inter tuta sepositum est. La nature du bien, conclut Plutarque, *consiste non seulement à eviter le mal, mais aussi à se souvenir, & à se plaire dans la pensée que la chose soit ainsi arrivée* : Mais pour retourner encore une fois à ces remises, & à ces demains ridicules ; *c'est une chose bien etrange*, dit Epicure, *que ne naissant qu'une fois, que nos iours devant finir, & que le iour de demain n'estant point en nostre puissance, nous remettions nean-*

C 5

moins toujours à vivre à demain, enforte que noſtre vie periſſe miſerablement dans ces delais continuels, & qu'il n'y ait perſonne qui ne meure dans des occupations etrangeres, s'appliquant à toute autre choſe qu'a vivre. De là vient cette juſte complainte de Seneque. *Entre les autres maux la folie a encore celuy-ci, qu'elle commence toujours de vivre.*

Celle de Martial. Tu vivras demain ? Sache qu'il eſt déja tard de vivre aujourd'huy : le Sage eſt celuy qui a ſceu vivre dés hyer.

Cras vives ? hodie iam vivere, Poſtume,
ſerum eſt.

Ille ſapit quiſquis, Poſtume, vixit heri.
Celle de Manile.

Quid tam ſollicitis vitam conſumimus
annis,
Torquemúrque metu, cæcáque cupidine
rerum,
Æterníſque ſenes curis, dum quærimus
ævum
Perdimus, & nullo votorum fine beati,
Victuros agimus ſemper, nec vivimus
unquam ?

Pourquoy conſumons-nous nos jours dans des ſoins, & dans des inquietudes perpetuelles, tourmentez par de vaines craintes, & par une aveugle ambition ? Nous vieillissons dans des soucis eternels, nous perdons la vie en la cherchant, & sans joüir de la fin d'aucun de nos vœux, nous travaillons toujours pour vivre, & nous ne vivons jamais.

Le sixiéme Chef regarde les Cupiditez, ou convoitises, dont la connoissance est de telle importance, que la Physiologie doit estre principalement occupée à distinguer celles qui doivent effectivement estre dites naturelles, & necessaires, de celles qui sont vaines, & superfluës; dautant que le bonheur de la vie depend de nous priver des dernieres, & de nous en tenir simplement aux premieres: Mais comme nous serons obligez de parler de cecy en plusieurs rencontres, nous-nous contenterons icy d'avoir simplement insinué la chose.

Le dernier Chef des Meditations que recommande Epicure, est proprement exhortation pour nous porter à l'étude de la Philosophie, comme estant la Medecine de l'Esprit; parce que la Philosophie, à considerer mesme l'etimologie du mot, est l'etude de la

Sagesse, & la Sagesse est à l'Esprit, non seulement comme un medicament par lequel la santé s'acquiert, & se conserve, mais comme la santé mesme. En effet, demesme que la santé du corps consiste dans une temperature convenable des humeurs, & des qualitez, ainsi la santé de l'Esprit consiste dans la moderation des Passions. Il ne faut qu'entendre Ciceron pour voir la justesse de cette comparaison. *Tous les troubles*, dit-il, *& toutes les Passions sont chez les Philosophes des maladies d'Esprit, & ils nient qu'entre ceux qui sont fous il y en ait aucun qui soit exempt de ces maladies; or ceux qui sont dans la maladie*, ajoûte-t'il, *ne sont pas sains; tous ceux-là donc qui sont fous sont malades.* Car selon les Philosophes la santé de l'Esprit consiste dans une certaine tranquillité & constance inebranlable, & ils ont appellé malade un Esprit qui n'est pas dans cette disposition. Or il faut supposer avec Epicure & les autres, qu'il n'est ordinairement rien de plus cher, ou de plus precieux que la santé du corps, ce qui marque combien chere, & precieuse doit estre la santé de l'Esprit ; puis qu'il est vray, comme nous dirons ensuite, que les biens, & les maux de l'Esprit sont plus grands, & plus considerables que ceux du corps, & par consequent, que la fin de la vie heureuse consistant dans la tranquillité de l'Esprit, & dans l'indolence du corps, comme nous dirons aussi apres, celle-là est plus estimable que celle-cy, en ce que celuy qui a l'Esprit tranquille, & composé selon les Loix de la Sagesse, cultive beaucoup la Temperance qui est le plus solide, & le plus assuré soûtien de la santé. *Il nous faut donc philosopher*, conclut Epicure, *non pas en apparence, ou par ostentation, mais en effet, & serieusement ; parce qu'il importe, non pas de paroitre sains, mais de l'estre effectivement.* Ceux-là mesme qui sont Vieux doivent aussi bien s'appliquer à la Philosophie que les Ieunes; puis qu'il importe aux uns & aux autres d'estre sains d'Esprit, comme de corps; de façon qu'on ne nous puisse point reprocher avec Horace, que si nous avons dans l'œil la moindre chose qui nous incommode, nous-nous empressons pour l'oster tout aussitost, & cependant que nous differions des années à nous guerir l'Esprit !

Quæ lædunt oculos festinas demere, si quid Est Animum, differs curandi tempus in annum.

Nous en devons user à l'egard de la Philosophie tout autrement que ne fit Thales à l'egard du Mariage ; sa Mere le pressant de se marier, il pouvoit bien avoir raison de repondre *qu'il n'estoit pas encore temps*, & puis, *qu'il n'estoit plus temps* ; mais comme il est ridicule de dire qu'il n'est pas encore temps, ou que le temps est passé de se guerir le Corps, ainsi il est ridicule de dire que le temps de philosopher, c'est à dire de se guerir l'Esprit, ne soit pas encore venu, ou qu'il soit passé ; puisque c'est justement comme qui diroit, qu'il n'est pas encore temps, ou que le temps est passé d'estre heureux. Il est etrange qu'on perde ainsi malheureusement le temps, & qu'on ne s'applique pas à ce qui sert autant aux riches, comme aux pauvres, & qui estant negligé, nuit autant aux jeunes qu'aux vieux ; c'est un des reproches que se fait Horace.

—————————*Fuunt mihi tarda*
—————*Ingratáque tempora, quæ spem*

*Confiliumque morantur agendi gnaviter
id quod
Æquè pauperibus prodeft, locupletibus
aquè,
Æquè neglectum pueris, fenibúfque no-
cebit.*

Tirez jeunes & vieux, tirez delà le Viatique, l'entretien, & la confolation des pauvres Vieillards.

——— *Petite hinc
Iuvenéfque, fenéfque miferis viatica
canis,*

Car c'eſt de l'étude de la Philofophie que parle le Poëte à l'imitation de Biante, d'Ariſtippe, d'Antiſtene, d'Ariſtote, & des autres Philofophes, qui appellent la Philofophie *le Viatique de la Vieilleſſe*.

Mais pour dire fpecialement ce qui doit porter les jeunes gens à l'étude de la Philofophie; c'eſt que comme il n'y a rien de plus beau, & de plus loüable que de s'accoûtumer de bonne heure aux bonnes chofes, & d'ajoûter à la beauté de la jeuneſſe la douceur de la Sageſſe, qui eſt le fruit d'un âge plus meur; il n'y a auſſi rien de plus agreable que de fe preparer, & de pouvoir attendre une vieilleſſe, qui outre les propres fruits de la maturité, puisse encore briller, & eclater des mesmes vertus dont on ait brillé, & eclaté dans la jeunesse; de façon que par le souvenir des belles, & vertueuses actions, comme par une presence repetée, on rajeunisse, pour ainsi dire, continuellement. A l'egard de ceux qui sont déja avancez dans l'âge, il est constant que la Sagesse est le propre,& le vray ornement de la vieillesse, que c'est un appuy singulier contre les incommoditez, & la foiblesse de l'âge, & que c'est elle qui fait que les vieillards sont animez d'une pareille vigueur que les jeunes gens. C'est icy qu'il faut entendre Seneque, qui dans un âge deja fort avancé alloit entendre le Philosophe Sextus, ce que fit aussi depuis à son imitation l'Empereur Antonin. *Voicy*, dit-il, *le cinquieme iour que je vais aux Ecoles, & que j'entens disputer un Philosophe depuis les huit heures. Il est bien temps, dites-vous, à l'âge où vous estes ? Et pourquoy non à cet âge ? Qu'y a t'il de plus ridicule, que parce que vous n'avez pas appris depuis long-temps, de ne vouloir point apprendre ? J'auray honte d'aller trouver un*

Philosophe? Il faut apprendre tant que nous ignorons, & si nous-nous en tenons au Proverbe, tant que nous vivons. Allez Lucile, & vous hastez, de crainte qu'il ne vous en arrive autant qu'à moy, que vous ne soyez obligé d'apprendre estant vieil. Hastez-vous mesme d'autant plus que vous avez entrepris ce qu'à peine vous pourrez apprendre estant devenu vieil. Mais quel profit, direz-vous, pourray-je faire? Autant que vous-vous efforcerez. Qu'attendez-vous? Personne n'est jamais devenu Sage par hazard. Les Richesses nous pourront bien venir d'elles-mesmes, l'on nous offrira des honneurs, & l'on nous portera aux Charges, & aux Dignitez; mais la Vertu ne nous viendra point trouver; il la faut aller chercher, & elle ne fait part de ses biens qu'à ceux qui s'en donnent la peine. Ce sont là les Chefs sur lesquels les anciens Philosophes, & principalement Epicure, veulent que l'on medite serieusement, comme estant propres à nous ouvrir, & à nous applanir le chemin à la Felicité.

CHAPITRE II.

Quelle est la Volupté qu'Epicure veut estre la fin de la Vie heureuse.

IL est etonnant que le mot de volupté ait donné sujet de diffamer Epicure, ou pour nous servir des paroles de Seneque, *qu'il ait donné lieu à la Fable*, puis qu'il est constant que ce terme comprend aussi bien les voluptez honnestes, que les sales & deshonnestes. Ie dis puis qu'il est constant ; car Platon, Aristote, & tous les autres anciens, aussi bien que ceux qui les ont suivi, disent en termes exprès, qu'entre les voluptez, les unes sont pures, les autres impures, les unes de l'Esprit, & les autres du Corps, les unes vrayes, & les autres fausses. *Nous croyons*, dit Aristote, *que la volupté doit estre meslée avec la felicité, & comme on demeure d'accord qu'entre les operations qui sont selon la vertu, celle qui vient de la Sagesse est la plus douce de toutes, la Sagesse semble pour cette raison contenir des Voluptez admirables, pures, & stables.*

Il y a, dit Ciceron, *de la delectation dans la recherche des choses grandes, & cachées, & lorsqu'il s'y rencontre quelque chose de vray-semblable, l'Esprit est rempli d'une tres douce Volupté. Dans les decouvertes de la Nature il y a une insatiable Volupté, & ceux qui se plaisent à l'Etude ne regardent souvent ni leur santé, ni leur fortune, souffrent toutes choses épris de l'amour de connoitre, & de sçavoir, & payent par de tres grands travaux, le plaisir qu'ils ressentent en apprenant.* Nous lisons mesme dans les Saintes Ecritures, *que Dieu au commencement planta un Paradis de Volupté, que les Bien-heureux seront enyvrez de l'abondance de sa Maison, & qu'il les abreuvera d'un torrent de Volupté.* Ce que je rapporte simplement, acause de ceux qui croyant que le mot de Volupté ne se peut, ni ne se doit prendre qu'en mauvaise part, croyent consequemment que lors qu'Epicure dit que la Volupté est la Fin, il ne peut, ni ne doit estre entendu que de la Volupté sale & defenduë, de sorte que quand on leur dit, ou qu'ils lisent qu'il y a eu des Philosophes qu'on appelloit *Voluptueux*, ils le prenent incontinent pour le Coriphée de ces Philosophes.

Mais pour examiner la chose plus à fond, commençons par l'Accusation qu'on fait contre luy, & comme entre ceux qui admettent d'autres Voluptez que celle du Corps, il y en a qui veulét que ce qu'il dit ne se doive entendre que des corporelles, voyons ses propres paroles telles qu'elles sont dans Laërce, puisque c'est là où il exprime son sentiment, & où il declare clairement quelle est cette Volupté qu'il croit estre la Fin de la vie, ou le souverain Bien. *La fin de la vie heureuse*, dit-il, *n'est autre chose que la Santé du Corps, & la Tranquillité de l'Ame*, ἡ τ̃ σώματ(Θ) ὑγεία, καὶ τ̃ ψυχῆς ἀταραξία, *parceque tout ce que nous faisons tend, & se rapporte enfin à n'avoir ni douleur, ni trouble,* τούτου γδ χάριν ἄπαντα πράττομεν ὅπως μήτεαλγῶμεν, μήτε ταρϐῶμεν. Et parce qu'ayant nommé cette Fin du nom de Volupté, quelques-uns avoient pris de là occasion de le calomnier, disant qu'il entendoit la Volupté sale & corporelle, pour cette raison il fait luy mesme son Apologie, & se purgeant de cette calomnie, il declare encore plus manifestement de quelle Volupté il entend, ou n'entend pas parler. Car apres avoir extrememét recommandé la vie sobre, qui se contente des mets les plus simples, & les plus aisez à obtenir, voicy comme il poursuit. *Quand nous disons que la Volupté est la Fin, nous n'entendons pas les Voluptez des Debauchez, ni mesme celles des autres, entant qu'ils sont considerez dans l'action mesme de joüir par laquelle le Sens est affecté agreablement, & doucement, comme quelques-uns qui ignorent la chose, ou qui ne sont pas de nostre sentiment, ou qui nous sont mal affectionnez l'interpretent; mais nous entendons seulement cecy* μήτε ἀλγεῖν κ᾽ σῶμα μήτε ταράτ[τ]εσθαι κ᾽ ψυχήν, *ne sentir point de douleur au Corps, & n'avoir point de trouble dans l'Ame. Car ce n'est point le boire & le manger continuel, ni le plaisir de l'amour, ni celuy des mets exquis, & delicats des grandes tables qui fait une vie agreable, mais une raison accompagnée de Sobrieté, & par consequent d'une serenité d'Esprit qui recherche les causes pourquoy l'on doit choisir, ou fuïr chaque chose, & qui ecarte les Opinions qui causent beaucoup de trouble dans l'Ame.*

Ie pourrois ajoûter ce passage dont nous parlerons ensuite, *Venereorum usus nunquam prodest, præclaréque agitur nisi etiam noceat*, que l'usage de Venus ne sert jamais, & que c'est mesme beaucoup s'il ne nuit point; mais cette contestation, & cette declaration naïve & claire de son sentiment suffit pour le mettre à couvert de toute accusation, & de tout blasme.

Remarquons neanmoins la difference, & l'opposition que Laërce met entre Epicure, & Aristippe: Car cette opposition ou Antithese fait voir clairement qu'Epicure ayant cru qu'il n'y avoit point d'autre Volupté qu'on puſt dire estre la Fin, que celle qui consiste dans la stabilité, & comme dans le repos, à sçavoir *l'Indolence, & la Tranquillité*, & Aristippe que la Volupté du Corps, & nômement celle qui est dans le mouvement, ou par laquelle le Sens est actuellement meu & affecté est la Fin, cette opposition, disje, fait voir que sans doute l'Opinion d'Epicure a esté crüe par une interpretation mauvaise, la mesme que celle d'Aristippe, de façon que tous les reproches qu'on devoit faire à Aristippe, & tous les blasmes qu'on devoit repandre sur luy, ont esté repandus sur Epicure, sans qu'on ait presque touché Aristippe. Cette celebre contestation de Torquatus dans Ciceron fait evidemment voir la chose, voicy ses paroles. *J'expliqueray donc, dit Torquatus, quelle est cette Volupté, afin d'oster tout suiet d'erreur à ceux qui ne sçavent pas la chose, & faire entendre combien cette doctrine qu'on tient voluptueuse & dissolüe, est grave, chaste, & severe. Nous ne suivons pas cette Volupté qui par quelque douceur meut la nature, & qui est goustée par les Sens avec quelque delectation ; mais nous tenons pour supreme cette Volupté qui se sent toute douleur estant ostée. Car de mesme que la soif, & la faim estant chassées par le boire & par le manger, cette expulsion, delivrance ou privation de ce qui estoit fascheux & incōmodant cause de la Volupté, ainsi en toutes choses la delivrance de douleur est suivie de Volupté. Epicure ne vouloit donc pas qu'il y eust un milieu entre la douleur & la volupté, car il soutenoit que ce qui semble à quelques-uns estre un milieu, ascavoir estre privé de toute douleur, estoit non seulement une Volupté, mais la souveraine Volupté. En effet, qui-*

conque se sent luy-mesme, ou de quelle maniere il est affecté, il faut de necessité qu'il soit ou dans la volupté, ou dans la douleur ; or Epicure estime que la souveraine Volupté se termine ou consiste à estre privé de douleur, & consequemment que la Volupté peut bien ensuite estre diversifiée, & distinguée, mais non pas augmentée, & amplifiée.

Pour produire aussi quelques temoins, Seneque doit assurement estre entendu, & crû preferablement à tous les autres, comme estant sans contredit un personnage de grand merite, de grande reputation, d'une Saincteté de mœurs exemplaires, & attaché à une Secte qui par le mauvais sens qu'elle a donné aux paroles d'Epicure, luy a principalement attiré toute cette ignominie dont le vulgaire le noircit au lieu d'Aristippe. *Chez Epicure*, dit Seneque, *il y a deux Biens qui font la souveraine Felicité, ou le souverain bien de l'homme, l'un que le Corps soit sans douleur, l'autre que l'Esprit soit sans trouble. Ces bien ne croissent pas s'ils sont pleins, car comment ce qui est plein croistroit-il? Le Corps est sans douleur, qu'y a-t'il à ajoûter à cette Indolence*

DE LA FELICITÉ.

lence? L'Esprit est à soy, & tranquille, qu'y a-t'il à ajoûter à cette Tranquillité? De mesme que la serenité du Ciel est parfaite, & ne reçoit point de nouveaux degrez de clarté quãd elle est une fois parvenuë à estre tres pure & tres nette, ainsi l'estat d'un homme est parfait, lors qu'ayant soin de son Corps, & de son Esprit, & faisant consister son bonheur dans l'un & dans l'autre conjointement, il est parvenu à n'avoir aucun trouble dans l'Esprit, ni aucune douleur au Corps; car l'on peut dire que cet homme est parvenu au comble de ses vœux. Que si au surplus il arrive quelques douceurs, elles n'augmentent pas le souverain Bien, mais elles l'assaisonnent simplement; ce bien absolu de la nature humaine estant contenu dans la paix du Corps, & dans celle de l'Esprit. Où il est à remarquer que Seneque exprime clairement, & nettement l'opinion d'Epicure telle qu'elle est dans le Texte de Laërce.

D'ailleurs, parce qu'Epicure ayant donné le nom de Volupté supreme, ou de souverain Bien à l'Indolence du corps, & à la Tranquillité de l'Esprit, les Debauchez, & les voluptueux de son temps prenoient pretexte là dessus, abusant du mot de Volupté, & se vantant d'avoir un Philosophe pour defenseur de leurs voluptez; pour cette raison Seneque les poursuit de cette sorte dans le Livre intitulé de la Vie heureuse. *Ce n'est pas Epicure qui les iette dans le luxe, & dans la debauche, mais comme ils sont accoutumez aux vices, ils taschent de cacher leur dissolution dans le sein de la Philosophie, & ils s'attroupent où ils entendent loüer la Volupté.* Non ab Epicuro impulsi luxuriantur, sed vitiis dediti luxuriam suam in Philosophiæ sinu abscondunt, & eò concurrunt ubi audiunt laudari Voluptatem.

Ce n'est asseurement pas la Volupté d'Epicure, ajoute-t'il *qui est estimée, & recherchée, je sçais combien cette Volupté est sobre, & seche, mais ils volent au nom de Volupté, cherchant quelque protection, & quelque voile à leurs lascivetez, & sales plaisirs;* Nec estimatur Voluptas illa Epicuri (ita enim me Hercules sentio quàm sobria, ac sicca sit) sed ad nomen ipsum advolant, quærentes libidinibus suis patrocinium aliquod, ac velamentum.

Mon opinion est, ajoûte-t'il encore, *je le diray malgré nos Esprits vulgaires, Les choses qu'Epicure enseigne sont saintes, &*

justes, & ont mesme quelque chose de triste, si on les considere de prés. Car sa Volupté se reduit à tres peu de chose, il luy prescrit la Loy que nous prescrivons à la Vertu, & veut qu'elle obeïsse à la nature; or les delices qui suffisent precisement à la nature sont fort peu de chose. *Meâ quidem sententiâ (invitis hoc nostris popularibus dicam) sancta Epicurum, & recta præcipere, & si propiùs accesseris, tristia. Voluptas enim illa ad parvum & exile revocatur, & quam nos Virtuti legem dicimus, eam ille dicit Voluptati. Iubet illam parere natura; parum autem est luxuriæ quod naturæ satis est?*

Voulez vous donc sçavoir ce que c'est? Celuy qui dit que le bonheur de la Vie consiste dans la faineantise, dans la bonne chere, dans la mollesse, dans les plaisirs de Venus, & qui appelle cela Felicité, cherche un bon Protecteur à une mauvaise chose, & lorsqu'il vient flaté de la douceur du nom, il suit la volupté, non celle qu'il entend loüer, mais celle qu'il a aportée; & quand il a une fois commencé de croire ses vices semblables aux enseignemens, il s'y abandonne, non plus avec crainte, & en cachette, mais la teste levée, & devant tout le monde.

Ainsi conclut-il, *ie ne dis pas ce que plusieurs des nostres disent, que la Secte d'Epicure soit la maitresse des crimes infames, & de la debauche, mais voicy ce que ie dis; il est en mauvaise reputation, il est vray, mais c'est à tort qu'il est diffamé, & l'on ne sçait point cela qu'on n'ait esté admis dans l'interieur de la Secte, le nom de Volupté donne lieu à la Fable, & à l'erreur. Itaque non dico quod plerique nostrûm, Sectam Epicuri flagitiorum magistram esse, sed illud dico, malè audit, infamis est, & immeritò; neque hoc scire quisquam potest, nisi interiùs fuerit admissus; frons ipsa dat locum Fabulæ, & ad malam spem invitat.*

L'on peut mesme apres le temoignage de Seneque apporter celuy de Plutarque, qui bien qu'ennemi d'Epicure, n'a pû s'empescher de dire *que les choses qu'on luy obiectoit estoient plutost prises du bruit du vulgaire, que de la verité mesme de la chose.* Ioint que dans un autre endroit il s'ecrie comme pour se mocquer de la volupté d'Epicure, & de ses Sectateurs. *O la grande Volupté & Felicité qu'il y a à ne se sentir ni tristesse, ni douleur!* Dans un autre, qu'encore qu'Epicure mette le souverain Bien dans *un tres profond repos, & comme dans un Port absolument tranquille, &c.* dans cet autre, *que les ieunes gens apprendront des Epicuriens que la mort ne nous regarde point, que les richesses de la Nature sont bornées, que la Felicité, & la Vie heureuse ne consiste pas dans l'abondance de l'argent, ou dans les grandes possessions, dans le commandement, & dans la puissance, mais dans l'exemption de douleur, dans la moderation des passions, & dans cette disposition de l'Ame qui renferme toutes choses dans les bornes de la Nature.* D'où il est encore visible que le souveeain Bien d'Epicure n'est pas cette Volupté qui est dans le mouvement, & dans le chatoüillement, mais plutost celle qui est dans le repos, & dans l'exemption de trouble.

Nous pourrions joindre ici les temoignages de Tertullien, de S. Gregoire de Nazianze, d'Ammonius, de Stobée, de Suidas, de Lactance, & de plusieurs autres entre les Anciens, qui n'estant pas trop portez pour Epicure, n'ont pas laissé de dire, les uns *que la Volupté qu'enseignoit Epicure n'estoit autre chose qu'un estat tranquille, & naturel, &*

non pas une Volupté sale & deshonneste; les autres *qu'entre Epicure, & Aristippe il y avoit cette difference, qu'Aristippe faisoit consister le souverain Bien dans la Volupté du Corps, & Epicure dans la Volupté de l'Esprit*; d'autres, *que cette Volupté que les Sectateurs d'Epicure se proposent pour fin, n'est asseurement pas une Volupté sensuelle, & corporelle, mais un estat tranquille de l'Ame, & qui suit d'une vie vertueuse & honneste*; d'autres enfin, comme Lactance apres avoir un peu temperé l'ardeur de son style, *qu'Epicure tient que le souverain Bien est dans la Volupté de l'Esprit, & Aristippe dans la Volupté du Corps.*

Ie dis, entre les Anciens, car depuis deux cent ans, c'est à dire sur la fin de cette longue barbarie, nous avons entre autres Iean Gerson, & Gemistus Pletho, dont le premier apres avoir rapporté diverses Opinions sur la Beatitude, dit qu'il y en a qui tienent *que la Beatitude de l'homme consiste dans la Volupté de l'Esprit, ou dans une paix tranquille de l'Esprit, tel qu'estoit cet Epicure dont Seneque parle souvent avec beaucoup de veneration dans ses Epistres: Car cet autre Epicure*, ajoûte-t'il, *Ari-*

stippe, Sardanapale, & Mahomet qui la mettent dans les Voluptez du Corps, ne sont pas Philosophes. Où il faut pardonner à l'ignorance du Siecle, & au bruit commun, s'il a soupçonné qu'il y ait eu deux Epicures. Le dernier qui est Gemistus Pletho traittant de la volupté de la Contemplation, montre *qu'Aristote n'a pas enseigné autre chose qu'Epicure, qui establit le souverain Bien dans la volupté de l'Esprit.* Cependant ce n'est pas sans raison que j'insinuë qu'il est venu ensuite un plus heureux Siecle, lequel a ramené les bonnes lettres qui estoient comme perduës; car depuis ce temps-là il est venu une infinité de gens sçavans qui ont eu de meilleurs sentimens de ce Philosophe, comme un Philelphus, un Alexander ab Alexandro, Volateranus, Ioannes Franciscus Picus, & plusieurs autres.

Mais que dirons-nous donc à ceux qui luy imputent une Opinion toute opposée? Rien autre que ce qui a esté dit dans l'Apologie de sa Vie, ascavoir que les Stoïciens entre-autres qui luy vouloient un mal de mort, pour les raisons qui sont là rapportées tout au long, ont non seulement mal interpreté son Opinion, mais qu'ils ont mefme fuppofé, & divulgué en fon nom des Livres infames dont ils eftoient euxmefmes les Autheurs, pour donner credit à leur mauvaife interpretation, & pouvoir impunément exercer leur medifance contre luy. Or une des principales caufes de leur hayne a efté, que Zenon leur Chef, & leur Coryphée eftoit naturellement trifte, auftere, rude & fevere, & que fes Sectateurs à l'imitation de leur Chef affectoient de mefme un air, & un vifage fevere ; ce qui a efté caufe qu'on a decrit la Vertu Stoïque, ou la Sageffe, comme quelque chofe de fort auftere. Et parce que cela les faifoit admirer, & refpecter du vulgaire, & qu'on fe laiffe volontiers emporter à la vaine gloire, & à la vanité, fi l'on eft fort fur fes gardes, ils s'allerent imaginer qu'ils eftoient les feuls poffeffeurs de la Sageffe, & fe vantoient qu'il n'y avoit que le Sage feul afçavoir celuy qui eftoit nourry & fortifié de la Vertu Stoïque, qui fut Roy, Capitaine, Magiftrat, *ce font leurs termes*, Citoyen, Rhetoricien, Amy, Beau, Noble, Riche, qui ne fe repentit jamais, qui fuſt incapable de compaſſion, qui ne puſt point recevoir d'affront, qui n'ignoraſt rien, qui ne doutaſt de rien, qui fuſt exempt de paſſions, toujours libre, toujours dans la joye, pareil à Dieu, & ainſi de pluſieurs autres attributs ſpecieux dont ſe mocque Plutarque, lorſqu'il dit *que les Stoiciens ont enſeigné des choſes beaucoup plus abſurdes que n'en enſeignent les Poëtes.*

Epicure au contraire, comme il eſtoit d'un naturel plus doux & plus humain, & qu'il agiſſoit de bonne foy, & tout ſimplement, ne pût ſoufrir cette vanité & oſtentation; de ſorte que reconnoiſſant d'ailleurs la foibleſſe humaine, & examinant ce que ſes forces pouvoient, ou ne pouvoient pas porter, il reconnut incontinent que toutes ces grandes promeſſes dont le Portique reſonoit n'eſtoient, ſi l'on en oſtoit l'appareil, & le faſte des paroles, que de vaines fictions; c'eſt pourquoy il imagina, & ſe fit une Vertu dont il croioit la nature humaine eſtre capable. Et comme il voyoit que les hommes, quelques choſes qu'ils fiſſent, ſe portoient naturellement à quelque volupté, & qu'apres avoir examiné toutes les especes de voluptez, il se fut apperceu qu'il n'y en avoit point de plus generale, de plus ferme, de plus stable, & de plus desirable que celle qui consiste *dans la santé du Corps, & dans la tranquillité de l'Esprit*; pour cette raison il la declara la fin des biens, ajoûtant que la Vertu seule estoit le vray instrument pour l'acquerir; & soutenant par consequent que l'homme Sage ou vertueux estoit celuy, qui par la sobrieté & par la continence, c'est à dire par la Vertu de Temperance se conservoit la santé du Corps, selon que sa constitution naturelle le permettoit, & qui aydé du concours des Vertus, par le moyen desquelles il calmoit les passions de l'Amour, de la Gourmandise, de l'Avarice, & de l'Ambition, s'appliquoit principalement à conserver autant qu'il estoit possible la tranquillité de l'Esprit; soûtenant aussi en mesme temps que la veritable Volupté ne consistoit point *dans l'acte, ou dans le mouvement*, comme vouloit Aristippe, *sed in statu*, mais dans l'estat, & dans la consistance, ou *à n'avoir simplement point de douleur au Corps, ni de trouble dans l'Esprit*, comme nous avons deja dit plusieurs fois: Et c'estoit là la maniere simple & ingenuë dont il agissoit, sans se soucier de gagner l'Esprit de la multitude par des paroles magnifiques, ou par un port majestueux, & qui marquast une vanité de mœurs, comme faisoit Zenon, & sans vouloir imposer au peuple, chez lequel il sçavoit assez que rien n'est mieux receu que l'ostentation des choses qu'il n'entend point, & qu'il ne pratique jamais.

Or Zenon, & les Stoïciens connoissant cette simplicité de mœurs, & de doctrine, & voyant que quantité de gens d'Esprit se desabusoient, & ne faisoient plus de conte de leurs grandes, & magnifiques paroles & promesses, conceurent une telle haine contre luy, qu'ils ne chercherent plus qu'a le diffamer, prenant occasion sur le mot de Volupté, & soûtenant qu'il entendoit la Volupté sale & deshonneste, & la Gourmandise.

C'est pourquoy, l'on ne doit point ajoûter foy à ce qu'ils disent, ni aux aux autres qui persuadez par leurs impostures, se sont emportez contre luy; & s'il y a aussi eu quelques honnestes gens qui l'ayent fait, il est à croire qu'ils n'avoient pas entré dans l'interieur de la Secte, dequoy Seneque se plaint, mais qu'ils avoient seulement des Livres supposez, ou qu'ils s'en fioient aux Stoiciens ses ennemis, ou enfin qu'encore qu'ils n'ignorassent pas son Opinion, ils croioient neanmoins qu'il n'estoit pas si facile de desabuser le peuple, qu'il estoit utile de continuer à diffamer ce Philosophe, pour inspirer l'horreur du vice, & des voluptez deshonnestes par l'infamie de leur pretendu Autheur ou defenseur.

Pour ce qui est particulierement des Saints Peres, comme il n'avoient en veuë que la pieté, & les bonnes mœurs, ils ont fortement declamé non seulement contre les Voluptez sales & deshonnestes, mais aussi contre leurs Autheurs & deffenseurs; & parce que le bruit estoit deja repandu qu'Epicure en estoit le principal, ils l'ont traitté selon le bruit commun; de sorte que ce n'a pas esté leur faute qu'il ait esté diffamé, puisqu'il l'estoit deja, & que ce qu'ils en ont fait n'a esté comme nous venons de dire, que pour inspirer une plus grande horreur du vice, &

DE LA FELICITÉ. 85

des sales, & sentuelles Voluptez: Et cela est si vray, qu'il y en a eu quelques uns, comme Lactance, qui estant d'ailleurs animez contre Epicure, n'ont pas laissé de retablir son Opinion côme en son entier : Et S. Ierôme entre-autres ecrivant contre Iovinian, ne tient plus Epicure du nombre de ceux dont voicy les paroles ordinaires, *mangeons, & beuvons*, &c. mais comme d'un homme tout autre que ne le faisoit le bruit commun : *C'est une chose admirable*, dit ce grand Saint, *qu'Epicure, ce Sectateur de la Volupté, remplit tous ses livres d'herbages, & de fruits, soûtenant que le manger le plus simple est le meilleur, parceque la chair, & les mets delicieux se preparent avec beaucoup de soin, & de misere, & qu'il y a plus de peine à les chercher, que de plaisir à en abuser ; que nos Corps n'ont simplement besoin que de boire, & de manger, & que là où il y a de l'eau, & du pain, & autres choses semblables, l'on satisfait à la nature ; que tout ce qu'il y a de plus ne regarde pas le necessaire, mais le vice de la Volupté ; que le boire, & le manger n'est pas pour les delices, mais pour etein-*

dre la soif, & la faim ; que la *Sageſſe eſt incompatible avec le travail, & les ſoins qui ſont neceſſaires pour la bonne chere ; que l'on ſatisfait bientoſt à la neceſſité de la Nature, & que le manger, & le veſtement ſimple chaſſent le froid, & la faim.*

Il n'y a qu'un ſeul Paſſage qui ſemble pouvoir faire de la difficulté ; c'eſt celuy que Ciceron objecte, comme eſtant tiré du Livre de la fin qu'on attribuoit à Epicure; car il luy fait dire, *qu'oſté les Voluptez corporelles, & ſenſuelles, il ne reconnoit point de bien.* Mais pourquoy ne pourroit-on pas croire que les Stoïciens, qui ont bien oſé ſuppoſer des Livres entiers, & en faire Epicure l'Autheur, auroient malicieuſement inſeré ce Paſſage dans ſon Livre, & que ce Livre falſifié de la ſorte ſeroit parvenu à Ciceron, & à Athenée ? Vne preuve de cecy eſt, Premierement que Laërce, qui fait le Catalogue des Livres d'Epicure, & qui devoit par conſequent bien ſçavoir ce qu'ils contenoient, lorſqu'il rapporte ce Paſſage du Livre de la Fin, & autres ſemblables, dit *que ceux-là* sont fous qui imposent de telles choses à *Epicure*, comme ne se trouvant point dans les veritables Exemplaires; Hesichius ajoûtant que ceux qui luy objectent ce Passage *sont des calomniateurs.* Secondement, qu'Epicure luy mesme se plaint de ce qu'on luy attribue ces paroles, comme estant d'un sentiment tout opposé, & que ses Sectateurs n'ont jamais reconnu ce Passage là, qu'au contraire ils s'en sont toûjours plaint, & se sont recriez contre. Troisiémement, que ces paroles repugnent évidemment à celles-cy, qui cependant sont incontestablement d'Epicure, *Res Venereæ nunquam prosunt, & multùm est ni noceant*, comme nous avons deja dit plus haut. Quatriémement, que Ciceron n'a pû entre les Objections qu'il fait, s'empescher de faire cette demande, comme si la verité l'y eust contraint. *Quoy vous croyez qu'Epicure ait esté de ce sentiment, & que ses Opinions soient sales, sensuelles, & deshonnestes? Pour moy je n'en crois rien; car je vois qu'il dit quantité de belles choses, & fort severes.* Cinquiémement, que Ciceron avoue luy-mesme (comme il estoit fort populaire) qu'il ne se met pas en peine de parler selon les vrais sentimens de la Philosophie, mais conformement aux Notions du Peuple. *Verùm ego non quæro nunc quæ sit Philosophia verissima, sed quæ Oratori coniuncta maximè*: Pour ne dire point qu'il n'a pû s'empescher de dire du bien d'Epicure, comme estant un homme sans malice, ou plutost un vray homme de bien, *Venit Epicurus Vir minimè malus, vel potiùs Vir optimus*; & en parlant des Epicuriens, *que ce sont de tres bonnes gens; qu'il n'a iamais veu d'espece de gens moins malicieux; que les Epicuriens se plaignent de ce qu'il affecte de parler mal contre Epicure; qu'il luy vient touiours des troupes d'Epicuriens; mais qu'il ne les meprise neanmoins pas, Quos tamen non aspernor*; car ce sont ses propres termes.

En quoy Epicure, & Aristippe different.

POur voir maintenant en quoy precisement Epicure differe d'Aristippe, il ne faut qu'entendre Laerce. Ils different, dit-il, premierement à l'egard du mot de Volupté, en ce qu'Epicure l'attribue non seulement à celle qui est dans *le mouvement*, & dans le chatoüilement des Sens, mais aussi à celle qu'il dit estre stable, & permanente, & consister dans ce doux repos qu'il appelle ἀταραξία καὶ ἀπονία, *Tranquillité & Indolence* ; au lieu qu'Aristippe ne l'attribue qu'à celle qui est dans *le mouvement*, se mocquant de la Tranquillité, & de l'Indolence d'Epicure, *comme de l'estat d'un homme dormant, & d'un corps mort*. Ils different consequemment en ce qu'Epicure a mis la fin, ou la felicité dans cette volupté qui est dans l'Estat, *in statu*, ou dans le terme ; Aristippe dans celle qui est dans le mouvement, *in motu* ; Epicure dans celle de l'Esprit ; Aristippe dans celle du Corps ; le premier mettant au nombre des voluptez le souvenir des biens passez, & l'attente des biens à venir, & Aristippe ne contant cela pour rien : Mais comme tout cecy a deja esté touché plus haut, prenez seulement garde icy à ces deux choses. La Premiere, que lors qu'Athenée a dit que non seulement Aristippe, mais qu'Epicure aussi, & ses Sectateurs embrassoient la Volupté qui est dans le mouvement, cela regarde cette calomnie qui a fait qu'avec le temps on a cru qu'Epicure estoit de mesme sentiment qu'Aristippe, & qui selon les paroles mesmes d'Athenée se rapporte directement à Aristippe ; voicy ses propres termes. *Aristippe, dit-il, uniquement attaché à la volupté des Sens, tient que cette Volupté est la fin, & la felicité de la vie, & ne faisant aucune estime du souvenir des joüissances passées, ni de l'attente des joüissances à venir, il ne connoit que le bien present comme font les plus grands desbauchez, & ceux qui sont absorbez dans les delices. Aussi sa Vie a-t'elle repondu à sa Doctrine ; car il l'a passée dans tout le luxe, & dans toute la mollesse possible, dans les delices des sen-*

teurs, des vestemens, & des femmes. Or, je vous prie, à considerer seulement ce passage, tous ces autres autentiques temoignages que nous avons apportez plus haut en faveur d'Epicure, & l'authorité de tant de grands Hommes qui soutienent qu'on le calomnie à tort, & qui convienent tous qu'Aristippe est tel qu'Athenée le depeint; combien ce Philosophe doit-il avoir esté eloigné de la maniere de vie, & des dogmes d'Aristippe! Ajoutez qu'Aristippe faisoit mesme gloire de sa vie delicieuse; car on sçait que lorsqu'on luy reprochoit un jour ses delices, & sa delicatesse, & les grandes depenses qu'il faisoit pour celà, il ne songea à rien moins qu'a dissimuler ou à s'en defendre, & il se contenta de repondre par une espece d'Apophtegme, & de raillerie. *J'ay Laïs, mais elle ne m'a pas. Je vis somptueusement, mais s'il y avoit du crime, on ne le feroit pas les jours des Festes des Dieux. J'achete cinquante dragmes une Perdrix que tu n'acheterois pas une obole. Je paye un ragoust tres cher, dont tu aurois regret de donner trois oboles: Je n'ay donc point tant de passion pour la Volupté que tu en as pour l'Argent.*

La seconde chose à quoy nous devons icy prendre garde, est que ces paroles de Seneque, *Ie n'appelleray iamais l'Indolence un bien ; un Ver, une Cigale, une puce en iouït* &c. ne se peuvent, ni ne se doivent point rapporter à l'Indolence, ou à la Volupté qu'Epicure met dans l'estat, dans le repos ; parceque par là il a entendu non pas un estat de paresse, ou un repos tel qu'est celuy d'une Cigale, ou d'un Ver, mais qui soit tel que Seneque luy mesme le loüe, & l'estime quand il dit, *Pourquoy est-ce que ce repos dans lequel il disposera, & ordonnera les Siecles à venir, & donnera des leçons à tous les hommes, à ceux qui sont, & seront, ne conviendra pas à un homme de bien ?* Ou lorsqu'il dit en parlant specialement d'Epicure. *Ni ce troisieme dot nous avons accoutumé de mal-parler, ne tient pas une Volupté oisive, & paresseuse, mais une Volupté que la Raison affermit :* Comme s'il la faisoit semblable à celle qu'Aristote veut qui se tire de la vie contemplative ; en ce que la côtemplation, ou cet estat de repos & de tranquillité qu'on emploie à fpeculer, & à mediter, ne doit pas eftre appellé une pareffe, & une oifiveté; puifque la contemplation eft plutoft une action, qui feule fait la Beatitude de Dieu; joint que le mefme Ariftote foutient *que toute action n'eft pas dans le mouvement, mais qu'il y en a auffi quelques unes dans le repos, & que la Volupté confifte plutoft dans le repos, que dans l'action.*

Ce que Seneque enfeigne en parlant de la Volupté qui eft dans le mouvement vient icy fort à propos, *Cette Volupté*, dit-il, *s'eteint lorfque le plaifir, eft dans fa plus grande vigueur, elle remplit incontinent, elle paffe tres vifte, & ennuye mefme apres la premiere impetuofité; Or ce qui vient, ou qui paffe tres vifte, & qui doit perir dans l'ufage, & dans l'acte mefme, n'a ni fubftance, ni folidité, ni ftabilité, cela ceffe au moment qu'il eft, en commençant il regarde la fin.*

Il eft vray que Platon raifonnant fur cet eftat, foûtient qu'il ne doit pas eftre plutoft appellé Plaifir, que Douleur; *par ceque demefme que de s'elever de la douleur à cet eftat, c'eft un plaifir,* ainsi, dit-il, *de tomber du plaisir dans cet estat c'est une douleur* : Mais il s'en faut beaucoup qu'il ne soit aussi fascheux de cesser de jouir d'une Volupté, pourveu qu'il ne suive point de douleur, qu'il est agreable de cesser d'estre tourmenté d'une douleur, quoy qu'il ne suive aucune Volupté ; ce qui fait que cet estat est plutost reputé estat de volupté, qu'il ne merite le nom de douleur. C'est ce que veut Torquatus dans Ciceron, *Ie ne tiens pas qu'un plaisir estant osté, quelque chose de fascheux suive d'abord, si ce n'est que par hazard il succede quelque douleur au plaisir ; au contraire nous-nous reioüissons d'estre delivrez des douleurs, quoy qu'aucune volupté de celles qui meuvent le Sens ne succede* ; ce qui doit faire entendre quelle grande volupté c'est que de n'avoir point de douleur : Mais entendons Seneque qui tient cet estat, non seulement pour une Volupté, mais pour le Souverain Bien de l'homme.

L'Estat & la Ioye du Sage selon Epicure.

LE Sage, dit Seneque, est celuy, qui joyeux, paisible, & sans trouble, vit content comme les Dieux. Examinez vous maintenant vous-mesme, si vous n'estes jamais triste & chagrin, si vous n'avez aucune esperance trop passionnée, & qui vous donne des inquietudes, si vostre Esprit est les iours, & les nuits dans une mesme assiette, toniours egal à soy-mesme, toniours elevé, & toniours content, vous pouvez dire que vous estes parvenu au plus haut degré de bonheur dont les hommes soient capables : Mais si de toutes parts vous recherchez toutes sortes de voluptez, sçachez qu'il vous manque autant de Sagesse, que de ioye : Vous desirez de parvenir à ce souverain Bien, mais vous-vous trompez si vous esperez de le pouvoir faire par le moyen des richesses : Vous cherchez la ioye entre les honneurs, c'est la chercher entre les soins, & les chagrins: Ce que vous croyez qui vous doit causer du plaisir est la source, & la cause de mille douleurs. La ioye est le souhait general de tous les hommes, mais ils ignorent les moyens dont il se faut servir pour en avoir une qui soit ferme, & assurée. Les uns la cherchent dans les banquets, & dans le luxe; les autres dans les richesses, dans les Charges, & dans les Commandemens; les autres dans les bonnes graces d'une Maitresse, & les autres dans une vaine ostentation de leurs belles lettres & de leurs connoissances qui ne guerissent de rien. Les faux & courts passetemps les trompent souvent tous, comme l'yvrognerie, qui pour une gaye folie d'une heure cause des mois entiers de deplaisir, & de chagrin; ou comme les applaudissemens, & les acclamations du peuple qu'on a deia achepté par mille inquietudes, & qui doivent encore ensuite en attirer bien d'autres. Souvenez-vous donc que le Sage se doit procurer une ioye qui soit ferme & constante, & toûiours egale. Il en est de l'Esprit du Sage comme de l'estat du Monde au dessus de la Lune, où il regne une serenité perpetuelle. Vous avez donc suiet de vouloir estre Sage, puisque le Sage n'est iamais sans ioye. Cette ioye ne naist que de sa propre conscience, & de ce qu'il se sent estre vertueux. L'on ne sçauroit avoir de la ioye que l'on ne soit

iuste

juste, magnanime, temperant. Quoy, direz-vous, les fous, & les meschans ne se reioüissent point? Non pas davantage que des Lions qui ont trouvé quelque proye. Apres qu'ils ont passé la nuit en debauche, qu'ils se sont gorgez de vin, qu'ils se sont tuez auprés des femmes, & que leur estomac ne peut plus contenir la quantité des viandes qu'ils ont prises, ils s'ecrient, O miserables que nous sommes! nous connoissons maintenant que cette nuit s'est passée dans de fausses ioyes!
Namq, ut supremã falsa inter gaudia noctẽ Egerimus, nôsti ——
La joye que goustent les Dieux & ceux qui les imitent n'a iamais d'intermission, iamais de fin, elle cesseroit si elle venoit de dehors. Ce que la fortune ne dõne point, elle ne sçauroit l'oster.

Que les douleurs, & les Voluptez de l'Esprit sont plus grandes que celles du Corps.

LA derniere difference que Laërce met entre Epicure, & Aristippe, c'est que comme Aristippe tient les douleurs du Corps plus grandes, & plus fascheuses que celles de l'Esprit,

TOME VII.   E

il tient aussi *les voluptez du Corps beaucoup plus grãdes & plus considerables, que celles de l'Esprit*; au lieu qu'Epicure tient tout le contraire. *Par le corps, dit-il, nous ne pouvons sentir que le present, mais par l'Esprit nous pouvons sentir le passé, & l'avenir. Il est evident qu'une tres grande Volupté, ou une tres grande affliction d'Esprit contribuë davantage à la vie ou heureuse, ou malheureuse, que ne fait ou une grande volupté, ou une grande douleur de Corps. Si les grandes maladꝭ du Corps empeschent la douceur de la Vie, celles de l'Esprit la doivent bien empescher davantage: Or les maladies de l'Esprit sont ces immenses, & vaines cupiditez des richesses, de la gloire, du commandement, des voluptez sales & deshonnestes. De plus ces chagrins, & ces tristesses qui devorent l'Esprit, ces soins qui le consument*, &c.

Ce devoit estre la pensée d'Ovide, lorsqu'il nous reproche que nous endurons le feu, le fer, & la soif pour nous tirer de quelque incommodité du Corps, & que pour guerir nostre Esprit, qui vaut infiniment davantage, nous ne voulons rien endurer.

Vt corpus redimas, ferrũ patieris & ignes,

Arida nec sitiens ora lavabis aqua
Ut valeas Animo quicquã tolerare negabis;
    At pretiũ pars hacCorpore maius habet.
Et celle d'Horace que nous avons deja marquée.

——————————*nam cur*
Qua feriant oculos festinas demere, si quid
Est animũ differs curandi tẽpus in annũ?

Et certes, comme l'esprit est infiniment plus noble que le Corps, & que selon le temoignage d'Aristote *il est presque luy seul tout l'Homme*, il doit estre extremement susceptible des impressions soit du bien, du plaisir, ou de la volupté, soit du mal, du deplaisir, ou de l'inquietude, & du chagrin. D'ailleurs les maladies de l'Esprit sont d'autant plus dangereuses que celles du corps ont des signes qui nous les peuvent faire reconnoitre, au lieu que celles de l'Esprit nous demeurent souvent cachées, acause que la raison qui en devroit faire le discernement est troublée, & ne sçauroit porter de jugement sain: D'ou vient que ceux qui sont malades du corps ont recours à la Medecine, & que ceux qui sont malades de l'Esprit mesprisent la Philosophie, & refusent d'obeïr à ses preceptes.

Ioint qu'entre les maladies du Corps, les grandes & les plus dangereuses de toutes, estant celles qui causent un assoupissement, & ne sont point senties par le malade, comme la Letargie, l'Epilepsie, & cette fievre ardente qui jette dans le Delire, il n'y a presque point de maladies de l'Esprit qui ne doivent estre estre censées de cette nature; d'autant plus que non seulement elles ne sont point connuës pour ce qu'elles sont, mais qu'elles sont mesme couvertes de l'espece, & du pretexte des Vertus opposées; la Furie, par exemple, & la Colere estant appellées du nom de Force, la Crainte du nom de Prudence, & pour dire en un mot, le Chagrin; qui est une douleur de l'Esprit, & une certaine maladie generale qui fait que les autres maladies sont desagreables, tristes & fascheuses, n'affectant rien davantage que de paroitre avoir esté pris & causé non sans grand sujet, & sans beaucoup de raison.

Et l'on ne doit point objecter avec Aristippe qu'on punit ordinairement les Coupables par des douleurs, ou des suplices corporels, comme estant plus grands, & plus fascheux: Car comme le Legislateur, ou le Iuge n'a pas le mesme droit sur l'Esprit qu'il a sur le Corps, il est vray qu'il n'ordonne pas directement que le coupable soit tourmenté de l'Esprit, mais qu'il soit tourmenté du Corps, pour en tirer une punition certaine, & qui se fasse à la veuë de la multitude qu'il faut retenir par la crainte du chatiment; mais il ne s'ensuit pas pour cela qu'il n'y ait point d'autre douleur plus grande, ou que la douleur d'Esprit ne puisse encore estre un tourment beaucoup plus grand.

Et defait, lorsque quelqu'un estant actuellement dans les tourmens du Corps, ou que prevoiant qu'il y sera bientost, il va roulant dans son Esprit qu'il sera mis à la torture, ou si vous voulez, qu'on luy tranchera la teste, qu'il sera rompu, qu'il sera bruslé, qu'il perdra la vie, que cela se fera mesme devant tout le monde, avec beaucoup d'ignominie, au deshonneur eternel de sa famille, & de ses plus chers Amis qui en seront affligez, &c. croyez-vous qu'il y ait douleur de Corps aucune, qui supposé qu'elle puit estre separée de tout cela, fust comparable avec cette espece de douleur, & cette cruelle anxieté d'Esprit ? Et c'est pour cela que j'ay dit que le chagrin, la tristesse, la peine, où la douleur d'Esprit ne s'ordonnoit pas *directement* par les Iuges, pretendant insinuer par là qu'elle est ordonnée *indirectement*, afin que survenant à la corporelle, elle rende le supplice plus grand : Et qu'ainsi ne soit, n'a-t'on pas veu que la seule menace, & la seule crainte du supplice en a fait blanchir dans une nuit, en a fait secher, en a fait mourir, ce qui montre bien que leur dernier, & leur plus grand tourment n'a pas esté celui du Corps, mais celui de l'Esprit ?

Ie passe icy sous silence cette inquietude, & cette douleur d'Esprit que le Remors, l'Envie, ou l'Ambition causent dans un Scelerat, dans un Tyran, dans un Ambitieux ; je diray seulement par avance que Iuvenal, Horace, & Perse en parlent comme du plus grand tourment que jamais Cœditius, ou Rhadamante ayent pû inventer.

Iuvenal.

Pœna autē vehemens, ac multò sævior illis,
Quas aut Cœditius gravis invenit, aut Rha-
  damantus,
Nocte, diéque suū gestare in pectore testē.
Horace.
Invidia Siculi non invenere Tyranni
Tormentum maius ———
Perse.
Magne Pater Divū sævos punire Tyrānos
Haud alia ratione velis, cum dira libido
Moverit ingenium ferventi tincta veneno;
Virtutem ut videant, intabescántq; relictâ.

Et qu'on ne dise point qu'un Scelerat à force de Crimes entassez les uns sur les autres, pourroit peuteftre enfin en venir à n'avoir plus ces Remors ordinaires qui rongent le cœur des Tyrans les plus cruels, & ainsi devenir heureux: Car outre que l'exemption seule de remors ne fait pas la felicité, je diray aussi par avance, que dans le cours ordinaire de la vie la supposition est non seulement tres rare, comme on pourroit aisément avoüer, mais impossible, & qu'il n'y a point d'homme, quelque endurcy qu'il soit, qui puisse se defaire de ce bourreau interieur, Ioint qu'un Scelerat de la sorte ne pourroit pas estre mis au nombre des

Hommes, mais au nombre des Monstres à etouffer, & non seulement cela, mais au nombre des Fous, côme ayant perdu le sens & la raison, en s'exposant brutalement à la rage, pour ainsi dire, & à la furie de tous les hommes qui l'auroient en horreur, & qui le considereroient comme une beste feroce, & comme un Tyran à exterminer.

En quoy Epicure differe des Stoïciens.

LAërce marque aussi en quoy Epicure estoit different des Stoïciens, & au sujet de cette grâde envie qu'ils luy portoient, il ecrit qu'Epicure ayant dit que la Vertu estoit desirable pour la Volupté, ils prirent de là occasion de declamer contre luy, comme s'il eust parlé de la volupté sale & deshonneste, & de s'escrier que c'estoit une chose indigne, & criminelle que de soûtenir que la Vertu se deust acquerir, non pour elle mesme, mais pour cette Volupté. Il y eut entre autres un nommé Cleanthes, qui pour exagerer la chose, & rendre Epicure plus odieux, fit cette peinture que Ciceron objecte à Torquatus. *Representez-vous*, disoit-il à ses Disciples, *la Volupté peinte dans un tableau, assise sur un throsne Royal, & ornée de vestemens superbes & magnifiques, de façon que les Vertus soient veritablement là en pied aupres d'elle comme de petites servantes, mais qu'elle ne luy fassent neammoins rien autre chose, ni ne luy rendent aucun autre office, si ce n'est celuy de l'avertir, & de luy dire à l'oreille, gardez-vous de rien faire imprudemment, & qui puisse choquer les Esprits des hommes, ou d'où il puisse suivre quelque douleur, nous sommes les Vertus nées pour vous servir de la sorte, & nostre office ne consiste precisement qu'en cela.* Voilà la peinture que l'envie, & la jalousie de Cleanthes faisoit de la Volupté d'Epicure. Il ne manquoit plus à cela, sinon que quelqu'un dît qu'Epicure avoit imité Paris, lorsque des trois Deesses il choisit Venus, à laquelle il donna la Pomme d'or, & qu'Epicure n'avoit eu en veüe que la Volupté sensuelle qui le charmoit avec ses cheveux negligemment épars qui sentoient le musc & l'ambre, & ses vestemens, son port, & ses yeux qui ne respiroient que l'amour, & la lascivité.

E 6

106 DE LA FELICITÉ.
Altera Achæmeniũ spirabat vertice odorẽ,
Ambrosias diffusa comas, & veste refulgẽs
Ostrum quam fulvo Tyriũ suffuderat auro;
Fronte decor quæsitus acu, lascivâq; crebras
Ancipiti motu jaciebant lumina flammas.
Au lieu qu'il devoit imiter Hercule, qui ayant rencontré la Volupté, & la Vertu, preferera celle-cy à celle là, quoy que la Vertu eust un visage severe, la chevelure mal peignée, le regard ferme, le marcher d'un homme, & une agreable pudeur.

——————*Frons hirta, nec unquam*
Composita mutata comâ, stans vultus, & ore
Incessúque Viro propior, latique pudoris.

Que les Vertus selon Epicure se rapportent à la Volupté, comme la fin de la vie heureuse.

AV reste, il n'est pas necessaire que nous-nous arrestions à effacer ce tableau de Cleanthes, ni à examiner ce que la Calomnie, & la malice ont inventé, ce qui a desja esté dit estant plus que suffisant pour cela, d'autant plus que nous avons fait voir clairement que la Volupté qu'entend Epicure n'est pas cette volupté corporelle, sale, & dissolue que ce tableau suppose, mais que celle qu'il a en veüe est tout autre, & toute pure, àsçavoir l'*Indolence du Corps, & la Tranquillité de l'Esprit*, & principalement cette derniere, & quainsi il n'y a rien qui puisse empescher qu'on ne recherche la Vertu acause de cette sorte de volupté; puisque c'est dans cette volupté que consiste la Felicité, ou la vie heureuse, & qu'Epicure ne veut par consequent rien autre chose que ce que veulent les Stoiciens mesmes, lorsqu'ils soûtienent, *que la Vertu suffit pour bien, & heureusement vivre,*

Et certes, ce seul Axiome marque assez que quelque fuite ou subterfuge que les Stoïciens pussent chercher, ils rapportoient neanmoins la Vertu à autre chose, c'est à dire *à bien, & heureusement vivre,* & qu'ainsi la vie heureuse estant veritablement desirée pour elle-mesme, la vertu n'est point tāt desirée pour elle mesme que pour la vie heureuse. Or quand je dis qu'ils cherchoiét des subterfuges, j'y comprens Seneque mesme. Car de faire la Volupté un accessoire seulement, ou comme quelque chose qui survienne par accident à la Vertu, demesme qu'une petite herbe qui naist, & fleurit entre le froment, cela est & populaire, & captieux. Il faut veritablement comparer la Vertu avec le froment, mais demesme qu'on cherche le froment, non pas simplement pour le froment, ni pour cette petite herbe qui naist parmy, mais pour l'usage de la vie qu'on en espere; ainsi la vertu n'est pas precisement cherchée pour elle-mesme, ou acause d'elle-mesme, ni pour quelque chose de leger qui intervienne, mais absolument pour la vie heureuse, ou, ce qui est le mesme, pour cette sorte de volupté que nous venons de dire. D'où vient que quand il ajoute, *Tu te trompe lorsque tu me demande quelle est cette chose pour laquelle on cherche la Vertu, car c'est demander quelque chose qui soit au dessus de ce qu'il y a de plus haut, ie cherche & demande la Vertu-mesme, ie la demande pour elle-mesme, il n'y a rien de meilleur, elle est elle-mesme son prix*; il est evident que l'interrogation est juste, & à propos, & on peut dire que lorsqu'on demande quelque chose au delà de la Vertu, on ne demande point une chose ridicule, ou qui soit au delà de ce qu'il y a de plus haut, & de plus relevé. Il est bien vray que de tous les moyens dont on se sert pour rendre la vie heureuse, il n'en faut point chercher de plus elevé, de plus asseuré, ni de meilleur que la Vertu ; mais cependant la vie heureuse doit estre censée au dessus de la Vertu, en ce que la Vertu enfin se rapporte à la vie heureuse, ou à la Felicité comme à sa Fin.

Aussi Aristote semble-t'il plus equitable, lorsqu'il dit en parlant de la Felicité que la Vertu sur toutes choses peut causer, *qu'il est visible que la recompense, & la fin de la vertu est quelque chose de tres bon, quelque chose de divin, & d'heureux :* Et dans un autre endroit, *qu'encore que la Felicité ne soit pas une chose qui arrive divinement, mais qui s'acquiert ou par la vertu, ou par la doctrine, ou par l'exercice, rien ne peut estre de plus divin, rien de plus heureux.* Ioint qu'il fait expressément cette distinction avec Platon & Architas. *Il y a,* dit-il, *de certaines choses qui sont desirées pour elles mesmes, & non pour quelque autre chose, comme la Beatitude; d'autres qui sont desirées pour autre chose,*

& *non point pour elles mesmes, comme les richesses; d'autres qui sont desirées pour elles-mesmes, & pour autre chose, comme la Vertu*; Ce que je rapporte à dessein de faire voir quels Hommes l'on peut opposer à Seneque, lorsqu'il crie que la Vertu ne peut, ni ne doit estre desirée pour aucune autre chose que pour elle-mesme. Et l'on ne fait point pour cela opprobre à la Vertu; parce qu'autant que nous estimons la Volupté, la Felicité, le souverain Bien, autant loüons-nous, & honorons nous la Vertu qui conduit à la Felicité.

Mais pour ne nous arrester pas davantage à ces choses, il suffit de rapporter icy ce que Ciceron fait dire à Torquatus selon les sentimens d'Epicure. Le passage est long, mais il est tres beau, & il explique, & decide, pour ainsi dire, toutes choses. Lors donc qu'apres une longue dispute il a esté conclu, que tout ce qui est droit & loüable se rapporte *à pouvoir vivre avec volupté*, Torquatus poursuit, *Or d'autant que c'est là le souverain, ou dernier Bien, que les Grecs ont nommé du nom de Fin, à cause qu'il ne se rapporte à aucune autre chose, & que toutes choses se rap-*

DE LA FELICITE'. 111
portent à luy, il faut avoüer que vivre doucement, & agreablement est le souverain Bien. Ceux qui le mettent dans la Vertu seule, & qui eblouïs de l'eclat du nom, n'entendent pas ce que la nature demande, seront delivrez d'une grande erreur, s'ils veulent ecouter Epicure. Car pour parler de vos belles & excellentes Vertus, & premierement de la Sagesse, qui est-ce qui les croiroit loüables & desirables si elles ne causoient de la volupté? Certainement, de mesme que l'on n'estime pas l'Art des Medecins pour l'Art mesme, mais pour la santé; ainsi l'on ne desireroit pas la Sagesse, qui est l'Art de vivre, si elle ne faisoit rien, & maintenant on la desire, parceque c'est elle qui nous dirige dans la recherche de la veritable Volupté, & qui nous la fait obtenir (vous voyez maintenant de quelle Volupté ie parle, afin que la mauvaise interpretation du mot ne gaste pas nostre discours) car c'est la Sagesse seule qui bannit la tristesse & le chagrin de l'Esprit, qui ne nous souffre pas qu'on fremisse de crainte, & qui eteignant l'ardeur de toutes les convoitises, fait que l'on peut vivre tranquillement. Ce sont les cupiditez insatiables qui ruinent non seulemēt chaque hom-

me en particulier, mais aussi les familles, & souvent mesme la Republique entiere. Des Cupiditez naissent les haines, les dissensions, les discordes, les seditions les Guerres, & ces passions ne se iettent seulement pas au dehors, & sur les autres avec une impetuosité aveugle, mais elles se font mesme la guerre entre elles au dedans de nos Esprits : Ce qui cause de necessité une vie tres amere ; de sorte qu'il n'y a que le Sage seul, qui ayant chassé toute vaine convoitise, & erreur, & se contenant dans les bornes de la nature, puisse vivre sans chagrin, sans tristesse, & sans crainte. Que si nous voyons que toute la vie est troublée par l'erreur, & par l'ignorance, & qu'il n'y a que la Sagesse qui nous sauve de l'insulte des vaines cupiditez, & vaines frayeurs, qui nous enseigne à soufrir avec moderation les injures de la Fortune, & qui nous apprenne les voyes qui conduisent au repos, & à la tranquillité ; ne devons-nous pas dire que la Sagesse est desirable acause de la volupté, & que la Folie est à fuir acause de ce qui est fascheux, acause du trouble & de la douleur d'Esprit.

Par la mesme raison nous dirons que la Temperance mesme n'est pas desirable acause d'elle mesme, mais parce qu'elle apporte la paix dans les Esprits, qu'elle les adoucit, & qu'elle les tient dans la concorde; d'autant que c'est la Temperance qui nous avertit de suivre la Raison soit dans les choses que nous devons desirer, & suivre, soit dans celles que nous devons fuir. Car ce n'est pas assez de juger ce qu'il faut, ou ce qu'il ne faut pas faire, mais il faut de plus demeurer ferme, & constant dans ce qui a esté jugé. Or il y en a plusieurs qui ne pouvant demeurer fermes dans ce qu'ils ont resolu, & qui estant vaincus par l'espece d'une volupté qui se presente, s'abandonnent à l'esclavage de leurs convoitises, & ne prevoyent pas ce qui en doit arriver; d'ou vient qu'acause d'une volupté qui est & petite, & non-necessaire, ou qui se pourroit obtenir autrement, ou dont ils se pourroient passer sans douleur, ils tombent dans de grandes maladies, dans des pertes, & dans l'infamie, & encourent mesme souvent les peines des Loix, & des Iugemens: Mais ceux qui veulent joüir des voluptez de maniere qu'il ne s'en ensuive pour cela aucune douleur, & qui demeurent constants dans leur jugement, de crainte qu'estant vaincus par la volupté, ils ne faſſent ce qu'ils voyent qu'il ne faut pas faire, ils obtienent une grande volupté en ſe privant de volupté. Ils ſouffrent meſme ſouvent de la douleur, depeur que s'il ne le font pas, ils ne tôbent dans une plus grande douleur. D'où l'on entend que l'Intemperance n'eſt pas à fuir acauſe d'elle-meſme, ni que la Temperance n'eſt pas à deſirer parce qu'elle fuie les voluptez, mais parcequ'elle en obtient de plus grandes.

La meſme raiſon ſe trouvera dans la Force. Car ce n'eſt ni le travail, ni la douleur, ni la patience, ni l'aſſiduité, ni l'induſtrie, ni le courage, ni les veilles qui attirent de ſoy; mais nous-nous portons à ces choſes afin de pouvoir vivre ſans inquietude, & ſans crainte, & afin que nous-nous delivrions, autant qu'il eſt poſſible, de ce qui eſt faſcheux ſoit à l'Eſprit, ſoit au Corps. Car demeſme que toute la tranquillité de la vie eſt troublée par la crainte exceſſive de la mort; & demeſme que c'eſt une choſe miſerable de ſuccomber aux douleurs, & de les ſupporter avec un courage bas, & foible, juſques là que par cette foibleſſe d'Eſprit pluſieurs ont perdu leurs parens, pluſieurs leurs amis, quelques-uns leur pa-

DE LA FELICITÉ. 115
trie, & que mesme plusieurs se sont perdus eux-mesmes entierement; ainsi un Esprit genereux, fort, & elevé est libre de tout soucy & chagrin; parce qu'il mesprise la mort, & qu'il est tellement preparé aux douleurs, qu'il se souvient que les grandes finissent par la mort, que les petites ont plusieurs intervalles de repos, & que nous sommes maistres des mediocres; se representant d'ailleurs que si les douleurs ne sont pas excessives, on les peut souffrir, & que si elles sont insupportables, l'on sortira volontiers de la vie qui ne plaist pas, comme on sort d'un Theatre. D'où nous devons comprendre que la Timidité, & la Lascheté ne sont pas blasmables de soy, & que la Force, & la Patiëce ne sont pas loüables de soy; mais qu'on rejette les premieres, parce qu'elles font naistre de la douleur, & que les dernieres sont desirées, parce qu'elles font naistre de la Volupté.

Il ne reste plus que la Iustice, mais l'on en peut presque dire autant. Car de mesme que j'ay montré que la Sagesse, la Temperance, & la Force sont de telle maniere jointes avec la Volupté, qu'elles n'en peuvent aucunement estre tirées, ni separées; le mesme jugement se doit faire à l'egard de la Iustice, qui non seulement ne nuit jamais à personne, mais qui au contraire fournit toûjours quelque bien, tant par sa propre force & nature, & en ce qu'elle met les Esprits en repos, que par l'esperance de ne manquer d'aucune des choses qu'une nature qui n'est point depravée desire. Et comme la Timidité, la Convoitise, & la Lascheté tourmentent toûjours l'Esprit, le sollicitent toûjours, & sont turbulentes; ainsi lorsque l'Injustice regne dans un Esprit, elle y cause le trouble & l'inquietude, & si elle a commis quelque mauvaise action, quoy qu'elle l'ait fait en cachette, elle ne sera neanmoins iamais seûre que cela demeure toûjours caché. Il arrive souvent que le soupçon suit premierement une mauvaise action, qu'on en parle ensuite, que le bruit s'en repand, qu'il se trouve quelque accusateur, & qu'enfin on en vient au Iuge, & il s'en trouve mesme qui se decouvrent eux-mesmes. Que s'il y en a quelques-uns qui par leurs richesses croient estre assez en seureté contre la conscience des hommes, ils ont neanmoins peur de la Divinité, & croient que ces inquietudes dont ils sont tourmentez iour & nuit leur vienent de la part des Dieux pour les chastier. Or leurs mauvaises actions ne sçauroient iamais tant contribuer à diminuer le trouble de leur vie, que le remors de conscience, les Loix, & la haine des Citoyens l'augmente. Cependant il y en a qui sont tellement insatiables d'argent, d'honneur, de commandement, de debauches, & de bonne chere, que les biens volez, & mal acquis quelques grands qu'ils puissent estre, augmentent plutost leur convoitise, qu'ils ne la diminuent; ensorte qu'ils doivent plutost estre reprimez par le chatiment, que par les enseignemens. La vraye raison invite donc ceux qui ont le iugement sain à la iustice, à l'equité, & à la bonne foy, qui sont les moyens par lesquels l'on s'acquiert la biëveillance, & l'amour d'un chacun, ce qui est de la derniere importance pour pouvoir vivre doucement & tranquillement; d'autant plus qu'il n'y a iamais aucun suiet de mal faire; parceque les Cupiditez qui viennent de la Nature sont aisées à satisfaire, sans que l'on fasse tort à personne, & qu'à l'egard des cupiditez vaines, on ne leur doit pas obeïr. Car elles ne souhaitent rien qui soit souhaitable, & il y a plus de perte dans l'Iniustice, qu'il n'y a de gain dans les choses qu'on acquiert par Iniustice. C'est pourquoy l'on ne peut pas dire que la Iustice soit de soy desirable, mais parcequ'elle apporte beaucoup de plaisir; car il est biē doux d'estre chery & aimé, & rien ne rend la vie plus asseurée, ni ne cause plus de Volupté. Ainsi nous ne croyons pas que l'on doive seulement fuir la Meschanceté acause des incommoditez qui arrivent aux meschans, mais principalement parcequ'elle ne laisse iamais respirer, ni reposer l'Esprit dont elle s'est emparée.

Je pourrois icy rapporter les Objections qui se font contre cette Opinion, mais elle ne regardent que les Voluptez sales & deshonnestes qu'Epicure rejette en termes exprés. Ie remarque seulement que la Volupté dont il est icy question, estant celle qui est la vraye & naturelle Volupté, & celle en quoy consiste le souverain Bien, & la Felicité; pour cette raison l'on dit que la Vertu seule en est inseparable, parce qu'elle seule en est la vraye, la legitime, & necessaire cause; en ce qu'estant posée, la Volupté, & la Felicité suivent, & qu'estant ostée, la Volupté, & la Felicité sont de necessité ostées: Demesme que le Soleil seul peut estre dit inseparable du jour, parcequ'il est seul la vraye & necessaire cause du jour ; en ce qu'estant present sur l'Horison, il faut de necessité que le jour soit, & que n'y estant pas, il faut de necessité que le jour ne soit pas. Or la raison pourquoy Epicure a voulu que la Vertu fust la cause effectrice de la Felicité est, qu'il a cru que la Prudence estoit, pour ainsi dire, toutes les Vertus ; en ce que toutes les autres Vertus naissent de la Prudence, & ont une connexion necessaire avec elle.

CHAPITRE III.

En quoy consiste la Vie heureuse.

Tout ce que nous avons dit jusques icy, n'a presque tendu à autre chose qu'à bien faire voir quelle a esté l'Opinion d'Epicure ; comme il en faut maintenant venir à la chose mesme, & voir s'il a eu, ou n'a pas eu raison de dire que la Volupté est la fin, il faut premierement examiner deux de ces principaux Dogmes, l'un que toute Volupté est de soy, & de sa nature un bien, & au contraire que toute douleur est un mal ; l'autre, qu'il faut neanmoins quelquefois preferer de certaines douleurs à de certaines Voluptez.

Si toute Volupté est de soy un bien.

A L'egard du premier Chef, il semble que ce n'est pas sans raison qu'Epicure soûtient que toute Volupté de soy est bône, quoy que par accident il y en ait quelques-unes de mauvaises. Car tout Animal de sa nature semble estre tellement disposé au Plaisir, ou à la Volupté, que c'est la premiere chose que naturellement il demande, & qu'il ne se peut presenter aucune Volupté qu'il refuse, si ce n'est que par hazard elle soit accompagnée de quelque mal qui luy doive ensuite causer de la douleur, & le faire repentir d'avoir accepté cette Volupté. Et certes, comme la nature du Bien consiste à porter l'Appetit à l'aimer, & à le suivre, l'on ne peut pas dire pourquoy tout plaisir, ou toute Volupté de soy ne soit pas aymable, & desirable ; puis qu'il n'y en a aucune qui de soy ne plaise, ne soit agreable, & n'attire a soy l'Appetit, desorte que si nous en rejettons quelque-
une

unes, ce n'est pas precisement elle que nous rejettons, mais les inconveniens qui luy sont joints, & qui en doivent suivre.

En effet, pour montrer la chose par un exemple; quoy qu'il n'y ayt personne qui n'admette que le miel de sa nature est doux; neanmoins s'il arrive qu'on mesle du venin avec, de façon que le venin devienne doux, nous aurons veritablement alors de l'aversion pour la douceur du miel, mais ce sera par accident, parceque d'ailleurs elle est de soy, & de sa nature agreable, & aimable. D'où vient qu'on peut dire que si nous avons de l'aversion, ce n'est effectivement point tant pour la douceur, que pour le venin qui luy est meslé, & pour le mal que le venin, & non pas la douceur doit causer; puisque si elle en estoit separée, nous la gousterions tres volontiers. Accommodez quelque volupté que ce soit à cet exemple, & vous remarquerez qu'il n'en sera jamais autrement, que le mal sera toujours, non pas la volupté par soy, & precisement, mais ou la chose d'où elle sera prise, ou l'action qui luy sera jointe, ou le dommage qui resultera soit de la chose, soit de l'action, ou la douleur qui suivra de la chose, de l'action, du dommage.

Et pour faire voir que cela est ainsi; faites que la mesme volupté se puisse tirer d'une chose, & d'une action que ni aucune Loy, ni aucune Coûtume, ni aucune Honnesteté ne deffende ; faites que de cette chose, ou de cette action il ne s'en ensuive aucune perte soit de la santé, soit de la renommée, soit des biens ; faites enfin qu'il ne reste aucun chastiment, aucune douleur, aucun repentir ni dans cette vie presente, ni dans l'autre, & vous reconnoitrez clairement que rien n'empesche qu'elle ne soit censée un bien, & que si maintenant elle n'est pas censée telle, cela ne vient point de sa nature, mais des circonstances que j'ay marquées.

Aristote prouve aussi la chose par une raison tirée de la Douleur qui est opposée à la Volupté, *Tout le monde*, dit-il, *demeure d'accord que la Douleur est une chose mauvaise, & à fuïr ; or ce qui est contraire à une chose qui est à fuïr, & mauvaise, est un bien ; la volupté est donc un bien.* Mais pour reprendre la raison d'Aristote, n'est il pas evident que toute douleur generalement est de soy un mal, est de soy haïssable, & consequemment que tout Animal a naturellement de l'aversion pour elle ; de telle sorte que si quelquefois elle est dite un bien, ce n'est que par accident, & entant qu'elle a un bien adherant qui fait que nous l'aimons, & l'embrassons ; puisque si vous ostez de la douleur toute esperance d'obtenir aucun bien soit honneste, soit utile, soit agreable, il n'y a homme si hebeté qui la desire, & qui se propose de la suivre? Or cela estant, n'est-il pas aussi evident que si toute Douleur de soy est un mal, & n'est un bien que par accident, toute Volupté, comme estant opposée à la Douleur, est de soy un Bien, & n'est un Mal que par accident?

L'on objecte que l'Homme Temperant fuit les Voluptez, & que celuy qui est Prudent suit plutost l'Indolence ; qu'il y a de certaines voluptez qui font obstacle à la Prudence, d'autant plus qu'elles sont vehementes, comme sont principalement celles de Venus ; qu'il y en a quelques-unes qui non seule-

F 2

ment sont nuisibles, en ce qu'elles hebetent l'Entendement, engendrent des maladies, & causent la pauvreté, mais qui sont mesme deshonnestes & infames. Mais premierement, les Hommes temperans, & ceux qui sont prudens ne fuient pas toutes les voluptez, puisqu'evidément ils suivent quelquefois celles qui sont pures & honnestes; joint que s'ils en fuient quelques-unes, ils ne les fuient precisement pas entant qu'elles sont voluptez, mais parce qu'elles sont jointes avec des actions qui trainent apres soy une ruine qu'un homme prudent & temperant ne doit pas s'attirer par la joüissance de la volupté qui se presente ; de mesme que l'on fuit le Venin adoucy, non entant qu'il est doux, mais entant qu'il apporte une ruine, qui assurement ne se doit point achepter par une telle douceur.

D'ail'eurs il est constant que ce ne sont pas les voluptez-mesmes qui empeschent la Prudence, mais plutost les actions qui leur sont jointes, les actions, dis-je, par lesquelles les esprits sont epuisez, la vigueur de l'Entendement est affoiblie, & le Iugement est obscurcy ; desorte que lorsqu'on attribuë ces maux à la volupté, c'est un Paralogisme qu'Aristote appelle *non causa ut causa*, en ce que l'on fait cause ce qui n'est pas cause ; demesme que si le mal qui doit estre attribué au poison, estoit attribué au miel, ou à sa douceur.

Ce qui se doit par consequent dire à l'egard des maladies, de la pauvreté, & des autres incommoditez qui suivent d'ordinaire ; la Volupté de soy & precisement entant qu'elle est Volupté, n'estant pas la cause de ces maux, mais plutost la Gourmandise, ou la quantité excessive du Vin, & des viandes, mais les ragousts d'où vienent les cruditez, les fievres, & les autres incommoditez, mais les excez de l'Amour d'où vienent les gouttes, les maladies infames, & tant d'autres.

Ce qui se dira consequemment aussi à l'egard de l'infamie qu'on attribuë ordinairement aux Voluptez ; car elle regarde plutost les actions qui l'accompagnent, & qui sont de soy contre l'honnesteté des mœurs, & reputées vicieuses, & honteuses.

Aussi est-ce pour cela que les Loix

deffendent, non pas la Volupté, par exemple, qui est dans l'Adultere, mais l'action mesme de l'Adultere, laquelle estant de soy deffenduë & infame, fait que la volupté qui luy est jointe est aussi censée deffenduë & infame. Et qu'ainsi ne soit, faites encore icy qu'il n'y ait point de deffense, comme dans l'estat de pure nature, ou faites qu'il eust arrivé que celle qui est femme de ce Mary, fust femme de celuy qui est maintenant adultere ; la mesme volupté eust esté, & n'eust neanmoins pas esté reputée infame ; parceque cette action à laquelle elle eust esté jointe, n'eust pas esté deffenduë, ni honteuse ; ce qui fait bien voir que la Volupté n'est pas blasmable acause d'elle-mesme, mais acause de l'action qui l'accompagne.

Quelques-uns opposent, qu'encore que la Volupté ne soit pas un mal, il est neanmoins plus utile de la mettre au nombre des maux, acause de la Multitude, qui ayant de la pente à la volupté, doit, à la maniere d'un bois courbé, estre flechie du costé opposé pour pouvoir estre ramenée au milieu. Mais Aristote repond qu'il n'est pas à propos de tenir de ces sortes de discours au peuple ; parceque quand il s'agit, comme icy, des Passions & des Actions, l'on n'ajoûte point tant de foy aux paroles, qu'à la chose mesme ; d'ou il arrive que les paroles ne s'acordant pas avec ce qui s'apperçoit par le Sens, elles sont mesprisées, & mesme que si elles contienent sous soy quelque chose de bon, elles le detruisent. C'est pourquoy Aristote semble insinuer, qu'il est plus à propos, non point tant de mettre la volupté entre les maux; puisque le Sens s'y oppose manifestement, & qu'estant consideré precisement comme volupté il l'approuve, & la tient bonne, que de faire connoitre, & exagerer les maux qui accompagnent, ou suivent certaines voluptez ; ce qui fait qu'un homme prudent, & temperant doit plutost s'abstenir de ces sortes de voluptez, qu'à leur occasion tomber en de si grands maux.

Que si la Reponse d'Aristote ne plaist pas, rien n'empesche qu'on ne declame aussi contre la Volupté-mesme, entendant parler de ces Voluptez qui causent beaucoup plus de mal qu'elles ne contienent de bien. Car quand il s'agit de perſuader, c'eſt la meſme choſe qu'on diſe que la Volupté, ou l'action qui accompagne la Volupté eſt mauvaiſe pour pouvoir inferer que l'une ou l'autre eſt à fuir, acauſe des maux qui pas connexion ſuivent de l'une ou de l'autre.

Si l'Opinion des Stoiciens à l'eſgard du Bien & du Mal eſt ſoutenable.

L'On pourroit ici diſputer avec les Stoiciens qui pretendent qu'il n'y a point d'autre Bien que celuy qui eſt honneſte, ni point d'autre Mal que celuy qui eſt deshonneſte; Mais ce ſeroit perdre le temps en diſcours ſuperflus, puiſqu'en un mot, il eſt evident qu'ils ont fait une queſtion de nom, lorſqu'ils ont ainſi reſtraint à leur phantaiſie la notion du Bien que tout ce qu'il y a d'hommes au Monde tient plus generale. Car au lieu que tout le reſte des hommes met, outre les Vertus, pluſieurs autres choſes au nombre des Biens, comme la ſanté, la volupté, la gloire, les richeſſes, les amis, & outre les Vices, pluſieurs choſes au nombre

DE LA FELICITÉ. 129
des Maux, comme la maladie, la douleur, l'ignominie, la pauvreté, les ennemis, &c. Les Stoïciens ont mieux aimé nommer ces choses *Indifferentes*, ou ni bonnes, ni mauvaises, & cependant parce qu'il estoit si evidemment absurde de tenir pour une mesme chose la santé, & la maladie, la volupté, & la douleur, &c. Ils se sont avisez de faire des noms nouveaux, & d'appeller la santé, la volupté, la gloire, & les autres προηγμένα, *promota*, comme voulant dire que ce n'estoit veritablement pas des biens, mais des choses qui approchoient davantage de la Vertu qui estoit le souverain, & l'unique Bien : Ils en ont fait autant de la maladie, & de la douleur, il les ont nommées ἀποπροηγμένα *abducta, remota*, comme qui diroit choses moins nobles, & plus eloignées de la Vertu, parceque lors qu'il est question de choisir, celles-là sont preferées, & celles-cy delaissées: C'est ainsi qu'ils en ont usé, mais j'aurois honte de leur repondre autre chose que ce que Ciceron mesme repond, lorsqu'il s'ecrie, *O la grande force d'Esprit, & le beau sujet de faire une nouvelle doctrine ! O magnam vim*

F 5

ingenii, causámque instam cur nova existeret disciplina! Les Stoïciens concluent avec leurs petites raisons que la douleur n'est pas un mal. Concludunt ratiunculis Stoïci cur dolor non sit malum, &c. comme si l'on estoit seulement en peine du mot, & non pas de la chose. Pourquoy, Zenon, faut-il que vous me trompiez par vos subtilitez, & par vos nouveaux mots προηγμένα ἀποπροηγμένα? Car quand vous me dites que ce qui me semble horrible n'est pas un mal, vous me surprenez fort, & ie veux sçavoir comment il se peut faire que ce qui me semble tresfascheux né soit nullement un mal. Rien n'est mal, dites-vous, que ce qui est deshonneste & vicieux, ce ne sont que des paroles, & vous n'ostez point la difficulté. Ie sçais que la douleur n'est pas une chose criminelle, ne vous mettez point en peine de nous enseigner cela ; mais montrez-moy si ce m'est une chose indifferente de souffrir de la douleur, ou de n'en souffrir pas? Cela, dites-vous, est indifferent pour la felicité de la vie, puis qu'elle consiste dans la Vertu seule; mais cependant ce que vous appellez douleur est de ces choses qui sont à fuir, & est par consequent mauvaise. Lorsque vous dites que la douleur n'est pas un mal, mais seulement quelque chose de difficile à supporter, &c. c'est dire en plusieurs manieres ce que tout le monde en un mot appelle mal ; & quand vous dites qu'il n'y a rien de bien que ce qui est honneste, rien de mauvais que ce qui est deshonneste, c'est triompher en paroles, & succomber au fond, c'est faire des souhaits, & ne rien prouver. Cecy certes, est plus sincerement, & plus veritablement dit ; Tout ce que la Nature a en horreur doit estre conté au nombre des maux, & Tout ce qui luy est agreable au nombre des biens.

Si l'on doit quelquefois preferer la Douleur à la Volupté.

LA Seconde chose qu'il faut examiner avant que de decider sur l'Opinion d'Epicure est, s'il faut quelquefois abandonner la Volupté pour la Douleur. C'est une question qui a une entiere connexion avec la precedente : Car s'il se presente ou une Volupté de la nature de celles que Platon appelle pures, & separées du meslange de toute fascherie, c'est à dire qui soit telle qu'elle ne doive jamais estre suivie d'aucune douleur ni presente, ni à venir, ni dans cette vie, ni dans l'autre: Ou une douleur qui puisse aussi estre dite pure, & separée de toute volupté, c'est à dire qui ne doive jamais estre suivie d'aucune volupté; il n'y a personne qui puisse dire pourquoy une telle Volupté ne seroit pas à embrasser, & une telle douleur à fuir. Et demesme, s'il se presente: Ou une Volupté qui soit un obstacle à en obtenir une plus grande, ou qui doive estre suivie d'une douleur qui nous feroit à bon droit repentir de nous y estre laissez emporter: Ou une douleur qui en detourne une plus grande, ou qui doive estre suivie d'une Volupté tres considerable; il n'y a point aussi de raison qui ne persuade qu'on doit fuyr une telle Volupté, & embrasser une telle douleur. Et c'est pour cela qu'Aristote a observé que la Volupté, & la Douleur sont le Critere, la Regle, ou la Balance par où l'on doit juger si une chose doit estre ou embrassée, ou fuie; en ce que le Sage laissera le plaisir, ou prendra mesme la douleur, s'il voit que le repentir doive suivre le plaisir, ou que par une petite douleur il en doive eviter une plus grande; mais Torquatus explique clairement la chose. Afin, dit-il, qu'on voye d'où vient toute l'erreur de ceux qui accusent la Volupté, & qui loüent la Douleur, je m'en vais vous decouvrir nettement ce que c'est, & vous expliquer ce que cet inventeur de la verité, & cet Architecte de la Vie heureuse a dit. Car personne ne meprise, ne hayt, ne fuit la Volupté, parce qu'elle soit Volupté, mais parce que ceux qui ne sçavēt pas suivre la Volupté par raison, tombent dans de grandes douleurs. Il n'y a aussi personne qui aime, & qui cherche la douleur, parce qu'elle soit douleur, mais parce qu'il vient quelque fois de certains temps que par le travail, & par la douleur l'on se procure quelque grande Volupté. Car pour en venir à de petites choses, y a-t'il quelqu'un d'entre-vous qui entreprene quelque exercice laborieux du corps, si ce n'est afin qu'il luy en revienne quelque commodité ? Or pourroit-on raisonnablement blasmer celuy qui voudroit prendre un plaisir qui ne seroit suivi d'aucune chose fascheuse, ou celui qui fuiroit une douleur qui ne causeroit aucun plaisir ? Mais c'est avec justice que nous accusons, & tenōs pour hayssables ceux, qui attirez, & corrompus par les attraits des plaisirs presens, ne prevoyent pas, aveuglez qu'ils sont de leur passion, les maux, & les deplaisirs qui leur en reviendront : Et ceux là sont dans la mesme erreur, qui par une mollesse d'Ame, c'est à dire qui pour fuir le travail & la peine, abandonnent leur devoir, & leur office. Au reste il n'est rien de plus aisé que de distinguer la chose : Car dans un temps libre, lorsqu'il nous est permis de choisir, & que rien n'empesche que nous ne puissions faire ce qui nous plaist le plus, tout plaisir se doit prendre, toute douleur se doit fuir: Mais il vient des temps, & il y a souvent des conionctures qu'il faut reietter les plaisirs, & ne refuser pas les choses fascheuses. Le Sage par sa prudence fait donc ce discernement, & ce choix des choses, ou que par des Voluptez qui sont à reietter il s'en procure de plus grandes, ou que par les douleurs qui sont à souffrir, il en evite de plus fascheuses.

Ajoûtez à cela le consentement general de Platon, de Socrate, & d'Aristote, qui se servent tous de la mesme Regle & du mesme Critere. Ajoûtez celuy de Ciceron, qui veut qu'on en use comme si toutes les Voluptez, & tous les deplaisirs soit presens, soit à venir fussent mis devant vous, & qu'on les pesast la balance à la main. *Car si vous pesez*, dit-il, *les Voluptez presentes avec les Voluptez à venir, l'on doit toûjours faire election de celles qui sont les plus grandes, & en plus grand nombre: Si les deplaisirs avec les deplaisirs, ceux qui sont moindres, & en plus petit nombre: Mais si vous pesez les Voluptez presentes avec les deplaisirs à venir, ou les deplaisirs presens avec les Voluptez à venir, alors il faut faire election des Voluptez, si elles l'emportent; & au contraire, si ce sont les deplaisirs.*

Du premier Bien que la Nature a en veüe.

POur en venir enfin à l'Opinion d'Epicure, *Que la Volupté est la fin*, il faut remarquer que la raison qui l'a porté à ce Sentiment regarde en partie la Volupté generalement, & simplement prise, & en partie entant qu'elle doit estre regie par la Sagesse. Car c'est ainsi qu'Alexander marque qu'il faut distinguer la chose, lorsqu'il dit que la Volupté selon Epicure est veritablement le premier Bien que demande la Nature, ou le premier bien auquel naturellement nous-nous portons, mais qu'en suite cette Volupté est comme reduite en ordre, & dirigée par la Sagesse, & par la Prudence. *Esse quidem Voluptatem ex mente Epicuri primum familiare, primum, & congenitum bonum, primum aptum, accommodatumque Naturæ, verùm deinceps quasi in ordinem redigi talem Voluptatem.* C'est pourquoy, comme nous parlerons ensuite de cette derniere qui chez Epicure n'est autre que l'Indolence, & la Tranquillité, disons quelque chose de la Premiere, & voyons si cette Volupté generalement prise est effectivement ce *Primum naturæ familiare*, ou la premiere chose, & le premier bien que la Nature demande: Car c'est une grande question entre les Philosophes, & il semble que demesme que dans la Suite des biens qui sont à desirer, il y en a un dernier, il y en doive aussi avoir un premier qui soit comme le commencement de tous les desirs. *Les uns*, dit Ciceron, *pretendent que ce premier Bien soit la Volupté, ou le Plaisir; les autres l'expulsion, & l'exemption de douleur, a cause que l'A-*

nimal dés qu'il est né a envie, tasche & s'efforce de chasser la douleur ; les autres les premiers biens naturels, entre lesquels ils content l'estre, la vie, l'integrité, & la conservation de toutes les parties, la santé, les sens parfaits, l'exemption de douleur, les forces, la beauté, & autres choses semblables.

Or entre ces Opinions, dont la premiere, & la seconde sont comprises dans celle d'Epicure, en ce qu'il met au nombre des Voluptez l'exemption de douleur, la troisieme qui est des Stoiciens semble la moins probable : Car quoy qu'on puisse dire que l'Animal desire d'estre, desire la vie, la santé, l'integrité & la conservation de ses parties, &c. neámoins si l'on y prend bien garde, on verra clairement que toutes ces choses ne se desirent, que parcequ'il est doux de jouir de la vie, de la santé, & de l'integrité de ses membres, & de ses forces, & qu'ainsi c'est pour la Volupté que ces choses sont desirées, & consequemment que la Volupté est la premiere, ou tient le premier rang entre les choses qui se desirent. Et c'est apparemment ce que pretend Aristote lorsqu'il dit, que les

Volupté est commune à tous les Animaux, & la compagne inseparable de tout ce que nous faisons avec choix : Puisque nous voyons que ce qui est honneste, aussi bien que ce qui est Vtile, est doux. Ioint que la Volupté dés nostre bas âge est comme nourrie avec nous, & qu'ainsi il est inutile de vouloir tirer, & emporter cette inclination dont nostre vie est comme teinte, & imbue : Ce qui evidemment nous doit porter à remarquer deux choses; l'une qu'encore qu'on fasse ordinairemant trois sortes de Biens, l'Honneste l'Vtile, & l'Agreable, l'Agreable, (qui n'est autre chose que la Volupté mesme) est de telle maniere meslé avec les autres, qu'il ne semble point tant estre une espece particuliere, & distincte des autres, que leur Genre commun, ou une commune proprieté qui fait qu'ils sont Biens, ou desirables, comme si ce qui est honneste, & utile n'estoit desiré que parce qu'il est plaisant, & agreable. L'autre, que la Volupté estant commune à tous les Animaux, & comme plantée en eux dés leur plus tendre jeunesse, & qu'estant d'ailleurs inseparable du choix de tout ce que nous desirons, elle semble à bon droit estre le premier des Biens qui soit souhaitté, *primum expetibile, primum familiare,* car ce sont là ces termes ordinaires, *primum expetitum, accommodatumque naturæ.*

Epicure semble donc en avoir usé plus sincerement, & plus ingenument que tous les autres, lors qu'il a prononcé que la Volupté *est primum Naturæ accommodatum,* & que c'est elle *in quam tandem desinimus, quatenus Animalia omnia simul ac nata sunt, sponte ipsa Naturæ, & citra ullum ratiocinium ipsam complectantur, & dolorem refugiant.* Il ne faut qu'entendre Torquatus dans Ciceron ; *Epicure, dit-il, enseigne que tout Animal dés qu'il est né désire la Volupté comme son Souverain Bien, & qu'il se plaist avec elle, qu'il hayt la douleur comme son souverain mal, & qu'il la repousse, & l'eloigne de soy autant qu'il peut, ce qu'il fait n'estant pas encore depravé, & la Nature iugeant encore alors sainement, & sans corruption. Il n'est point besoin de raisonner, ni de disputer, ou de chercher des raisons pourquoy la Volupté soit à desirer, & la douleur à fuir, cela se sent de soy-mesme, & naturellement, comme le feu estre chaud,* la neige estre blanche, le miel estre doux. Maxime de Tyr enseigne la mesme chose. *La Volupté plus anciene que la Raison, & que l'Art, previent l'Experience, & n'attend point le temps ; mais cet amour ardent qu'on a pour elle, & aussi ancien que nos corps, est comme le fondement du salut de l'Animal ; de sorte que si on l'oste, il faut incontinent que tout ce qui sera né perisse. L'homme peut bientost en avançans en âge, par l'experience, & par l'occurrence des choses sensibles, acquerir la Science, la Raison, & cet Entendement tant vanté ; mais docte, & appris de soy-mesme, & dés son premier commencement, il connoit la Volupté, & l'aime, comme il declare la guerre à la douleur ; parceque c'est la Volupté qui le sauve, & la douleur qui le detruit. Que si la Volupté estoit une chose de rien, elle ne seroit pas née avec nous, & ne seroit pas comme elle est, la plus anciene de toutes les choses qui sont necessaires pour nostre conservation.*

Au reste, il n'est point necessaire icy d'avertir, que de tout cecy l'on doit inferer que la Volupté est le souverain Bien. Car comme dans toutes choses, dit

Eudoxe chez Aristote, *Ce qui est desiré est un bien, ainsi ce qui est souverainement desiré doit estre le souverain Bien; or ce que toutes choses desirent est souverainement desiré, donc ce que toutes choses desirent est le souverain Bien; mais la Volupté est telle, la Volupté est donc le souverain Bien.*

Admirons plutost la Sagesse, & la Prevoyance du Souverain Autheur de la Nature, en ce que toutes les operations devant estre de soy penibles & fascheuses, jusques à celles là mesmes, dit Aristote, qui sont naturelles, comme voir, entendre, &c. il a voulu qu'elles fussent assaisonnées de volupté; il a mesme voulu que cette volupté fust d'autant plus grande que l'operation devoit estre necessaire pour la conservation soit de l'espece, soit de l'individu. Car les Animaux negligeroient, ou oublieroient non seulement l'accouplement, mais aussi le boire, & le manger, s'il n'y avoit de certains aiguillons naturels qui en excitant, en picotant, & en causant quelque espece de douleur ou d'inquietude, avertissent de l'action que la volupté qui doit appaiser cette sorte de douleur & d'inquietude accompagne; marque certaine que ces sortes de voluptez ne doivent pas de soy estre mauvaises, quoy que les hommes en abusent ensuite par leur intemperance, au contraire des autres Animaux.

Il n'est pas aussi necessaire d'avertir icy davantage, que pas le nom de Volupté l'on n'entend pas les voluptez sales & deshonnestes, le luxe, & la molesse, les delices de la table, la danse, les femmes, en un mot celles que les Sophistes, comme remarque Maxime, objectoient d'ordinaire, *Sardanapali scilicet luxus, Medica mollities, Ionica deliciæ, Siculæ mensæ, Sybaritica saltationes, Corinthiæ meretrices,* &c. mais generalement tout ce que l'on peut appeller, & que l'on appelle d'ordinaire joye, plaisir, contentement, satisfaction, delectation, douceur, gayeté, estat paisible, tranquille, serain, seur, sans trouble, Indolence, Tranquillité, &c. qui ne sont autre chose que des Sinonymes de Volupté.

Il faut seulement reprendre ce que nous avons desia remarqué estre un des Dogmes d'Aristote, que tout ce dont on fait election est toûjours accompagné de volupté, & qu'y ayant trois genres de Biens selon la distin-

&tion vulgaire qu'on en fait, l'Honneste, l'Vtile, & l'Agreable, estre agreable est quelque chose de general, en ce que l'Honneste, & l'Vtile semblent aussi estre agreables. Car il suit de là que Bien, & Agreable sont synonymes, & que le bien n'est bien, & n'est defini, *ce que toutes choses desirent*, que parce qu'il est agreable ; & par consequent, qu'estant sans doute que le bien Agreable est desiré pour la Volupté, il reste seulement à prouver que le bien Honneste, & l'Vtile sont aussi desirez pour la Volupté.

Que le Bien Vtile se raporte à la Volupté.

OR il n'est pas fort difficile de monstrer que le bien Vtile se rapporte à l'Agreable, ou à la Volupté qu'on en doit prendre ; puisqu'il est evident que l'on ne desire pas l'Vtile pour l'Vtile, mais pour quelque autre chose, & cela est ou la volupté mesme, ou a ensuite rapport à la volupté. Car premierement à l'egard des viandes, & des liqueurs, du Chant, des Senteurs, & autres choses semblables, il est evidét qu'elles regardét de foy la volupté, ce qui fe doit par confequent auffi enrendre de plufieurs Arts, comme de l'Art de la Cuifine, de celuy de la Chaffe, de la Peinture, de la Pharmacie mefme, & de la Chirurgie, qui fervent à nous delivrer de quelques incommoditez dont il eft doux d'eftre exempt. Il en eft de mefme de la Navigation, de la Marchandife, de la Guerre, tout cela tend à avoir de l'argent, ou quelque chofe d'equivalét, par quoy on puife parvenir à quelque plaifir qu'on fe propofe. En effect, lorfque quelqu'un travaille affidument pour gagner dequoy achepter une maifon, des habits, des medicamens, des livres, une charge, &c. n'eft-il pas vray qu'il fonge au plaifir dont il joüira lorfqu'il aura affez dequoy vivre en repos, & fans travailler qu'autant qu'il voudra, lorfqu'il aura moyen de manger à fon aife quand il aura faim, de boire quand il aura foif, de fe chaufer quand il aura froid, d'etudier & de contenter fa curiofité quand l'envie luy en prendra, en un mot lorfqu'il fe verra en eftat de paffer doucement la vie, feurement, honneftement, honorablement

DE LA FELICITÉ. 145

blement ? C'est là le but general de tout le monde, du Laboureur, du perfide Cabaretier, comme dit Horace, du Soldat, du Marchand, du Pilote.

Ille gravem duro terrā qui vertit aratro,
Perfidus hic caupo, miles, nautæq; per omne
Audaces mare qui currūt, hac mēte laborē
Sese ferre, senes ut in otia tuta recedant,
Aiunt ——

C'est le but des Courtisans, & de ceux qui se devouent aux grands emplois, & aux grandes charges; ils ne souffrent tant de travaux, tant de deboires, & tant de mauvaises heures, que pour pouvoir enfin, disent-ils se retirer en repos, passer le reste de leur vie à eux, doucement, & agreablement. Il n'y a pas jusques aux Avares les plus sordides, qui ne se proposent le plaisir qu'ils auront de contempler leurs coffres pleins d'or, & d'argent.

—— quidam memoratur Athenis
Sordidus ac dives, populi contemnere voces
Sic solitus: Populus me sibilat; at mihi
    plaudo
Ipse domi, quoties nūmos cōtēplor in arca.

Sans parler de ceux qui ne reconnoissant pas que la Nature se contente de

TOME VII.   G

peu, se plaisent à la profusion, acheptent par leurs rapines le luxe, & la luxure, & taschent par toutes sortes de moyés d'amasser des richesses pour avoir le plaisir de les prodiguer ; ce qui a donné sujet à ces justes plaintes de Manile.

Cumque sui parvos usus Natura reposcat,
Materiam struimus magna perjuota ruinæ;
Luxuriámque lucris emimus, luxúque
  rapinas,
Et summum census pretium est effundere
  censum.

Que le Bien Honneste se raporte à la Volupté.

LA chose paroit un peu plus difficile à prouver à l'egard du bien Honneste, parceque ce bien est censé estre desirable precisément & uniquement pour luy mesme, & non pas pour autre chose. Ciceron entre autres paroit extremement animé contre Epicure, lorsqu'ayant proposé une forme d'honnesteté telle qu'il veut qu'on l'entende, il s'adresse ainsi à Torquatus. *Ton Epicure dit qu'il ne sçait ce que veulent ceux qui mesurent le souverain bien par la* seule honnesteté, que dire que tout se rapporte à l'honnesteté, & que dans l'honnesteté il n'y ait point de volupté, c'est dire des choses en l'air, & qu'il ne comprend, ni ne voit aucunement ce qu'ils peuvent entendre sous ce mot d'honnesteté. Car, pour parler comme l'on parle communement, l'on n'appelle honneste que ce que la recommandatiõ generale du peuple rend glorieux, & estimable ; & quoyque cela, dit-il, soit souvent plus agreable que certaines voluptez, il est neanmoins desiré pour la volupté. Voyez-vous, poursuit-il, la grande dispute ? Vn noble Philosophe, qui a tant fait de bruit dans le monde, & qui non seulement a mis en rumeur la Grece, & l'Italie, mais aussi toute la Barbarie, dit qu'il ne comprend point ce que c'est que l'Honneste s'il n'est pas dans la Volupté. C'est ainsi que Ciceron propose l'Opinion d'Epicure, & à l'égard de ces mots essentiels, *Qu'on n'appelle honneste que ce que la recommandation des hommes rend recommandable*, Aristote explique la chose eu ses termes. μηδὲν εἶναι τὸ καλὸν ἢ ἄρα τὸ εὐδοξεῖν, ou qu'il n'y a rien d'honneste, ou qu'il le faut mesurer par les opinions des hommes.

En effect, pour dire premierement quelque chose de la notion, ou description de l'Honneste, quel mal y a-til de la donner eu egard aux hommes envers lesquels il merite de la loüange, & de la recommandation ? l'Honneste chez les Latins est dit honneste de l'honneur qu'il merite, & chez les Grecs τὸ καλον ne semble pas avoir d'autre signification ; puisque si vous voulez qu'il signifie non seulement *Honneste*, mais encore *Beau*, *Honorable*, *Loüable*, &c. vous trouverez qu'il n'est point tel en soy, & à son egard, mais eu egard aux hommes qui l'approuvent,& ausquels par consequét il paroit beau, & honorable, & desquels il peut, ou doit estre loüé. Ce qui se doit de mesme entendre du mot τὸ αἰσχρον, qui est l'opposé de καλον ; Car qu'on l'interprete *sale*, *vilain*, *ou blasmable*, *& honteux*, on entend toûjours un rapport aux hommes ausquels il semble tel. Et qu'ainsi ne soit, n'est-il pas vray que Ciceron mesme, lorsqu'il pretend que l'Honneste doit plutost estre defini, *Ce qui est tel qu'il puisse, toute utilité estant ostée, & sans aucune recompense, estre loüé de soy, ou* par soy ; n'est-il pas vray, dis-je, que de cela seul qu'il dit, *que l'Honneste est tel qu'il peut estre loüé*, il marque un rapport à ceux qui loüent, ou, comme dit Epicure, à la voix commune du peuple ? Au reste, qui voudroit dire qu'Epicure par ce mot de peuple, ou de multitude ait voulu execlure les Sages, & qu'il n'ait pas generalment entendu les hommes qui composent une Cité, ou une Nation, se feroit une raillerie ridicule, & ennuyése. Ioint qu'a l'egard de ce que Ciceron dit de l'utilité qui doit estre ostée, Epicure demeurera bien d'accord, que les honnestes gens ne se proposent aucun profit, ni aucun avantage, tel qu'est l'argent, ou quelque autre chose de la sorte, mais non pas qu'ils ne se proposent aucun autre bien, tel qu'est la loüange, la gloire, l'honneur, la renommée, la recommandation, &c. dont Ciceron mesme demeure d'accord, puisque supposant qu'il y a plusieurs recompenses proposées aux gens de bien, il assure expressement dans l'Oraison pour Milon, *que de toutes les recompenses de la Vertu la plus ample est celle de la gloire* ; & dans un autre entre endroit, *Que la Vertu ne demande aucune recompense des travaux, & des dangers que la loüange, & la gloire, laquelle estant ostée*, dit-il, *qu'y a-t'il dans le cours de cette vie, qui est de si peu de durée, pourquoy nous-nous devions tant donner de peine ?*

Epicure semble donc n'avoir pas mal definy l'Honneste, *Ce qui est glorieux, & honnorable par la voix, & par la recommandation generale du peuple*. Car si quelquefois le peuple fait glorieuse, & recommandable une chose qui est tenuë pour sale, ou deshonneste, cette chose peut veritablement bien estre tenuë pour deshonneste chez d'autres peuples, hommes, ou Nations qui ont d'autres Loix, & d'autres Coûtume selon lequelles la notion de l'Honneste, & du Deshonneste est differente, mais non pas à l'egard du mesme peuple chez lequel cela peut estre tenu & censé honneste conformement à ses Loix, & à ses Coûtumes. D'ou vient que Ciceron mesme definit quelquefois generalement l'Honneur, *Vne recompense de la Vertu qui se fait à quelqu'un par le jugement des Citoyens*. *Præmium Virtutis judicio, studioque ci-*

vium delatum ad aliquem, comme voulant dire que l'Honneur, & par consequent l'Honneste, ou ce qui est glorieux & honnorable par la Renommée, depend du jugement des Citoyens, ou du peuple qui se sert de ses Loix, & de ses Coûtumes.

Mais pour dire enfin ce mot important à l'egard de l'Honneste qui est rapporté à la Volupté ; il faut observer que ce rapport à la Volupté n'empêche pas que l'Honneste ne soit dit en quelque sens estre desiré par soy, ou a cause de soy, entant qu'il est desiré, *nulla contingente, sive superveniente re*, comme enseigne Aristote ; c'est à dire selon Ciceron, toute utilité estant ostée, sans aucune recompense, sans aucun profit, sans aucun fruit qui soit tel que nous avons dit estre l'Argent, ou quelque autre chose de la sorte. Car quelqu'un peut desirer l'Honneur, la Science, la Vertu, non pas pour en retirer du gain, ou pour s'enrichir davantage par là, mais pour l'honneur qui en revient, pour posseder un Entendement eclairé & sçavant, pour estre moderé dans ses passions; & tout cela neanmoins parce qu'il est doux d'estre honoré, d'estre sçavant, d'estre vertueux, d'avoir l'Esprit serain, & tranquille.

Si le Desir de l'Honneur est blasmable.

IL faut aussi observer, qu'encore que ce soit une chose vicieuse de rechercher l'honneur insolemment, & effrontement, ou par une vertu feinte, & affectée ; neanmoins il ne semble pas qu'on en doive generalement condamner le desir, comme quelques-uns font, si principalement on ne le recherche que par une vertu solide, & par une moderation honneste. Ce n'est assuremét pas sans raisó que ce desir est censé naturel ; car nous-nous appercevons qu'il regne naturellement dans les Enfans, dans les Brutes mêmes, & qu'il n'y a personne, qui bien qu'il fasse semblát de l'avoir en aversió, ne reconnoisse qu'il l'aime toûjours, & qu'il ne scauroit, le voulust-il, se de poüiller de cette passion. Ce n'est pas aussi sans raison qu'on en fait tant d'estime, puisqu'on le propose ordinairemét comme le prix de la Vertu, & qu'il n'y a ni Republique, ni Estat qui n'anime ses Citoyens aux grandes actions par cette esperance. Aussi y a t'il cette difference entre un Esprit noble & elevé, & un Esprit bas & populaire, qu'au lieu que celuy-cy ne cherche que le gain, & le profit dans ses actions, celuy la n'y cherche que la Gloire; joint que l'experience nous enseigne, & que de tout temps on a remarqué, que si l'on tire de l'Esprit des hommes le desir de l'Honneur & de la Gloire, il ne se parle plus de ces grandes & belles actions qui soûtiennent les Estats.

Cecy supposé, l'on peut distinguer deux especes de cette Volupté pour laquelle l'Honneur est desiré. La premiere est cette joye extreme dont quelqu'un espere estre transporté lorsque sa renommée volera parmi les hommes, & qu'il deviendra celebre dans le Monde. L'on sçait l'Histoire de Damocles, & l'esperance qu'il avoit de ressentir une joye ineffable de l'Honneur Royal qu'on luy rendroit. L'on sçait celle de Demosthene, ce grand Homme avouoit ingenument qu'il s'estoit pleu à entendre une femmelette qui en revenant de la Fontaine, disoit tout bas à sa compagne, *le voila ce Demosthene*, en

G 5

le montrant du doigt : Et nous pouvons croire sans faire tort à la Vertu, qu'il en est le mesme de nos Illustres, lors qu'en passant ils s'entendent nommer, & que nous-nous disons, celuy-là c'est ce *Chappelle* le plus bel Esprit du Royaume ; Celuy-cy *Despreaux* l'Horace de nostre Siecle, ce diseur eternel de veritez ; cet autre là le Celebre *Racine*, qui par la force de ses Vers sçait quand il luy plaist nous tirer les larmes des yeux ; Celle-là cette scavante & incomparable *Sabliere* : Tant-il est doux d'estre connu dans le Monde par quelque belle qualité !

At pulchrum est digito monstrari, &
dicier hic est.

L'on sçait aussi ce qui se lit de Themistocle, qu'ayant remarqué, apres une Victoire memorable qu'il avoit remportée, que tout le monde negligeant de regarder les Combats publics, avoit les yeux tendus sur luy, dît transporté de joye à ses Amis, *Je remporte aujourdhuy une ample recompense de tous les travaux que iay soufert pour la Grece.*

L'autre espece de Volupté qui porte les hommes à desirer de l'Honneur, c'est cette Seureté dont il est si doux de joüir, d'autant plus que celuy qui vit en pleine & entiere seureté, se voit en puissance de faire ce que bon luy semble, & de joüir des plaisirs qui luy agreent, sans que personne l'en empesche. Or l'on croit aisement que la Seureté s'acquiert par l'Honneur ; parce qu'où l'honneur se rend acause de la Vertu, ou acause des Charges & des Dignitez qui supposent la Vertu ; si c'est acause de la Vertu, il est constant que le mepris n'y est point, & la personne honorée ne tombe point dans un estat qui soit exposé aux injures, & aux affronts ; si c'est en veüe des charges & des dignitez, & consequemment de quelque bien qu'on espere, ou de quelque mal qu'on apprehende, cela fait qu'on le tient aussi d'ordinaire pour un tres grand, & ferme appuy : Mais il y a cela de difference que celuy qui se rend acause de la Dignité estant plus eclatant, & ebloüissant davantage les Esprits vulgaires, on en voit plusieurs brusler pour les Dignitez, & pour les grands employs, & tres peu aspirer à la Vertu ; comme si ceux qui sont eslevez aux Dignitez avoient dequoy servir aux uns, & de quoy nuire aux autres, & pouvoient par consequent estre en seureté à l'egard de ceux-là par l'esperance, & à l'egard de ceux-cy par la crainte,

CHAPITRE IV.

Quel Bien la Vertu Morale produit.

POur toucher aussi maintenant quelque chose de la Vertu mesme, Aristote, & Ciceron disent merveille des douceurs, & des plaisirs que causent la science, & l'erudition, qui font la premiere partie de la Vertu morale. *La Nature dit Aristote, cette mere commune excite des voluptez ineffables dans ceux qui peuvent parvenir à connoiore les causes des choses, & qui philosophent ingenûment, & de bonne foy. Si nous ne sçaurions sans plaisir regarder de simples images de la Nature, parce qu'en les regardant nous contemplons le genie & l'art du Peintre, ou du Sculpteur qui les a faites; combien à plus forte raison la contemplation de la Nature mesme, de sa sagesse, & de son industrie admirable* nous doit-elle remplir l'Esprit de joye, & de satisfaction ?

Ciceron en parle aussi fort avantageusement ; *la consideration*, dit-il, *& la contemplation de la Nature est la vraye & naturelle pasture des Esprits, c'est ce qui nous releve, & qui nous rehausse, & lorsque nous pensons aux choses celestes si grandes, si vastes, & si etenduës, nous meprisons celles d'icy bas comme petites, & de nulle consideration.*

Seneque n'est pas moins admirable. O que l'Hôme, s'ecrie-t'il est mesprisable, s'il ne s'esleve au dessus des choses humaines ! L'on peut dire que l'Esprit de l'Homme est parvenu au plus grand bon-heur dont sa nature soit capable, lorsqu'ayant foulé aux pieds tout vice, & tout mal, il s'eleve aux choses sublimes, & penetre dans l'interieur de la Nature. C'est alors que se promenant parmi les Astres, il se mocque des plafonds azurez, & de tout l'Or que la Terre reserve pour l'avarice de nos descendans. Il y a la haut des Espaces immenses dont l'Esprit prend possession. Lors qu'il y est parvenu, il se nourrit, il s'augmente, & comme s'il estoit libre des liens terrestres, il retourne à son origine ; ayant pour marque de sa Divinité, que les choses divines luy plaisent; & qu'il les regarde, non comme etrangeres, mais comme siennes.

C'est icy le lieu de faire mention de ces plaisirs, & transports de joye que causent les Mathematiques. Plutarque rapporte qu'Eudoxe eust esté content d'estre bruslé comme Phaëton, pourveu qu'auparavant il luy eust esté permis d'approcher le Soleil d'assez prés pour voir sa figure, sa grandeur, & sa beauté. Le mesme raporte que Pythagore fut tellement ravy de joye, pour avoir trouvé ce fameux Theoreme qui fait la quarante septieme du premier Livre d'Euclide, qu'il fit d'abord un Sacrifice solemnel. Il dit aussi d'Archimede que plusieursfois on fut obligé de le retirer par force de ses profondes meditations, tant il y trouvoit de plaisir, qu'il pensa mourir de joye lorsqu'il eut trouvé le moyen de demontrer la quantité du cuivre qui pouvoit estre meslé dans cette couronne d'or que le Roy avoit consacrée aux Dieux, & que sortāt du Bain tout transporté, il s'ecriat, je l'ay trouvé, je l'ay trouvé, εὕρηκα εὕρηκα. Il n'y a riē ajoûte Cicerō, de plus agreable que le doux repos d'une sçavante

Vieilleſſe. Nous voyions *Gallus*, l'ami de voſtre Pere, mourir de ioye en ſpeculant les *Aſtres*, & en meſurant les *Cieux*, & la *Terre*. Combien de fois le iour l'a-t'il ſurpris au matin lorſqu'au ſoir il avoit entrepris de decrire quelque choſe la nuit, & combien de fois la nüit l'a t'elle ſurpris au ſoir lorſqu'il avoit commencé dés le matin? Que de plaiſir il avoit, quand il nous prediſoit longtemps auparavant les *Eclipſes* du *Soleil*, & de la *Lune* !

Pour ce qui eſt des autres Arts Liberaux, l'on ſcait quels plaiſirs donnent la connoiſſance de l'Hiſtoire, & de l'Antiquité, la beauté de la Poëſie, & la grace de l'Eloquence. Ces etudes, dit le meſme Ciceron, entretienent agreablement la Ieuneſſe, divertiſſent la Vieilleſſe, ſont un ornement dans la proſperité, & un doux refuge dans l'adverſité; *Hæc ſtudia Adoleſcentiam alunt, Senectutem oblectant, ſecundas res ornant, adverſis perfugium ac ſolatium præbent, delectant domi, non impediunt foris, pernoctant nobiſcum, peregrinantur, ruſticantur.* Elles donnent du plaiſir à la maiſon, & n'embaraſſent point en campagne, elles dorment avec nous, elles nous accompagnent dans nos voyages, & se promenent au Champs avec nous; où sont les plaisirs, des bâquets, des jeux, & des Fémes qui puissent estre comparez avec de si doux plaisirs ? *Quæ sunt epularum, aut Ludorum, aut Scortorum Voluptates cum his voluptatibus comparanda ?* Les gens d'Etude veillent les jours, & les nuits, & il n'y a point de travaux qu'ils ne soufrent, tant il y a de plaisir à apprendre, à connoistre, a sçavoir ! *Omnia prepetiuntur ipsâ cognitione & scientiâ capti, & cum maximis curis & laboribus compensant eam quam ex discendo capiunt voluptatem.*

Quant à l'autre partie de la Vertu, qui est specialement dite Vertu Morale, nous serons obligez ensuite d'en parler plus an long, lorsque nous traitterons de ses quatre especes la Prudence, la Force, la Temperance, & la Justice : Maintenant, supposant comme une verité incontestable, qu'il n'y a rien de plus doux que de ne se reprocher rien, de ne se sentir atteint d'aucun crime, de vivre sagement, & selon les regles de l'honnesteté, de ne manquer à aucun des devoirs de la vie, de ne faire tort à personne, de faire du bien à tout le monde autant qu'il est possible ; supposant, dis-je, ces sortes de Maximes que nous toucherons aussi dans la suite, je remarqueray seulement icy trois choses. La Premiere, que ce n'est pas sans raison qu'on a de tout temps comparé la Vertu à une Plante dont la racine fust amere, mais dont les fruits fussent tres doux, & que Platon, Xenophon, & plusieurs autres ont tant recommandé ces Vers d'Hesiode, qui marquent que la Vertu ne s'acquiert que par les travaux, & par les sueurs, & que le chemin qui y conduit est veritablement long, difficile, & de rude abord dans le commencement, mais que quand on est parvenu au sommet, il n'est rien de plus doux, & de plus agreable.

Virtuti verò sudorem præposuere
Dij superi ; & via longa, atque ardua
ducit ad ipsam.
Aspera principio ; sed ubi ad fastigia ventum est,
Occurrit (dura ante licet) mollissima deinceps.

A quoy on doit ajouter cette Sentence d'Epicharme, que les Dieux nous vendent tous les biens à force de pei-

ne, & de travail.
Labore nobis cuncta
Dij vendunt Bona.

Parceque tout cela nous fait voir qu'il faut volontiers soufrir les travaux qui se rencontrent dans l'acquisition de la Vertu, comme devant estre suivis de douceurs, & de plaisirs merveilleux.

Ce n'est pas aussi sans raison qu'on a tant parlé de ce Carefour où la Volupté, & la Vertu haranguerent eloquemment Hercule, chacune pour l'attirer à son party. Car cela confirme la verité de ces Regles que nous avons apportées plus haut, lorsque nous avons dit qu'il falloit fuir ce plaisir d'ou il devoit suirve un plus grand deplaisir, comme il falloit embrasser les peines, & les travaux qui devoient causer de plus grand biens, & de plus grands plaisirs. Ie scais bien qu'on feint qu'Hercule rejetta la Volupté, c'est à dire la vie molle, & enervée, & qu'il suivit la Vertu, c'est à dire la vie laborieuse, & pleine de difficultez. Cependant Maxime de Tyr dit tres bien, que lors qu'il estoit dans le plus fort de ses travaux il ressentoit, ou avoit en veue des plaisirs merveilleux.

Vous voyez, dit-il, dans Hercule des travaux immenses, mais vous ne voyez pas les plaisirs incroyables qui les accompagnoient, ou qui les devoient suivre. Quiconque oste le plaisir à la Vertu, il luy oste les nerfs, & les forces ; parceque sans le plaisir, les hommes n'entreprendroient jamais rien de grand, & celuy la mesme qui par un zele de vertu endure ; & souffre volontiers les travaux, il endure, & souffre pour l'Amour de quelque plaisir qu'il ressent, ou qu'il espere. Car demesme que dans l'amour d'amasser des richesses, personne ne change un talent avec une dragme, ni du cuivre avec de l'or, si ce n'est celuy à qui Iupiter a osté l'Entendement; ainsi à l'egard des travaux, personne ne travaille pour le travail, ce seroit un pauvre dessein; mais l'on fait un echange des travaux presens avec l'honnesteté, comme parlent les plus grossiers, ou, pour parler plus sincerement, avec la volupté. Qui dit honneste, dit agreable, & l'honneste seroit negligé si en mesme temps il n'estoit agreable : Pour moy ie tiens tout le contraire de ce que l'on obiecte, i'estime que la volupté est de toutes les choses du monde la plus aimable, & la plus à suivre,

& ie crois que c'est acause d'elle qu'on court à la mort, & qu'on s'expose aux Blessures,& à tout ce qu'il y a de plus fascheux. Car quoy que vous donniez divers noms à la cause qui les fait souffrir, & que dans Achille qui court volontiers à la mort pour Patrocle, vous la nommiez Amitié ; dans Agamemnon qui veille, qui delibere, & qui fait la guerre, le soin du Royaume; dans Hector qui commande, qui combat, & qui gagne des Batailles, le salut de la Patrie ; tous ces differens termes dont vous-vous servez sont des noms de Voluptez. En effet, de mesme que dans les maladies du corps, le malade dans l'esperance de la santé se soumet volontiers à soufrir les incisions, le feu, la soif, la faim, & les autres choses fascheuses & incommodes, defaçon que si vous ostiez cette esperance il ne s'y soumettroit iamais ; ainsi dans les actions de la vie, il se fait une compensation des choses fascheuses qu'on souffre avec la volupté, que vous appellez veritablement Vertu, & que i'avoue aussi estre Vertu : Mais cependant ie vous demande si vostre Esprit embrasse la Vertu qu'il n'ait de l'amour pour elle, & si demeurant d'accord qu'il en a, vous ne devez donc pas aussi demeurer d'accord qu'il y a du plaisir? Et changez de termes tant qu'il vous plaira, ne dites pas plaisir, ne dites pas Volupté, mais ioye, mais satisfaction, je n'envie pas l'abondance des termes, je regarde à la chose, & je reconnois le plaisir ou la Volupté qui a fait agir Hercule.

La seconde remarque que je fais, c'est que les Philosophes mesme qui semblent avoir declaré la guerre à la Volupté, comme pour elever davantage la Vertu, & faire les hommes d'importance, ne different point tant d'Epicure dans la chose, que dans le mot. Ie pourois icy parler de leurs mœurs avec Lucian qui leur dit si bien, que s'ils avoient l'Anneau de Gyges, ou le Casque de Pluton, de façon qu'ils ne pussent estre apperceus de personne, on les verroit bientost abandonner là leurs cheres douleurs, leurs travaux, & leurs incommoditez, & se jetter dans le plaisir, & dãs les voluptez qu'ils paroissẽt cõdamner, & avoir en horreur. Maxime de Tyr ajoute qu'ils sont cóme le Pasteur d'Esope, qui estãt interrogé par un Lion qui luy demandoit s'il n'avoit poĩt veu le Cerf qu'il poursuivoit, repõdit au Lion que non, luy montrant cependant du doigt l'endroit où il estoit, c'est à dire, que si ces pretendus Vertueux renoncét à la volupté, ce n'est que de parole, & en apparence: mais pour laisser là leurs mœurs qui ne repondoient nullement à leurs discours, il suffit icy de sçavoir qu'Epicure aussi bien qu'eux admet, & estime souverainement la Vertu, & que lors qu'ils s'echauffent si fort contre luy de ce qu'il soutient que la Vertu est simplement un moyen tres propre pour parvenir à la fin derniere ou au souverain bien, au lieu de soutenir comme eux qu'elle est elle-mesme la derniere fin, ou le souveraim bien mesme, ils ne disent au fond que la mesme chose que luy, quoy qu'en termes differens.

Et defait, voicy expressement ce qu'ils disent, & ce qui est de plus celebre parmy eux, *Que la Vertu qui suffit à la Felicité, n'a besoin d'autre chose que de la force de Socrate*, ou comme parle Ciceron, *Que pour vivre heureux, la Vertu est contente d'elle-mesme*: Or à entendre seulement ce Dogme, qui est-ce qui ne voit, & qui ne comprend que la Vertu est, non le souverain bien, ou la fin derniere, mais un moyen qui contribuë de telle maniere à l'acquerir, qu'il est seul suffisant pour cela, sans qu'il ait besoin du secours d'aucun autre moyen ? Et qui est-ce par consequent qui ne concluë que la vie heureuse, ou la Felicité qui s'obtient par le moyen de la Vertu, est le souverain bien, & la derniere fin, en ce que ce bien, & cette fin est maintenant pour soy, & n'est pas pour avoir ensuite quelque autre chose ? Est-ce que vivre heureusement peut estre autre chose que vivre agreablement, doucement, avec plaisir, ou, pour ajoûter le principal Synonime qui les choque si fort, avec Volupté ?

Certainement, quoyque les Stoïciens n'en usent pas si ingenument qu'Aristote, qui tient *que la Volupté est meslée à la Felicité, & que par la Volupté la contemplation ou l'operation de la Felicité est augmentée*, je ne doute neanmoins point, que si la vie heureuse pouvoit estre conceüe, ou pouvoit effectivement estre sans douceur & sans plaisir, ils la feroient entieremét deserte, & qu'en môtat leur môtagne si rude & si difficile de la vertu, ils ne souffriroient sans doute point tant de maux, s'ils ne croyoient qu'au sommet il y a de la douceur toute preste. Quoy Socrate mesme, dont ils demandent la force & le courage, n'a t-il pas evidemment definy la Felicité, *Une Volupté qui ne soit suivie d'aucun repentir?* & Antisthene le Pere des Cyniques, & l'autheur de ce celebre Dogme Stoïque, *qu'il aimeroit mieux devenir fou, que de prendre du plaisir*, ne demeure t-il pas d'accord chez Stobée, *venandas esse eas voluptates, non quæ labores, aut molestias præcedunt, sed quæ consequuntur*, que l'on doit rechercher les Voluptez, non celles qui precedent les travaux, & les choses fascheuses, mais celles qui en suivent?

Mais pour faire voir plus clairement, comment la Volupté accompagne mesme la vie Cynique, que les Stoïcens estiment veritablement austere, mais toutefois heureuse, il ne faut encore une fois qu'entendre Maxime de Tyr, qui dans Diogene mesme a mieux que qui que ce soit descrit cette vie. *Qu'est ce*, dit-il, *qui a jetté Diogene dans le tonneau, si ce n'est la Volupté? Car quoy que ce soit aussi la Vertu qui l'y a jetté*

DE LA FELICITÉ. 169

jetté, pourquoy neanmoins feparez-vous la Volupté de la Raison ? Diogene s'eſt autant pleu dans ſon tonneau, que Xerxes dans Babilone : Autant à manger ſa boüillie d'orge, & du pain ſec, que Smindrydes à ſes mets, & à ſes ragoûſts exquis : Autant à la chaleur du Soleil, que Sardanapale dans ſes veſtemens de pourpre : Autant à ſon baſton, qu'Alexandre à ſa Lance ; Autant à ſa beſace, que Crœſus à ſes threſors. Que ſi vous comparez voluptez avec voluptez, celles de Diogene l'emportent aſſurement ; parceque la Douleur & le Chagrin ſe ſont toûjours de tous coſtez meſlez aux voluptez de ces pretendus heureux. Xerxes vaincu ſe lamente ; Cambyſes bleſſé s'afflige ; Sardanapale bruslant gemit ; Smindrydes chaſſé ſe tourmente ; Crœſus captif fond en larmes ; Alexandre empeſché de faire la guerre ſe plaint ; & les voluptez de Diogene ſont exemptes de plaintes, de cris, de pleurs, & de deplaiſirs. Vous appellez travaux, ou actions faſcheuſes ſes Voluptez ; vous meſurez Diogene à voſtre pied, mauvaiſe meſure ; car ſi vous faiſiez ce qu'il fait, vous en ſeriez affligé, au lieu que Diogene en fait ſon plaiſir. J'oſerois meſme aſſurer, que jamais homme n'eut plus de passion pour la volupté que Diogene: Il n'a point eu de maison; le soin d'une famille est tres fascheux: Il ne s'est point meslé des affaires civiles; c'est un employ qui est plein d'inquietudes: Il n'a point voulu se marier; il avoit oüy parler de Xantippe: Il n'a point elevé d'enfans; il en connoissoit les difficultez: Mais tout chagrin banni, & parfaitememt libre, exempt de soin, d'inquietute, de crainte, & de douleur, luy seul entre les hômes tenoit toute la Terre comme une seule & commune maison, jouissant pleinement des plaisirs qui ne sont gardez nulle part, qui sont libres & ouverts à tout le monde, & qui se trouvent abondamment par tout. *Verùm depulsâ omni molestiâ, plenus libertate, expers sollicitudinis, absque metu, citra dolorem habebat unus hominum universam rerum quasi unam domum, voluptatibus passim fruens incustoditis, patentibus, copiosis.*

La troisieme remarque est, que ceux qui semblent se glorifier, ou qui en effect se glorifient de faire tout par un pur amour de la Vertu, & sans avoir aucun egard à eux-mesmes, ni à leur plaisir, font neanmoins en effet tout ce qu'ils font pour le plaisir. Car quoy que ceux qui s'exposent à divers dangers pour un Ami, ou pour le salut de la Patrie, & qui affrontent même la mort qu'ils tienent indubitable, ne fassent pas cela en veuë d'une volupté qu'ils doivent sentir apres la mort, neanmoins ils le font pour le plaisir present qui les transporte, & qui les anime, lorsqu'ils pensent que l'action qu'ils vont faire donnera la liberté à leurs pere, & mere, à leurs enfans, à leurs amis, & aux autres citoyens, ou qu'elle leur causera quelque grand avantage, lorsqu'ils se representent combien leur memoire sera chere à leurs descendans, & à toute la posterité, lorsqu'ils prevoient les Tropheés, les Statuës, & les loüanges qui ne leur manqueront pas, lorsqu'ils considerent que ce moment de mauvais temps qui reste à souffrir, sera chāgé en une gloire immortelle ; ils le font, dis-je, pour le plaisir present qui les ravit, qui les transporte, & qui les anime.

Ceci se doit entēdre de celuy qui va à une mort certaine ; car lors qu'il reste quelque esperance d'en echapper, il ne faut que voir ce que Torquat* rapporte à l'occasiō d'un de ses Ayeuls, *il est vray,*

I 2

dit-il, qu'il arracha la Lance des mains de son ennemy, mais il se couvrit autant qu'il put pour n'estre pas tué: Il affronta un grand danger, mais c'estoit à la veuë de toute l'Armée: Quel avantage luy en revint-il? La loüange, & l'amour de tout le monde, qui sont de tres fermes appuys pour pouvoir passer la vie sans crainte. Voyez aussi comme parle Seneque. Vne grande & belle action qu'on fait cause quelquefois beaucoup de joye, & en tres peu de temps, & quoy qu'il n'en reviene aucun avantage à celuy qui est mort, neanmoins la pensée de l'action qu'on va faire plaist, & lorsque l'homme genereux, & juste, se represente pour le prix de sa mort la liberté de son pays, le salut de ceux pour qui il donne sa vie, il se trouve rempli d'un grand plaisir, & joüit du fruit de son peril; celuy-là même qui n'a pas cette joye (ce qui arrive au dernier moment de l'action) court à la mort sans hesiter, content & satisfait de faire une action bonne, pieuse, religieuse.

Le mesme se doit dire de ces Peres severes qui punissent de mort leurs propres Enfans; quoy qu'ils semblent se priver de grands plaisirs, ce que Ciceton continüe d'objecter de ce mesme Torquatus, qui en donnant un coup de sa hache à son fils, prefera le droit de l'Empire à la nature, & à l'amour paternel: Car ceux qui en vienent là connoissent que le naturel de leurs Enfans est tel qu'il est meilleur soit pour eux, soit pour leurs Enfans mesmes, de mourir que de vivre; parce qu'ils n'en recevroient jamais que des deplaisirs continuels, & que leur infamie eternelle rejailliroit aussi sur eux. C'est pourquoy, comme ils croient qu'il est meilleur, ils croient aussi qu'il est plus agreable de rachepter les deplaisirs, & l'infamie avenir par une douleur presente, & de purger, pour ainsi dire, ce qui s'est fait d'infame par quelque belle, & illustre action, que de se jetter par une mollesse sale, & trompeuse dans un abysme de malheurs: Et c'est là la Volupté que suivent ceux qui se veulent delivrer de cet abysme. Voyez aussi ce que le mesme Torquatus repond. *Il a fait mourir son fils, mais si c'est sans cause, je ne voudrois pas estre né d'un pere si cruel; s'il l'a fait pour établir, & affermir la discipline militaire, & pour retenir par la crainte du cha-*

timent l'Armée dans son devoir pendant une guerre tres dangereuse, il regarda le salut des Citoyens, dans lequel il vit le sien estre compris.

De l'Amour propre.

MAis ce qui se dit universellement de la Vertu, se peut-il aussi dire de la Pieté envers Dieu, puisqu'il ne semble pas qu'il puisse y avoir de la Pieté sincere, si Dieu n'est purement & precisement aimé pour luy mesme, ou parce qu'il est infiniment bon, & s'il n'est aimé & honoré parcequ'il est infiniment excellent; en sorte que celuy qui aime, & qui honore ne se regarde aucunement, & ne considere aucunement son utilité, ou son plaisir? Pour moy, à Dieu ne plaise que je veuille ravaller la Pieté de qui que ce soit. Comme il y en a qui non seulement persuadent qu'il faut aimer Dieu de cette sorte, & qui non seulement supposent consequémment que cela est possible, mais qui pour auctoriser le Dogme, & prevenir l'Objection, se vantent mesme, & croyent qu'ils le font; je ne leur en porte assuremēt point d'envie, & ne vais point au contraire, bien loin de là, j'approuve, & revere ce bon-heur, & cette grace particuliere que le Ciel repand sur eux: Car il faut croire que c'est un don divin, & surnaturel, qu'un homme se puisse porter à aimer, & à honorer Dieu de cette maniere: Mais comme il s'agit icy de la Pieté, ou universellemét de la Vertu qui est selõ la nature, & selõ laquelle l'homme fait tout ce qu'il fait par quelque rapport à soy-mesme, ne pourroit-on point dire, que Dieu s'est de telle maniere accómodé à l'infirmité de la Nature, que n'y ayant presque dans la S. Ecriture aucun passage qui authorise & exprime leur Dogme, il s'y en trouve neanmoins quantité qui approuvent ceux qui aiment beaucoup Dieu, parcequ'il leur a pardonné beaucoup de pechez, ou qu'il leur a fait beaucoup de graces, qui l'aiment pour l'esperance qui leur est promise dans les Cieux, & qui font divers offices de charité, soufrent la persecution, gardent la foy, &c. acause du Royaume qui leur est preparé dés le commencement du Monde, acause de la recompense abondante qui les attend dans les Cieux, acause de la couronne de Iustice que Dieu a promise à ceux qui l'aiment ? N'oseroit-on point, dis-je, entrer dans ce sentiment, & inferer de tous ces passages que rien n'empesche qu'on n'ait en veüe ces delices eternelles dont doivent un jour joüir ceux qui auront aimé Dieu, & qui l'auront honoré ?

Ie ne veux certainement point prendre à temoin la conscience de personne, ni ne demande point ce qu'ils feroient, si Dieu se contentant d'estre aimé, & honoré, ne se soucioit aucunement de ceux qui l'aimeroient, & qui l'honoreroient, ne leur faisoit aucun bien, & ne leur en donnoit aucun à esperer dans toute l'Eternité ; je ne leur demande pas, dis-je, ce qu'ils feroient, & si de bonne foy ils ne l'en aimeroient, ni ne l'en honoreroient pas moins ? Ie les prie seulement de ne trouver pas mauvais qu'on leur demande, s'ils ne le font du moins pas parcequ'il est tres doux d'aimer Dieu, & de le servir de la sorte, & s'ils ne croient par consequent pas qu'il est tres doux, & tres satisfaisant d'estre de telle maniere disposé envers Dieu, qu'on le fasse purement & absolument pour luy, & nullement pour foy ; puisque celuy qui crie que son joug est doux, pour nous porter à aimer Dieu de tout nostre Cœur, de toute nostre Ame, de tout nostre Entendement, & de toutes nos Forces, n'exclüe pas assurement cette douceur ?

Mais cecy soit dit en passant pour d'autant plus authoriser, ou confirmer la raison par laquelle on prouve selon le sentiment d'Epicure, que la Volupté est le souverain Bien, ou la derniere fin comme estant de telle maniere desirée pour elle mesme, que toutes les autres choses sont desirées acause d'elle ; disons maintenant quelque chose de cette autre raison qui se prend de la comparaison de la Volupté avec la Douleur qui luy est opposée. *Posons, dit Torquatus, un homme iouïssant de plusieurs, grands, & continuels plaisirs tant du corps, que de l'Esprit, sans que ces plaisirs soient troublez par aucune douleur ou presente, ou à venir ; quel estat enfin peut-on dire estre meilleur, & plus desirable que celuy-là ? N'est-il pas vray qu'un homme disposé de la sorte sera dans une assiette d'Esprit inebranlable, qu'il ne fremira point vainement & pueri-*

H 5

lement à la veuë de la mort, & qu'il considerera qu'elle est inevitable ? Posez au côtraire quelqu'un qui soit travaillé de toutes les plus cruelles douleurs tant du corps, que de l'Esprit dont une personne malheureuse soit capable, sans esperance d'aucun soulagement, ni d'aucun plaisir soit present, soit à venir ? Que peut-on dire, ou s'imaginer de plus malheureux que luy ? Or si la vie remplie de douleurs est à fuïr sur toutes choses, & consequemment que vivre avec douleur soit comme il est sans doute, le souverain des maux, il s'ensuit par la loy des contraires, que vivre avec plaisir est le souverain des biens; n'y ayant rien au delà comme dernier où nostre Esprit s'arreste, & se contente, comme il n'y a rien au delà de la douleur soit du Corps, soit de l'Esprit qui puisse ebranler la Nature, ou en sapper les fondemens.

Ie n'ose pas dire, repond Ciceron, celuy que ie prefereray à vostre pretendu heureux, la Vertu le dira pour moy, & n'hesitera pas de luy preferer Marcus Regulus, qui de son bon gré sans y estre contraint, & contre la foy qu'il avoit donnée à l'Ennemy retourna de son Pays à Carthage; elle preferera, dis-je, ce grand homme, & lors qu'il sera tourmenté des veilles, & de la faim, elle s'ecriera qu'il est plus heureux qu'un Thorius qui boit delicieusement couché sur les roses. Il avoit fait de grandes guerres, il avoit esté deux fois Consul, il avoit triomphé, & cependant il ne croioit point tout cela ni si grād, ni si beau que cette derniere entreprise que sa foy, & sa constāce luy suggererēt; cet estat, qui à l'entendre depeindre nous semble miserable, luy estoit un estat de plaisir, & de bon-heur. Car ce n'est pas touiours la ioye, la lasciveté, les ris, & les ieux qui font la Beatitude, mais souvent la fermeté, & la constance rendent heureux ceux qui sont dans la souffrance, & dans la tristesse.

De la fausse Vertu, & fausse Felicité de Regulus.

MAis pour dire un mot des exemples dont on a fait comparaison, avant que de nous rendre à l'eloquence de Ciceron; encore qu'on ne doive pas en tout approuver Thorius, & sa maniere de vie trop delicieuse, qu'Epicure n'approuveroit pas, neanmoins il semble bien difficile à concevoir que

Regulus ait esté effectivement plus heureux que Thorius. Ie vois veritablement un grand apparat, & une grande pompe de paroles, par où l'on a coutume d'exagerer cette Vertu tant vantée de Regulus; cependant, à considerer de bonne foy son histoire, & à peser sincerement les diverses circonstances, la chose ne paroit pas telle. Polybe rapporte *que Regulus ayant fait heureusement la guerre contre les Carthaginois, & craignant que de Rome il ne vint en sa place un Consul qui luy emportast la gloire de ses belles actions; il exhorta les Carthaginois à la Paix, mais qu'ensuite il proposa à leurs Deputez des conditions tellement rudes, que les Carthaginois se resolurent à tout evenement; d'ou il arriva qu'ayant choisy pour Chef Xantippe Lacedemonien, ils livrerent la Bataille à Regulus, remporterent la Victoire, & le prirent accompagné de cinq cent hommes avec lesquels il s'enfuyoit; Marque autentique*, dit le mesme Polybe, *de l'inconstance de la Fortune, & du peu de confiance qu'on doit avoir dans ses caresses; puisque celuy qui un peu auparavant ne se laissoit point toucher à la misericorde, & qui n'avoit aucune compas-*

sion pour les affligez, fut incontinent apres obligé de se jetter à leurs pieds, & de leur demander la vie. Polyænus ajoûte, que Regulus iura aux Carthaginois, que s'ils le vouloient laisser aller, il persuaderoit aux Romains de faire la Paix avec eux, & que s'il ne le pouvoit faire, il retourneroit à Carthage; mais qu'il persuada tout le contraire au Senat, luy decouvrant la foiblesse des Carthaginois, & le moyen de les detruire, & remontrant aux Senateurs, que les prisonniers Carthaginois estoient jeunes, & bons Capitaines, & luy deja cassé de vieillesse; ce qu'il fit, dit Appian, en cachette, & avec les principaux des Romains seulement. Son Opinion ayant donc prevalu, comme dit Ciceron, l'on retint les prisonniers, la Paix ne se fit point, & il retourna à Carthage: Il est vray que ce depart se fit d'une etrange maniere; car Horace dit qu'en partant il regardoit afreusement la Terre comme un criminel, & qu'il repoussoit rudement sa femme, & ses petis Enfans qui pleuroyent autour de luy, ne permettant pas seulement qu'ils l'embrassassent pour la derniere fois.

Fertur pudica conjugis osculum,

Parvisque natos, ut capitis minor
A se removisse, & virilem
Torvus humi posuisse vultum :
Donec labantes consilio Patres
Firmaret Author nunquam aliàs dato,
Intérque mœrentes Amicos
Egregius properaret exul :
Atqui sciebat quæ sibi Barbarus
Tortor pararet ; non aliter tamen
Dimovit obstantes propinquos,
Et populum reditus morantem,
Quàm si clientum longa negotia
Dijudicatâ lite relinqueret
Tendens Venefranos in agros,
Aut Lacedæmonium Tarentum.

Cependant il faut remarquer ce que rapporte Tuditanus, Que persuadant de ne faire point l'echange des prisonniers, il ajoûta que les Carthaginois luy avoient donné un poison qui estoit lent, afin qu'il pûst vivre iusqu'à ce que l'echange fust fait, apres quoy il devoit insensiblement devenir Ectique, & mourir.

Il faut aussi remarquer ce qui se trouve entre les fragmēs de Diodore Sicilien. Or qui est-ce qui n'improuve extrememēt l'imprudēce & l'arrogāce d'Attilius Regulus, qui ne pouvant supporter la prosperité qui luy estoit comme une espece de fardeau fort pesant, se priva luy mesme du fruit d'une tres grãde loüage, & jetta sa Patrie en de tres grands dangers ? Car ayant pû faire une Paix glorieuse & avantageuse au peuple Romain, & remporter une gloire tres grande de clemence & d'humanité, il insulta superbement aux affligez, & leur imposa des conditions de Paix tellement rudes & insupportables, qu'ils s'attira l'indignation de Dieu, & fut cause que les vaincus contractant une inimitié implacable, reprirent courage, & s'exposerent à tout evenement : Et les choses par sa faute changerent tellement de face, qu'il fut defait avec toute son Armée, y ayant eu trente mille hommes de tuez sur la place, & quinze mille de pris avec luy, &c, D'où l'on doit conjecturer que Regulus considerant qu'il ne pourroit jamais reparer la faute qu'il avoit fait, & qu'il ne pourroit desormais passer dans Rome que pour un homme imprudent, & arrogant, il aima mieux s'en retourner à Carthage, & prefera le peril qu'apparement il ne croyoit pas si grand acause des prisonniers Carthaginois qui estoient entre les mains des Romains, à une infamie certaine, & à une vie qu'il prevoyoit devoir eftre languiffante, & de peu de durée acaufe du poifon que les Carthaginois luy avoient donné.

Quoy qu'il en foit, que Regulus n'ayant rien fait à Rome ait retourné à Carthage, & ait en cela gardé fa foy, c'eft affurement ce qu'on ne fçauroit trop eftimer ; mais qu'il ait diffuadé au Senat ce qu'il avoit promis de luy perfuader, comment cela peut-il paffer pour une chofe loüable, puifque c'eft un parjure evident ? Si du moins il s'eftoit contenté d'expofer fimplement les chofes dont il s'eftoit chargé, fans rien perfuader, ni diffuader, cela pourroit fembler tolerable, mais de profaner ainfi ouvertement les facrées loix du jurement, de quelle maniere eft-ce que cela fe peut excufer ? Et qu'il l'ait fait en cachette, comme il eft à croire, de crainte, dit Appian, que les Ambaffadeurs qui eftoient venus avec luy, n'en euffent la connoiffance, cela même augmente le foupçon, & noircit l'action.

Ne pretexterez-vous point le falut, & la gloire de la Patrie ? Veritablement il faut aider la Patrie par de bons confeils, & par la force, & le courage mais non pas par des artifices mauvais, & par la perfidie ; & l'on ne doit pas, pour estre bon Citoyen, n'estre pas homme de bien.

Direz-vous ce qui est dans Euripide, qu'il ne jura que de la langue, & non pas du cœur, *illum jurasse linguâ, mentem gessisse injuratā* ? Mais cela n'est que chercher une couverture au parjure. Car, comme dit Ciceron, *ce n'est pas estre parjure que de iurer à faux, mais de ne pas faire ce que le jurement porte suivant l'intelligence ordinaire des termes.* En effect, si sans blesser la conscience il estoit permis d'entendre une chose, & d'en dire une autre, ce seroit admettre qu'il est permis de mentir en effet, & de tromper celuy qui nous ecoute parler, ou qui nous interroge ; ce qui rendroit suspecte la foy de qui que ce soit, & feroit par consequent une etrange confusion dans le commerce des affaires humaines.

Direz-vous qu'il luy estoit permis, parceque les Carthaginois n'avoient pas aussi eux-mesmes gardé la foy qu'ils avoient donnée ? Mais si vous estes un meschant homme, je ne dois pas pour cela n'estre pas homme de bien : Autrement quelle difference y aura-t'il entre moy & vous ? L'on agit envers les perfides avec precaution, ou à force ouverte, mais il n'est point permis d'agir avec qui que ce soit en faussant sa foy : C'est une Maxime, *ou qu'il ne faut pas promettre, ou qu'il faut tenir sa promesse.* Aussi semble-t'il que les Carthaginois ne le tourmenterent ainsi de ces horribles supplices, que parceque contre la foy qu'il leur avoit donnée, il dissuada les Romains de faire la Paix, & l'echange des prisonniers. Il est vray, comme dit Tubero, *que l'on mit entre les mains des Enfans de Regulus les plus nobles Captifs, qui furent faits mourir dans les mesmes tourmens que Regulus;* mais considerez, je vous prie, si Regulus avoit raison de preferer la perte de ces Captifs au salut de cinq cent Soldats Romains, qui avoient esté pris avec luy, & qui par sa belle Vertu perirent cruellement comme luy à Carthage ?

Mais pour revenir à nostre sujet qui regarde la Felicité, je demanderois encore volontiers qu'on me dît de bonne foy comment la Felicité de Regulus pouroit estre plus grande que celle de

Thorius lorsque Regulus estoit tourmenté de la maniere que le descrit Tubero dont nous venôs de faire métion? *Ils le tenoient*, dit-il, *long temps dans de noires, & profondes tenebres, luy ayant coupé les paupieres, & lorsque le Soleil estoit tres ardent, ils le tiroient de là, & l'exposoiēt à ses rayōs, le contraignāt d'avoir les yeux tēdus de ce costé là, afin qu'il luy fust impossible de les fermer.* Ciceron dit *qu'il fut lié dãs une Machine, & qu'apres qu'ils luy eurēt coupé les paupieres, ils le laisserēt mourir pas les veilles.* Seneque appelle cette machine *un cofre dans lequel il fut cloué par une infinité de clous dont ce cofre estoit herissé*, voicy la description qu'en fait Sylvius.

Præfixo paribus ligno mucronibus omnes
 Armantur laterum crates, densusque per
  artem
Texitur erecti, stantisque ex ordine ferri
Infelix stimulus, somnisque hac fraude negatis,
Quoscumque in flexus producto tempore
 Tortor
Inclinavit iners, fodiunt ad viscera corpus.

 Mais direz-vous, Thorius embrassa mollement la Volupté, & Regulus pour le salut de la Patrie preferal les tourmens, & les souffrit courageusement. Premierement Thorius ne fut point ni si mol, ni si voluptueux, que le salut de la Patrie le requerant, il n'allast à la guerre, & ne mourust mesme enfin les armes à la main pour la Republique au milieu du Combat, comme Ciceron mesme le raconte.

D'ailleurs, encore que ce soit une grande consolation au milieu des tourmens de sentir sa conscience pure & nette, & de voir qu'on souffre pour le salut de plusieurs, pour conserver l'honneur de la dignité, & pour l'honnesteté ; neanmoins il ne semble pas pour cela qu'on soit plus heureux, que si vivant d'ailleurs honnestement, & ne faisant tort à personne, taschant de faire du bien à plusieurs, & s'acquitant du devoir d'un homme de bien, & d'un bon Citoyen, on passoit doucement sa vie avec beaucoup de plaisir, & peu de douleur, ou de chagrin.

Enfin, si quelqu'un estoit dans cette disposition d'Esprit, qu'il fust tout prest de s'exposer à quelque danger que ce fust, de souffrir tous les travaux possibles & d'exposer mesme sa vie & son sang pour s'acquiter dignement de son devoir, & de son Employ, & qu'il eust de telle maniere le choix des deux genres de vie que Torquatus a proposez, qu'il pust prendre l'un ou l'autre des deux sans faire tort à son devoir; qui est-ce, je vous prie, entre ceux qui blasment si fort la Volupté, & qui loüent tant la Douleur, qui estimeroit qu'on deust preferer le dernier, & qui le voulust embrasser?

Au reste, il semble qu'il seroit convenable d'appuyer icy plus fortement, & un peu plus au long ce qui a deja esté dit plus haut, que la Douleur est le Souverain mal, puisque cela a esté comme l'Antecedent, duquel par la loy des Contraires il suivroit que la Volupté seroit le souverain Bien; mais par la mesme raison qu'il a esté prouvé que la Volupté est le premier Bien que naturellement on suit, *Primum familiare, seu accommodatum*, & par consequent le souverain Bien, par cette mesme raison il a esté prouvé que la Douleur est le premier Mal que naturellement on fuit, *Primum alienum, seu incommodans*, & par consequent le souverain Mal, en ce que la Nature ayāt imprimé à tous les Animaux un amour naturel pour le plaisir, elle leur a en mesme tems imprimé une haine naturelle pour la douleur: Observons donc icy plutost deux, ou trois choses, L'une que par le mot de Douleur l'on n'entend seulement pas celles que l'on appelle douleurs de Corps, mais aussi celles qui sōt dites douleurs d'Esprit ; d'autant plus qu'elles sont plus rudes & plus fascheuses que celles du corps, comme nous avons montré plus haut ; L'autre que de mesme qu'il a esté dit que la Vertu, ou l'Honnesteté a en soy de quoy causer de tres grandes voluptez; ainsi l'on peut maintenant dire que le Vice, ou ce qui est infame & deshonneste a en soy dequoy causer de tres grandes douleurs ; ce qui fait que comme la Vertu, ou l'honnesteté est accompagnée de tres grands biens, ainsi le Vice, ou ce qui est deshonneste & infame est accompagné de tres grands maux ; de sorte que de mesme qu'entre les choses qu'on demande pour obtenir le souverain bien, la Vertu est ce que l'on doit principalement embrasser, ainsi entre les choses que l'on doit fuïr pour eviter le souverain mal, le Vice, ou ce qui est deshonneste & infame, est ce que l'on doit principalement fuïr. La derniere, que ce Dogme semble estre fort conforme au Sacré Dogme de la Foy, par lequel demesme que nous tenons que la Felicité, ou le souverain bien consiste à joüir un jour dans le Ciel des delices eternelles; ainsi nous croyons que la souveraine misere, ou le souvrain mal consiste à estre un jour tourmenté dans les Enfers de ces douleurs ineffables, & de l'ardeur de ces feux terribles & eternels.

CHAPITRE V.

Que le seul Sage embrasse la Vertu Morale.

IVsques icy nous avons parlé de la Volupté generalement prise, il reste maintenant à parler de la Volupté speciale, & particuliere, à sçavoir celle à laquelle le Sage se reduit, comme estant tres naturelle, tres aisée à obtenir, tres durable, tres exempte de repentir, en un mot, celle que nous avons deja dit estre *la Tranquillité de l'Esprit, & l'Indolence du corps*. Or ce n'est pas sans raison que nous la disons estre *tres naturelle*; parce que c'est à cette Volupté que la Nature semble finalement tendre, comme n'ayant institué les autres Voluptez qui sont dans le mouvement, que pour rendre agreables les operations qui se rapportassent à celle là, & tendissent à l'obtenir; Car elle a, par exemple, institué la volupté qui est dans le Goust, pour rendre l'action de manger agreable, & y provoquer par consequent l'Animal, & l'action de manger pour appaiser la faim, qui est cette douleur, ou ce mouvement inquiet, & fascheux de l'orifice de l'Estomac ; mais à l'egard de l'appaisement mesme, ou de cet estat doux & tranquille qui se ressent la faim estant ostée, c'est ce qu'elle a eu en veüe comme la Fin derniere, & elle en a fait le souverain ou dernier Bien. Ce n'est pas aussi sans raison que nous la disons estre *tres aisée à obtenir* ; parcequ'un chacun est en puissance de dompter ses passions pour avoir l'Esprit tranquille, & d'obtenir les choses qui sont font veritablement necessaires au Corps pour luy procurer l'Indolence. J'ajoute qu'elle est *tres durable*; parceque les autres consistent dans un moment, & ne font, pour ainsi dire, que sautiller, au lieu que celle-cy est d'une mesme teneur, & n'est presque interrompuë, ou ne perit presque que par nostre faute. Ie dis enfin qu'elle est *tres exempte de repentir*; puisque de toutes les autres il se peut faire qu'il en suive quelque mal, au lieu que celle-cy est absolument innocente, ou n'est jamais cause d'aucun dommage.

Il est vray que Ciceron fait d'abord un long procez à Epicure, sur ce qu'il donne à la Tranquillité, & à l'Indolence le nom de Volupté, qui ne se doit, *dit-il*, entendre que de celle qui est dans le mouvement, ou par laquelle le sens est agreablement meu; mais Ciceron ne devoit, ce semble point luy faire une dispute de nom. Car supposé que dans l'usage ordinaire l'on n'appelle pas Volupté l'estat de Tranquillité, & d'Indolence, qui a pû empescher Epicure de l'appeller Volupté, & qui mesme soit telle que de toutes celles à qui les hommes donnent ce nom, il n'y en ait aucune qui luy soit comparable? Cela a esté, & sera toujours permis en maniere de Doctrine, & principalement icy, ou Volupté, & Bien, ou ce qui est à desirer, estant une mesme chose, cet estat qui semble estre la chose du monde la plus desirable, & la meilleure, semble pouvoir estre censé, & estre dit Volupté. Deplus on luy peut opposer non seulement Aristote, qui dit en termes exprés, *qu'il y a plus de volupté dans le repos que dans le mouvement*, mais encore S. Chrysostome, dont voici aussi les propres termes. *Car qu'est-ce que Volupté autre chose sinon estre libre de chagrin, d'inquietude, de peur, de desespoir, & generalement estre exempt de ces sortes de passions? Lequel est ce des deux, je vous prie, qui est dans la Volupté, ou celuy qui est furieux, qui est agité de passions, tourmenté de plusieurs convoitises, & qui ne se possede jamais; ou celuy qui est exempt de toutes ces agitations, & qui se repose dans la Philosophie comme dans le Port? J'appelle Volupté veritable lorsque l'Ame est en un tel estat qu'elle n'est ni troublée, ni dechirée par aucune passion corporelle.*

Ce que Ciceron objecte des Enfans

& des Bestes, qui sont les Miroirs de la Nature non depravée, & qui cependant n'appetent point la Volupté qui est dans cet estat de repos que nous venons de dire, mais seulement celle qui est dans le mouvement, semble presser davantage : Mais quoy qu'il en soit du jugement des Bestes, & de la nature des Brutes, qui ne naist veritablement pas depravée, mais bien instruite pour obtenir sa fin, & qui apres avoir appaisé la douleur qui est causée par quelque indigence, se tient naturellement en repos, au contraire de plusieurs hommes, qui depravez dans leur opinion, se feignent, ou se font des besoins en irritant l'appetit, & ne se fixent à rien; quoy qu'il en soit, dis-je, des bestes, & pour ne parler que des hommes, il est constant que tout ce que l'on objecte se detruit aisement par ce qui a esté insinué plus haut? Car en premier lieu, la Nature a institué la Volupté stable pour fin principale, & l'operation ayant esté instituée comme un moyen necessaire pour l'obtenir, elle s'est servie de la Volupté qui est dans le mouvement, pour que l'operation se fit avec plus d'allegreſſe : D'où vient qu'encore que l'Homme, ou un autre Animal, ſemble eſtre plus expreſſement, & plus evidemment excité, ou porté à la Volupté qui eſt dans le mouvement, cela n'empeſche toutefois pas qu'en meſme temps il ne tende auſſi tacitement, & en effet à celle qui eſt ſtable, & cela par un inſtinct de la Nature, qui la tient comme le but principal, ou la fin primitive.

D'ailleurs, parceque l'Homme dans la ſuite du temps ſe corrompt, comme j'ay dit, par diverſes Opinions, deſorte que faiſant, comme on parle d'ordinaire, τὸ πάρεργον ἔργον, *le principal de l'acceſſoire*, il tient la Volupté qui eſt dans le mouvement pour but primitif, & qu'en abuſant de cette volupté par ſon intemperance, il s'attire du dommage lorſqu'il perd celle qui eſt dans la ſtabilité, & que la Nature a faite la premiere ou la principale, ce qui eſt ſuivi de triſteſſe & de repentir ; pour cette raiſon Epicure a voulu que la Sageſſe ſurvienne, laquelle enſeigne l'Homme *à regler la Volupté*, c'eſt à dire à conſiderer l'acceſſoire comme acceſſoire, & le principal comme principal.

Cependāt il ne faut pas se mettre fort en peine de ce que les Cyrenaïciens objectent dans Ciceron, que cette Volupté d'Epicure est *comme l'estat d'une personne dormante*; car il a pretendu que sa Tranquillité, & son Indolence fussent, non pas comme un engourdissement, mais un estat dans lequel toutes les Actions de la vie se fissent doucement, & agreablement, ce qui a deja esté marqué plus haut; & s'il n'a pas voulu que la vie du Sage fust comme un torrent, il n'a pas aussi voulu pour cela qu'elle fust come une eau morte, & croupissante, mais plutost comme l'eau d'un fleuve qui coule doucement & sans bruit. C'est un de ses Axiomes, *que la douleur estant ostée, la volupté n'est point augmentée, mais seulement diversifiée*; comme voulant dire, qu'apres qu'on a acquis cet estat tranquille, & exempt de douleur, il n'y a veritablement rien à desirer de plus grand, ou qui luy soit comparable, mais cependant qu'il reste des voluptez pures, & innocentes, dont cet estat sans estre gasté, est diversifié, à la maniere d'un champ, qui estant devenu fertile, donne divers fruits, ou à la maniere d'un pré, qu'on voit diversifié d'une varieté admirable de fleurs, lorsque la terre est une fois bien temperée. Car cet estat est comme un fond, d'où tout ce qu'il y a de volupté pure & sincere se tire ; desorte que cela mesme le doit faire considerer comme la souveraine volupté, en ce qu'il est comme une espece d'assaisonnement general par lequel toutes les actions de la vie sont comme adoucies, & par lequel toutes les voluptez sont par consequent comme assaisonnées, & agreables, ou, pour dire en un mot, sans lequel nulle volupté n'est volupté.

Et de fait, que peut-il y avoir d'agreable, si l'Esprit est dans le trouble, ou le Corps tourmenté de douleur ? C'est une Maxime, que si le vaisseau n'est pas net, tout ce que l'on y met s'aigrit. *Sincerum est nisi vas, quodcumque infundis acescit.*

C'est pourquoy, si quelqu'un desire des voluptez pures, il faut qu'il se prepare à les recevoir purement, ce qui se fait enfin lors qu'autant qu'il est possible l'on parvient à cet estat de repos & de tranquillité que nous venons de dire. Ie dis autant qu'il est possible, car selon ce qui a deja esté remarqué, la conditió mortelle ne permet pas qu'on soit absolument, & parfaitement heureux, & cette souveraine Felicité entierement exempte de trouble, & de douleur, & comblée de toute sorte de volupté, n'appartient qu'à Dieu seul, & à ceux que sa bonté fait passer à une meilleure vie: Si bien que dans cette vie les uns estant plus, & les autres moins agitez de trouble, & tourmentez de douleur, celuy qui veut en user sagement, doit tascher, autant que sa nature, & sa foiblesse le permettent, de se mettre en un estat dans lequel il puisse ressentir le moins de trouble, & le moins de douleur qu'il est possible. Car par ce moyen il obtiendra les deux biens qui sont ce *Souverain Bien*, & que les Sages ont toûjours reconnu estre presque les seuls biens solides, & desirables de la vie, la Santé du Corps, & celle de l'Esprit.

Sunt Sanitas, & Mens gemina vita bona.
Optandum est, ut sit Mens sana in corpore sano.

De plus, qu'Epicure n'ait point voulu que sa Volupté fust comme un assoupissement, ou une privation de sentiment & d'action, c'est ce qui se pourroit prouver par ce qu'il a fait dans ses Iardins soit en meditant, soit en enseignant, soit en prenant soin de ses Amis; mais il suffit de dire qu'il a crû que de cet estat il naissoit une certaine pensée, qui est la chose du Monde la plus douce, ascavoir lorsque quelqu'un repassant dans son Esprit les tempestes dont il s'est courageusement tiré, & dont les autres sont encore agitez, il se considere comme dans un Port asseuré, jouissant d'un calme, & d'une tranquillité agreable. Qu'il est doux, dit Lucrece, de voir du sommet d'une montagne un Navire en pleine Mer, battu des Vents, & des vagues, non qu'il y ait plaisir de voir le mal d'autruy, mais parce qu'il est doux de se voir exempt des maux dont les autres sont travaillez !

Suave mari magno turbantibus æquora
  Ventis
E terra magnum alterius spectare laborē;
Non quia vexari quemquam'st iucunda
  voluptas,
Sed quibus ipse malis careas quia cernere
  suave'st.

C'est aussi une chose bien douce, ajou-

te-t'il, de voir du haut de quelque Tour deux puissantes Armées rangées en bataille, sans avoir part au danger.
Suave etiam belli certamina magna tueri
Per campos instructa tua sine parte pericli:
Mais rien n'est si doux, que de se voir elevé par la Science, & par les grandes connoissances au faiste des temples de la Sagesse, d'où comme d'un lieu elevé, serain, & tranquille, l'on puisse voir les hommes aller çà & là à travers champs, sans sçavoir ce qu'ils font, ni ce qu'ils cherchent, les uns se tourmenter à qui fera voir le plus d'Esprit, les autres disputer superbement de leur Noblesse, & les autres travailler jour & nuit pour parvenir aux grandes richesses, aux charges, & aux cõmandemens.
Sed nil suavius est bene quā munita tenere
Edita doctrinā Sapientum templa serena,
Despicere unde queas alios, passimq; videre
Errare, atque viam palanteis quaerere vitae:
Certare ingenio, contendere Nobilitate:
Noctes atque dies niti praestante labore.
Ad summas emergere opes, rerúmq, potiri.
O miseras hominũ mentes, O pectora caeca!
Miserable que nous soumes, dit-il encore, est-ce qu'on ne voit pas que la Nature ne nous crie autre chose, sinon

qu'estant exempts de douleur, nostre Esprit joüisse d'une agreable tranquillité, exempt de soucy, de crainte, & d'inquietude ?

——— *nonne videre 'st Nil aliud sibi Naturam latrare, nisi ut cū Corpore seiunctus dolor absit, mente fruatur Iucundo sensu, curâ semotâ, metúque ?*

De la Tranquillité d'Esprit en particulier.

MAis pour toucher specialement quelque chose de la Tranquillité, disons encore une fois, que par ce mot l'on n'entend pas une paresse froide & lente, ou une oisiveté languissante, & insensible, mais comme Ciceron l'interprete de Pytagore, & de Platon, *Placida, quetáque constantia in Animi parte rationis principe,* Vne constance douce, & paisible de l'Esprit; ou comme dit Democrite, Vne belle, loüable, egale, & douce constitution ou assiette d'Esprit, qui rende un homme ferme, & inebranlable, de telle sorte que soit qu'il s'applique aux affaires, soit qu'il s'en abstiene, soit qu'il experimente la prosperité, ou qu'il ressente l'adversité, il demeure toujours egal, toujours semblable à soy mesme, sans se laisser emporter par une joye excessive, ou se laisser abattre par le chagrin, & par la tristesse, en un mot, sans estre troublé par aucune autre passion de la sorte: Et c'est de là que cette Tranquillité d'Esprit à esté appellée, ἀταραξία, comme qui diroit exemption de trouble, & d'agitation. Car demesme qu'un Navire est dit joüir de la tranquillité, non seulement lorsqu'il est en repos au milieu de la Mer, mais principalement aussi lorsqu'il est porté par un vent favorable, qui le fait veritablement aller viste, mais toutefois doucement, & également; ainsi un Esprit est dit tranquille, non seulement lorsqu'il demeure dans le repos, mais principalement aussi lorsqu'il entreprend de belles & grandes choses, sans estre agité interieurement, & sans rien perdre de son egalité. Et au contraire, demesme qu'un Navire est dit estre agité, non seulement lorsqu'il est emporté par les vents contraires, mais lorsqu'il est tourmenté par ceux-là mesmes qui s'elevent du dedans des eaux; ainsi l'Esprit est dit estre troublé, non seulement lorsque dans ses actions il est emporté par diverses passions, mais aussi lorsqu'au milieu du repos le soucy, le chagrin, & la crainte le rongent, le dessechent, & le consument.

Ce sont donc ces Passions, & autres semblables, qui en troublant entierement la tranquillité, troublent la vie heureuse; Voicy comme Ciceron en parle. *Les mouvemens turbulens, & les troubles de l'Esprit qui sont excitez par une impetuosité inconsiderée, & qui repoussent toute raison, ne laissent aucun lieu à la vie heureuse. Car comment est-il possible que celuy qui craint effroyablement la mort, ou la douleur, dont l'une est souvent presente, & l'autre menace touiours, ne soit miserable? Que si de mesme il craint la pauvreté, l'ignominie, l'infamie, s'il craint de devenir infirme, & aveugle, si enfin il craint ce qui peut arriver non seulement à chaque personne en particulier, mais aux peuples les plus puissans, ie veux dire la Servitude, peut-il estre heureux en craignant toutes ces choses? Peut-il iouïr seulement d'une ombre de Felicité? En quel estat est un Esprit, qui non seulement craint les cala-*

mitez, le banissement, les pertes de biens, la mort des Enfans, mais qui les sentant, & les voiant desia presentes, meurt de chagrin, & de tristesse? Peut-on s'imaginer que celuy qui est accablé par tant d'accidens, & qui se laisse ainsi vaincre par la tristesse ne soit tres miserable? Quand d'ailleurs vous voyez un homme furieux, & bruslant de passion, qui désire toutes choses avec une espece de fureur, & qui est d'autant plus avide des voluptez, qu'il en iouït avec abondance, n'est-ce pas avec raison que vous le iugez miserable? Que penserez vous de celuy qui est dans une inconstance perpetuelle,& qui se laisse emporter par une ioye ridicule, & immoderée? Ne vous semble-t'il pas d'autant plus miserable qu'il s'imagine estre heureux? Comme ceux là donc sont miserables, ceux-cy au contraire sont heureux qui ne sont point epouvantez par la crainte, qui ne se laissent point surmonter par la tristesse, qui ne s'enflamment point par les convoitises, qui ne sont point touchez par des ioyes immoderées, & pour qui les molles voluptez n'ont que des attraits inutiles, & incapables de les amollir, mais entendons Torquatus.

Epicure, celuy que vous dites estre trop

addonné à ses plaisirs, crie qu'il est impossible de vivre agreablement, si l'on ne vit sagement, honnestement, iustement, & que l'on ne peut vivre sagement, honnestement, iustement, qu'on ne vive agreablement. Car si une Ville ne peut estre heureuse dans la sedition, ni une Maison dans la discorde des Maistres, beaucoup moins le pourra estre un Esprit qui n'est pas d'accord avec soy mesme, ou qui est agité de passions differentes. Il est incapable d'aucune volupté pure, & libre, & il ne voit rien que dans le trouble, & dans la confusion. Si les maladies du Corps empeschent la Felicité de la vie, combien davantage les maladies de l'Esprit la doivent-elles empescher ? Or les maladies de l'Esprit sont les desirs vains & immoderez des richesses, de la gloire, de la domination, & des voluptez sales & deshonnestes. Ajoutez les ennuys, les chagrins, & les soins qui rongent, & consument l'Esprit des hommes qui n'entendent pas que l'on ne doit point s'affliger de ce qui ne cause point de douleur presente au Corps, ou n'en doit point causer un iour. Aioutez la mort qui nous menace perpetuellement, & qui pend toûiours sur nos testes, comme la pierre sur celle de Tantale.

Aioutez la Superstition qui ne laisse iamais en repos celuy qui en est imbu. Aioutez qu'ils ne se souvienent point des biens passez, qu'ils ne ioüissent point des presens, & que voyant que ceux qu'ils attendent ne sont pas certains, l'ennuy, le chagrin, & la crainte les consument ; mais ils sont extraordinairement tourmentez lorsqu'ils reconnoissent qu'ils se sont pris trop tard à travailler pour l'Argent, pour les Charges, pour les Richesses, & pour la Gloire, & qu'ils se sentent privez des plaisirs dont ils avoient esperance de iouir, & pour lesquels ils ont tant pris de peines, & de fatigues. Il y en a d'autres qui ont l'Esprit petit, ou desesperant toujours de tout ; d'autres qui ne songent qu'a faire mal, qui sont envieux, difficiles, tenebreux, medisants, fascheux d'autres inconstans, & changeans dans leurs Amourettes; d'autres petulans, audacieux, & lasches, effrontez, intemperans, paresseux, ne demeurant iamais dans leur sentiment, ce qui fait que dans leur vie il n'y a aucun intervalle aux chagrins, aux fascheries, aux inquietudes.

Nous devrions icy consequemment toucher cette tres suave douceur, que ressent necessairement celuy, qui delivré des troubles dont il estoit agité, reconnoit l'estat heureux où il est, & se considére, ainsi qu'il a dejà esté dit plus haut, comme en repos dans un tranquille Port apres avoir esté battu, & tourmenté des Vents, & des vagues de la Mer : Mais nous aurons sujet de parler de ce plaisir particulier lorsque nous traitterons des Vertus, dont le propre est de calmer les Passions, & ainsi de causer une douce, & agreable tranquillité d'Esprit ; joint que cette douceur se peut icy generalement entendre par l'estime qu'en fait celuy qui soupire apres elle quand il se sent dans le trouble, & dans l'agitation effective; demesme que celuy qui battu des bourasques de la Mer soupire apres le calme, & la bonnace, ou demesme que celuy qui revenant de quelque grande maladie respire apres la Santé : Car personne ne reconnoit bien le prix de ces choses que celuy qui les envisageant dans un estat opposé les a depuis peu passionement souhaitées. C'est pourquoy je toucheray plutost un mot de ce que j'ay insinué en passant, asçavoir que l'on peut conserver la tranquillité d'Esprit, & ainsi vivre heureusement, non seulement dans le calme, & hors de l'embaras des affaires, mais au milieu mesme des plus grandes & importantes occupations.

De la Vie, & de la Felicité Active.

COmme ceci suppose qu'il y a deux manieres de Vie, & ainsi deux sortes de Felicité, la Contemplative, & l'Active, les Sages ont veritablement toujours preferé la Contemplative à l'active; neanmoins cela n'empesche pas que ceux que la Naissance, ou le genie, le hazard, ou la necessité auront engagé dans les affaires, ne puissent absolument garder une louable, & convenable tranquillité. Car celuy qui les entreprend, non pas à l'aveugle, mais apres y avoir long temps & meurement pensé, qui contemple l'estat des choses humaines, non comme du milieu de la foule, mais comme de quelque lieu eminent, qui sçait que dans le cours actuel des affaires il peut survenir cent choses que toute la Sagacité humaine ne sçauroit prevoir, qui pourvoit de telle maniere, sinon specialement, du moins generalement aux difficultez qui se peuvent rencontrer, qui se dispose à estre souvent obligé de prendre, comme on dit, conseil sur le champ, qui reconnoit qu'il est bien le maistre de ce qui est en luy, mais non pas des choses qui ne sont point dans son libre-arbitre, qui fait autant qu'il luy est possible ce qui est du devoir d'un homme de bien, & qui croit apres cela, quelque chose qui arrive, devoir estre content & satisfait, qui ne se promet point avec tant de certitude l'heureux succez de ses entreprises, qu'il ne se propose que les choses pourront aller autrement qu'il ne les souhaite, & ne se dispose par consequent l'Esprit de telle façon qu'encore qu'il vienne à experimenter la mauvaise fortune, il la supporte neanmoins constamment, & patiemment : Celuy-là, dis-je, qui affecté, & disposé de la sorte, se sera engagé dans les affaires, poura agir au dehors de façon qu'au milieu mesme de l'agitation, & du trouble des affaires il garde interieurement & en soy-mesme un repos doux, & tranquille. C'est ce que Claudian a si bien dit du Grand Theodose, & que nous pourrions sans flaterie appliquer à nostre Monarque le vray Theodose de la France, le vray modele d'un Sage Prince.

―― *Nec Te tot limina rerum,*
Aut tantum turbavit onus, sed ut altus
 Olympi
Vertex qui spatio Vētos, hyemesq; relinquit
Perpetuum nulla temeratus Nube serenum,
Celsior exsurgit pluviis, auditque ruentes
Sub pedibus nimbos, & rauca tonitrua
 calcat ;
Sic patiens Animus per tanta negotia liber
Emergit, similisque sui, &c.

Ni tant de grands desseins qu'il medite, ni le pesant fardeau de l'Estat qu'il soutient, ne troublerent jamais la tranquillité de son Esprit ; mais de-mesme que le haut sommet de l'Olimpe toujours clair, toujous serain, plus elevé que les pluies, que les nuages, & ques les brouillars, laisse bien loin au dessous de soy les Vents & les Hivers, entend les Nues se dissoudre sous ses pieds, & se mocque des Foudres & des Tonnerres ; ainsi son Esprit patient, constant, & libre entre tant de grandes, & differentes affaires, demeure toujours serain, toujours tranquille, & toujours semblable à soy-mesme.

Servat inoffensam Divina modestia vocem,
Temperiem servant oculi, nec lumina fervor
Asperat, aut rabidas diffundit sanguine
venas.

Quin etiam fontes expulsâ corrigis irâ,
Et placidus delicta domas, nec dentibus
unquam
Instrepis horrendum, fremitu nec verbera
poscis.

Vne modestie Divine accompagne sa voix, jamais une parole offensante ne luy echape, jamais on ne voit ses yeux erinceller de colere, & ses veines enflées de sang, & de fureur, il sçait sans emportement domter les crimes, & sans passion corriger les vicieux.

Le Nil coule doucement, sans vanter ses forces par le bruit, & par le fracas, & cependant c'est le plus utile de tous les Fleuves du Monde ; le Danube plus gros & plus rapide, coule aussi sans bruit le long de ses bords, & le Gange ce fleuve immense s'en va de mesme roulât majestueusemét ses eaux dans les gouffres profonds de l'Ocean.

Lenè fluit Nilus, sed cunctis Amnibus extat
Vtilior, nullas confessus murmure vires.
Acrior at rapidus tacitas prætermeat ingês
Danubius ripas : Eadem clementia sævi
Gurgitis immésum deducit ad ostia Gãgẽ.

Que les Torrens mugissent au travers des Rochers, qu'ils menacent, qu'ils renversent les Ponts,& qu'ecumant de rage ils envelopent, & entrainent les Forest;la paix & la douceur sont le partage & le caractere des grandes choses, une puissance tranquille, & un repos imperieux pressent plus fortement, & se font obeir plus puissamment que la violence, & l'impetuosité.

Torrentes immanè fremant, lapsisque minentur
Pontibus, involuãt spumoso vortice Sylvas;
Pax maiora decet;peragit tranquilla potestas
Quod violẽta nequit, mãdataq; fortiùs urget
Imperiosa quies ———

Ajoutez que lors que les choses de quelque maniere que ce soit sont une fois achevées, il ne s'eleve point insolemment si elles ont reussi,comme il ne s'abbat point laschement si elles ne reusissent pas, & du reste il ne se repent jamais des conseils qu'il à pris, parceque tout estant bien pesé, & examiné, il estoit plus vray-semblable qu'elles reussiroient ; ce qui fait qu'il entreprendroit encore les mesmes choses, si les mesmes circonstances se rencontroient. L'on sçait la Repartie de Phocion, qui avoit dissuadé une Guerre laquelle ne laissa pas d'avoir un succez heureux : *Ie suis*, dit-il, *tres aise que la chose soit arrivée de la sorte, mais neanmoins ie ne me repens pas du conseil que j'avois donné.* C'est à peu pres la pensée de Ciceron. *Il est*, dit-il, *d'un homme Sage de ne rien faire dont il puisse se repentir, de ne rien faire à regret, de faire tout magnifiquement, constamment, gravement, honorablement, de n'attendre rien comme s'il devoit certainement arriver, de n'admirer rien de ce qui arrive comme chose nouvelle & inopinée, & de se tenir ferme à son iugement :* Non que le Sage doive mespriser les conseils des autres, & se fier trop temerairement à son sens, mais parce qu'apres avoir meurement deliberé sur une affaire, il ne doit pas par une certaine mesiance trop grande de soy mesme, souffrir que le jugement de la multitude l'emporte sur le sien : Et c'est pour cela qu'on loüe avec raison ce fameux Temporiseur, qui prefera le salut de sa Patrie aux vaines criailleries du peuple. Il en est de mesme de Phocion, qui sans se soucier que ses Soldats l'accusassent de lascheté, parce qu'il ne les vouloit pas mener au combat, ne se fiant pas trop à leur force, & à leur courage, repondit tout simplement, *O Braves, vous ne me ferez pas courageux, & ie ne vous feray pas poltrons, il suffit qu'un chacun connoisse ce qu'il est.*

Si la Felicité Contemplative est preferable à la Felicité Active

APres tout, quelle que soit cette Tranquillité, ou Felicité Active, Aristote a raison d'estimer davantage la Contemplative; parceque la Contemplation est l'action de la partie qui est en nous la plus excellente, & la plus divine, & que d'ailleurs c'est l'action la plus noble, la plus pure, la plus constante, la plus durable, & la plus aisée à exercer. Nous ne repeterons point icy ce qui a dejà esté dit plus haut sur la premiere partie de la Vertu, pour montrer le bon heur d'un sage Philosophe, & la satisfaction qu'il y a dans la Contemplation des choses, il suffira de se souvenir de ce qu'en ecrit si doctement Ciceron. *De quels plaisirs*, dit-il, *ne iouït donc pas l'Esprit*

du Sage, estant occupé nuit & iour dans ces estudes ? De quelle douceur n'est point remplie son Ame, quand il considere le mouvement, & le circuit de l'Vnivers, ce nombre infiny d'Etoiles qui brillent dans le Ciel, ces sept Planettes qui estant plus ou moins eloignées les unes des autres, selon qu'elles sont ou plus hautes, ou plus basses, semblent vagabondes, & incertaines dans leurs mouvemens, & ne manquent neanmoins iamais d'achever leur cours dans les temps qui leur sont prescrits ? C'est l'aspect, la consideration de tant de belles choses qui ont poussé les anciens Philosophes à de nouvelles recherches, à examiner les causes, & les principes de l'Vnivers, d'où les choses ont pris leur naissance, d'où elles sont engendrées, & qu'elles diverses qualitez sont entrées dans leur composition ; d'où vient la vie, d'où vient la mort ; comment se font les vicissitudes, & les changemens d'une chose en une autre ; par quels poids la Terre est soutenuë & balancée ; dans quels goufres elle renferme ses eaux, & comment toutes choses emportées par leur pesanteur tendent naturellement au poinct qui fait le milieu du Monde : C'est en discourant sur tant de merveil-
les,

les, & en les repassant nuit & jour, qu'on acquiert cette connoissance que Dieu commandoit autrefois à Delphes, asçavoir que l'Ame pure & depouillée de tout vice se connoisse elle mesme, & se sente estre unie avec la divine Intelligence, ce qui luy cause une joye eternelle, & inexprimable; car les meditations qu'elle fait sur la puissance, & sur la nature des Dieux, luy donnent de la passion pour l'Eternité, & lorsqu'elle voit la suite & l'enchainement necessaire des causes moderées & temperées par une raison eternelle, elle ne croit point estre limitée dans les bornes etroites de cette vie. De là vient qu'elle considere les choses humaines avec une tranquillité admirable, qu'elle se porte à la Vertu, qu'elle recherche en quoy consiste le souverain des biens, & le souverain des maux, à quoy-est ce que se doivent rapporter toutes nos actions, & quelle est la regle de vie que nous devons suivre, & choisir.

Ajoutons que celuy qui aura consideré l'etrange vicissitude des choses, depuis tant d'années que le Monde subsiste, la naissance, le progrez, la consistance, le declin, & la ruine des Royaumes, des Republiques, des Religions, des Opinions, des Loix, des Coûtumes; les mœurs, & les manieres particulieres de vie qui sont presentement en vigueur, & que nos Ayeulx auroient rejetté, celles que les Anciens regardoient serieusemét, & dont nous-nous mocquons maintenant, celles qui plairont à nos descendans, & dont neanmoins nous-nous mocquerions si nous les pouvions voir; comment les Mœurs & les Coûtumes, quoy que changeant en particulier, peuvent neanmoins generalement estre dites les mesmes, & sont toujours une marque de la constante legereté, & imbecillité des hommes; cóment il arrive toujours que les hommes par leur aveuglement vivent perpetuellement miserables, lors qu'emportez ou par l'ambition, ou par l'avarice, ou par quelque autre passion, ils ne reconnoissent pas combien il leur seroit avantageux de se defaire de ces soins, de se contenter de peu, d'habiter en eux-mesmes, & de passer la vie tranquillement & sans tant d'agitation: Celuy-là, dis-je, qui se sera occupé l'Esprit dans ces meditations, aura sans doute resent des joyes extremes, & aura esté tres heureux dans sa contemplation, si principalement il a consideré toutes choses comme du haut de cette sacrée Forteresse d'où nous avons dit que la Vertu regarde les diverses actions & occupations des hommes, leur fole ambition, leur superbe, leur vanité, leur sordide avarice & le reste que nous avons deja touché plus haut.

De l'Indolence en particulier.

POur dire aussi maintenant quelque chose de l'Indolence, il semble qu'il n'est point tant en nostre pouvoir de n'avoir pas de douleur au Corps, comme il est en nostre pouvoir de n'avoir pas de trouble dans l'Esprit. Car quoy qu'il soit difficile d'arrester les passions, & de calmer leurs mouvemens, toutefois si l'on met à part celles qui ont de la liaison avec la douleur, comme sont principalement la faim, & la soif, ou l'avidité du boire & du manger, il semble qu'a l'egard des autres, comme elles ne sont nées en nous que de l'opinion, elles peuvent, pourveu que l'on se garde de l'opinion, estre reprimées ou empeschées;

mais pour ce qui eſt des douleurs du Corps, quoy que nous-nous donnions de garde de les attirer exterieurement, ou de les exciter interieurement ; neanmoins il arrive ſouvent que le temperament que nous apportons du ventre de la mere eſt tel, que du moins de ce coſté là nous avons beaucoup de douleurs à ſouffrir dans le cours de la vie. Ce n'eſt aſſurement pas ſans ſujeƈt, qu'Eſope a feint, que Promethée en detrempant le limon dont il devoit former l'homme, ne ſe ſervit pas d'eau, mais de larmes ; nous ayant voulu ſignifier par là que la nature du corps eſt telle, qu'elle eſt ſujette en partie aux injures externes, & en partie aux internes, & qu'eſtant impoſſible qu'il n'en ſurviene toujours quelqu'une, il luy faut de neceſſité ſoufrir quelque douleur. Ce ne ſeroit jamais fait de rapporter celles qui peuvent venir de la part des Tyrans, des fous, des imprudens, de divers Animaux, du chaud, du froid, de la fievre, de la goutte, des fluxions, &c. je remarque ſeulement que celuy qui en a quelquefois eſté tourmenté peut dire avec quelle paſſion il a deſiré d'en eſtre delivré, & combien il auroit donné pour en eſtre exempt. Il n'y a aſſurement perſonne qui eſtant malade & tourmété de douleur, & qui cóſiderant les autres qui ſe portent bien, ne les tienne tres heureux, & ne s'etonne de ce qu'ils ne reconnoiſſent pas qu'ils joüiſſent d'un bien ſi grand, & ſi conſiderable, qu'il n'y en a aucun qui ne deuſt volontiers eſtre changé pour celuy-là, & qui en comparaiſon de la ſanté ne ſoit moins eſtimable que rien. Auſſi a-t'on de tout temps donné de grandes loüanges à la Santé, mais comme tout les Livres en ſont pleins, je remarqueray ſeulement ce que dit un ancien Poëte, que le plus grand bien qui puiſſe arriver à l'homme, qui de ſa nature eſt foible & debile c'eſt de ſe bien porter.

Fragili viro optima res bene valere.

Et un autre, que ſi l'on eſt ſain, & que l'on ne ſoit point tourmenté ni de Colique, ni de Goutte, toutes les richeſſes des Rois ne ſçauroient rien ajoûter de plus grand, & de plus conſiderable.

Si ventri bene eſt, ſi lateri eſt, pedibúſ-
 que tuis, nil
Divitiæ poterunt Regales addere maius.

Or je remarque tout cecy, afin de faire entendre que ce n'est pas sans raison que nous tenons que l'Indolence, ou n'avoir point de douleur, fait une partie de la Felicité. Assurement, quoy que les douleurs qui sont legeres, ou de peu de durée se puissent aisement supporter, & quoyque l'on supporte aussi assez volontiers celles qui sont grandes, mais qui neanmoins nous donnent le moyen d'en eviter de plus grandes, ou d'obtenir de plus grandes voluptez; toutefois il n'y a personne qui soit dans la douleur, qui ne vouluft bien absolument n'y estre point, ou qui ne la laissast là volontiers, s'il pouvoit obtenir les mesmes choses sans douleur, qu'avec douleur. On loüe Zenon, & Anaxarque pour la constance qu'ils ont temoignée contre les Tyrans dans les plus grands tourmens: On loüe de mesme Calanus, & Peregrinus pour s'estre de leur bon gré bruslez tout vifs ; mais supposons qu'il eust esté en leur choix d'obtenir autant de gloire par une autre voye que par ces douleurs, je vous laisse à penser de bonne foy ce qu'ils auroient fait. Ciceron loüe aussi beaucoup Posidonius, de ce qu'eſtant tourmenté de la goutte, il dit gravement à Pompée qui l'eſtoit venu voir à Rhode, & qui luy diſoit honneſtement qu'il eſtoit bien faſché de ne le pouvoir entendre, *Vous le pouvez, & ie ne ſoufriray point qu'un ſi grand Homme me ſoit venu trouver en vain.* Il ajoûte qu'il cõmença à luy faire un beau diſcours pour luy mõtrer *qu'il n'y a rien de bon que ce qui eſt honneſte,* & que la douleur le preſſant extremement dans la diſpute, il dît pluſieurs fois, *Tu ne gagnes rien ô douleur, quelque faſcheuſe que tu ſois, ie ne confeſſeray iamais que tu ſois un mal.* Mais encore que Poſidonius ſupportaſt patiemment les douleurs qu'il ne pouvoit eviter, croyez-vous neanmoins qu'il n'euſt pas mieux aimé eſtre ſans douleur, & diſputer ſans douleur s'il euſt eſté poſſible?

L'on pourroit icy ajoûter, que ſi ſelon ce qui a eſté dit, la douleur eſt le ſouverain mal, il s'enſuit aſſurement que l'Indolence ſoit le ſouverain bien, & cela d'autant plus que la Nature ſemble ne nous avoir donné d'inclination que pour l'Indolence. Car lorsqu'il nous eſt ſurvenu quelque douleur soit par la faim, soit par quelque autre cupidité, nous sommes naturellement portez à l'action par laquelle nous la puissions appaiser; & s'il intervient du plaisir dans le mouvement, nous avons remarqué que la Nature l'a joint comme un assaisonnement à l'action qui est necessaire pour obtenir l'Indolence.

Il semble qu'on pourroit aussi consequemment ajouter par quel moyen on se peut procurer un si grand bien; mais outre que les divers remedes se peuvent prendre des precautions convenables, & de l'Art de la Medecine qui ne regardent pas la Morale, nous devons dire ensuite que le moyen le plus general, & le plus facile pour obtenir l'Indolence, c'est la Temperance, & principalement une sobrieté exquise; d'autant que c'est par elle que nous pouvons, sinon oster entierement, du moins beaucoup corriger les maladies hereditaires, eviter celles que nous contractons par nostre propre faute, & nous delivrer de celles qui sont deja contractées. Ajoutons donc seulement, que celuy qui joüit de l'Indolence, peut joüir sans amertume des differentes especes de Volupté, tant de celles qui regardent le Corps, que de celles qui regardent l'Esprit. Car cette Indolence n'est pas differente de la Santé mesme, & Plutarque compare justement la Santé avec la tranquillité de la Mer, en ce que la Mer donne le moyen aux Alcyons d'engendrer, & d'elever leurs petits commodement,& que la Santé donne moyen aux hommes de faire toutes les fonctions de la vie commodement & sans peine: C'est pourquoy, dit-il, encore que Prodicus soutienne, & ait ecrit fort elegamment, *que le feu est le plus grand assaisonnement de la vie*, neanmoins quelqu'un pourroit encherir sur sa pensée, & dire *que la Santé est un assaisonnement divin; puisque ni le boüilly, ni le rosty, ni aucune autre viande, de quelque maniere qu'elle puisse estre assaisonnée, ne donne point de plaisir à ceux qui sont malades, ou à ceux que la crapule a jetté dans le degoust; au lieu que le simple appetit de l'estomac rend toutes choses douces, & agreables au corps, à un homme qui joüit de la santé.*

Or comme le mesme se peut dire des autres Voluptez qui regardent les autres Sens, puisqu'à un corps malade les Voluptez, qui d'ailleurs sont permises, & honnestes deplaisent, & que l'Odorat n'est point recreé par l'odeur, ni l'Ouye flattée par l'harmonie, ni la Veüe rejoüie par les beaux objets; que deplus les entretiens, les jeux, les spectacles, les promenades, la chasse, & autres semblables divertissemens ne plaisent point, ni ne servent de rien faute de cet assaisonnement, sans lequel le plaisir, comme nous avons dit, n'est point plaisir; comme tout cela, dis-je, est vray à l'egard des plaisirs du corps, il l'est encore assurement davantage à l'egard des plaisirs de l'Esprit; puis qu'il est constant que dans la maladie, ou dans la douleur pressante l'on ne sçauroit ni etudier, ni lire, ni mediter. Car tant que l'Entendement est joint à ce corps fragile, & mortel, il y a une telle liaison entre ces deux parties, que le corps ne sçauroit soufrir que l'Entendement ne s'en ressente, & ne soit distrait, quoy que malgré soy, de ses plus agreables occupations; la douleur qui tourmente attirant à soy toute la pensée, & toute l'attention de l'Esprit.

Heureux sont donc ceux-là, dont la constitutió naturelle est telle, qu'il leur est permis de vivre dans l'Indolence, & de prendre plaisir dans l'etude de la Sagesse! Heureux aussi sont ceux là, qui bien qu'ils ayent naturellement un corps maladif, le gouvernent neanmoins avec tant de prevoyance, & le corrigent avec tant de temperance, que s'il n'evitent absolument les douleurs, ils les rendent du moins tellement legeres & tolerables, qu'elles ne les empeschent pas beaucoup de joüir des plaisirs de l'Esprit! De là vient que les premiers se doivent bien donner de garde de troubler, ou corrompre par leur intemperance leur bonne constitution naturelle, que les derniers doivent s'attacher à corriger la leur, & à la ramener autant qu'il est possible à l'Indolence, & que les uns & les autres doivent avoir soin de leur corps, quand ce ne seroit qu'en consideration de l'Esprit, qui ne sçauroit estre bien lorsque le corps est mal, & il faut volontiers avoüer, qu'encore que la principale partie de la Felicité consiste dans la Tranquillité de l'Esprit, l'on ne doit neanmoins pas mespriser l'autre partie qui consiste dans l'Indolence du Corps.

Il est vray qu'il y en a qui croient que c'est un crime, lorsqu'il s'agit du souverain bien, ou de la felicité de l'homme, de joindre aux biens de l'Esprit les biens du Corps, & qui croient par consequent qu'il est indigne d'associer l'Indolence du Corps avec la Tranquillité de l'Esprit ; mais comme ce sont les Stoïciens, ou ceux qui affectent de les imiter, je ne sçaurois m'empescher d'inserer icy ce que Ciceron mesme apporte contre eux, lorsque parlant à Caton, il commence par ce principe des Stoïciens, *Que nous sommes recommandez à nous mesmes, & que le premier desir que la Nature nous a imprimé, est de nous conserver nous mesmes, que nous prenions garde à ce que nous sommes, afin de nous pouvoir conserver tels que nous devons estre ; que nous sommes hommes, & composez d'Esprit, & de Corps, & que conformement au premier & naturel appetit, nous devons aimer ces choses, & en faire la fin de ce souverain & dernier bien qui consiste à acquerir les choses qui sont selon la Nature. Or puisque ce sont là nos Dogmes, dit-il, & que vous mettez la fin à vivre selon la Nature, apprenez nous donc maintenant* comment vous pouvez dire que vivre honnestement fait simplement & absolument le souverain bien ? Comment avez-vous sitost abandonné le Corps, & toutes les choses qui sont selon la Nature, & comment est-ce que le Sagesse a sitost laissé là les grandes recommandations qui vienent de la Nature ? Que si nous cherchions le souverain bien non pas de l'Homme, mais de quelque Animal qui fust tout Esprit, cette fin que vous dites ne seroit pas mesme la fin de cet Esprit. Car il desireroit la Santé, & d'estre exempt de Douleur; il desireroit aussi sa conservation, & ce qui pourroit y contribuër, & il se proposeroit pour fin, de vivre selon la Nature, qui est, comme il a esté dit, d'avoir les choses qui sont selon la Nature, ou toutes, ou plusieurs, ou les plus grandes. La Vertu seule, disent-ils, suffit pour estre heureux, ou pour vivre heureux, & les biens du Corps ne sont que comme de petis accessoires qui ne rendent point la vie plus heureuse ; mais en vérité c'est se mocquer que de parler de la sorte, & il est sans doute qu'un Homme qui seroit dans quelque grande douleur seroit tres obligé à celuy qui l'en delivreroit, & qu'un homme sage qui seroit condamné par un Tyran à de grands tourmens, se prepareroit fortement, comme ayant à combatre contre la douleur son ennemy capital, & qu'il reveilleroit en soy toutes les raisons de force, & de patience pour se secourir dans un si grand, & si difficile combat.

Voicy comme il poursuit incontinent apres, *Toute nature, quelle qu'elle soit, s'aime soy-mesme*; car qui est celle qui s'abandonne jamais, ou aucune de ses parties, ou l'habitude de cette partie, ou la force, ou aucune des choses qui sont selon la Nature, ou le mouvement, ou l'estat, & la constitution? Il n'y a assurement personne qui ait oublié sa premiere institution, & qui ne retiene sa premiere faculté depuis le commencement jusqu'à la fin. Comment se pourroit-il donc faire que la seule nature de l'Homme laissast l'Homme, oubliast le corps, & mist le souverain bien, non dans tout l'homme, mais dans une partie de l'homme? La Sagesse n'a pas engendré l'Homme, mais elle l'a trouvé commencé par la Nature. S'il n'y avoit rien à perfectionner dans l'homme que quelque mouvement de l'Esprit, c'est à dire la Raison, la Sagesse ne devroit point avoir d'autre but que la Vertu qui est la perfection de la Raison: Si de mesme il n'y avoit rien à perfectioner que le

Corps, sa derniere fin seroit la Santé, l'exemption de douleur, la beauté, &c. Mais il est icy question du souverain bien de l'Homme, qui est un Composé d'Esprit, & de Corps: Que ne cherchons-nous donc le souverain bien dans toute sa nature? Ceux qui ne le mettent que dans l'un ou dans l'autre, font tout demesme que s'ils prenoient grand soin de la main droite, & qu'ils negligeassent la gauche. Quoy, parce que la Vertu, comme tout le monde avoüe, tient le plus haut & le plus excellent lieu dans l'homme, & que nous reputons parfaits ceux qui sont Sages, vous ne considererez que la seule Vertu, & vous nous eblouïrez l'Esprit de sa splendeur? Veritablement la Vertu est ce qu'il y a de meilleur, & de plus excellent dans l'Homme, mais il me semble que vous ne vous considerez pas assez, l'on ne demande pas que la Vertu laisse la Nature, mais qu'elle la garde, & la conserve. Cependant selon vous elle en conserve une partie, & laisse l'autre. Si l'institution de l'homme parloit, elle diroit que ses premiers commencemens de desirs ont esté de se conserver dans cette nature qui s'est trouvée dans la naissance, &c.

Au reste, nous n'ignorons pas ce que

l'on a coutume de dire en declamant contre la Volupté, que c'est la peste capitale de l'Homme, que c'est l'ennemy mortel de la Raison, qu'elle eteint les yeux de l'Entendement, & qu'elle n'a aucun commerce avec la Vertu, que c'est la source des trahisons, la ruine des Republiques, & l'origine de tous les crimes, qu'elle dissipe les patrimoines, qu'elle fait perdre la reputation, qu'elle enerve le corps, & le rend sujet aux maladies, & qu'enfin elle avance la vieillesse, & la mort.

Quippe nec ira Deûm tantùm, nec tela, nec ignes,
Quantū sola noces animis illapsa voluptas.
—hunc alea decoquit ; ille
In Venerem est putris ; sed cùm lapidosa Cheragra
Fregerit articulos —
Luxuries prædulce malũ, quæ dedita sēper
Corporis arbitriis, hebetat caligine sensus,
Membraq; Circæis effeminat acriùs herbis:
Blandā quidē vultu, sed quâ non tetrior ulla
Interiùs fucata genas, & amicta dolosis
Illecebris, torvos auro circumligat hydros.

Mais comme nous nous sommes deja plusieurs fois expliquez sur la Volupté,

& que nous avons plusieursfois protesté que quand nous disons que la Volupté est la fin, la félicité, le souverain bien, nous n'entendons pas les voluptez sales & deshonnestes, mais simplement la Tranquillité de l'Esprit, & l'Indolence du Corps, il est evident que ces Objections ne nous regardent nullement.

CHAPITRE VI.

Que de bien & de Vertu il y a à se sçavoir passer de peu!

CE n'est pas sans raison que nous avons insinué que le vray & general moyen d'obtenir, & de conserver la Volupté qui fait la Vie heureuse, c'est de cultiver la Temperance, par laquelle nous moderions tellement les cupiditez, que retranchant les non-necessaires, & inutiles, & nous reduisant aux seules necessaires, & naturelles, nous-nous accoutumions à éstre contens, & à nous passer de peu : Car c'est par là que l'on peut conserver cette douce *Tranquillité d'Esprit* qui fait la principale partie de la Felicité; comme n'eſtant pas beſoin que celuy qui s'eſt reduit aux ſeules choſes neceſſaires à la Nature s'inquiette, & ſe tourmente tant comme on fait d'ordinaire, parceque ces choſes ſe rencontrent par tout, & ſont fort aiſées à obtenir, & que le ſoin & l'agitation d'Eſprit ne travaille que ceux qui non-contens des neceſſaires, ſongent inceſſamment aux ſuperflues, juſques là que s'il ne les obtienent pas, ils en ſont cruellement affligez, s'ils les obtienent, ils apprehendent de les perdre, s'ils les perdent, ils en meurent de chagrin, ou ſi elles leur demeurent, ils ne ſont jamais raſſaſiez, defaçon que ſe ſervant de leur Eſprit comme du tonneau des Danaïdes, ils ne ſe donnent jamais de repos, mais toûjours agitez par quelque nouvelle cupidité comme par quelque eſpece de fureur, on les voit toûjours entreprendre de nouveaux travaux.

C'eſt auſſi le vray moyen d'obtenir, & de conſerver cette agreable *Indolence* qui fait l'autre partie de la Felicité; en ce que celuy qui ſe contente des choſes neceſſaires, ne ſe donne point auſſi toutes ces peines & fatigues immenſes que ceux qui recherchent les superfluës sont obligez de prendre ; il ne fait rien qui soit contraire à sa Santé, & il ne s'attire aucune de ces incommoditez que cause l'Intemperance, considerant que ceux qui vivent frugalement, & simplement ne sont pas d'ordinaire sujets aux maladies, mais plutost ceux ou qui mangent excessivement, ou qui usent de viandes non naturelles & corrompuës par les ragousts, & par l'artifice des Cuisiniers. Epicure devoit bien avoir reconnu l'importance, & l'excellence de cette mediocrité, ou moderation qui se contente de peu, lorsqu'il s'ecrie, *Que c'est estre riche que de se contenter du necessaire ! Que c'est un grand fond de richesses qu'une pauvreté accommodée à la loy de la Nature !* Or voulez-vous sçavoir quelles sont les bornes que cette loy de la Nature nous prescrit ? N'avoir pas faim, n'avoir pas soif, n'avoir pas froid, *Non esurire, non sitire, non algere* : Et c'est ce qu'il avoit experimenté en luy-mesme, si nous-nous en rapportons au temoignage de Iuvenal.

———mensura tamen quæ
Sufficiat census, si quis me consulat, edam

In quantum sitis, atque fames, & frigora poscunt;
Quantum, Epicure, tibi parvis suffecit in hortis.

———quis non Epicurum
Suspicit exigui lætum plantaribus horti?

C'est une chose honneste, dit-il dans Seneque, qu'une Pauvreté joyeuse ; mais si elle est joyeuse, elle n'est pas pauvreté : Car celuy qui se trouve bien avec la pauvreté est riche. Le Pauvre n'est pas celuy qui a peu, mais celuy qui desire davātage. En effect comme les Richesses so doivent estimer par leur fin, qui n'est autre que la joye, le contentement, le plaisir, & la Pauvreté au contraire par la privation de cette fin ; il est constant qu'une pauvreté joyeuse n'est pas pauvreté, mais de grandes richesses, & que des richesses tristes ne sont pas des richesses, mais une grande pauvreté : Le Voyageur qui chante devant le Voleur, est en effect riche, & celuy là pauvre, qui chargé d'argent, craint le pistolet, & l'epée, & tremble de peur en voyant l'ombre d'un roseau qui remue à la Lune : L'Artisan qui tandis qu'il n'a point d'argent rejoüit de son chant tout le Voisinage est riche, & il est pauvre du moment qu'il a trouvé une bourse qui le rend muet de la peur, & de l'inquietude qu'il a de la perdre. En effect, dites-moy, je vous prie, de deux hommes qui en mesme temps sortent de la vie, lequel est-ce qui meurt le plus riche, ou celui qui estant destitué de ce que l'on appelle ordinairement des richesses, n'a pas laissé de vivre joyeusement, ou celuy qui accablé de biens, a passé sa vie dans l'inquietude, & dans le chagrin?

Ciceron devoit bien aussi estre charmé de cette vertu & moderation d'Esprit qui nous porte *à vivre, & à estre contens de peu*: Car apres avoir montré par les exemples de Socrate, & de Diogene, que le fardeau de la pauvreté se fait plus leger en faisant reflectiō sur ces paroles d'Epicure, *O que la Nature desire peu de chose, O que peu de choses luy suffisent!* Il soutient que la Sagesse se trouve souvét sous un máteau dechiré, *Sapeetiā est sub palliolo sordido Sapientia.* Et comme s'il avoit entrepris de faire l'Eloge de ce Philosophe, voicy comme il poursuit. *Quoy, ces magnifiques parleurs sont-ils donc plus forts, & plus* genereux qu' Epicure contre la pauvreté qui inquiette tant les hommes ? Tous les autres Philosophes semblent estre autant preparez que luy contre tous les maux, cependant y en-a-t'il aucun que la pauvreté n'epouvante ? Quant à luy, il se contente de tres peu de chose, & personne n'a jamais mieux parlé de la frugalité que luy. Car comme il estoit tres eloigné de tout ce qui cause la cupidité de l'argent, de l'amour, de l'ambition, des depenses somptueuses & journalieres, &c. pourquoy se seroit-il beaucoup soucié de l'argent, ou pourquoy l'auroit-il desiré avec passion ? Quoy, le Scythe Anacharsis aura pû mepriser les richesses, & nos Philosophes ne le pourront pas faire ? Voicy la teneur d'une des lettres de ce Scythe.

Anacharsis à Hanno, salut. J'ay pour habits riches & superbes un simple vestement de Scythe, pour souliers la plante endurcie de mes pieds, la terre pour lict, la faim pour ragoust, je vis de laict, de fromage, & de chair. C'est pourquoy si vous venez me trouver, vous trouverez un homme fort tranquille : Et pource qui est de ces presens dont il vous a plû m'honnorer, donnez-les à vos Citoyens, ou en faites une offrande aux Dieux immortels.

Tous les Philosophes de quelque Secte qu'ils puissent estre, si l'on en excepte ceux qu'une nature vicieuse a eloigné de la droite raison, ont pû estre dans ces sentimens. Socrate voyant que dans une pompe publique l'on portoit quantité d'or, & d'argent, s'ecria, Combien de choses il y a que ie ne desire point! Xenocrate ayant appris que les Ambassadeurs d'Alexandre luy avoient apporté cinquante talens, qui faisoient alors à Athenes une somme tres considerable, il convia ces Ambassadeurs à un souper dans l'Academie, leur faisant servir ce qui pouvoit honnestement suffire sans aucun appareil, & le lendemain comme ils luy demandoient à qui il souhaitoit que l'on contast la somme, il leur dit, Quoy, ne remarquastes-vous pas hyer par le repas que ie vous fis, que ie n'ay pas besoin d'argent? Neanmoins s'estant aperceu que ce refus leur causoit quelque tristesse, il accepta trente mines, pour ne sembler pas mepriser la liberalité du Roy. Quant à Diogene, comme il estoit Cynique, il en usa plus librement, Alexandre luy ayant demandé s'il n'avoit point besoin de quelque chose, il repondit, presentement que vou-vous retiriez un peu de mon Soleil, car Alexandre s'estoit mis devant luy. Ce Cynique avoit coûtume de disputer de la Felicité avec le Roy de Perse, & montroit de combien sa vie, & sa fortune, estoit plus heureuse que la siene ; que pour luy rien ne luy manquoit, mais que ce Roy ne sçauroit iamais en avoir assez ; qu'il ne desiroit point des voluptez dont le Roy ne pouvoit iamais estre rassasié, mais qu'il se contentoit des sienes dont il n'estoit pas possible au Roy de ioüir.

Ce que vous venez d'entendre de Diogene, me remet en pensée ce que Seneque, & Maxime de Tyr en ont e-crit. Car le premier apres avoir montré que les grands patrimoines sont souvent des matieres de chagrin, & de fascherie, que les Riches ne supportent pas plus aisement les pertes de biens, que les Pauvres, qu'il est beaucoup plus tolerable, & plus facile de ne point acquerir, que de perdre, & qu'ainsi ceux que la fortune n'a iamais regardé, semblent estre plus heureux que ceux qu'elle a abandonné ; apres, dis-je, qu'il a enseigné cela fort au long, voicy comme il poursuit. C'est ce qu'avoit reconnu Diogene,

gene, ce grand Esprit, lorsqu'il se mit en estat qu'on ne luy pust rien oster. Appellez cela pauvreté, indigence, & donnez quelque ignominieux nõ qu'il vous plaira à la seureté, ie croiray que Diogene n'est pas heureux si vous en trouvez un autre à qui rien ne puisse estre osté. Assurement, si quelqu'un doute de la Felicité de Diogene, il peut douter de la condition des Dieux immortels, & s'ils sont moins heureux pour n'avoir pas des possessions suiettes au caprice de la Fortune, & dont on puisse estre depoüillé.

Pour ce qui est de Maxime de Tyr, voicy comme il en parle au sujet de la dispute que l'on faisoit sur la vie Cynique, si elle estoit preferable à toute autre. Diogene, dit-il, n'estoit ni Attique, ni Dorien, ni elevé dans l'Ecole de Solon, ni dans celle de Lycurgue (car ni le lieu, ni les loix ne donnent pas les Vertus) mais il estoit né de la Ville de Synope, du fond du Pont-Euxin. Apres avoir consulté Apollon, il quitta toutes les occasions de chagrin, & d'inquietude, rompit ses liens, & à la maniere d'un oyseau intelligent & libre, parcourut le Monde sans craindre les Tyrans, sans s'attacher à une Loy particuliere, sans s'appliquer à l'administration des affaires civiles, sans estre inquieté par l'education des enfans, sans estre lié par le mariage, sans s'occuper à la culture de la terre, sans s'engager dans les emplois de la guerre, & sans courir les Mers, & les Terres pour le commerce ; mais se mocquant de toutes ces sortes de gens, & de toutes ces sortes de conditions, comme nous nous mocquõs d'ordinaire de ces Enfans qu'on voit tellement attachez à joüer aux osselets qu'ils se battent, & se depoüillent les uns les autres, il menoit la vie d'un Roy libre, exempt de crainte & d'inquietude : Il ne se transportoit point l'Hyver loin de là chez les Babiloniens, ni l'Esté chez les Medes ; mais il passoit simplement de l'Attique dans l'Isthme, suivant la Saison, & de l'Isthme dans l'Attique. Ses maisons Royales furent les Temples, les Colleges, & les Bois sacrez ; ses richesses tres amples, tres seures, & qui ne craignent point les embusches, estoient toute la Terre, avec ce qu'elle porte de fruits, & les fontaines qu'elle nous donne plus excellentes que les Vins de Lesbos, & de Chio. Il se fit aussi à toute sorte d'air, à la maniere des Lions, & n'evita point les changemens des Saisons establies par Iupiter, ni n'inventa aucunes machines pour s'en parer, mais il s'accoûtuma tellement à toute la Nature par cette maniere de vie, qu'il affermit sa santé & ses forces, sans avoir besoin de medicamens, sans experimenter ni le fer, ni le feu, sans implorer l'assistance de Chiron, ni d'Esculape, ni des Asclepiades, & sans se soûmettre ni aux predictions des Devins, ni aux lustrations magiques, ou superstitieuses, ni aux vaines paroles des Enchanteurs: Et pendant que toute la Grece estoit en armes, & que toutes les Nations estoient aux mains les unes contre les autres à qui se detruiroit.

Quis prior inferret socio lacrymabile bellū

Il joüissoit luy seul comme d'une Treve commune, & comme s'il eust fait alliance avec toute la Terre, il demeuroit sans armes au milieu des gens armez, & des combattans. Cependant les Scelerats mesmes, les Tyrans, & les Calomniateurs avoient du respect pour luy, & s'abstenoient de luy faire du mal, quoy qu'il leur fist des corrections, non certes à la maniere des Sophistes, mais en leur objectant, & leur remettant devant les yeux leurs propres actions, qui est une maniere de reprendre tres salutaire, & fort convenable pour ramener les Esprits à la Paix, & à la Raison.

Nous pourrions a propos de cecy ajoûter cette espece de Sentence que rapporte Seneque, comme venant de l'Ecole d'Epicure : *Que ceux là iouïssent agreablement de la magnificence, qui n'en ont point de besoin, & que c'est celuy là entreautres qui n'a pas besoin de richesses, lequel jouit des richesses.* Car la Magnificence consistant principalement dans l'ostentation des richesses, celuy qui croit n'en avoir pas besoin, & qui par consequent ne craint point de les perdre, peut asseurement en faire un usage tres agreable ; d'autant plus que celuy qui a besoin des richesses apprehende de les perdre, & que dans cette apprehension il n'en jouit pas, n'estant pas possible de jouir d'un bien dont on est en inquietude ; *Le miserable*, dit-il ensuite, *a toûjours envie de les augmenter de quelque chose, & lorsqu'il est aveuglé de cette passion, il oublie de joüir, il fait ses receptes, soude ses contes, va à la Place, fueillete son Kalendrier, de Riche le voila devenu Procureur. Nous serons riches avec bien plus de seureté, lorsque nous sçaurons qu'estre pauvres, n'est pas une chose si fascheuse*, mais contentons nous icy de cette reflection.

Comme ce fut une chose bien douce à Socrate, en considerant la grande quantité, & diversité de choses qui se vendent, de pouvoir dire, *Combien il y a de choses dont je n'ay point de besoin!* De mesme si quelqu'un se trouve par hazard en possession de toutes ces choses, & que cependant en considerant ses maisons, ses meubles, ses serviteurs, sa table, ses vestemens, & le reste, il se trouve interieurement en disposition, & en estat de pouvoir dire, *j'ay veritablement tout cela, mais ie pourrois bien m'en passer,* je n'en n'ay pas absolument besoin, je pourrois dormir commodement dans une maison moins superbe, & moins parée, je pourrois bien aisement me passer de ce grand nombre de valets, de ces mets exquis, de ces vestemens superbes ; si quelqu'un, dis-je, se trouve dans cette heureuse disposition d'Esprit, il pourra asseurement joüir tres agreablement de sa magnificence. Car il connoitra qu'il peut tres commodement manquer d'une infinité de choses, qui par la passion qu'on a pour elles troublent beaucoup la tranquillité de la vie, & ainsi il sera d'autant plus prest à en supporter doucement la pette, si quelque malheur les luy ravit, qu'il connoitra qu'elles ne luy sont pas absolument necessaires. Il sera aussi bien eloigné de se donner tant de peine, tant de fatigues, & tant d'inquietudes, comme il se fait d'ordinaire, pour les augmenter, lorsqu'il considerera qu'il ne peut pas prendre davantage de vray & pur plaisir d'une plus grande opulence, que de celle dont il joüit, ou d'une qui seroit mesme beaucoup moindre, que ce qu'il amasseroit de plus ne seroit pas pour luy, mais pour des Heritiers ou ingrats, ou prodigues, mais pour des Flatteurs, ou pour des Voleurs, & que cependant pour l'obtenir il luy faudroit perdre le repos, & se jetter dans une Mer d'inquietudes, de peines, & de chagrins.

Ajoûtons que ce n'est pas sans raison que Seneque rapporte cette autre Sentence d'Epicure. *Si quelqu'un ayant le necessaire à la vie, ne se croit pas assez riche, fust-il le Maistre de tout le Monde, il est toujours miserable.* Car si quelqu'un dans la fortune mediocre dont il jouit, ne croit pas pouvoir vivre aussi heureux que ceux qu'il croit estre plus eminens, & plus magnifiques que luy; assurement que quand il parviendroit à une aussi ample fortune qu'eux, ou mesme à une plus grande, il n'en deviendroit pas pour cela plus heureux, mais il seroit toujours malheureux de-mesme, & ne seroit jamais rassasié, acause de la nature de sa passion, & de sa convoitise, qui depuis qu'elle a une fois passé les bornes que la Nature a prescrites, n'a plus de mesure, & ne trouve jamais d'où se pouvoir remplir.

Pour ce qui est de ce Dogme celebre, *Que ce qui est necessaire à la Nature, est facile à acquerir, & que si quelque chose est difficile, elle n'est pas necessaire.* C'est un Sentence que Stobée, & les autres tienent d'Epicure, & qu'ils rapportent en ces autres termes. *Graces soient rendues à la bien-heureuse Nature, qui a fait que les choses necessaires fussent aisées à obtenir, & que celles qui sont difficiles ne fussent pas necessaires.* Et c'est ce qu'avoit en veüe Ciceron lorsqu'il dit d'Epicure, *qu'il tenoit que la Nature seule enrichit le Sage, & que les richesses naturelles sont faciles, parceque la Nature se contente de peu.* Et Seneque, *que selon Epicure n'avoir pas faim, n'avoir pas* soif, n'avoir pas froid, sont les bornes que la Nature s'est prescrite: Que pour chasser la faim, & la soif il n'est pas necessaire d'habiter des Palais superbes, ni de se contraindre soy mesme avec cette sourcilleuse & enuyeuse gravité, ni de tenter les Mers, ni de suivre les Armées: Que ce que la Nature demande est aisé, & exposé à tout le monde: Que la sueur est pour les choses superfluës, que ce sont ces choses qui font vieillir les Magistrats dans la robe, les Capitaines sous les tentes, & les Pilotes parmi les dangers de la Mer.

―― *ad manum est quod satis est. Divitiæ grãdes homini sunt vivere parcè, Æquo animo, neque enim est unquam penuria parvi.*

Il est vray qu'il y a des hommes dont la tyrannie, ou la dureté est telle, que les innocens manquent quelquefois du necessaire; il y en a mesme qui par quelque accident, ou par leur folie se mettent en un estat, que les choses necessaires leur manquent aussi ; mais pour ce qui est du moins de la Mere Nature, elle n'est assurement pas maratre à l'egard des hommes, elle qui est la mere nourrice de tous les Animaux; & si elles les a fait sujets à la faim, elle leur a donné ses fruits, ses her-

DE LA FELICITE'. 249
bes, & ses grains pour l'appaiser; si elle a voulu qu'ils fussent sujets à la soif, elle leur fournit de l'eau par tout abondamment; si l'Air est froid, ou s'il est chaud, elle leur a fait le cuir assez epais, & assez dur pour supporter ces injures, comme il est visible dans la peau du visage; & si elle leur a fait les autres parties du corps plus molles, & plus delicates, elle leur a donné d'un costé l'ombre des bois, les cavernes & les autres rafraichissemens, & de l'autre le Soleil, le feu, la laine des brebis, & plusieurs autres secours de la sorte.

Elle ne leur a pas aussi moins donné d'Esprit, & de prudence qu'aux Fourmis, pour se pourvoir des choses necessaires pour l'avenir, quoy que tres souvent ils negligent l'exemple de ce petit animal, qui depuis que l'Hyver est venu ne sort plus de sa petite caverne, & qui prudent & sage, dit Horace, joüit doucement l'Hyver de ce qu'il a amassé durant l'Esté.

Quâ simul inversum contristat Aquarius annum

Non usquam prorepit, & illis utitur antè Quæsitis sapiens ——

Car à voir la pluspart des Hommes se

L 5

travailler sans cesse pour acquerir des biens, l'on diroit qu'ils en auroient oublié l'usage, & qu'ils ne seroient nez, & destinez que pour acccummuler.

A considerer mesme les Hommes dans cette Societé civile, y en a-t'il aucun qui pour peu qu'il vueille s'evertuer, ne trouve de quoy survenir à la faim, à la soif, & aux diverses injures de l'Air? Que s'il n'a pas pour cela une table delicieuse, les vins delicats, des vestemens superbes, une maison magnifique, des vases precieux, des serviteurs bien mis, & bien couverts, & ainsi du reste, ce ne sont pas là des choses dont nous devions rendre graces à la bien-heureuse Nature comme absolument necessaires ; l'usage de celles qui son faciles à obtenir, n'est assurement pas moins agreable que de celles qui sont si difficiles, & c'est une erreur de croire qu'il n'y ait que les riches qui puissent gouster la joye, & avoir du plaisir.

Nam neque divitibus contingunt gaudia, solis.

Mais nous parlerons ensuite de cecy, il suffira cependant de remarquer ce beau passage de Seneque qui fait merveilleusement à ce sujet.

Tout ce qui devoit estre pour nostre bië, dit-il, Dieu, le pere commun des hommes, nous l'a mis en main : Il n'a pas attendu nos demandes, il nous l'a donné volontiers & de luy mesme, & les choses qui estoient capables de nous nuire, il les a cachées bien avant, de façon que nous ne pouvons nous plaindre que de nous-mesmes, qui malgré la Nature sommes allez les tirer des entrailles de la Terre. Nous-nous sommes aveuglement iettez dans les plaisirs, ce qui a esté l'origine de tous les maux. Nous nous sommes laissez emporter à l'ambition, à la gloire, & à la vanité. Que vous puis-je donc maintenant conseiller ? Rien de nouveau ; car ce ne sont pas de nouveaux maux ausquels on cherche le remede : La premiere chose qu'il faudroit faire, seroit de regarder en nous-mesmes, & de bien distinguer le necessaire du superflu ; les choses necessaires se presentent par tout, il n'y a que les superflues qui donnent de la peine, & de l'inquietude à les chercher. Ne croyez pas avoir beaucoup suiet de vous estimer si vous avez meprisé les licts dorez, les ioyaux, & les ameublemens magnifiques, vous-vous admirerez lorsque vous aurez meprisé les necessaires. Ce n'est pas grande chose que de pouvoir vivre sans tout ce grand appareil Royal, que de ne souhaiter pas des cervelles de Paon à son disner, ni des langues de Faisans, ni tous ces autres monstres de la Luxure qui ne choisit maintenant que de certains membres des animaux, & meprise le reste. Ie vous admireray quand vous ne mepriserez pas un morceau de pain sec, quand vous serez persuadez que les herbes dans la necessité ne naissent pas seulement pour les bestes, mais aussi pour les hommes, & quand vous aurez appris que les branches des arbres portent de quoy vous rassasier.

O misere, ô aveuglement humain, disoit Lucrece! Est-ce qu'on ne voit pas evidément que la Nature ne nous crie autre chose, sinon que n'ayant en veüe que l'indolence, & la tranquillité, nous nous passions de peu, & que sans toutes ces delices superfluës, nous vivions doucement & agreablement ?

O miseras hominū mentes! ô pectora cæca!
Qualibᵒ in tenebris vitæ, quantisq; periclis
Degitur hoc ævi, quodcumque'st. Nonnè
  videre
Nil aliud sibi Naturā latrare, nisi ut, cùm
Corpore seiunctus dolor absit, mēte fruatur
Iucundo sensu, curā semotâ, metúque ?

Ergo corpoream ad naturā pauca videmus
Esse opus omnino, qua demat quēq; dolorē,
Delicias quoq; uti nullas substernere possint,
Gratius intereā neq; Natura ipsa requirit.
Les viandes, dit Epicure dans Ciceron, & les breuvages les plus simples, comme la boüillie, le pain sec, le fromage, & l'eau pure, ne donnent pas moins de plaisir que les mets, & les vins les plus delicieux; voicy d'ailleurs comme il parle dans Stobée. *Mon corps abonde en plaisirs avec du pain, & de l'eau, & ie renonce à ceux qui se prenent de la magnificence des mets.* Voluptate abundo in corpusculo, aqua & pane vescens, ac nuncium remitto Voluptatibus quæ ex epularum magnificentia percipiuntur. Dans Elian, *Pourveu que i'aye de l'orge mondé, de la boüillie, & de l'eau, ie suis prest à disputer de Felicité avec Iupiter.* Dans Seneque, *Il faut retourner à la loy de la Nature, ses richesses sont toutes prestes & exposées à tout le monde, & les choses dont nous avons besoin sont ou gratuites, ou à vil prix. La Nature demande du pain, & de l'eau, personne n'est pauvre pour cela, & celuy qui renferme ses desirs dans ces limites peut se reputer tres heureux. Tournez-vous vers les vrayes ri-*

chesses, apprenez à estre content de peu, & écriez-vous hautement & courageusement, ayons de l'eau, ayons du pain, ayons de l'orge mondé, & du reste disputons de Felicité avec le grand Iupiter?

Si vous n'avez pas la nuit à vos Banquets des chandeliers d'or, ni des musiques qui fassent retentir vos lambris dorez, du moins pouves-vous sur le bord d'un ruisseau, à l'ombre d'un grand arbre, vous reposer doucement sur l'herbe, & sans toutes ces grandes richesses, prendre vos petis repas, & vous divertir agreablement, lors principalement que la Saison nous y convie, & que le Printemps a tapissé la Terre de fleurs.

*Si non aurea sunt iuvenum simulacra per
 ædes,*
*Lampadas igniferas manibus retinentia
 dextris,*
Lumina nocturnis epulis, ut suppeditētur;
Nec domus argento fulget, aurique renidet,
*Nec citharis reboant laqueata, auratáque
 Templa :*
*Attamen inter se prostrati in gramine
 molli,*
Propter aquæ rivũ sub ramis arboris altæ,
Non magnis opibus iucundè corpora curãt;

*Præsertim cùm tempestas arridet, & anni
Tempora conspergunt viridantes floribus
herbas.*

La Fievre vous quitte-t'elle plutost pour estre couché dans une chambre peinte, & dorée, & sous une couverture en broderie, que sous une simple couverture du commun?

*Nec calida citiùs decedunt corpore febres,
Textilibus si in picturis, ostroque rubenti
Iacteris, quàm si plebeia in veste cubandum'st.*

Il faut certainement bien se donner de garde de croire qu'un Apici° préne plus de plaisir de ses mets exquis & magnifiques, qu'un Laboureur de ses viandes simples & ordinaires: Car celuy-là estant toujours rempli, est presque dans un degoust continuel, & celuy-cy ayant presque toujours faim, trouve tout ce qu'il mange excellent; desorte que lorsque l'un meprise le Faisan, & le Turbot, l'autre trouve ses Noix, & ses Oignons d'un goust merveilleux. Certainement celuy-là semble n'avoir jamais experimenté ni la faim, ni la soif, lequel ne sçauroit se persuader qu'un homme du commun puisse aussi delicieusement, ou aussi agreablement souper qu'un Prince, pourveu qu'il attende a se mettre à sa petite & simple table une heure plus tard que le Prince à sa table magnifique: Puissent les hommes une fois comprendre ces veritez, & ils reconnoitront combien il est inutile de se tant travailler à acquerir ces immenses richesses pour satisfaire leur gourmandise; puis qu'ils peuvent, sans tous ces soins, obtenir les mesmes plaisirs, & que ces plaisirs sont mesmes plus purs, & plus innocens! Et c'est ce que le Poëte devoit avoir en veüe lorsqu'il conseille de fuïr les grandeurs, comme estant certain que l'on peut dans sa petite maison vivre plus heureux que les Roys, & les Grands dans leurs Palais.

———— *fuge magna, licet sub paupere tecto Reges, & Regum vitâ præcurrere Amicos.*
Mais apprenons de Porphyre jusques où Epicure a poussé la vie simple, & frugale, & comme il croioit qu'elle pouvoit mesme aller jusques à une totale abstinence de chair, voicy ses termes.

Nous avons reconnu, ce qui est incroyable au vulgaire, que les Epicuriens mesmes, qui tiennent que la Volupté est la fin se contentent la pluspart, depuis le temps de leur Coryphée, de fruits, de legumes, & de boüillie, & qu'ils ne remplissent leurs Livres d'autre chose, faisant voir que la Nature se contente de peu, que le manger le plus simple, & le plus aisé à obtenir satisfait abondamment à la necessité, & que le reste regarde la cupidité, qui n'est ni necessaire, ni causée à l'occasion de quelque chose qui par son absence menace de ruine le composé, mais qui ne vient que des vaines, & fausses opinions dont on est prevenu.

Ils disent aussi qu'un Philosophe doit estre dans cette confiance, que rien ne luy manquera le reste de ses jours. Or rien n'est plus capable de luy nourrir cette esperāce, que d'estre persuadé par sa propre experience qu'il n'a besoin que de tres peu de choses, & que ces choses sont fort communes, & tres faciles à acquerir, que tout le reste est superflu, qu'il ne regarde que le luxe, & qu'il ne s'acquiert qu'avec beaucoup de difficultez, desorte que tout le bien & le plaisir qui en pourroit revenir ne merite pas qu'on se donne tant de peine, comme n'estant nullement cōparable avec les inquietudes qu'il faut soufrir pour l'obtenir, & pour le conserver. Ioint que lorsque la pensée de la Mort vient, l'on se resout aisement à quitter les petites choses, ou celles qui sont mediocres & vulgaires.

Ils disent deplus, que l'usage de la chair nuit plutost à la Santé qu'il ne luy est utile; parce que la Santé est conservée par les mesmes choses qu'elle est recouvrée lorsqu'on l'a perduë, & qu'estant recouvrée par la diette, par la frugalité, & par l'abstinence de la chair, elle est conservée par ces mesmes choses. Qu'au reste ce n'est pas merveille que le vulgaire croye que l'usage de la chair soit necessaire à la Santé, parce qu'il croit que toutes les voluptez qui sont dans le mouvement & dans le chatouillement y contribuent, jusques aux plaisirs mesmes de l'Amour, qui constamment ne servent jamais de rien, & qui sont d'ordinaire tres nuisibles.

Horace devoit bien aussi avoir reconnu les avantages qu'apporte une vie sobre & frugale, lorsqu'il dit qu'il n'y a rien qui contribuë tant à la santé que de boire, & manger peu, & se contenter des breuvages, & des viandes les plus simples, & que pour estre persuadé de cette verité, il ne faut que se souvenir d'un petit souper simple & frugal qu'on ait fait autrefois, au lieu que lorsqu'on se gorge de toute sortes de viandes, les unes se convertissent en bile, & les autres eu pituite, ce qui cause des vents, & des indigestions dans l'estomac.

Accipe nunc victus tenuis quæ quantaque secum
Afferat ———
——— imprimis valeas bene; nam varia res
Ut noceant homini, credas memor illius esca
Quæ simplex olim tibi cesserit: At simul assis
Miscueris elixa, simul conchylia turdis;
Dulcia se in bilem vertent, Stomacoque tumultum
Lenta feret pituita. Vides ut pallidus omnis
Cœnâ desurgat dubiâ ———

Il y a certainement lieu de s'etonner que les hommes, qui d'ailleurs sont capables d'intelligence & de raison, songent si peu à la maniere dont ils en usent à l'egard du boire & du manger, & qu'entre autres choses ils ne prenent pas garde.

Premierement, qu'il faut attendre

l'heure ou la necessité de manger, qu'il n'est besoin que de la faim pour nous avertir de cette heure, & de cette necessité, & que comme la faim est l'assaisonnement le plus innocent, c'est aussi le plus doux & le plus agreable. Secondement, qu'un manger simple & frugal repare les forces du corps, & donne de la vigueur à l'Esprit, ce qui ne se doit point esperer de cette diversité, abondance, mixtion, & alteration de viandes qui se trouve dans les tables magnifiques; parce qu'encore que les gourmands ayant leurs plaisirs brutaux, & de peu de durée, cela neanmoins appesantit le corps, & hebete l'Esprit, & si dés l'heure mesme l'on ne sent pas les fluxions, les fievres, les gouttes, & les autres incommoditez, les semences de ces maux demeurent cachées dans le corps, ayant esté portées aux parties avec un sang superflu, & impur formé de la masse superflue & impure des alimens.

Troisiemement, qu'apres que la faim est appaisée, & la table levée, il reste à celuy qui a beu & mangé moderement cette agreable pensée qu'il n'a rien fait qui soit contraire à sa santé, & qu'il se trouvera bien de sa moderation; & il n'est point fasché de n'avoir pas joüy d'un plaisir dont les gourmands se sont gorgez, d'autant plus que le plaisir se seroit deja evanoüy, & qu'il ne luy en resteroit que le seul danger du repentir, à quoy il n'est pas sujet comme celuy qui s'estant rempli l'estomac de viandes & de ragousts, ou se repent deja, ou soupçonne qu'il s'en repentira, & qu'il portera, sinon bientost, du moins quelque jour la peine de sa gourmandise. Quatriememement, qu'il y a beaucoup de prudence à ne se jetter pas dans le corps, à l'appetit d'un plaisir de peu de durée, la matiere de tant de maladies si fascheuses, & si longues, laquelle matiere ne pourroit estre tirée qu'en se soumettant ensuite à plusieurs potions, purgations, vomitoires, & saignées qui ruinét le corps, & qui cependant pourroient aisement estre evitées par la simple abstinence, ensorte qu'on ne soit pas obligé d'en dire autant que Lysimachus apres s'estre rendu aux Getes pour appaiser la soif dont il estoit travaillé avec toute son Armée, *O Dieux le grand bien que ie viens de perdre pour un plaisir qui a si peu duré!*

Cinquiémement, qu'à la reserve de quelque peu de maladies hereditaires, & qui peuvent, sinon estre ostées tout à fait, du moins estre corrigées, la matiere comme generale de toutes les autres est le boire & le manger ou non-naturel, ou pris outre mesure. Car encore que le travail, la chaleur, le froid, & quelques autres causes de la sorte puissent engendrer des maladies; cela n'arrive neanmoins d'ordinaire que parcequ'elles remuent les humeurs croupissantes & superfluës que l'excez du vin, & la bonne chere auront auparavant introduit dans le corps.

Aussi remarqua-t'on durant cette grande Peste qui infecta toute l'Attique, qu'il n'y eut que Socrate, qui pour estre extraordinairement sobre, n'en fut point atteint, & nous connoissons un homme que la sobrieté a aussi sauvé demesme dans une grande peste; sans parler d'une personne de grande qualité qui estant cruellement tourmenté de la goutte, & s'estant opiniastré en quelque façon par mon conseil, à vivre tres sobrement une année durant, & à ne manger presque point de chair, à la maniere des Indiens qui ne laissent pas pour cela d'estre sains, & robustes, se trouve presentement delivré de toutes ses incommoditez, comme il arriva autrefois au Senateur Rogatianus dont parle Porphyre dans la vie de Plotin ; tant il est vray que la Sobrieté est un remede souverain pour eviter les maladies, ou pour s'en delivrer !

Sixiemement, que pour une personne qui est malade d'inanition, il y en a toujours vingt qui sont malades de repletion ; desorte que Theognides avoit bien raison de dire que la Gourmandise en tue beaucoup plus que la faim.

Per plures quàm dira fames, satias malé perdit,
Qui iusto cupiunt amplius esse sibi:

Et Horace apres Epicure, qu'un homme sobre, ou qui boit & mange peu, est toujours vigoureux, & toujours prest aux fonctions qui regardent sa charge & son devoir ; au lieu que la crapule rend le Corps & l'Esprit pesans, & attache à la terre nostre Ame, cette parcelle de la Divinité.

———quin corpus onustum
Hesternis vitiis, animum quoque pragravat unà,
Atq; affigit humo divinæ particulā auræ ;

*Alter ubi dicto citius curata sopori
Membra dedit, vegetus præscripta ad
munera surgit.*

L'on peut mesme ajoûter que celuy qui chercher le plaisir du Goust dans la bonne chere, perd le plaisir qu'il y trouveroit, si s'estant accoûtumé à vivre sobrement & simplement, il ne prenoit cette bonne chere que par intervalles; ce qui n'est pas hors de la bienseance, & qui peut quelquefois estre permis aux plus honnestes gens, soit, comme dit le Poëte, qu'une Feste solemnelle nous invite à la rejoüissance, soit que l'on veüille quelquefois reparer les forces affoiblies par l'abstinence, ou par la vieillesse.

*Sive diē festum rediens advexerit annus;
Sive recreare volet tenuatū corpus; ubiq;
Accedent anni, & tractari molliùs ætas
Imbecilla volet——*

Non que l'on se doive proposer comme fin ce plaisir extraordinaire du Goust, mais parceque le pouvant considerer comme par accident, il se trouve que la vie sobre & frugale est bonne à tout; quoy que d'ailleurs il soit constant que le Sage doit bien plutost, autant que l'estat & la condition de la
vie

vie le peuvent permettre, suivre toujours une mesme maniere, & une mesme regle ou teneur de vie : Ie dis autant que l'estat & la condition de la vie le peuvent permettre ; parce qu'encore que le genre de vie dans lequel on se trouve, fasse naistre des temps où il est difficile de garder exactement la regle & la maniere de vivre que l'on s'est prescrite, neanmoins il n'est pas fort difficile de la garder, & de s'y tenir à peu pres, pourveu qu'un homme ait autant de constance & de fermeté qu'un veritable Sage & vertueux en doit avoir. Car si d'ailleurs il est tellement mol & flexible, qu'à la premiere occasion il se laisse aller, & se laisse emporter aux cupiditez, c'est une marque evidente que la Sagesse & la Vertu n'ont pas jetté des racines fort profondes dans son Esprit.

Certainement, si nous sommes quelquefois obligez de nous trouver à des tables où il semble qu'il y auroit de l'incivilité à ne se pas laisser vaincre par les prieres, & les sollicitations qu'on nous fait, c'est principalement alors qu'il faut montrer de la force, & de la fermeté, & si une excuse civile

& honneste ne suffit pas, l'on doit se defaire de cette *Dusopie*, ou honte ridicule tant blasmée des Grecs, & selon le conseil de Plutarque, dire nettement & courageusement à son Hoste ce que Creon dit dans une de ses Tragedies : Il vaut mieux que vous soyez presentement fasché contre moy, que si demain j'estois malade pour vous avoir obey.

Te prestat infesam, Hospes, esse nunc mihi,
Quã si obsequtus deinde graviter ingemã.
Car *de se jetter*, dit-il ensuite, *dans des douleurs de colique, & mesme dans la folie pour ne pas vouloir passer pour rustique, & incivil, c'est estre & rustique, & insensé, & ne sçavoir pas comment il en faut user avec les hommes à l'egard du vin, & de la bonne chere.*

Nous ne devons pas icy oublier ce beau mot d'Epicure, *qu'une vie sobre, & frugale à laquelle nous-nous sommes reduits, & accoûtumez, nous rend intrepides contre la fortune.* Car comme dit Horace, qui est-ce qui se pourra plus fier à soy-mesme, & à ses propres forces à l'egard des accidens, & des malheurs qui peuvent arriver, ou celuy qui aura accoûtumé son Esprit à de vastes desirs, & son corps à un appareil superbe, & somptueux, ou celuy qui content de peu, & prevoyant l'avenir aura en homme sage, fait provision durant la Paix de ce qui est necessaire pour la Guerre? Que la fortune se bande contre cet homme, & qu'elle luy oste tout ce qu'elle pourra, combien pourra-t'elle diminuer de ce necessaire?

―――― *Vter-ne*
Ad casus dubios fidet sibi certiùs, hic qui
Pluribus assuerit mentem, corpusque superbum,
An qui contentus parvo, metuensq; futuri,
In pace, ut Sapiens aptarit idonea bello?
Sœviat, atque novos moveat fortuna tumultus,
Quantum heinc imminuet? &c.

Il ne faut pas aussi oublier qu'Epicure se glorifie, *que sa nourriture journaliere ne va pas tout à fait à une livre, & que celle de Metrodore va jusqu'a la livre entiere*; il ne faut pas non plus oublier ce beau mot que Seneque a si bien relevé. *Tu ne crois pas*, dit-il, *que dans un si petit manger il y ait de quoy se rassasier? Il y a bien plus, il y a de la Volupté, non pas une Volupté legere, & pas-*

sagere, & qu'il faille à tout moment reparer, mais une Volupté stable, & assurée. Car de l'eau, de la bouillie, un morceau de pain d'orge ne sont veritablement pas des choses trop agreables au goust; mais c'est un grand plaisir que d'en pouvoir prendre du plaisir, & de s'estre reduit à ce que l'iniquité de la fortune ne puisse pas vous oster. La nourriture d'une prison est plus abondante, & un Criminel qu'on garde à veüe condamné à la mort, ne vit pas de si peu de chose. Qu'il y a de grandeur à descendre de son bon gré à ce qui n'est pas à craindre à ceux qui sont reduits à la derniere extremité ! C'est là prevenir les traits de la Fortune, & c'est là luy fermer toutes les avenües. En effect, quel pouvoir peut avoir la fortune sur celuy là qui ne conte point comme sien ce que la fortune fait gloire de donner, & d'oster, & qui est content des choses qu'elle ne tient pas soûmises, comme estant trop viles, à son superbe empire ?

Ie citerois ce que Xenophon remarque de Socrate, qu'il vivoit de si peu de chose, qu'il n'y avoit Artisan, qui pour peu qu'il voulust travailler, ne gagnast plus qu'il n'eut fallu pour le nourrir : Ce qui a deja esté rapporté d'Anacharsis, qu'il refusa l'argent comme ne luy estant pas necessaire pour le peu de depense qu'il faisoit; Ce qu'on a ecrit d'Épaminondas, qu'il renvoya les Ambassadeurs du Roy avec l'Or qu'ils luy avoient apporté, & qu'apres leur avoir fait un repas fort simple, il leur dit, *Allez, & faites le recit de ce diner à vostre Maistre, afin qu'il entende qu'un homme à qui cela suffit ne se prend point par argent:* Ie pourrois, dis-je apporter ces illustres exemples, & plusieurs autres de la sorte, pour montrer que celuy qui se contente de si peu de choses, qu'elles ne manquent pas mesme dans la pauvreté, n'a pas sujet de craindre l'iniquité de la fortune, ni la pauvreté: Mais ajoûtons plutost ici contre la crainte de la Pauvreté ce que Bion dit si bien chez Theletes Pythagoricien. Voicy ses termes. *Si les choses pouvoient parler comme nous, & pour ainsi dire, nous apeller en jugement, n'est-il pas vray que la Pauvreté diroit, Pourquoy, homme, dispute-tu contre moy? Es-tu acause de moy privé de quelque bien, de Temperance, de Iustice, de Force? Crains-tu que les choses necessaires te manquent? Quoy les chemins ne sont-ils* pas pleins d'herbages, & les Fontaines pleines d'eau ? Est-ce que par toute la Terre ie ne te donne pas des licts pour te coucher, & des fueilles pour te couvrir ? Est-ce que tu ne peus pas estre joyeux avec moy ? Ne vois-tu pas Gradiaphyrtus qui chante gayemẽt en prenant son repas ? Ne t'ay-je pas preparé un Ragoust sans defense, & sans soin, la faim ? Et celuy qui a faim ne mange-t'il pas tres agreablement, & sans avoir besoin d'autre assaisonnement, comme celuy qui a soif boit à longs trais son eau simple sans desirer d'autre meslange ? Crois-tu qu'on ait faim de gasteau, ou qu'on ait soif de neige ? Et ne sont-ce pas là des choses que le Luxe, & la dissolution des hommes corrompus desirent ?

Peinture des Diogenes des Indes.

A Propos de tout eeci, je ne dois, ce semble, pas omettre ce que je scais de la vie des Indiens Orientaux, quand ce ne seroit que pour faire voir que toutes ces belles choses que nous venons de dire, ne sont pas de pures Speculations Philosophiques, mais qu'il y a des Peuples entiers qui menent une vie auſſi frugale, & qui ſe contentent d'auſſi peu de choſe ſoit pour le boire, ou le manger, ſoit pour les habillemens, que tous ces Cyniques, Stoiciens, & Epicuriens. Il y a dans les Indes quantité de Fakirs, ou Religieux Idolatres, qui auſſi bien que Diogene vont tout nuds, & qui pour toute chauſure ont, comme luy, la plante endurcie de leurs pieds; pour chapeau, leurs longs cheveux huilez, treſſez, & entourtillez ſur le haut de la teſte; pour ornemens de leurs doigts, des ongles contournées, & quelquefois plus longues que la moitié du petit doigt; pour maiſon, des galeries qui ſont alentour des Temples, pour lict, quatre doigts epais de cendres, & quand ils ſont en Pelerinage quelque peau de Tygre, ou de Leopard ſechée au Soleil qu'ils etendent ſur la terre; pour leur boire, de l'eau pure, & pour leur manger, quand l'aumone ne manque pas, une livre de Kichery qui eſt un certain meſlange de ris, & de deux ou trois ſortes de Lentilles, le tout cuit à l'eau, & au ſel avec un peu de Beurre roux verſé par deſſus.

La maniere de vivre des Brahmeny,

ou Bragmanes, ne differe presque en rien de celle des Fakirs soit dans la quantité, soit dans la qualité ; car le fond, & le principal de leur repas est toujours du Kichery, jamais de viande, jamais d'autre brûvage que de l'eau. Il en est demesme de la pluspart des Marchands qu'on appelle Banyanes, quels que riches qu'ils soient leur nourriture n'est ni plus abondante, ni plus delicieuse que celle des Bragmanes, & cependant ils vivent dumoins aussi tranquuilles, aussi joyeux, & aussi contens que nous, beaucoup plus sains, dumoins aussi forts & aussi robustes.

LIVRE II.
DES VERTVS.

CHAPITRE I.

Des Vertus en general.

L faut remarquer Premierement qu'Aristote, Plutarque, & les autres ont distingué trois choses dans l'Esprit, des Facultes, des Actions, & des Habitudes; des Facultez qui soient les Puissances mesmes productrices des actes, de Colere, par exemple, de Misericorde, & autres; des Actions qui soient les actes mesmes, comme se mettre actuellement en colere, s'affliger actuellement, avoir actuellement de la compassion; des Habitudes qui soient ou la facilité mesme, ou ce qui fait que nous avons plus de facilité, plus de pente, plus d'inclination à de certains actes

M 5

Secondement, que demesme qu'il y a des actes les uns vicieux, ou mauvais, comme lorsque l'on s'emporte à la Colere avec excez ; les autres honnestes, ou bons, comme lorsqu'on en demeure dans les bornes de la mediocrité ; ainsi il y a des habitudes, les unes vicieuses, les autres honnestes.

Troisiemement, que la Vertu est, non une faculté, non un acte, mais une habitude, asçavoir une habitude honneste, c'est à dire qui nous porte, & nous donne de l'inclination pour les Actes honnestes, ou loüables.

Quatriemement, que comme Aristote fait deux parties de l'Esprit, l'une Raisonable, que nous disons Entendement, l'autre qu'il appelle Appetit Sensitif, & que nous disons ordinairement Volonté ; il distingue dans l'une & dans l'autre partie des facultez, des actions, & des habitudes, afin que l'une & l'autre estant capables d'habitudes, elles soient aussi l'une & l'autre capables de Vertus.

Cinquiemement, qu'il y a cette difference entre l'une & l'autre partie, que les Vertus de la Raisonable regardent le Vray, ou ont pour but la Verité ;

au lieu que celles de l'Appetit, ou Volonté regardent le Bon, ou ont pour but la Bonté.

Sixiemement, que les Vertus de la premiere sont cinq, la Prudence, la Sagesse, l'Intelligence, la Science, & l'Art; celles de la seconde trois, la Force, la Temperance, & la Iustice.

Septiemement, qu'Aristote, sur ce que l'on pourroit peuteſtre trouver etrange qu'il mette des Vertus dans la seconde partie, previent l'Objection, en disant que cette partie n'a veritablement pas en soy la Raison, mais qu'elle peut neanmoins estre dite l'avoir, en ce qu'elle l'ecoute, & qu'elle est à l'egard de la Raisonnable comme un fils à l'egard de son Pere qui le conduit par ses enseignemens.

Huictiemement, que les Vertus qui sont dans la partie Rasonnable estant dites Intellectuelles, comme regardant la Pensée, & celles qui sont dans la Volonté, Morales, comme regardant les Mœurs; il ne s'agit pas precisement icy des premieres, mais des dernieres seulement; je dis precisement, pour mettre à part la Prudence, qui est la guide des Morales, & qui est tellement meslée avec les Mœurs, qu'elle est mise au nombre des Morales, & censée mesme la premiere, & la principale des Morales. Car Aristote dit fort judicieusement, *que demesme que la Sagacité*, c'est à dire la faculté naturelle à trouver sur le champ des moyens pour la fin qu'on a en veüe, *est portée à sa perfection par la Prudence, ainsi la Vertu naturelle*, c'est à dire l'aptitude naturelle à la Vertu, *est rendue parfaite par la Sagesse ou par la droite Raison qui n'est point sans la Prudence.* D'où vient que chez luy toutes les Vertus sont appellées des Prudences, non pas proprement, mais entant qu'elles ne peuvent point estre sans la Prudence : D'où vient aussi que lorsque les Philosophes definissent la Vertu, ils disent *que c'est une habitude conforme à la droite Raison*, ou plutost qui est conjointe avec la droite Raison ; or la droite Raison est celle qui est selon la Prudence, ou qui est la Prudence mesme. Et c'est pour cela mesme que la definition qu'Aristote donne de la Vertu comprend la droite Raison, ou la Prudence ; la Vertu selon luy estant une habitude elective, qui consiste dans une mediocrité definie, ou determinée par la Raison, & par la Prudence, *Virtus est habitus electivus, in mediocritate quæ ad nos est consistens, ratione definitus, ac prout Vir prudens definierit.*

Surquoy il est à remarquer, que tous les Philosophes demeurent bien volontiers d'accord avec Aristote, que la Vertu est une habitude definie, ou reglée par la Raison, & par la Prudence; car c'est pour cela que Ciceron, & les autres l'appellent *une Affection de l'Ame, constante, convenable, & qui rend loüables ceux dans lesquels elle est*, ou mesme *une constante, & perpetuelle Raison*; puis qu'enfin une Ame est censée vertueuse, ou douée de Vertu, non pas lorsque par hazard, ou par dissimulation, ou avec de la repugnance, & de la difficulté elle fait quelque action loüable, mais lorsqu'elle est de telle maniere disposée qu'elle en fait constamment, c'est à dire qu'elle est de telle maniere confirmée à bien faire, qu'elle n'agit jamais qu'aprés y avoir bien pensé, que serieusemét, qu'avec inclination, que gayement, bien, & loüablement. Ils veulent bien tous encore qu'on l'appelle *Une habitude Elective*; parce que par là elle est distinguée des habitudes de l'Entendement qui ne demandent pas que leurs actes se fassent par un choix de l'Appetit, comme le demandent les Morales, qui ne seroient assuremment point Morales, si leurs actes ne se faisoient par choix, & volontairement: Mais à l'egard de ce qu'il infere, que la Vertu est mise dans la Mediocrité, cela a donné sujet à plusieurs, & principalement aux Stoïciens, de contester, & de declamer qu'il a souillé la Vertu, comme la mettant au milieu entre deux Vices opposez, & la faisant ainsi en quelque façon participante des extremes : Or il semble que nous avons deja touché la chose, mais elle est d'assez grande importance, pour que nous la traittions un peu plus au long.

En quel sens la Vertu est dite se tenir au Milieu, ou consister dans la Mediocrité.

ARistote remarque donc, que dans l'objet de la Vertu l'on peut distinguer deux Milieux, l'un qu'il appelle Milieu de la chose, *Medium rei*, ou qui est de part & d'autre egalement distant de ses extremes, & le mesme chez tous les hommes ; tel qu'est, par exemple, *le nombre de six entre deux, & dix, car il est eloigné de l'un & de l'autre de quatre unitez* ; d'où vient qu'il le nomme Milieu Arithmetique, comme estant *en proportion Arithmetique*. L'autre qu'il appelle Milieu à nostre égard, *Medium quoad nos*, ou qui n'est ni au dessus, ni au dessous de ce qui nous est convenable ; ce qui fait qu'il ne peut pas estre le mesme à l'egard de tous les hommes; parce qu'une chose ne convient pas egalement à tous; comme *si manger six livres est trop, & deux trop peu, le gouverneur des Athletes ne prescrit pas pour cela six livres à tous, par ce que c'est peu pour Milo, & trop pour Tiro* ; & c'est pour cela que ce Milieu est aussi d'ordinaire appellé Milieu de raison, *Medium rationis*, tant parce qu'il est prescrit par la droite raison, que parce qu'il consiste dans cette *raison*, ou *proportion* qu'Aristote devoit appeller Geometrique, & qui n'appartient qu'au Sage seul de connoistre.

Aristote enseigne donc que la Vertu consiste, non dans *le Milieu de la chose,* mais dans *le Milieu à nostre egard*, ou Geometrique, c'est a dire de raison; en ce que la Vertu ayant pour objet les Passions, & les Actions, telles que sont, par exemple, craindre, avoir de la confiance, desirer, avoir de l'aversion, se mettre en colere, avoir compassion, & generalement estre affecté de plaisir, & de douleur; la Vertu, dis-je, ayant pour objet les Passions, & les Actions dans lesquelles il y a Excez, Defaut, & Milieu, le devoir de la Vertu est d'y apporter un milieu, lequel soit & tres bon, & au temps qu'il faut, & dans les choses qu'il faut, & à l'egard de ceux qu'il faut, & en veüe de ce qu'il faut, & de la maniere qu'il faut.

Il enseigne consequemment, que la Vertu consistant à apporter un milieu qui soit entre deux extremes, elle est aussi elle-mesme une certaine Mediocrité, c'est à dire une habitude moyene entre deux vicieuses, dont l'une tende à l'excez, & l'autre au defaut qui est dans la chose, ou dans l'objet, desorte que la Vertu *de son essence, & de sa nature*, entant qu'elle prescrit un milieu, soit veritablement aussi elle-mesme une espece de milieu; mais qu'eu egard à l'excellence, & à la perfection, elle soit quelque chose d'elevé au dessus de tout. Et c'est ce qui fait qu'on distingue d'ordinaire *le milieu en egard à l'objet*, & *le milieu quant à l'essence*; parceque le Milieu quant à l'objet, n'est autre chose que le Milieu *à nostre egard*, ou *de raison*, & qui est comme mis, & consideré entre deux extremes, & celuy dont parle Horace, quand il dit qu'il y a un certain Milieu à tenir dans les choses, & de certaines bornes au delà, & au deça desquelles le droit, ou la droicture, la raison, & le vertueux ne se trouve point.

Est modus in rebus, sunt certi deniq; fines Quos ultra, citraq; nequit consistere rectŭ.

Le milieu quant à l'essence n'estant autre chose que la Vertu mesme entre deux Vices, ou comme dit le mesme Horace, le milieu de deux Vices reduit de part, & d'autre.

Virtus est medium vitiorum, & utrinque reductum.

Il prouve ensuite la chose par Induction; car la Force est moyenne entre la Lascheté, & l'Audace; la Temperance entre l'Insensibilité, & l'Intemperance; la Liberalité entre la Prodigalité, & l'Avarice; la Magnificence entre la Chicheté, & la Somptuosité; la Magnanimité entre la Pusillanimité, & la sotte Ostentation; la Modestie entre n'avoir aucun soin de son honneur, & l'Ambition; la Clemence, la Douceur, la Mansuetude entre la Lenteur, & la Colere; la Verité, ou la Veracité entre la Dissimulation, & la Vanterie ou *Hablerie*; l'Agréement *festivitas*, entre la Rusticité, & la Boufonerie; l'Amitié entre la Flatterie, & l'inclination à contrarier *pugnacitas*; la Pudeur entre la Stupidité, & l'Impudence; l'Indignation juste entre l'Envie, ou la Jalousie, & la Mal-veillance, ou mauvaise volonté *malevolentia*; la Prudence entre la Folie, ou Sottise, & la Finesse, ou fourberie. Pour ce qui est de la Iustice, encore qu'elle ne soit proprement pas entre deux extremes, parce qu'il n'y a que la seule Injustice qui luy soit opposée, neanmoins il ne laisse pas de reconnoitre quelque Milieu dans son object; parceque la Iustice estant une Vertu qui regarde

DES VERTUS. 283

autruy, ou qui est entre deux personnes, c'est à elle à reduire tellement la chose à la rectitude ou à l'egalité, que celuy-cy n'ait pas davantage, ni celuylà pas moins qu'il ne faut, ensorte que l'Injustice tienne lieu d'excez à l'egard de l'un, & de defaut à l'egard de l'autre.

Il enseigne d'ailleurs, qu'il y a de certains Vices qui n'admettent point de mediocrité, comme l'Adultere, le Larcin, l'Homicide; parce qu'il y a toujours peché en cela, & qu'il n'y a aucune Vertu qui consiste, par exemple, à prescrire avec quelle femme, en quel temps, & comment se doit commettre un Adultere; *d'autant, dit-il, que de chercher un milieu là dedans, c'est tout de mesme que d'en chercher dans l'Intemperance, dans la Lascheté, & dans les extremes des autres Vertus.*

Enfin il enseigne que les extremes côbantent non seulement entre eux, mais aussi avec le Milieu mesme; desorte que le Courageux à l'egard du Lasche semble Audacieux, au regard de l'Audacieux Lasche, le Liberal prodigue à l'egard de l'Avare, à l'egard du Prodigue Avare, & ainsi des autres; que cependant il y a des extremes dont l'un paroit estre plus opposé au milieu que l'autre, & que c'est pour cela que quelquefois une Vertu semble plus approcher de l'excez que du defaut, comme la Force plus approcher de l'Audace que de la Lascheté, & quelquefois plus du defaut que de l'excez, comme la Temperance approcher plus de la privation de Volupté que de l'Intemperance : D'ou il conclut qu'il est difficile de devenir Vertueux, parcequ'il est difficile de trouver le milieu convenable en toutes choses ; & c'est pour cela qu'il conseille à ceux qui buttent à ce milieu, de s'ecarter principalement de l'extreme qui est le plus contraire, de prendre garde au vice où ils ont plus de pente, & de faire comme ceux qui redressant un bois courbé, le flechissent tellement du costé opposé, qu'ils le reduisent enfin à un estat moyen, qui est celuy de Rectitude.

De l'Apatie des Stoïciens.

OR comme les Stoïciens different des Peripateticiens, en ce que les

Stoïciens pretendent premierement que le Sage doit estre ἀπαθῆ, sans passion, au lieu que les Peripateticiens distinguant les Passions, ou Cupiditez, en vaines & non-necessaires, & en naturelles & necessaires, tienent bien que le Sage doit estre exempt des premieres, mais que les dernieres doivent estre de telle maniere retenues, qu'on y garde un certain milieu convenable, & une juste mediocrité. Secondement, en ce que les Premiers veulent que le Sage ne se plaigne, ni se s'afflige point, ou que dans la douleur il se tienne dans une certaine austerité rigide qui sêble tenir de l'insensible, au lieu que les Peripateticiens croyent que cela ne se dit, & ne se fait que par un excez de vanité, & d'ambition, & qu'il est plus convenable d'estre touché de quelque tristesse, & de donner lieu aux larmes, aux soupirs, & aux gemissemens, que d'estre Sage, & estre tourmenté interieurement, comme dit Crantor, *par cette espece d'inhumanité, & de ferocité*; comme il y a, dis-je, cette difference entre les Stoïciens, & les Peripateticiens, voyons en peu de mots ce que Ciceron, qui semble estre le Defenseur de l'Apatie, objecte aux Peripateticiens.

Apres qu'il a donc donné cette definition du Sage, que nous avons veüe plus haut, voicy ce qu'il ajoûte. *C'est pourquoy l'õ doit tenir pour mol, & enervé le raisonnement des Peripateticiens, qui disent qu'il est necessaire que les Esprits soyent agitez & troublez, mais qui admettent une certaine moderation au de là de la quelle il ne soit pas convenable de passer. Tu apporteras*, dit-il, *de la moderation au Vice? Est-ce qu'il n'y a point de Vice à n'obeir pas à la Raison? A desirer quelque chose ardemment, & apres l'avoir obtenu à s'en elever insolemment? A demeurer laschement opprimé, ou de crainte de l'estre, s'emporter presque à perdre le Iugement? Est-ce que ce n'est pas une faute, & une erreur que de faire toutes choses ou trop tristes, ou trop joyeuses?* Voila ce qu'objecte Ciceron: Mais à dire la verité; la pensée des Peripateticiens n'estoit point que le Vice se deust d'une telle maniere moderer, qu'il demeurast en quelque façon Vice, eux qui tenoient que la Vertu est un milieu, non qui soit formé des extremes moderez, comme le tiede du chaud, & du froid, mais qui est entre deux extremes, comme le Centre entre les extremitez du Diametre, la ligne droite entre deux courbes. Et ils ne pretendoient pas qu'il n'y eust point de Vice à ne pas obeir à la Raison, eux qui vouloient que la Raison prescrivit la moderation. Ils n'admettoient pas aussi qu'il falluft desirer quelque chose ardément, ou que l'ayant obtenu on s'en pust elever insolemment, eux qui croyoient qu'il falloit par le commandement de la Raison reprimer toute ardeur, & toute insolence, & la ranger entre de certaines bornes. Ainsi, ils ne nioient pas que ce ne fust un mal de demeurer laschement oppressé, & abattu, ou de crainte de l'estre, de s'emporter à perdre le jugement, eux qui estimoient qu'il falloit se reveiller pour se tirer de cette extremité, & se mettre dans un estat moderé. Enfin ils ne croyoient pas que ce ne fust une erreur de faire toutes choses ou trop tristes, ou trop joyeuses, eux qui pretendoient qu'il falloit de telle maniere corriger l'erreur, qu'il ne se trouvast ni du trop, ni du trop peu.

Il presse ensuite, & dit *que celuy qui cherche une moderation au Vice, fait comme celuy qui s'eſtant precipité du haut d'une Montagne en bas, ſe veut retenir, & ne le peut faire, comme n'eſtant pas poſſible qu'un Eſprit troublé, & paſſionné puiſſe ſe retenir, ni s'arreſter au lieu où il veut:* Mais ils nieront encore une fois que la mediocrité en quoy conſiſte la Vertu, eſtant obtenüe, il demeure une partie du Vice, & ils rejetteront la parité, parce que celuy qui une fois s'eſt precipité, n'a plus en ſoy aucune force pour pouvoir s'empeſcher de tomber; au lieu que celuy qui eſt tombé dans quelque Paſſion, a en ſoy la Raiſon qui la peut reprimer, ſi principalement il eſt Sage, & a de l'inclination pour la Vertu, tel qu'eſt celuy dont il eſt icy queſtion.

Enfin voicy comme il conclut. *C'eſt pourquoy s'ils approuvent des troubles moderez, c'eſt autāt que d'approuver une Iniuſtice moderée, une Laſcheté moderée, ou une Intemperance moderée, puis qu'apporter de la moderation aux Vices c'eſt prendre une partie des Vices.* Mais Ciceron inſiſte toujours en ce qu'ils n'admettent point: Car il preſſe comme s'il vouloient que la Vertu ne fuſt pas un milieu entre deux Vices, mais un Vice

Vice moderé, ou un des extremes reduits à la mediocrité, ce qui eſt tout le contraire de ce que veut Ariſtote; puis qu'il dit, *que de chercher de la Mediocrité dans l'Adultere, & autres ſemblables, c'eſt tout de meſme que de croire qu'il y ait de la mediocrité, de l'excez, & du defaut dans l'Ininjuſtice, dans la Laſcheté, & dans l'Intemperance.*

Ciceron propoſe en ſuite tout au long le Raiſonnement des Peripateticiens dans le deſſein de le combatre, & leur reproche, *que ſelon eux les troubles, ou les Paſſions ſont non ſeulement naturelles, mais qu'elles ont meſme eſté utilement données par la Nature: Qu'ils loüent la colere, comme la pierre qui aiguiſe le courage, en ce que l'impetuoſité d'un homme en colere eſt bien plus puiſſante contre un Ennemy public, ou contre un mauvais Citoyen, que s'il combattoit de ſang froid,: Que les commandemens ſeveres ne ſont point ſans quelque aigreur de colere: Que ſi un Orateur ne l'a pas, il doit feindre de l'avoir: Qu'un homme n'eſt pas homme s'il ne ſçait ſe mettre en colere, & que ce qu'on appelle douceur eſt pluſtoſt une eſpece de lenteur vicieuſe: Que l'on ne ſçauroit rien faire de grand ſans* passion, temoins Themistocle, & Demosthene, que sans cet aiguillon les Princes de la Philosophie n'auroient point fait de si grands progrez dans les sciences, & que sans quelque ardente passion Pytagore, Democrite, & Platon n'auroient point ainsi voyagé comme ils ont fait par toute la Terre : Que ce n'est pas sans quelque grande utilité que la Nature a étably la fascherie, & le chagrin afin que les hommes dans leurs Crimes fussent faschez, ou s'affligeassent des chastimens, des reprimandes, & de l'ignominie : Que la Misericorde est utile pour faire secourir les affligez, & que d'avoir mesme de l'Emulation n'est pas une chose inutile : Enfin, que qui auroit osté la Crainte auroit osté toute la diligence, &c.

Il ajoûte ainsi plusieurs autres choses, ausquelles cependant il semble donner luy-mesme la reponse lors qu'il dit, Neanmoins ils avouent en disputant de ces choses qu'elles doivent estre en partie retranchées, mais quelles ne peuvent, ni ne doivent pas estre entierement deracinées; desorte qu'ils tienent que la mediocrité est presque tres bonne en tout. Et defait à l'egard de ce qu'il objecte, par exemple, qu'il n'est pas d'un homme fort,

& genereux de se mettre en colere, mais d'un gladiateur ; que sans cette colere de gladiateur Aiax combatra avec Hector, & que Torquatus Mercellus l'African ne l'avoit poins, &c. Ils repondront qu'il est d'un gladiateur d'entrer dans une colere de furie, & comme il dit luy-mesme en suite, qui soit sans raison, au lieu que la colere d'un homme genereux est plus temperée, & entend la raison.

Et sur ce qu'il ajoute de la Misericorde, *Est-ce que nous ne pouvons pas estre liberaux sans estre touchez de cõpassion, & de pitié, puisque nous ne devons pas nous affliger a cause des autres, mais tirer les autres s'il est possible, de leur affliction*, ils repondront que la Misericorde fera que nous seront plus enclins à la liberalité, & que le Sage ne prend pas pour un autre du chagrin, & de l'affliction dont il soit luy-mesme tourmenté; mais que c'est un doux sentiment d'humanité qui le porte à soulager autruy.

A l'egard de la Ialousie, ou de l'Emulation ; ils repondront que la jalousie, & l'emulation du Sage n'est qu'un certain mouvement, ou une cupidité qui le porte à s'efforcer de parvenir à une gloire ou semblable, ou plus grande que n'est celle d'un autre.

Pour ce qui est de la Peur; ils demeureront volontiers d'accord que la Timidité, ou la trop grande peur est blâmable, & ils montreront que la Vie ne peut point estre sans quelque peur, qui fasse qu'on se precautionne contre divers accidens qu'on prevoit.

Pour ce qui est enfin de ce qu'il dit de la Colere, & de la Cupidité; ils soutiendront qu'il est naturel de se fascher, & d'avoir de l'ambition; mais que de se fascher excessivement, ou de se porter à quelque chose avec trop de passion, cela vient d'une erreur qu'il faut corriger: De sorte que lors qu'ils veulent qu'on retranche ce qu'il y a de trop, ils veulent bien que l'on retranche, & que l'on extirpe ce qui vient des erreurs, mais non pas ce qui estant naturel, ou naturellement planté en nous, ne se peut, ni ne se doit extirper, ou entierement arracher,

De la Connexion mutuelle des Vertus.

POur dire aussi quelque chose de la connexion des Vertus, elle se doit reconnoître de deux Chefs ; l'un de ce qu'elles sont toutes conjointes avec la Prudence, comme tous les membres avec le corps, les ruisseaux avec la fontaine d'où ils sortent ; l'autre de ce que & la Prudence, & toutes les autres sont conjointes avec la vie agreable ; la vie ne pouvant estre agreable sans les Vertus, & les Vertus ne pouvant estre que la vie ne soit agreable : Ce qui fait voir que la consequence de la connexion mutuelle des Vertus est fondée sur ce commun Axiome, *Les choses qui sont jointes à une troisieme, sont jointes entre-elles.* Or il n'est pas necessaire de rien dire icy du dernier Chef ; parceque la chose s'entendra assez ensuite, à l'occasion de ce que dit Epicure, *que les Vertus sont à desirer, non a cause d'elles, mais à cause de la Volupté*, ce qui a donné sujet de declamer contre luy ; nous-nous contenterons seulement icy d'inserer un Passage d'Aristote, qui fait voir clairement qu'il estoit en cecy de mesme senriment qu'Epicure. *Comme la chose aimée*, dit-il, *est agreable à l'amant, le Cheval, par exemple, à celuy qui aime les chevaux, le spectacle à celuy qui aime les spectacs ; ainsi a celuy qui aime la Iustice, les choses justes sont agreables à celuy qui aime la Vertu, & generalement les choses vertueuses. Il est vray que les choses qui sont agreables chez le vulgaire, sont discordantes entre elles, parce qu'elles ne sont effectivement pas _es de leur nature ; mais celles qui sont agreables à ceux qui aiment l'Honnesteté, sont d'elles mesmes, & de leur nature agreables : Telles sont les actions de Vertu qui leur sont par consequent agreables, comme estant d'elles mesmes agreables : Leur vie n'a donc pas besoin de la volupté comme de quelque accessoire, mais elle possede pluoost en soy & interieurement la volupté. Car, pour dire encore quelque chose de plus ; celuy qui ne se plaist pas aux actions honnestes, n'est pas homme de bien & l'on n'appellera point celuy-là homme, juste, ou liveral à qui les actions honnestes, ou liberales ne donnent pas du plaisir ; ce qui se doit entendre des autres Vertus. Or cela estant, il est constant que les actions vertueuses* sont d'elles mesmes, & de leur nature agreables.

Pour ce qui est du premier Chef, le sentiment d'Aristote est encore plus evident; Car s'il definit universellement la Vertu, *Une habitude qui regarde la mediocrité que l'homme prudent aura prescrite & determinée*, cela marque assez qu'aucune Vertu ne peut estre sans la Prudence, & par consequent que toutes les Vertus estant jointes avec la Prudence, elles-doivent aussi estre jointes entre elles. Cela resout mesme la difficulté que quelqu'un pourroit faire, en disant qu'un homme n'est pas de sa nature propre à toutes les Vertus, & qu'ainsi il en peut avoir une avant que d'en avoir acquis une autre. Car il distingue, & enseigne que cela peut veritablement arriver à l'egard des Vertus naturelles, ou des semences de vertu naturelles, puisque *des que nous naissons,* dit-il, *nous sommes propres à la Iustice, à la Temperance, à la Force, & aux autres Vertus*; mais que cela ne peut pas arriver demesme à l'egard des Vertus qui font qu'un homme est absolument dit homme de bien, & vertueux; *parce qu'avec la prudence seule toutes les autres viennent, & à proprement parler, un homme de bien ne peut pas estre sans la prudence, ni un homme prudent sans la vertu.*

Or il faut remarquer que cette distinction peut aussi servir à resoudre ce que Laerce luy attribue, qu'il croyoit que les Vertus n'avoient pas toutes une connexion mutuelle entre-elles, comme se pouvant faire qu'un homme soit prudent, & juste, & soit neanmoins intemperant, & incontinent. Car il repondra que ceux qui semblent estre doüez de certaines Vertus, sans avoir les autres, n'ont que des vertus en apparence, & imparfaites; en ce que leurs pretenduës actions de vertu ne sont pas animées de cette passion interieure, & generale d'honnesteté, par laquelle l'Ame est disposée à ne rien faire sans la conduite de la raison. Ce qui est autant que dire, qu'ils ont *la Vertu materielle*, mais non pas *la Vertu formelle*; en ce que la forme, ou la perfection, & le complement de toute Vertu est cette affection ou constitution generale d'Esprit, par laquelle un homme ne fait rien qu'honnestement, & par un motif de vertu; n'y ayant que cette seule disposition qui selon Aristote donne proprement le nom d'homme de bien. Ainsi celui qui n'est pas riche, & qui par consequent ne semble pas pouvoir estre Liberal, ou Magnifique, ne doit pas moins pour cela estre censé avoir en soy la Liberalité, & la Magnificence; parcequ'il à l'Esprit disposé de façon, que si vous augmentiez ses possessions, il ne feroit rien qu'honnestement, qu'honorablement, que magnifiquement: Car quoy qu'il n'ait pas l'habitude à faire de grandes largesses, il l'a neanmoins à en faire de proportionnées à ses facultez, & ne se montre jamais chiche de ce qui est en son petit pouvoir. D'où vient que la largesse de ce pauvre Paysan, qui n'ayant rien autre chose, offrit au Roy de l'eau qu'il avoit puisée avec ses mains, ne fut pas moins bien receüe que celle des Princes qui offroient des vases riches, & magnifiques.

Ie passeray ici sous silence les diverses raisons qu'Alexander a recueillies, & ne m'arresteray point à dire avec luy, qu'il soit, par exemple, impossible qu'un homme ait la Iustice, qu'il n'ait en mesme temps toutes les autres Vertus, parceque s'il est Intemperant, ou Timide, ou Avare, il cessera d'agir justement lorsqu'il se presentera quelque occasion de plaisir, quelque danger, ou quelque esperance de gain, & ainsi des autres vices, dont il n'y en a aucun qui ne soit capable de violer, & de corrompre quelque partie de la Iustice, je remarqueray seulement que ce Dogme de la connexion des Vertus entre-elles est commun non seulement à Epicure, à Aristote, à Platon, à sainct Ambroise, & à sainct Grigoire, mais principalement aux Stoiciens, quoy que ceux-cy y joignent le Paradoxe de l'Egalité des vertus. Ie dis principalement, car c'est chez eux une espece de Sentence. *Qu'un meschant homme n'a aucune vertu, ni un homme de bien aucun vice; mais que celuy-là peche en toutes choses, & que celuy-cy fait bien toutes choses: Que tout ce que fait le Sage, il le fait aidé de toutes les vertus, & que s'il remuoit seulement le doigt sans que là raison l'eust prescrit, il pecheroit. Ni tibi concessit ratio digitū exsere peccas.*

Division generale de la Vertu.

AU reste, comme nous devons ensuite parler des especes de Vertu, il faut avant toutes choses en proposer les divisions ordinaires. Pour ne dire donc point que Zenon enseignoit qu'il y avoit plusieurs Vertus, que les Megariciens n'en reconnoissoient qu'une sous divers noms, & qu'Apollophanes n'admettoit que la Prudence seule ; l'on sçait assez que la Vertu se divise ordinairement en ces quatre celebres especes, la Prudence, la Temperance, la Force, & la Iustice ; cependant Aristote mesme dans ses Morales traitte de ces quatre Vertus de maniere qu'il traitte aussi de la Mansuetude, de la Liberalité, de la grandeur d'Ame, de la Magnificence, de la Moderation, de la juste Indignation, de la Pudeur, de la gravité, de la Verité, ou Veracité, de l'Vrbanité, & ainsi des autres, comme d'especes distinctes des Vertu, evitant cependant d'en determiner le nombre, & commencant par discourir de la Force.

Pour ce qui est des Stoïciens, quoy qu'ils ayent divisé la Vertu en diverses manieres, neanmoins Posidonius entre autres retient les mesmes quatre genres ; d'ou vient que Ciceron semble avoir pris cecy des Stoïciens. *Tout ce qui est honneste sort de quelqu'une des quatre parties : Car ou il regarde le discernement du vray, & du faux ; ou la conservation de la Societé, qui consiste dans la foy des contracts, & à rendre à un chacun ce qui luy appartient ; ou la force, & la grandeur d'Ame ; ou la moderation de tout ce qui se fait, & ce qui se dit ; par où les quatre genres des Vertus sont designez.*

Cependant il faut remarquer, que si depuis le temps de S. Ambroise, & de S. Hyerome ces quatre Vertus sont dites Cardinales, en ce qu'elles sont considerées comme les gonds sur lesquels toutes les autres sont appuyées ; c'est apparemment à l'imitation des Stoïciens, qui disent qu'entre les Vertus les unes sont *primitives*, ou principales, *& maitresses* ; les autres *suiettes*, & comme *dependantes de celles là*, & que les premieres sont la Prudéce, la Force, la Iustice, la Temperance ; les dernieres la Grandeur d'Ame, la Continence, la Patience, la Vivacité d'Esprit, ou l'Adresse, & la Consultatrice, toutes lesquelles Ciceron appelle les Compagnes, & Seneque les branches des premieres.

Les Scholastiques les appellent maintenant Parties dont ils font trois genres, afin de pouvoir rapporter à quelqu'un de ces quatre genres toutes les Vertus qu'ils mettent entre les Morales ; car c'est ainsi qu'en a usé S. Thomas : Or ces trois Parties sont en premier lieu celles qu'ils appellent proprement *Sujettes*, ou *Especes* ; en second lieu *les Integrantes*, ou qui à la maniere des parties qui composent un tout entier, doivent necessairement concourir pour l'acte parfait d'une certaine vertu; en troisieme lieu les Potentielles, ou qui à la maniere des puissances de l'Ame sont comme adjointes, & n'ont pas toute la puissance de la vertu principale.

Ainsi les parties Sujettes de la Prudence sont la Privée, l'Economique, la Politique, la Militaire, la Royale : Les Integrantes la Memoire, la Docilité, la Sagacité, la Raison, la Providence, la Circonspection, & la Prevoyance ou precaution: Les Potentielles qui tienent encore de leur ancien nom Græc, l'Ebulie, la Synese, la Gnome.

Demesme les parties Sujettes de la Iustice sont la Generale, la Legale, & la Speciale, qui a pour especes la Commutative, & la Distributive: Les Integrantes sont les preceptes du Droit, comme Ne faire tort à autruy, Donner à un chacun ce qui luy appartient, ou, pour nous servir des termes de la Sainte Ecriture, Fuir le mal, & Faire le bien: Les Potentielles la Religion, la Sainteté, la Pieté, la Charité, l'Observance, l'Obeïssance, la Verité, la Gratitude, la Liberalité, l'Affabilité, l'Amitié.

Demesme enfin les parties Sujettes de la Temperance sont l'Abstinence, & la Sobrieté, celle-là à l'egard du manger, celle-cy à l'egard du boire, la Chasteté, & la Pudicité: Les Integrantes la Pudeur, & l'Honnesteté: Les Potentielles la Clemence, l'Humilité, la Modestie, la Douceur, la Misericorde, la Moderation, la Bienseance *decor*, estre Officieux *studiosi-*

tas, eſtre Agreable, Plaiſant *feſtivitas*.

Pour ce qui eſt de la Force, comme on ne luy aſſigne pas des parties Sujettes, a cauſe de la matiere Speciale à l'entour de la quelle elle eſt occupée, on en deſigne ſeulement quatre parties, qui ſont cenſées eſtre ou Integrantes, ſi on les conſidere entant qu'elles ſont occupées dans une matiere difficile, ou Potentielles, ſi la matiere a moins de difficulté. Ces parties ſont la Confiance, & la Magnanimité ou grandeur de courage; la Magnificence; la Patience ou Longanimité; la Conſtance ou Perſeverance, dont les deux premieres ſont pour entreprendre ou attaquer, & les deux dernieres pour ſoûtenir.

CHAPITRE II.

De la Prudence en general.

POur dire ſpecialement quelque choſe des quatre principaux genres de Vertu, & de quelques-unes de leurs principales Eſpeces, il nous faut commencer par la Prudence, qu'Aristote, Epicure, & tous les autres Philosophes tienent avec raison comme la teste, la source, la Reyne, & la maitresse des autres Vertus. Or pour prevenir d'abord les Equivoques; quoy que Prudence, & Sagesse soient souvent des termes synonimes, neanmoins Aristote les distingue de façon qu'il prend la Sagesse pour la Science de choses tres honorables, & admirables; la Prudence pour une Vertu particuliere qui regarde les choses utiles à la vie. *D'où vient, dit-il, qu'Anaxagore, Thales, & ainsi de quelques autres, peuvent bien estre appellez Sages, mais non pas prudens; parcequ'on remarque qu'ils ignoroient les choses qui leur estoient utiles, & cependant qu'ils sçavoient quantité de choses excellentes, admirables, difficiles, & divines, mais inutiles au bien, & à la felicité de la vie.* Or il est constant qu'il n'est pas icy question de la Prudence, comme estant prise pour cette sublime, & speculatrice Sagesse, mais entant qu'elle est une Vertu Morale qui regle, & modere toutes les actions de la vie, & qui distinguant les biens des maux, ou les choses utiles de celles qui sont nuisibles, prescrit ce qu'il faut suivre, ou fuir, & ainsi dispose, & dirige l'homme à bien, & heureusement vivre.

Aussi est-ce pour cela que Ciceron definit la Prudence, *la Science des choses que l'on doit desirer, ou fuir*, & Aristote, *une habitude d'agir selon la droite Raison, dans les choses qui sont bonnes, ou mauvaises à l'homme.* Où il faut remarquer à l'egard de ce qu'il dit, *que c'est une habitude d'agir selon la droite raison*, qu'il n'entend pas que l'homme prudent ne se serve quelquefois d'une raison fausse, ou à laquelle l'evenement ne reponde pas; mais qu'il ne fasse jamais rien que la balance à la main, & qu'apres avoir tellement examiné toutes choses, qu'eu egard au lieu, & au temps auquel il delibere, il ne voye aucune raison plus vraye, ou plus vray-semblable que celle qu'il se propose de suivre; estant cependant disposé à en suivre une autre qui auroit plus de vray-semblance, si elle se presentoit: Et c'est ce qui fait que la Prudence n'est qu'une habitude incertaine, & conjecturale, & qu'elle differe de la Science prise à la maniere d'Aristote, que la Science ayant pour objet des choses necessaires, ou qui ne peuvent estre autrement, la Prudence regarde des choses contingentes, & qui peuvent estre, ou n'estre pas, ou estre tellement de cette maniere, qu'elles puissent encore estre d'une autre.

Il faut aussi remarquer qu'Aristote par *les choses bonnes, ou mauvaises* entend principalement *les Moyens*, qui soient dits bons, entant qu'ils sont utiles, & convenables aux fins des vertus, mauvais en tant qu'ils y sont nuisibles, & qu'ils en detournent. Car quoy qu'on delibere quelquefois d'une fin, elle n'est neanmoins pas absolument fin, mais elle est en effect un moyen pour en obtenir une plus avancée, qui peut mesme encore estre considerée comme moyen, jusques à ce qu'on en vienne à la derniere de toutes qui est la Felicité, de laquelle l'on ne delibere point; parce qu'il n'y a personne qui ne vueille estre heureux, & qu'on ne se met en peine que des moyens de parvenir à la Felicité. De là vient que nous avons defini la Prudence en general, comme dirigeant l'homme à bien, & heureusement vivre ; non qu'elle ne regarde auſſi les cas particuliers; puis-que le devoir de la Prudence eſt de dicter ce qu'il faut, ou ne faut pas faire dans chaque occaſion particuliere; mais parce qu'elle paroit principalement dans un certain plan de vie general qu'on ſe forme, & qui ſoit tel, que toutes les actions particulieres s'accordent mutuellement entre elles, & tendent toutes comme d'un commun accord à la felicité, ou comme nous avons dit, à bien & heureuſement vivre; Car c'eſt pour cela que la prudence eſt ordinairement definie *l'Art de la Vie*, que Platon l'appelle *la Science effectrice de la felicité*, & qu'Ariſtote enſeigne qu'il eſt d'un homme prudent de bien conſulter, & de bien deliberer, non ſeulement ſur les choſes qui ſont particulieres, telle qu'eſt la Santé, mais generalement ſur les choſes *qui ſervent à bien, & heureuſement vivre.*

Des Devoirs ou Offices generaux de la Prudence.

D'Ailleurs l'on diſtingue trois Devois ou Offices generaux de la Prudence, *Bien conſulter*, ou *deliberer*,

Entendre, & *discerner*, *Comamnder*, ou *prescrire*. C'est ce que l'on comprend ordinairement sans ces mots Εὐϐουλία, Συνέσις, Γνώμη, & qu'on appelle dans les Ecoles les parties potentielles de la Prudence, quoy qu'en effet ce soit plutost des actes de Prudence. Le Premier est donc *de Bien-consulter*, la particule *Bien* y estant ajoutée, tant parcequ'il n'est pas d'un homme prudent, mais d'un homme qui agit avec precipitation, ou qui est negligent, de se porter à une chose sans l'avoir bien examinée, que parce que la consultation qui regarde la prudéce doit estre *bonne*, comme dit Aristote, & tendre au bien; de façon que si quelqu'un en prenant de fausses mesures reuffissoit, cela ne s'appelleroit pas *bonne consultation*; parce qu'encore qu'il obtint ce qu'il faut obtenir, ce ne seroit neanmoins pas par les voyes qu'il le faut faire. Auffi est-ce pour cela que *la Finesse*, qui ne se soucie pas que les moyens qu'elle employe pour parvenir à ses fins soient bons, ou mauvais, est opposée comme un des extremes à la Prudence, & que le *Fin* ou rusé ne se souciant point de la probité, est à l'egard de l'homme prudent, comme le Meschant à l'egard de l'homme de bien ; la Malice, dit Ciceron, voulant imiter la Prudence.

L'autre Devoir est *d'entendre, & de bien distinguer les moyens dont il faut se servir apres qu'on a meurement deliberé, & consulté.* Aristote par le mot *d'entendre* semble ne vouloir dire autre chose, sinon *une facilité à entendre*, ou *une intelligence prompte & aisée* ; d'où vient qu'il oppose *l'Intelligence* à la *Stupidité*, ou lenteur de conception, & que selon luy l'homme prudent mis entre le fin, ou le rusé, & le stupide, peut estre censé estre mis (ce sont ses termes) comme l'Homme entre le mauvais Demon, & la Brute.

Le troisieme est *de commander* ou de prescrire l'execution actuelle de la chose qui a esté jugée & decretée par la consultation qui a precedé, ou, ce qui est le mesme, de commander que le moyen qui a esté choisi soit actuellement pris ou mis en execution. Car *la Prudence*, dit Aristote, *est de sa nature* ἐπιτακτικὴ *imperatoris*, ou *née & destinée pour commander*, de sorte qu'au lieu de γνώμη, qui selon le mesme Aristote ne signifie autre chose qu'un droit jugement, l'on auroit deu se servir du terme *epitazis* qui veut dire *commandement*.

Des dispositions, ou Qualitez necessaires pour l'execution des Devoirs de la Prudence.

LEs Devoirs, ou les Actes de la Prudence estant ceux que nous venons de dire, il est constant qu'il est requis dans l'Esprit de certaines dispositions, qualités ou facultés pour l'execution : Ce sont proprement ces Facultez qu'on a coûtume d'appeler parties Integrantes, & qui sont ordinairement comprises sous ces termes generaux ; la Memoire des choses passées ; l'Intelligence des choses presentes, & la Prevoyance ou Providence des choses à venir. Car en premier lieu il est evident que la prudence demande absolument qu'on se souviene du passé, par ce que dans la suite des affaires, les choses qui se doivent faire posterieurement ont souvent une telle liaison avec celles qui ont deja esté faites, que si nous ne nous souvenons de ce qui s'est fait, & de la maniere dont il a des-ja esté fait, afin que conformement à cela l'on fasse ce qui reste à faire, il arrive ou que ce qui a deja esté fait devient à rien, ou que ce qui est à faire ne reüssit point, ou reüssit mal; joint que nostre Entendement ne raisonnant, ni ne jugeant que selon les connoissances qu'il a, & ne pouvant appuyer son jugement sur un principe plus asseuré que celuy-cy, asçavoir, *Que de causes semblables il en doit probablement suivre des effets semblables*, il est constant que pour faire cette comparaison de cause à cause, le souvenir du passé luy est absolument necessaire. d'ailleurs comme il n'arrive presque jamais qu'une affaire soit entierement, & selon toutes les circonstances semblable à une autre, il faut de necessité avoir dans son Esprit, & dans sa memoire un nombre d'affaires, qui soient veritablement semblables en general, mais qui soient toutefois differentes selon plusieurs circonstances, afin que dans le Iugement qu'on doit faire l'on puisse aussi avoir egard aux circonstances. Et c'est ce qui a fait dire à Aristote, que le Ieunes-gens peuvent veritablement bien devenir Geometres, ou apprendre ces autres sortes de Sciences, mais qu'ils ne peuvent neanmoins pas estre prudens ; parce que la Prudence regarde les choses particulieres dont on n'acquiert la con-connoissance que par l'experience, & par l'usage. C'est pourquoy lors qu'Afranius dit de la Sagesse, que l'Vsage l'a engendrée, & que la Memoire est sa Mere.

Vsus me genuit; Mater peperit Memoria
  vocant me Graij, vos Sapientiam.

Cela se doit entendre de la Prudence ; ce qu'Ovide apparemment a imité, lorsqu'il introduit Pallas, qui en habit d'une Vieille venerable, dit que la Ieunesse, & l'age viril mesme ignorent la pluspart des choses qui sont à fuir, & que le vray & judicieux choix ne vient que dans la suite des années, & par une longue experience.

——— *non omnia grandior ætas*
Quæ fugiamus habet, seris venit usus ab annis.

Il est de mesme evident que l'intelligence, & la connoissance des choses presentes est aussi absolument necessaire, & que pour agir prudemment il faut parfaitement bien connoitre la nature, les qualitez, & les circonstances

ces des affaires qu'on a en main. Car qu'il arrive, par exemple, que quelqu'un soit obligé de prendre, comme on dit, conseil sur le champ, comment cela se pourra-t'il heureusement faire s'il ne connoit bien toutes les circonstances de l'affaire, en sorte qu'en un moment il les puisse toutes parcourir dans son Esprit, qu'il voye les liaisons, & les repugnances que cette affaire peut avoir avec d'autres, & qu'il sçache ce qui doit plutost suivre de cela, que de cela ? Ie veux mesme qu'il ait du temps pour deliberer, neanmoins s'il ne connoit pas la nature, l'estat, & la condition de la chose dont il s'agit, la volonté, & la puissance de ceux qui peuvent ou servir, ou nuire pour l'execution, la dependance qu'elle peut avoir avec d'autres qui la peuvent avancer, retarder, ou empescher, si d'ailleurs il ne connoit pas bien ses propres forces, ou ce dont il est, ou n'est pas capable, que pourra-t'il jamais faire de bien, & qui reusisse ? Tenons donc pour constant qu'un homme est d'autant plus prudent, & plus capable de bien deliberer, de bien juger, & de bien executer, qu'il a une plus ample, & plus exacte Memoire du passé, & une plus ample,& plus exacte Intelligence du present.

Enfin c'est aussi une chose connuë de tout le monde, que la Prevoyance de l'avenir, autant que les hommes en sont capables, est necessaire, afin que s'il doit arriver du mal, nous n'y donnions pas occasion, & que s'il doit arriver du bien, nous-nous le procurions, & accómodions de telle maniere chaque moyen à sa fin, que toutes choses reussissent. Ie dis autant que les hommes sont capables de prevoïance; parce qu'il arrive souvent des choses que la Sagacité humaine ne sçauroit aucunement prevoir, de façon que toutes les conjectures qu'on a eües trompent, & que les choses arrivent autremét qu'un homme prudent, & qui se sert de toute sa raison, l'ait pû avoir presumé. C'est pourquoy cecy nous fait veritablement bien voir que la Prudence est conjecturale, & nous avertit cependant de nous souvenir de nostre imbecillité naturelle, de reconnoitre qu'il n'y a que Dieu seul qui sçache certainement ce qui doit arriver, & de nous prendre garde de tous ces Imposteurs qui font profession de deviner, mais du reste la Prudence a toujours ces trois considerables avantages. Le premier qu'encore qu'elle se trompe quelquefois, asçavoir lors qu'il intervient un cas qu'elle ne pouvoit nullement prevoir, elle atteint neanmoins souvent le but, au contraire de l'Imprudence qui se trompe souvent, & qui ne l'atteint que rarement, & par accident. l'Autre, que l'homme prudent se souvenant de l'incertitude des choses, ne se propose rien comme s'il devoit indubitablement arriver, & que se preparant ainsi à tout evenement, il pourvoit à ce qu'il fera si par hazard la chose arrive autrement qu'elle ne doit vray-semblablement arriver, ce qui est en quelque façon prevoir la chose. Le troisieme, qu'encore que la chose luy succede contre son opinion, & contre sa conjecture, il n'en vient neanmoins point au repentir ; parcequ'il ne l'a entreprise, que selon toutes les apparéces de raison, & que les choses posées comme elles estoient, & hors d'un accident qui sur passoit toute precaution humaine, la chose ne devoit pas ainsi mal reussir comme elle a fait ;

l'Imprudent estant au contraire tourmenté du repentir, parce qu'il voit qu'il n'a ni preveu, ni prevenu ce qu'il auroit pû & prevoir, & prevenir s'il n'avoit pas agi temerairement, & s'il avoit pris garde à toutes choses comme il devoit faire.

CHAPITRE III.

De la Prudence Privée.

POur dire aussi quelque chose des Especes, ou parties Sujettes de la Prudence, nous avons deja fait mention de cette division ordinaire des Scholastiques qui en font cinq. *La Privée*, qu'on appelle aussi *Monastique*, ou Solitaire, par laquelle chacun regle, & conduit ses mœurs particulieres. *L'Economique*, par laquelle chacun gouverne sa famille. *La Politique* qu'ils attribuent aux Sujets, entant qu'ils vivent conformement aux Loix de la Societé. *La Militaire*, par laquelle une Armée est conduite. *La Royale* par laquelle un Peuple entier est gouverné. Mais Aristote, dont l'ordre, & la pensée semblent beaucoup plus raisonnables, dans sa division de la Prudence ne fait aucune mention de la Militaire, comme appartenante à la Politique, ni de la Royale, côme appartenante aussi à la Politique, mais apres la Privée, & l'Economique il ne connoit que la seule Politique, qu'il met, non pas dans les Sujets, mais seulement dans ceux qui gouvernent. C'est pourquoy retenant la division d'Aristote côme la plus raisonable, & la plus commode, je remarque seulement à l'egard de la premiere Espece, qu'elle n'est pas dite Privée, & Monastique, ou Solitaire, parcequ'elle soit precisement destinée pour moderer, & regler les mœurs d'une personne qui mene une vie privee, & qui ne se mesle point dans les affaires publiques, ou qui vivant dans la Solitude s'eloigne de la societé des hommes, comme les Hermites; mais qu'on se sert de ce terme, pour marquer que chaque homme, de quelque condition qu'il soit, doit estre doüé d'une certaine prudence qui luy soit particuliere, ou qui le regarde en son particulier, de sorte qu'encore qu'il gouverne les autres, il se gouverne neanmoins aussi specialement soy-mesme selon la Regle de la Raison, & pourvoye à soy-mesme de telle maniere, qu'il deviene en son particulier homme de bien, c'est à dire homme de bonnes, & loüables mœurs : De là vient que cette Prudence est necessaire soit au Prince, soit au Pere de famille ; l'un & l'autre estant non seulement tenu de sçavoir gouverner les autres, mais de plus de se sçavoir gouverner soy-mesme, & non seulement d'estre bon gouverneur, mais d'estre homme de bien.

De là vient aussi, que cette espece de Prudence n'est point tant appellée Privée, ou Solitaire, qu'Ethique, ou Morale ; d'autant que c'est elle qui doit prescrire les mœurs d'un chacun, & les conformer à la regle de la Raison, & que selon Aristote, & ses Interpretes, *c'est le Devoir de l'Ethique, ou de la discipline Morale de regarder la vie de chaque homme en particulier pour le rendre meilleur ; en sorte qu'obeissant à ses enseignemens il devienne honneste, & homme de bien, asçavoir en vivant prudemment, en se rendant le maistre de sa colere, & de ses passions par sa propre raison, en moderant leurs mouvemens, & ne permettant* pas qu'elles s'echappent temerairement, de façon que s'il fait quelque chose, il soit toujours prest de donner une bonne raison pourquoy il l'aura faite, & quoy que personne ne la luy demande, de se corriger soy-mesme, examinant l'estat de ses mœurs, & de ses actions, se demandant à soy-mesme comme Phocilides, Par où ay-je passé ? Qu'ay-je fait ? Quel bien ay-je omis ?

Quanā transili, quid feci, quid boni omisi? se reioüissant lorsqu'il s'apperçoit qu'il a bien iugé, qu'il a suivy la raison, qu'il a bien fait, & s'attristant quand il s'apperçoit du contraire.

Des Devoirs de la Prudence Privée.

LEs Devoirs de la Prudence Privée estant generalement deux, l'un de se choisir un certain genre de vie, & un estat dans lequel on passe le reste de ses jours, l'autre de regler dans cet estat toutes les actions de sa vie selon les loix de la Raison, & de la Vertu ; il est constant que le premier est tres important, & tres difficile, du moins a l'egard de ceux qui n'osent pas s'engager qu'apres avoir pris Conseil de leurs bons, & sages amis, & avoir meuremét & longtemps consulté leur raison. Car la condition de la vie, & des choses humaines est telle, que sur quelque estat qu'on jette les yeux, l'on y prevoit d'abord plusieurs inconveniens, & que ces incóveniens sont d'autant plus embarassants, qu'on ne sçauroit particulierement reconnoitre quels ils doivent estre, ne paroissant que comme dans une espece de Chaos, & leur origine, & leurs suites nous estant comme voilées d'une espece de broüillar obscur & impenetrable.

Les Anciens Grecs nous ont souvent depeint cet embaras ou cette confusion embarassante, & Ausone à leur imitation nous en a donné une assez bonne idée dans ses Vers, lorsqu'il dit qu'il ne sçait à quoy se resoudre, ni quel genre de vie embrasser, que le Barreau est plein de trouble, que le soin d'une famille est chagrinant, qu'un Voyageur songe perpepetuellement à ce qui se passe chez luy, qu'un Marchand souffre toujours quelque nouvelle perte, que l'horreur de la Pauvreté empesche qu'on ne se tiene en repos, que le travail accable le Laboureur, que la mer est afreuse pour ses naufrages, que le Celibat a de grandes incommoditez, que la vaine vigilance de Maris jaloux est encore quelque chose de pis, & que la Guerre est sujette aux Blessures, au Sang, & au Carnage.

Quod vitæ sectabor iter? Si plena tumultu
Sunt fora; si curis domus anxia; si pere-
grinos
Cura domus sequitur; mercantem si nova
semper
Damna manent; cessare vetat si turpis
egestas;
Si vexat labor Agricolam; Mare nau-
fragus horror
Infamat; pœnaque graves in cœlibe vita;
Et gravior cautis custodia vana Maritis;
Sanguineum si Martis opus, &c.

Cependant, comme il n'y a rien de plus miserable que d'estre toujours flottant dans l'incertitude, & ce que nous voions arriver à plusieurs, de passer toute sa vie à consulter de quelle maniere, ou en quel estat on la passera, il importe extremement à un chacun de deliberer meurement sur la chose, & de choisir un estat, non pas dans lequel on ne voye aucuns inconveniens, mais dans lequel il en paroisse moins, & de moins considerables. Et il ne faut veritablement pas negliger le Conseil de ces sortes d'Amis qui soient prudens, experimentez, & gens de biens, & qui ne regardant point à leur utilité particuliere, donnent de bons conseils ; mais un chacun doit aussi cõsulter son naturel, & connoitre ce que peuvent ses forces, ou ce qu'elles ne peuvent pas ; puisqu'il n'y a personne à qui l'on doive plutost estre connu qu'a soy-mesme, & qu'on reconnoit toujours en soy quelque chose qui est le plus souvent caché aux autres. Du reste, il doit sçavoir que l'instabilité des choses humaines, & l'obscurité de l'avenir est telle, que presque dans toutes les affaires il faut donner quelque chose à la fortune, & esperer bonnement que tout ira bien : Et comme il peut arriver des malheurs qui donnent lieu au repentir, il doit se fortifier l'Esprit de telle sorte qu'il les neglige, qu'il les supporte doucement, & qu'il passe legerement par dessus.

Ce qui soit dit à l'egard de cet estat que les Loix ne permettent pas de changer, tel qu'est chez nous le Mariage, la Profession Religieuse, & le Celibat Sacerdotal, ou qui est tel, qu'on ne le sçauroit changer qu'en un pire, & qu'avec un grand deshonneur: Car pource qui est de celuy que l'on peut quitter pour passer à un autre, il n'est pas besoin de tant de circonspection, quoy qu'il le faille neanmoins choisir comme si l'on y devoit demeurer constamment; autrement la pensée de le changer vient aisement, & elle distrait de telle maniere l'Esprit en diverses pensées, que ne se tenant à rien, & changeant à tout moment, comme on dit du blanc au noir, il n'a jamais de repos, selon ce qui a deja esté dit plus haut.

Æstuat, & vita disconvenit ordine toto. Desorte qu'on ne le doit jamais changer que pour des causes tres importantes; parceque si cela se fait pour de legeres causes, la legereté qui en a causé le degoust, causera bientost de mesme le degoust de celuy qui suivra.

Pour ce qui est du dernier Devoir de la Prudence Privée, comme il n'est pas distinct des devoirs des autres Vertus, nous ne devons pas nous mettre en peine d'en traiter icy specialement, d'autant plus que la chose iroit à l'infiny, & qu'elle est autant diverse qu'il y a d'affaires, & d'actions de la vie qui doivent estre dirigées par la Prudence. C'est pourquoy il ne nous reste ce semble icy autre chose à faire, si ce n'est de toucher cette Regle generale, qui est *De n'entreprendre rien temerairement*, ou comme dit Ciceron, *dont on ne puisse rendre une raison probable*; or cette Regle a ses membres dont le Premier est, qu'on connoisse la nature, & la qualité de l'affaire qu'on entreprend; parce que si l'on n'y voit pas bien clair, il sera impossible d'y apporter les expediens convenable, & toute la diligence sera inutile. De là vient qu'il faut sur tout prédre garde que quelque Passion n'offusque l'Esprit, & que faisant paroitre le faux pour le vray, elle n'empesche qu'on ne donne à chaque chose son juste prix.

Le second, que le naturel de ceux avec qui l'on a affaire ne nous soit pas caché; parceque si l'on ne sçait combien ils sont ou honnestes gens, on trompeurs, circonspects, on imprudens, puissans, ou impuissans, &c. il n'y a rien qu'on puisse entreprédre avec seureté, ou qu'ô puisse avec raison esperer. Et c'est icy qu'il faut tenir une certaine mediocrité entre la confiance, & la trop grande mefiance; parce que comme il est souvent nuisible de se fier trop, il l'est aussi souvent de se trop mefier.

Le troisieme, qu'on consulte ses propres forces; parceque si l'on ne connoit ce que l'on peut ou par soy, ou par ses Amis, ou par ses richesses, l'on ne doit pas se promettre de venir à bout de rien. Il est vray qu'il faut donner quelque chose à la Fortune; mais cependant il faut de l'industrie, & des forces pous pousser à l'execution, ou pour detourner les occasions qu'elle presente.

Le quatrieme, qu'on ait les moyens, & les expediens pour agir tout prests; car il n'y a rien de plus ridicule que d'entreprendre une affaire, & de ne pas sçavoir par où s'y prendre : A quoy se rapporte principalement la connoissance des circonstances qui du costé de la chose, ou du costé de l'agent peuvent avancer, ou retarder l'execution.

Le cinquieme, que sur tout on prenne

le temps, & l'occasion à propos ; de crainte qu'en se precipitant trop, on ne renverse tout, ou qu'en differant trop, tous les conseils ne devienent inutiles.

Le sixieme, que l'affaire ayant esté entreprise apres une meure deliberation, on la pousse ; de peur que si l'Esprit balance à executer, & retarde en digerant, & redigerant, pour ainsi dire, la deliberation, il ne pousse rien à bout; ce qui a donné lieu à cette celebre Sentence de Bias, *Aggredre tardè agenda, sed aggressus age constanter*, N'entreprenez que lentement, mais depuis qu'une fois vous avez entrepris, agissez vigoureusement, & constamment.

Le dernier, que se tenant ferme & constant à la resolution prise, on n'abandonne jamais le chemin de la Vertu, & de l'Honnesteté, quelque occasion qui se presente, qu'on ne prefere jamais l'utile à l'honneste, l'injuste à ce qui est juste, & qu'on s'en tienne toujours à ce grand & general principe de Morale, Qu'il vaut mieux ne pas reussir dans une affaire en gardant sa conscience pure & nette, que de reussir en l'abandonnant ; celuy qui ne se reproche rien, ne devant point estre estimé malheureux, ni celuy qui se sent criminel, estre crû heureux.

Qu'il est dangereux de rien entreprendre contre son inclination naturelle.

Nous devons icy à l'occasion du premier Chef, examiner si Lactance a raison d'objecter comme un crime à Epicure, qu'il conseille en general de suivre sa nature, d'autant plus que ce sentiment estant bien pris, & bien entendu, semble fort raisonnable. Car, je vous prie, puis qu'il est vray que la Nature, & l'Inclination dans les differens hommes est differente, quel conseil plus general, & plus seur sçauroit-on donner, que de se consulter soy-mesme, & de se faire sa destination à une certaine condition, selon qu'on se sent y estre ou propre, ou inepte ? Est-ce que quelqu'un dans une affaire de si grande importance, se doit oublier soy-mesme, c'est à dire ne se souvenir pas de sa nature, & de ses forces, & ainsi se mettre dans une necessité de toujours faire des efforts comme Sisyphe, & de ne rien avancer, ou à la maniere des Geans, combatre avec les Dieux, ce que Ciceron dit n'estre autre chose que de repugner à la nature ? C'est assurement une ambition bien dangereuse, que de pretendre exceller dans une chose sous pretexte qu'elle en a rendu d'autres illustres, quoy que l'on soit souvent destitué des avantages soit de l'Esprit, soit de la Fortune que les autres avoient : Et c'est par là que les Parens rendent souvent leurs Enfans miserables, lorsqu'ils les destinent à des Offices, non pas apres avoir consideré leur naturel, & leur aptitude, mais en suivant l'ambition qu'ils ont de les eslever à une fortune plus haute que leur Condition ne le permet. Il ne faut qu'entendre Séneque là dessus. *Avant toutes choses, dit-il, il faut faire une juste estime de soy-mesme, & se donner son vray & iuste prix ; parce qu'ordinairement nous croyons avoir plus de force & de merite que nous n'en avons en effet. Les uns se perdent pour se fier trop dans leur eloquence ; les autres veulent faire plus de depense que leur bien ne le sçau-*

roit permettre; & quelques-uns qui avoient le corps infirme sont demeurez accablez sous des fonctions trop laborieuses. La pudeur de quelques-uns n'est pas propre aux affaires civiles, qui demandent un front ferme & assuré; & les autres ont trop d'orgueil, ou trop peu de complaisance pour rien faire à la Cour. Il y en a qui ne sçauroient se mettre en colere & le moindre degoust emporte ceux-là à parler temairerement. Il y en a d'autres qui ne sçauroient garder la bien-seance, & la civilité, & qui ne peuvent s'empescher de faire des railleries picquantes, quelque danger qu'il y ait. A toutes ces sortes de gens le repos est plus utile que le maniment des affaires, & une nature orgueilleuse & impatiente doit eviter les occasions qui sont capables de s'opposer à sa liberté. Ciceron enseigne à peu pres la mesme chose. *Il faut*, dit-il, *se comporter de telle sorte, que ne faisant rien contre la nature universelle, nous suivions notre propre nature. Car il ne faut point repugner à la nature, ou rien faire, comme on dit, malgré Minerve, c'est à dire malgré sa propre nature, ou sa naturelle inclination; s'il y a quelque chose de beau, c'est asseurement l'egalité de vie, &*

des actions, que vous ne sçauriez conserver si vous imitez la nature des autres
laissant la vostre. Qu'un chacun connoisse donc son genie, & qu'il se fasse un Iuge
severe de soy-mesme, de ses vices, & de
ce qu'il a de bon, de peur que les Comediens ne paroissent avoir plus de prudence ; car ils choisissent, non pas le meilleur Personnage de la piece, mais celuy
qui leur convient mieux ; voyons maintenant en particulier ce que Lactance
objecte,

La Discipline d'Epicure, dit-il, a
touiours esté plus celebre que celle des autres, non pas qu'elle soit plus vraye, mais
parce qu'il parle conformement aux mœurs
d'un chacun, & que par là il attire à soy
la multitude. A celui qui de son naturel
est paresseux, il luy defend d'estudier ; à
l'avare, de faire des largesses ; à celuy
qui est mol, & lasche, d'entrer dans le
maniment des affaires publiques ; au poltron, d'aller à la guerre ; A celuy qui
fuit la multitude il louë la solitude ; Celuy qui a de l'aversion pour le Mariage,
ou qui a de mauvais Enfans luy entend
dire les avantages du celibat : A celuy
qui est courageux, on luy dit que le Sage
est heureux mesme dans les tourmens : A

celuy qui aime les honneurs, & la puiſſance, il luy conſeille d'approcher les
Rois ; & à celuy qui ne ſcauroit ſoufrir
de degouſts, de fuir la Cour, ce ſont là
les Objections de Lactance.

Cependant, à prendre ſimplement,
& ſans exageration les paroles d'Epicure, elles ne paroitront à mon avis,
point ſi fort deraiſonnables : Car Premierement, à l'egard du conſeil qu'il
donne au pareſſeux, *de ne ſe jetter pas
dans les études* ; il eſt evident qu'il ne
blaſme pas abſolument l'etude, au contraire il l'eſtimoit extremement ; puis
qu'il exhorte les jeunes & les vieux à
la Philoſophie, & qu'il a bien voulu
ſe donner la peine en faveur de ceux
qui s'y appliquent, de faire des Abre-
gez de ſes Ouvrages ; mais comme les
Sciences ne s'apprenent que par un
travail opiniatre, & aſſidu, s'il ſe rencontre quelqu'un qui ne puiſſe, ou ne
vueille pas ſupporter ce travail, quel
mal y a-t'il de luy defendre de s'y appliquer, puis qu'il n'y reuſſiroit pas ?
Nous avons deja rapporté plus haut
cette Sentence d'Epicharme.

Labore nobis cuncta Dij vendunt bona.
Mais ſi cela eſt vray à l'egard des au-

tres choses, combien l'est-il davantage à l'egard des Sciences, qui comme elles ne sçauroient se payer pour tout l'Or du Monde, ne se peuvent aussi acquerir que par des travaux imméses!

Si d'ailleurs *il dispense l'Avare de faire des largesses au Peuple*, ce n'est pas qu'il condamne la Liberalité, ou qu'il improuve ces depenses qui se font pour de bons, & legitimes usages; mais il veut simplement que si quelqu'un craint de tomber dans l'indigence, il ne fasse point de profusion de ses biens, & qu'il ne se jette point dans ces largesses qui n'appartienent qu'a des Princes, & à ceux qui en ont toujours de reste.

Que s'il *defend à celuy qui est naturellement lent & paresseux d'entrer dans les affaires publiques*, ce n'est assurement pas sans des raisons tres pertinentes, comme nous verrons dans la suite.

Il ne veut pas *que celuy qui est timide aille à la guerre*; mais pour quoy n'approuvera-t-on pas ce conseil? Comme si l'on ne devoit pas faire choix des hommes pour la guerre? Ou comme si l'on devoit inviter à aller à l'Armée ceux qui tremblent & palissent au moindre bruit, & à qui l'epée, comme on dit, tombe des mains à la veüe du danger? Ne sçait-on pas que dans une entreprise un seul poltron nuit souvent davantage avec ses terreurs paniques, qu'un nombre de braves gens ne servent par leur valeur? Et ne dites point, qu'on devroit plutost encourager un timide, & tascher d'en faire un homme genereux; car s'il est tel de sa nature, l'on sçait ce qui se dit ordinairement, combien il est difficile *d'un Lievre d'en faire un Lion*, ou, ce qui se dit aussi d'ordinaire, *d'un foible roseau d'en faire une lance.*

Il veut *que le Sage fasse tout pour soy*; mais nous avons montré plus haut de quelle maniere cela se doit entendre, & que le Sage agit mesme pour soy lorsqu'il s'incommode, ou qu'il meurt pour son Amy; cependant qui a-t'il de plus cher, & de plus precieux que la vie?

Il *loüe la Solitude à celuy qui naturellement fuit la multitude.* Comment peut-on blasmer cela, à moins que de blasmer non seulement les Retraites de tant de grands hommes, mais encore les Instituts de plusieurs Societez tant Philosophiques, que Religieuses, qui pour cultiver l'Esprit fuyent à dessein la multitude?

S'il loue le Celibat à ceux qui haïssent les femmes, & s'il loüe le bonheur de n'avoir point d'Enfans à ceux qui en ont de meschans, ce n'est pas qu'il vueille insinuer que celuy qui a une mauvaise femme, ou de mauvais enfans s'en doive defaire, mais il veut seulement que celuy qui pense au Mariage songe de quelle maniere il supporteroit son malheur, s'il avoit une femme fascheuse, & des enfans de mauvaises mœurs, afin que s'il craint les maux qui peuvent venir de là, il entende qu'il n'est pas souvent incommode de n'avoir ni l'un, ni l'autre.

CHAPITRE IV.

De la Prudence Economique.

A L'egard de Prudence Economique, qui consiste dans l'administration de la Maison, & des biens de famille, il n'est pas necessaire de nous y arrester beaucoup; parceque la Prudence Privée estant supposée, il n'est pas difficile d'apprendre ce qui regarde l'Economique, pourveu qu'on veuille prendre garde à ceux qui sont dans l'exercice, ou entendre ceux qui en donnent des preceptes: Neanmoins pour ne sembler pas negliger la chose, il est bon de remarquer, I. ce qui se lit dans Aristote, que l'Empire Economique, ou Domestique est une espece de Monarchie, ou Principauté; en ce que toute Maison est administrée par le commandement d'un Seul. II. que celuy qui preside à une famille est dit Pere, ou Pere de famille à l'egard des Enfans; Mary à l'egard de la femme; Maistre à l'egard des Esclaves, & des Serviteurs; Possesseur à l'egard des biens, ou possessions. III. que la Maison, ou famille, en ce qui regarde la Societé du Mary, de la Femme, des Parens, & des Enfans est naturelle, & de l'institution primitive de la Nature; comme ne pouvant y en avoir une qui soit plus selon la Nature. IV. qu'a l'egard de la Societé qui est entre le Maistre, & l'Esclave, elle est aussi selon la Nature; parce qu'entre les hommes il y en a qui semblent estre nez pour commander, & les autres pour obeïr, de façon qu'outre cette servitude que la Loy, ou le Droit des gens a introduit à l'egard de ceux qui sont pris en guerre, & qui sont vendus, il y a encore une certaine servitude naturelle, par laquelle de mesme que l'Ame commande au Corps, & l'Homme aux Brutes, ainsi celuy qui excelle en Esprit commade à celuy qui n'excelle que dans les forces du Corps; d'autant plus qu'il est utile à celuy-cy d'estre gouverné par un autre, comme il est utile aux Brutes d'estre apprivoisées par les hommes. V. qu'à l'egard du pouvoir que l'on a sur de certaines choses qu'on possede en particulier, encore que de Droit primitif de la Nature une chose ne soit pas plutost miene que tiene, ou tiene plutost que miene, neanmoins il semble que dés le commencement il ait esté selon la Nature qu'un chacun eust, & possedast en particulier quelque chose qu'il ne fust pas permis à un autre d'usurper; parce qu'il n'y a rien qui soit plus selon la Nature que de se conserver soy mesme sain & sauf, ce qui est impossible parmi les querelles

les & les insultes ausquelles les hommes seroient perpetuellement sujets, si toutes choses estoient tellement à tous, qu'un chacun eust droit sur tout ce qu'a son compagnon, & luy pûst legitimement oster. VI. Que nos Maisons, & principalement celles des Princes, & des grands Seigneurs sont presentement bien eloignées de cette simplicité de nos Anciens, qui contoient entre les principales possessions d'une Famille la Femme, & le Bœuf.

———Vxorémque, bovémqua jugalem.

lorsqu'une froide Caverne servoit de Maison, & renfermoit en un mesme & commun lieu le Feu, & les Dieux Domestiques, les meubles, & les troupeaux.

———cùm frigida parvas
Præberet spelunca domos, ignémq; larémq;
Et pecus, & Dominos communi clauderet
umbrâ.

En dernier lieu, que la Prudence Economique est distinguée comme en quatre Especes; *la Nuptiale*, ou *Maritale*, qui regarde la Femme; *la Paternelle*, qui regarde les Enfans; *l'Herile* ou *Magistrale*, qui regarde les Esclaves, & les Serviteurs; *la Possessoire* qui re-

De la Prudence Nuptiale, & de ses Devoirs.

POur ce qui est entre autres de la Nuptiale, il est constant que son premier Devoir est dans le choix d'une Femme; par ce que celuy qui songe plutost à en epouser une Belle ou une Noble, ou une Riche qu'une Vertueuse, se prepare assurement une longue, & fascheuse Croix. Le choix, & le Mariage estant fait, le Mary doit de telle maniere s'etudier à gagner l'amitié de son Epouse par les divers temoignages d'amour, & de respect, qu'elle reconnoisse aisement son bonheur, & soit persuadée qu'elle ne pouvoit jamais rencontrer un meilleur Mari, un plus honneste homme, plus raisonnable, plus commode. Cela doit neanmoins se faire avec tant de moderation, que rien ne luy puisse donner occasion de devenir insolente, & qu'avec l'amour qu'elle aura pour luy, elle luy garde toujours le respect. Car quoy qu'il y ait quelque egalité entre la

Femme, & le Mary, il y a neanmoins beaucoup de choses dans lesquelles le Mary doit avoir la sureminence, & dans lesquelles si par hazard il cede à l'ambition de la Femme, il se verra bien-tost soûmis à un joug fort pesant, & perdra bientost avec la perte de son authorité, la paix, & le repos.

Il doit aussi la dresser, & l'instruire d'une telle maniere dans les choses qu'il veut bien qu'elle fasse à la Maison, que luy commettant les soins ordinaires du menage, il puisse vaquer plus commodement aux affaires du dehors. Ainsi elle prendra une part convenable dans le gouvernement, & soulagera son Mary des soins, qui estant de moindre consideration, sont aussi plus de la portée de l'Esprit d'une Femme.

Il la fera mesme participante des desseins qu'il connoîtra n'estre pas au dessus de sa capacité, & à l'egard desquels il la croira capable de garder le secret s'il en est besoin ; afin qu'elle connoisse par là qu'on ne la neglige pas, & qu'on veut bien qu'elle ait sa part dans les affaires, & afin que si elle doit faire quelque chose, elle le fasse plus gayement, & avec plus d'affection: Ioint qu'ayant esté admise à l'ouvrage, elle augmentera la joye dans le bon succez, ou diminuera le chagrin dans le mauvais.

Il n'est pas necessaire de dire qu'il ne doit point aussi violer la foy conjugale qu'il luy a donnée ; autrement ce sera luy faire une injustice, & l'inviter mesme en quelque façon à luy rendre la pareille ; outre que cela engendre une certaine indignation tres dangereuse, une haine domestique, implacable, & des querelles eternelles ; pour ne dire point, ce qui n'est que trop connu, jusqu'où peut aller la furie d'une Femme jalouse, *quid non possit Fœmina furens ?*

Enfin, si elle n'a ni pudeur, ni mœurs, & qu'apres y avoir apporté toute l'industrie possible, elle soit incorrigible ; il ne sera veritablement pas permis de s'en defaire, comme il l'estoit autrefois aux Romains, aux Grecs, & aux Gaulois selon les Loix trop inhumaines de leurs pays ; mais ou il en faudra venir à une separation, ou se resoudre à souffrir courageusement, adoucissant par la patience le mal qu'il n'est pas possible de corriger, si principalement il est de l'interest des Enfans, que l'infamie de la Mere, & le deshonneur de la Maison ne soient pas divulguez.

Cependant il faut avouer la verité, que souvent c'est autant la Brutalité, & la mauvaise conduite des hommes qui fait les mauvais Mariages, que la legereté ou inconstance, la vanité, l'ambition, & ces autres mauvaises qualitez dont on accuse ordinairement les Femmes. *Vn Mary qui n'a pas une bonne Femme*, disent nos Persans, *ne merite pas d'estre marié*, comme voulant dire qu'un homme qui a bien osé se marier, doit, outre les forces corporelles dont il sera seur, si bien sçavoir dés le commencement tourner, menager, conduire l'Esprit de sa Femme, qu'il la rende bonne, de façon que s'il ne le fait pas, ce soit sa faute, son peu d'intelligence, d'adresse, de douceur, de complaisance, & par consequent son incapacité au Mariage.

De la Prudence Paternelle, & de ses Devoirs.

POur ce qui est de *la Paternelle*, il est vray que son Devoir primitif semble regarder la generation des Enfans, en ce que c'est de là que le temperament du corps, & par consequent le naturel, & l'inclination aux bonnes, ou aux mauvaises mœurs dependent; & ce n'est pas tout à fait sans raison que ce reproche s'est rendu celebre. *Genuit te parens ebrius cùm foret* : Ton pere estoit yvre quand il te fit : Mais de remontrer aux hommes ce que Platon, Aristote, Plutarque & autres ont demandé à l'egard de l'âge, de la saison, de la maniere de vivre, de la continence antecedente, & le reste, c'est parler à des Sourds, l'on n'a presque jamais ces egards, & l'on ne se porte d'ordinaire à cela que par une certaine impetuosité aveugle, de sorte que c'est comme par une espece de hazard que la generation suive plutost qu'elle ne suive pas, & les Enfans ainsi engendrez comme fortuitement, sont elevez tels qu'ils se trouvent estre nez.

C'est pourquoy, si vous ostez ce Devoir, le Premier sera celuy qui regarde le soin des Enfans dans leur bas-age, le soin, disje, qui consiste principalement en ce que si la Mere n'a pas la patience de nourrir son fruit (quoy que les mammelles, & le laict soient des marques infaillibles que la Nature l'a destinée à cela) on luy choisisse du moins une Nourisse de bon naturel, & de bon temperament; car assurement cette premiere nourriture a de grandes suites dans le cours de la vie, soit à l'egard de la santé du Corps, soit à l'egard de celle de l'Esprit.

Le second de les former aux bonnes mœurs, & de les bien instruire, ce qui est de telle importance qu'on n'y sçauroit trop veiller, ni leur destiner de trop bons Maistres. Il y a assurement lieu de s'etonner, qu'il se trouve des Peres, & des Meres qui se montrent chiches, & epargnans en cela, ne prenant pas garde, que c'est là le fondement du bonheur, & de la fortune de leurs Enfans, & que si un Enfant s'apperçoit, lors qu'il sera devenu grand, qu'il luy ait manqué quelque chose de de ce costé là, il ne leur pourra presque jamais pardonner.

Le troisieme de les destiner à un certain genre de vie, se souvenant cependant toujours de leur condition, se reglant sur leurs facultez, & sur tout prenant garde au genie, & au naturel de chaque enfant, de crainte de les engager dans des emplois dont ils ne puissent pas s'acquiter honnorablement, utilement, & agreablement.

Le dernier consistera à les admettre de telle maniere dans leurs conseils, qu'ils sçachent de bonne heure comment vont les affaires de la maison, & quel train elles pourront prendre à l'avenir; de peur qu'ils n'en demeurent ignorans, & ne se trouvent incapables d'en soûtenir le poids s'il arrive que le Pete leur manque. C'est assurement une espece d'envie fole, & ridicule aux Peres, & aux Meres, que d'avoir de l'aversion à communiquer les affaires aux enfans, comme s'il ne leur importoit pas de les sçavoir. Car s'ils pensent que ce soit là le moyen de mieux conserver leur authorité, ils se trompent lourdement, ne prenant pas garde que par là ils diminuent l'amour que les enfans auroient pour eux, & que c'est leur donner occasion, sinon de souhaiter leur mort, du moins de la supporter un jour plus doucement.

Il est vray qu'un Pere doit toujours se conserver en veneration dans l'Esprit de ses enfans, & comme on dit, *dominer sur les siens iusques à la mort*; mais ce respect se doit procurer de façon que l'amour demeure toujours, ce qui ne se peut à moins que par ses actions il ne leur fasse connoitre qu'il les aime veritablement, & qu'il ne travaille que pour eux, se comportant avec tant de conduite & de prudence, qu'ils se reputent bien heureux de se trouver fils d'un pere, qui est tout ensemble & le meilleur pere, & le meilleur Amy qu'ils eussent jamais pû souhaiter: Ces demonstrations d'affection sont mesme d'autant plus necessaires aux peres & aux meres, que l'amour, selon ce qui a de tout temps esté remarqué, ne va pas en remontant comme il fait en descendant; l'amour des Enfans à l'egard des Pere & Mere estant d'ordinaire bien moins ardent que celuy des Pere & Mere à l'egard des Enfans, comme si celuy-cy estoit plus naturel que l'autre.

la Prudence Herile, ou Magistrale, & de ses Devoirs.

ARistote enseigne que la Prudence Herile n'a rien de grand, & de sublime, par ce qu'il suffit que le Maistre sçache commander ce qu'il faut que l'Esclave sçache faire. Or comme selon Aristote-mesme, il y a une Science particuliere qui regarde le gouvernement des Esclaves, le premier Devoir de la Prudence Herile est de distinguer la capacité de chaque Esclave, de peur que si quelqu'un est né propre pour estre, comme il dit, *Procureur*, il ne soit *Ouvrier*, & au contraire, que celuy qui de son naturel est propre à estre Ouvrier, ne soit Procureur.

Le Second, de se comporter à l'egard des Serviteurs, de façon qu'ils ne soient ni insolens, ni trop abbatus, faisant quelque honneur aux plus polis, & aux plus honnestes, & fournissant honnestement de quoy vivre à ceux qui travaillent; car ce petit honneur que l'on fait à ceux-là, & le necessaire qu'on fait donner à ceux-cy, leur tient lieu de recompense, & les encou-

...age au travail.

Au reste, quoy que ce que nous venons de dire se doive proprement entendre des Esclaves, il se peut neanmoins aussi entendre à proportion de ceux qu'on appelle maintenant Serviteurs, à la place desquels plusieurs voudroient bien qu'on remit les Esclaves, pour des raisons qui sont assez connües : Quoy qu'il en soit, & soit qu'on se serve ou d'Esclaves, ou de Serviteurs, l'on doit toujours, se comporter avec eux de telle sorte qu'ils se portent à faire leur devoir, avec respect ; ce qui ne semble pas estre fort difficile à obtenir ; si ce n'est quelquefois dans les Serviteurs, acause qu'ils ont le pouvoir de quitter, & de s'en aller, & que souvent ils ne peuvent souffrir la correction : Mais ce n'est pas assez qu'ils servent avec respect, il faut tascher que l'amitié y soit meslée ; ce que l'on nobtiendra jamais autrement qu'en leur faisart ressentir qu'on les aime, qu'on a soin d'eux, que tant qu'ils feront leur devoir on en aura toujours le mesme soin, & qu'à la fin du temps determiné ils obtiendront ceux là leur liberté, ceux-cy une autre recompenſe. Apres tout, ſoit qu'on leur ait promis recompenſe, ſoit qu'ils ayent ſujet d'en eſperer quelque-une, il ne faut point permettre qu'ils ſoient fruſtrez de leur attente, non ſeulement par ce que la Iuſtice le demande, mais auſſi par ce que cela regarde la Prudence, & que les autres Serviteurs, au Eſclaves ſerviront d'autant plus volontiers, qu'ils eſpereront qu'on en uſera demeſme envers eux, & reconnoitront qu'ils ont à faire à un bon Maiſtre, & tout enſemble à un homme de bien.

De Prudence Poſſeſſoire, & de ſes Devoirs.

POur ce qui eſt enfin de la Prudence Poſſeſſoire, ſon Devoir primitif eſt, ce ſemble, d'avoir ſoin que rien de ce qui eſt neceſſaire ne manque à la Famille : Car un Pere de Famille ne domine ainſi ſur tous ceux de ſa dependance, qu'afin que par ſa prevoyance, & par ſa diligence il prene garde que rien ne leur manque de ce qui ne leur doit pas manquer, ce qui ſe doit eſtimer eu egard à la condition des perſonnes ; car quoy qu'abſolument, & ſelon la Nature il n'y ait rien de neceſſaire que ce qui oſte la faim, la ſoif, le froid, & quelques autres ſemblables incommoditez, neanmoins la Société civile a fait certaines choſes neceſſaires ſelon le rang qu'un chacun tient dans cette Société. Vne ſuite de ce devoir eſt de prendre garde que les depenſes n'excedent pas les revenus, par ce que les debtes qui ſe font au delà epuiſent peu à peu le fond, & reduiſent enfin à la derniere indigence; de ſorte que pour ne parler point des depenſes impertinentes & ridicules qui ne ſe doivent jamais faire, celles que la Prudence peut permettre doivent eſtre proportionnées aux facultez, & d'ordinaire du revenant-bon des rentes de la Maiſon. Ce qui ne ſe peut faire ſans ce ſecond devoir qui ſemble l'emporter ſur tout les autres, à ſçavoir que le Maiſtre meſme connoiſſe ſes affaires, & que s'il ne peut pas ſonger à tout en particulier, il ne ſe fie point tellement à ſes Procureurs, ou Intendans, qu'il ne ſçache bien en quoy conſiſtent ſes facultez, & ne ſoit bien inſtruit de l'eſtat de ſes revenus, & de ſa depenſe. Nous voyons ordinairement que tout s'en va en decadence dans les Maisons dont les Maistres ignorans de leurs affaires, en commettent de telle maniere le soin à des administrateurs, que ceux-cy se croyent pouvoir tout faire impunement. L'on sçait ce que Socrate, & Aristote rapportent de ce Persien, qui estant interrogé sur ce qui engraissoit principalement le Cheval, repondit, *l'œil du Maistre*. L'on sçait aussi la reponse de cet Africain, à qui l'on demandoit de tous les engrais lequel estoit le meilleur pour rendre un champ fertile ; *les vestiges*, dit-il, *des pieds du Maistre* ; d'ou l'on doit cependant en general inferer, que les choses ne vont jamais mieux, que lorsque ceux à qui elles touchent principalement y prenent garde.

Or comme on veut que la conservation & l'augmentation des biens qu'on a de patrimoine, ou autrement, regarde aussi cette éspece de Prudence ; cela se doit assurément prendre de façon que si les biens qu'on a desja ne suffisent pas pour passer la vie cõmodement, ou pour en departir honnestement aux Enfans, il soit non seulement honnorable, mais encore necessaire d'employer ses soins pour les augmenter : Mais de ne songer jour & nuit à autre chose qu'a accumuler de l'argent, & à faire des Contracts d'Acquets, c'est tomber dans cette Avarice, & cupidité insatiable dont nous avons deja dit quelque chose.

Au reste, comme il y a trois moyens d'amasser des Richesses, l'Agriculture, l'Industrie, ou le travail, & l'Vsure; *de toutes les choses dont ou tire du bien,* dit Ciceron, *il n'y a rien de meilleur, de plus abondant, de plus doux, ni qui soit plus digne d'un homme libre que l'Agriculture.* Il ajoûte à l'egard de la Marchandise, *que si le trafic est petit, il doit estre censé sordide, mais que s'il est grand, & abondant, & qu'il donne lieu à faire des largesses sans vanité, & sans presomption, il n'est pas blasmable:* Mais pour ce qui est de l'Vsure, dit Aristote, & Ciceron, *c'est avec raison qu'elle est haye,* lors principalement qu'elle est excessive; Car comme dit le Poëte, l'Vsure qui court viste etrangle le pauvre.

———*Velox inopes Vsura trucidat.*

Il est vray qu'il y a encore d'autres moyens de s'enrichir, comme le service des Grands, la Flatterie, &c. Mais il n'est pas necessaire de rien dire de ceux qui prenent ces voyes là, ni de ceux qui briguent les Magistratures, qui se font Partisans, ou qui vont à la guerre, non pour se contenter de leurs appointemens, mais pour piller & ravir le bien d'autruy ; puisque ces sortes de personnes ne different point de ceux qui se font riches en trompant, en se parjurant, & en derobant ; mais pour ne nous arrester pas à cecy davantage, disons un mot de deux grands Procez qu'on fait icy à Epicure.

Le Premier regarde ce qu'il dit, *que le Sage ne doit point se marier, ni point elever d'Enfans*, ce qui semble renverser le fondement non seulement de la Famille, mais aussi de la Republique. Le Second est sur ce que l'on pretend qu'il a dit, *qu'il n'y a aucune communication naturelle entre les hommes, & que ce grand amour des pere & mere envers leurs enfans n'est pas naturel.*

A l'egard du Premier, il est constant qu'il n'a pas voulu persuader cela à tout le monde, mais seulement à quelque peu de gens sages, & qu'il n'a pas mesme pretendu que les Sages ne peussent, & ne deussent se marier, si le bien de la Republique, ou quelque autre circonstance importante le requeroit: Or je vous prie est-ce cela renverser les fondemens de la Republique, & cela n'est-il pas beaucoup plus sainct, & plus religieux, que d'en user comme Aristote, quand il etablit une Loy portant que l'on n'elevera point les Enfans qui seront defectueux de leurs membres, que le nombre de ceux qui seront elevez sera determiné, & que ceux qui viendront au dessus de ce nombre seront exposez, ou que s'il y a par hazard, quelque Constitution du Pays qui le defende, on fera perir le fruit avant qu'il ait sentiment & vie; Car l'excuse qu'il prend de la privation de sentiment, & de vie dans le fœtus est une mocquerie; puisqu'il ne sçauroit montrer que lorsque l'on fait avorter une Femme, le Fœtus n'ait ni sentiment, ni vie, & il ne sçauroit prouver que detruire un Embryon, qui doit estre vivant dans tres peu de tẽps, s'il ne l'est deja, soit la mesme chose que si l'on detruisoit un cadavre, ou un corps absolument incapable de vie.

Pour ce qui est du Second, il est vray qu'Epictete nous depeint Epicure comme s'ecriant que c'eſt une erreur de croire qu'il y ait aucune communication naturelle entre les hommes, & que l'amour des parens envers les enfans ſoit naturel, ou né avec eux. *Ne vous trompez pas*, luy fait-il dire, *Ne dicipiamini, ô Mortales, non eſt ratione præditis ulla inter ſe naturalis communicatio; amor parentum erga liberos non eſt naturalis. Mihi credite, qui ſecus loquuntur in errorem inducunt vos, ac rationibus falſis circumveniunt vos.* Mais en verité il y a bien eu de la jalouſie, & de l'animoſité contre Epicure, & l'on ne ſçauroit croire combien on luy a fait dire de choſes à quoy il n'a jamais penſé ? Et defait il eſt conſtant qu'il admet qu'il y a une naturelle communication entre les Nations, & entre les Hommes qui ſont ſous de meſmes Loix; or cela eſtant, n'eſt-il pas viſible qu'à plus forte raiſon il en admet donc entre ceux qui ſont de meſme ſang, & à plus forte raiſon encore entre les parens & les enfans, que le lien naturel de la Nature lie immediatement ? Epictete meſme avoüe qu'Epicure tient *que nous ſommes naturellemens enclins à la communication, &*

que lorſqu'il nous eſt né un enfant, il n'eſt plus en noſtre puiſſance de ne l'aimer pas extremement, ou de n'en avoir pas ſoin, & l'on voudra qu'il ait pû defendre une telle choſe ?

J'ajoûte neanmoins, que ſi l'on veut abſolument qu'il ait enſeigné que l'amour des parens à l'egard des enfans n'eſt pas naturel, il ſera du moins loiſible d'interpreter ſes paroles, comme ayant voulu dire que cet amour s'engendre en nous, & que peu à peu il s'enflamme, non point tant par une certaine impetuoſité aveugle de la Nature, que par l'opinion que le pere conçoit que c'eſt ſon enfant, & une partie de ſoy meſme, & par l'eſperance qu'il en ſera aimé, entretenu, protegé, honoré, ou parce qu'il voit qu'il s'eternifera, pour ainſi dire, en luy, & que la converſation ſimple & naïve d'un enfant qui promet beaucoup, le rejoüit.

Il ſemble meſme qu'Epicure ait pû avoir quelques raiſons d'entrer dans ce ſentiment; la Premiere, c'eſt que nous voyons un amour tout ſemblable dans ceux dont les enfans ſont bastards & supposez, s'ils les croyent legitimes; la Seconde que nous n'en voyons pas un demesme dans ceux dont les enfans sont legitimes, s'ils croyent qu'ils ne soient pas d'eux; la Troisieme, que nous voyons cet amour n'estre pas moins grand dans ceux dont les enfans ne sont qu'adoptifs, la volonté suplcant à l'opinion; la Quatrieme, que si le fruit avorte, les pere & mere n'en sont pas tant affligez, que si estant né long-temps auparavant, ils s'y estoient deja plûs, s'il vient à mourir enfant, que si c'estoit dans un âge plus avancé; s'il a plusieurs autres freres, que s'il estoit unique; s'il a deja eu des enfans que s'il n'en a point laissé; s'il est debauché & de mauvaises mœurs, que s'il estoit sage, & vertueux.

CHAPITRE V.

De la Prudence Politique, ou Civile.

IL nous reste à parler de la Prudence Politique, qu'Aristote appelle non seulement Science, & Faculté, mais qu'il dit estre *la Maistresse, & la Reine de toutes les autres*, luy soumettant la Science Morale comme partie, & enseignant qu'il est de l'Homme Politique de connoitre ce qui peut faire le bonheur des Citoyens, que c'est proprement luy qui est le Maistre, & l'Architecte du souverain bien, & que c'est par consequent à luy à prendre connoissance de la Volupté, & de la Douleur, & consequemment des Vertus, & des Vices, qui sont les sources de la volupté, & de la douleur. Or comme il en est de la Prudence Politique, ainsi que de l'Economique, en ce la Prudence Economique regarde le gouvernemét d'une famille qui est composée de plusieurs personnes particulieres, & que la Prudence politique, ou Civile regarde le gouvernement d'une Cité, ou Ville qui est composée de plusieurs familles, il faut avant toutes choses sçavoir en qui reside, ou doit resider comme dans son sujet cette Prudence : Cecy ne paroit pas fort difficile à decider, puisqu'il est visible qu'elle ne doit resider en qui que ce soit davantage qu'en celuy qui a le souverain pouvoir, la souveraine authorité, ou le droit absolu de commander, lequel droit se reconnoit principalement de certains Chefs que touche Aristote, comme *de pouvoir determiner de la Paix, & de la Guerre ; de faire des Alliances, ou les rompre, d'etablir, ou d'abroger des Loix ; de decider de la vie, de la mort, de l'exil, de la confiscation ou du restablissement des bien.*

L'Origine de la Puissance Souveraine selon les Anciens.

OR l'on entend vulgairement que cette Puissance commença premierement, lorsque les hommes errans par les campagnes à la maniere des bestes, sans estre Sujets à personne, & vivans chacun à leur phantaisie, s'aviserent de faire quelque Societé, dans laquelle un chacun renonçant en quelque façon à sa liberté, se soumist à la volonté de toute la multitude, qui prist par consequent droit & authorité sur chacun des particuliers, & pourveust non seulement à ce qu'ils pussent vivre plus en seureté, en reprimant les plus puissans & les plus violens, & les empeschant de faire insulte aux plus foibles & aux plus doux, mais aussi à ce que dans l'abondance des diverses commoditez, ils se communiquassent entre-eux les biens, & les ouvrages en quoy ils pouvoient diversemét abóder, & exceller, selon leur industrie particuliere. Car la liberté qu'on pretexte dans cette maniere de vie bestiale coustoit assurement bien cher, parcequ'ayant tous un pareil droit sur toutes choses, & personne ne pouvant rien s'aproprier pour son usage qu'un autre ne luy pust oster; il leur falloit perpetuellement estre aux mains les uns contre les autres, de façon que cet Estat n'estoit plein que de querelles, & ne pouvoit point estre dit un Estat de liberté, comme ayant tant d'obstacles, & d'inconveniens; Ce qui fait que la vraye &

naturelle Liberté se trouve plutost dans une Socité où un homme qui obeit aux Loix de cette Societé, c'est à dire aux Loix qui ont esté faites & approuvées pour son bien, & pour sa commodité, fait du reste tout ce que bon luy semble, & a droit sur ses biens propres, ensorte qu'aucun autre ne les luy peut ravir, a cause de la puissance publique qui s'y oppose.

Aussi est-ce pour cela qu'Aristote semble avoir rejetté la Republique de Platon, dans laquelle les Femmes, les Enfans, les Terres, & en un mot, toutes choses devoient estre communes; Car bien loin qu'en ostant le Mien, & le Tien, la Republique eust dû estre plus une, & par consequent plus parfaite: C'estoit là le moyen de remettre cet etat de ferocité, & de discorde dans lequel ce que l'on croit estre commun à tous n'est proprement à personne; & c'est ce qui fit dire à Colotes un des Disciples d'Epicure, *que ceux qui ont fait les Loix, & qui ont estably le Gouvernemẽt, & la Magistrature dans les Villes, ont mis la vie dans um Estat seure & tranquille, & que si quelqu'un ostoit cela, nous retournerions à vivre comme des bestes.* &
à nous

à nous dechirer les uns les autres. Ce n'est pas qu'il ne se puisse trouver quelques personnes qui d'elles mesmes en veüe de la Vertu, & par leur propre inclination se reglent, & se conduisent, mais ce n'est asseurement pas connoitre l'Esprit de la plus grande partie des hommes, que de croire qu'ils puissent par la raison, & par l'honnesteté, plutost que par la crainte des Magistrats, & des Loix, s'abstenir de l'injustice.

Mais pour retourner à nostre sujet, je passe sous silence à l'egard de cette souveraine Puissance, ou souverain droit transporté du commun consentement des particuliers à toute la multitude, que la multitude s'assemblant pour deliberer, & pour determiner de quelque chose, ce qui estoit determiné ou par tous, ou par la plus grande partie passoit pour estre la volonté de toute la Societé : Deplus qu'estant incommode que toute la multitude s'assemblast, & qu'un chacun en particulier donnast son souffrage, il arriva ou que la multitude transporta de son bon gré cette puissance à un certain petit nombre de personnes, ou à un seul, ou ce qui peut estre, que quelqu'un, ou quelques-uns soit par force, soit par adresse se l'attribuerent: Ie remarque seulement qu'on entend de là pourquoy on distingue d'ordinaire selon ce mot de Tacite, *cunctas Nationes, & Vrbes Populus, aut Primores, aut singuli regunt*, trois formes de Republique, ou de Gouvernement Politique, asçavoir *la Monarchie, ou domination d'un seul*, lorsque la souveraine puissance est dans un seul qui commande à tout le peuple, & n'est commandé de personne. *L'Oligarchie, ou domination de peu de particuliers*, lorsque la souveraine puissance ne reside que dans un petit nombre de personnes. *La Poliarchie, ou domination de plusieurs*, & mesme de tout le peuple, lorsque la souveraine puissance est dans tous les particuliers: Deplus qu'encore que chacun de ces trois genres l'on puisse distinguer deux Especes, l'une bonne, legitime, & louable; l'autre vicieuse, illegitime, & blasmable, neanmoins l'usage a fait que l'espece louable du premier genre est bien appellée *Royaume*, la vicieuse *Tyrannie*; mais que l'espece loüable du second estant d'ordinaire appellée Ariſtocratie, ou domination des Principaux, & des meilleurs, la vicieuſe, qu'on eut deu appeller *Kyriſtocratie*, ou domination de pluſieurs mal-honneſtes gens, a retenu le nom *d'Oligarchie*: D'ailleurs, que Platon, Xenophon, & quelques autres enſeignant que le troiſieme genre eſt generalement dit *Democratie*, ou *domination du peuple*, Ariſtote neanmoins enſeigne que le mot de *Democratie* ne s'attribue qu'a l'eſpece vicieuſe de ce genre, & que l'eſpece loüable ſe nomme *Republique*; cependant l'uſage d'apreſent eſt, que les trois genres ou les trois formes de domination s'appellent *Monarchie, Ariſtocratie, Democratie*.

Or il n'eſt pas neceſſaire de nous arreſter à donner le caractere, ou les marques de chaque forme de Domination, ces marques ſont aſſez connües, je remarqueray ſeulement deux, ou trois choſes. La premiere, qu'aux deux eſpeces de Monarchie, aſçavoir la Royale, & la Tyrannique, on en ajoûte d'ordinaire une troiſiéme qu'on appelle Deſpotique. Car la Royale eſtant celle dans laquelle le Monarque commande à ſes Sujets, comme un Pere à ſes Enbien, & qui oblige les Sujets d'obeïssance à ses commandemens, & aux Loix, & mesme luy mesme aux Loix de la Nature, reconnoissant que les Sujets joüissent tant de la liberté naturelle, que de la propriété des biens, & la Tyrannique estant celle dans laquelle le Monarque commande à ses Sujets, comme à des Esclaves, ou à des Bestes, & qui foulant aux pieds les Loix de la Nature, les depoüille de la Liberté, & de la propriété des biens qu'il usurpe, & dont il abuse comme s'ils estoient siens : La Despotique, disent-ils, est celle dans laquelle le Monarque commande aux Sujets, qui d'ailleurs ont esté subjuguez par les armes, comme un bon Pere de famille à ses Esclaves.

Ie remarqueray en second lieu que ce n'est pas sans raison qu'on fait la Domination Royale, & la Tyrannique opposées. Car demesme que la Royale tend au bien commun de la Societé, & qu'elle a en veüe sa fin, asçavoir la seureté, la tranquillité, l'abondance, en un mot la felicité publique : Ainsi la Tyrannique ne regarde que la commodité particuliere, & remplit tout de terreur, de trouble, de pauvreté, & de misere. Et de mesme que dans la Royauté la Felicité se trouve non seulement dans les Sujets, mais principalement aussi dans le Roy, à cause de la veneration, & de l'amour qu'il recognoit que ses Sujets ont pour luy, lors qu'il leur fait voir qu'il revere Dieu, qu'il obeït à la Loy de la Nature, qu'il tient le salut du Peuple pour la Souveraine Loy, qu'il est prudent dans ses deliberations, genereux dans ses actions, moderé dans la prosperité, constant dans l'adversité, ferme dans ce qui concerne la Iustice, & inviolable dans sa parole, doux à l'egard des gens de bien, severe aux meschans, appuyant les Amis, terrible aux Ennemis, en un mot, qu'il est le Pere de la Patrie, & le vray Pasteur des Peuples: Ainsi dans la Tyrannique toutes sortes de malheurs, d'ennuis, & de chagrins accablent non seulement les Sujets, mais principalement encore le Tyran mesme, qui n'ignore pas le mespris caché qu'on a pour luy, & la hayne implacable que les Sujets ont contre luy, lorsqu'il leur fait sentir, & recognoitre par ses manieres tyranniques, que ni Dieu, ni la Nature, ni le salut du Peuple ne luy sont de rien; un chacun s'appercevant qu'il ne fait rien que par finesse, & par violence, que les bons Succez le rendent insolent, comme les mauvais le rendent feroce, qu'il est plein d'injustice, perfide, & cruel, qu'il hayt les gens de bien, qu'il favorise les meschans, en un mot, qu'il est, non le Pere de la Patrie, mais l'Ennemy public, non le Pasteur, mais le Loup du Peuple; Ce qui fait qu'estant craint & apprehendé de tout le monde, il est luy mesme dans une crainte & dans une apprehension continuelle qui ne luy donne aucun repos, craignant amis & ennemis, craignant jusques aux moindres choses, jusques à son ombre : Car comme Ciceron & Seneque l'ont tres bien remarqué apres Epicure, il n'est pas possible que celuy que beaucoup des personnes craignent n'en craigne luy mesme beaucoup, ce que Seneque fait dire à Laberius.

Necesse est multos timeat, quem multi timent:

Si la Domination Monarchique est la meilleure.

LA troisieme chose que j'ay cru devoir icy remarquer, c'est que de toutes les formes loüables de Domination, la Monarchique semble estre la meilleure, & qu'encore qu'elles ayét toutes leurs avantages, & toutes leurs inconveniens, les avantages de la Monarchique l'emportent de beaucoup sur ceux des deux autres, & les inconveniens des deux autres sur ceux de la Monarchique : Car comme dans la Monarchique l'ordre vient d'un Seul, & se rapporte à un Seul, l'estat des choses est plus constant, les ordres necessaires dans les occurrences plus aisez à donner, le conseil plus secret, l'execution plus prompte, le chemin plus interdit aux factions, & aux seditions, la seureté, & la liberté que les autres formes de Gouvernement pretextent, plus grande, & plus etenduë, & ainsi de plusieurs autres avantages qui sont assez connus. La chose est mesme clairement insinuée par le Gouvernement d'une Maison, qui ne demande qu'un seul Pere de famille, par celuy d'une Armée, qui ne demande qu'un seul General, & par celuy de l'Vnivers, qui ne reconnoit qu'un seul & souverain Maistre : Ioint que les Histoires nous enseignent que lorsque les affaires des Republiques se sont trouvées reduites à l'extremité, l'on a toujours eu recours à un Dictateur, comme à la derniere & souveraine resource. Aussi, quoy qu'Aristote dans ses Politiques semble favoriser davantage l'Aristocratie, que la Monarchie, & qu'il vueille qu'on distingue le genie des Peuples, dont les uns soient plus propres à un certain gouvernement qu'a un autre, neanmoins dans ses Metaphysiques il conclut sans reserve, que le gouvernement de plusieurs n'est pas bon.

Des Devoirs du Souverain en general.

Maintenant comme ce ne seroit jamais fait, & que ce n'est pas mesme icy le lieu de toucher tout ce qui regarde les diverses formes de Gouvernement, il suffira des choisir quelque chose du Monarchique qui se puisse aisement accommoder aux autres. Comme les Devoirs du Souverain regardent specialement deux temps, celuy de la Guerre, & celuy de la Paix, il y a certaines choses entre autres, à quoy il doit principalement prendre garde. La premiere est de bien sçavoir, & de bien s'imprimer dans l'Esprit, que le salut, la seureté, & l'utilité du peuple, ou, comme par le Ciceron, *la vie heureuse des Citoyens, est le but, & la fin de la Royauté*, que c'est pour cela qu'il commande, & que c'est pour cela qu'on le respecte, & qu'on luy obeit. *Car de mesme que le Pilote,* ajoûte Ciceron, *a pour but le Voyage heureux, le Medecin la santé du Malade, le General d'Armée la Victoire; ainsi le Moderateur de la Republique a pour but la vie heureuse de ses Citoyens qui soit affermie par les richesses, par les forces militaires, par la gloire, par la vertu, & par l'honnesteté.*

La Seconde, de ne se proposer point d'autre recompense de ses soins, & de ses travaux, que la gloire de bien gouverner, & la gratitude, le respect, & l'amour de ses Sujets. Que Trajan se trouva amplement recompensé, lorsqu'il entendit les acclamations du peuple qui s'ecrioit à haute voix, *Que les Dieux te puissent aimer comme tu nous aimes ! Car qui a-t'il de plus heureux que nous, qui n'avons point à desirer que le Prince nous aime, mais que les Dieux nous aiment, comme le Prince ?* Que Timoleon se trouva de mesme amplement recompensé, lorsque sortant en public, il entendoit de semblables acclamations du Peuple pleines d'amour, & de veneration ! Et que les Princes en usent peu sagement, ou plutost tres imprudemment, lorsqu'estant desireux de gloire, ils la cherchent par d'autres voyes qu'en faisant du bien à leurs peuples, & en meritant leur affection; puisque la renommée qu'ils s'acquierent autrement estant accompagnée du mespris, de la haine, & des imprecations publiques doit plutost estre dite une infamie.

Belles & admirables paroles furent celles de Xunus Empereur de la Chine à son fils Yaüs, qui au raport de Martiny, vivoit deux mille deux cent cinquante & huit ans avant la Venüe de Nostre Seigneur. *Prenez*, dit-il en

DES VERTUS. 371
mourant à ce cher fils, prenez maintenant le Sceptre qui est deu à vostre Vertu, & à vos merites, Souvenez-vous que vous estes le Pere de vos Peuples, & que vous les devez traitter côme vos Enfans, que les Peuples ne sont pas nez pour vous servir, mais que vous estes né, & destiné pour servir les Peuples, & qu'un Roy n'est ainsi luy seul elevé au dessus de tous, que pour pouvoir seul servir à tous ! Celles de Seneque sont aussi admirables. La grandeur d'un Prince est stable, dit-il, solidement fondée, & inebranlable, quand tous les peuples sçavent qu'il est pour eux, comme il est au dessus d'eux, & qu'ils experimentent iournellement qu'il veille par ses soins tant au salut des particuliers, qu'au salut general de l'Estat : Ils le regardent alors, non comme une beste farouche & dangereuse qui sorte de sa caverne, mais comme un Astre lumineux & bien-faisant, & ils se tournent tous vers luy à l'envy les uns des autres, prests de s'exposer à mille dangers, & à sacrifier leurs vies pour sauver la sienne.

Le Troisieme de surpasser tous les autres en vertu, comme il les surpasse en dignité. Car ce n'est assurément pas sans raison que Cyrus dans Xenophon tient, *Qu'il n'est pas seant que celuy qui n'est pas plus vertueux que ceux à qui il doit commander, ait la puissance de commander.* Et defait, comme il est obligé de cultiver la Vertu acause de son peuple, puisqu'il est vray que l'exemple des Rois est la Regle de leur Royaume.

———— *componitur Orbis*
Regis ad exemplum,
& que la condition des Princes, selon Quintilien, Seneque, & Ciceron *est telle, qu'estant en veüe à tout le monde, & ne pouvant pas plus estre cachez que le Soleil, s'ils sont vicieux, ils repandent leurs vices dans la Cité, & nuisent plus par leur exemple, que par le peché mesme*: Comme il est, dis-je, obligé de cultiver la Vertu acause de son peuple, il la doit aussi cultiver acause de luy-mesme, & afin de pouvoir estre en estime, & en veneration à tout le monde, à quoy il ne parviendroit jamais s'il estoit en reputation d'estre vicieux.
Or entre toutes les Vertus, il doit principalememt cultiver la Pieté, tant afin d'obtenir du Ciel les talens, & les forces necessaires pour soûtenir un fardeau aussi pesant qu'est celuy de l'Estat,

qu'afin de se rendre ses Sujets plus fidelles, plus respectueux, & plus obeïssans, persuadez que celuy qu'ils voyent s'attacher au Culte Divin, est aimé & chery de Dieu, & qu'estant gouvernez par celuy que Dieu aime, ils sont gouvernez par l'Esprit de Dieu mesme.

La Iustice doit aussi faire une de ses principales attaches ; parce que la Iustice, comme il a esté remarqué depuis le temps d'Hesiode, est la vertu pour laquelle les Rois ont premierement esté creez, asçavoir pour chastier les meschans, pour recompenser ceux qui le meritent, & pour terminer les differens qui naissent entre les sujets, en faisant rendre à chacun ce qui luy appartient ; d'où vient que le Prince qui s'acquite de cette Vertu, semble s'acquiter du vray & naturel devoir de Prince, & de tous les titres d'honneur le plus glorieux, & le plus auguste est sans doute celuy de Iuste.

Il n'y aussi rien qu'il doive avoir en plus grande recommandation, que de tenir la parole qu'il aura une fois donnée, & de garder inviolablement sa foy ; parce qu'il n'y a personne en qui elle seroit si indignement violée qu'en la personne d'un Prince, qui ayant le pouvoir en main, n'a rien qui l'empesche de la fausser, & qu'il est luy mesme obligé d'empescher que les autres ne la faussent. Cette qualité est mesme d'autant plus excellente, qu'elle est rare parmy les hommes, & qu'elle demande beaucoup de fermeté, & beaucoup de grandeur d'Ame, principalement lorsque les interest sont grands & considerables. Il est vray, pour ne parler point de la Dissimulation comme d'une chose trop familiere, qu'il y a des Politiques qui n'improuvent pas de certaines especes de tromperie, si elles ont pour but le salut public, Platon entre autres soutenant, *que ceux qui commandent sont souvent obligez de mentir, & de tromper pour l'utilité des Sujets*, mais c'est une difficulté dont nous allons traitter ensuite. La Force, & la Clemence sont aussi des Vertus toutes Royales, & l'on sçait qu'un Prince ne sçauroit se dispenser de les cultiver : Car demesme que la Force est necessaire pour imprimer de la peur, & empescher que quelqu'un ne s'eleve temerairement, ou ne trouble la Paix de l'Estat, ainsi la Clemence est propre pour faire naistre de l'amour envers le Prince par le pardon qu'il accorde genereusement, & par l'opinion qu'on a consequemment de sa bonté, lorsqu'il suit cette celebre Maxime, qui veut que celuy qui commande se souvienne de pardonner à ceux qui sont soûmis, & de mettre bas les superbes.

Parcere subjectis, & debellare superbos.
Pour ce qui est de la Modestie, il est important qu'il la sçache temperer avec la Majesté; de crainte qu'oubliant sa condition humaine, & que le faste l'elevant, ou le faisant orgueilleux, & insolent, il ne s'attire par une suite necessaire la haine publique, ou que par une conduite toute contraire, & en s'abaissant au dessous de la bienseance de sa dignité, il ne tombe dans le mespris.

Il n'est pas necessaire de parler de la Liberalité, l'on sçait assez que c'est une Vertu qui doit estre ordinaire aux Princes, d'autant plus qu'il n'y a rien qui gagne davantage la bienveillance que les bienfaits, & les largesses, & que cette grande affluence de biens semble ne se rendre ainsi de tous costez à la personne du Prince, qu'afin qu'elle en puisse ensuite decouler comme d'une vive & liberale Fontaine : Cependant ces largesses se doivēt faire avec choix, & ayant egard à la qualité des personnes qu'il gratifie, à leurs merites, & à son Thresor, de crainte d'exciter l'envie, & la medisance.

Pour ce qui est enfin de la Continence, de la Sobrieté, & des autres Vertus, il est indubitable qu'elles le rendront d'autant plus venerable & plus auguste, qu'il les cultivera, & possedera plus parfaitement.

La Quatrieme chose à laquelle le Souverain doit s'etudier, c'est à bien coñoitre la nature du Royaume; s'il est Electif, ou Successif, & s'il est Ancien, ou Moderne; quelles sont les Loix fondamentales de l'Estat, & quels sont ou les biens, ou les maux qui ont suivy de ce que ces Loix ont, ou n'ont pas toujours esté observées; ce qu'il a de semblable avec la Domination Aristocratique, ou Democratique; ce que peuvent les Grands, ce qui est capable de toucher, ou de mouvoir le peuple, & quelles sont par consequent les mœurs, & les Coûtumes des uns & des autres. Il ne doit pas aussi ignorer l'Etenduë de son Estat, ses Confins, sa Situation, ses Richesses, & ses Commerces soit au dedans, soit au dehors, ses principales Forteresses, & les Voisins qui peuvent ou faire irruption, ou fomenter des Factions : Ce qui l'obligera à apprendre la Chronologie, la Geographie, & puis l'Histoire qui tire sa beauté, & sa perfection de l'une & de l'autre, & qui est d'une telle necessité, que sans elle il ne doit point esperer de devenir jamais un parfait, & accomply Politique.

La Cinquieme, d'estre toujours muny des choses sans lesquelles un Royaume ne peut jamais bien subsister ; telle qu'est entre autres un sage & prudent Conseil ; afin que ne pouvant pas bien luy seul connoistre, prevoir, & determiner toutes choses, il puisse se servir de Conseillers que l'âge, l'experience, la prudence, la probité, la candeur, & la fidelité ayent rendus recommandables. Car il doit se souvenir de ce que dit Ciceron apres Hesiode, que celuy-là est veritablement tres sage qui connoit de luy mesme ce qu'il faut, ou ne faut pas faire, mais que c'est beaucoup en approcher que de sçavoir se servir des bons conseils, & de pouvoir s'y soûmettre, *Sapientissimum esse dicunt eum, cui quod opus sit veniat in mentem, proximè verò accedere illum qui alterius bene inventis obtemperet* ; ce qui a esté reduit en ces deux Vers.

Ille quidem eximius qui per se ipse omnia novit,

Sed prestans etiam, qui paret recta monēti.

C'est pourquoy il doit toujours se tenir dans cette disposition d'Esprit, que la verité ne l'offense jamais, & qu'aimant la candeur, & la sincerité, il ait en horreur la flaterie qui est la peste capitale des Grands, *de peur*, dit le mesme, *qu'ayant les oreilles delicates, il ne soit le dernier à entendre le deshonneur du Royaume, & ne sente sa ruine avant que de l'avoir pû conjecturer.*

Il doit ensuite estre muny d'Officiers de merite, afin que pouvant encore moins faire luy seul que connoitre toutes choses, les diverses Charges de l'Estat soient tenuës par des personnes capables de les soutenir. Tels sont les Gouverneurs des Villes, & des Provinces ; les Generaux d'Armée, & les

Capitaines, les Iuges, les Magistrats, & autres semblables, qui doivent estre d'une capacité, & d'une probité reconnuë; autrement ce sont des suites continuelles, & inevitables de beveües, de meschancetez, & de malheurs.

Il n'est pas necessaire d'avertir que l'Argent estant le Nerf des affaires, les Coffres ne doivent jamais estre vuides, afin que les forces du Royaume demeurét toûjours en estat, & en vigueur, & que lorsqu'il survient une guerre, ou quelque autre occasion de grande depense, il ne soit pas obligé à des levées subites, violentes, & extraordinaires.

Il n'est pas aussi necessaire de parler des Deffenses generales de l'Estat, sous quoy l'on comprend les Forteresses bien munies sur les frontieres, & principalement du costé que l'on craint l'ennemy; les Forces militaires toutes prestes, pour n'estre jamais surpris, & estre toujours en estat de reprimer une insulte etrangere, & d'appaiser une Sedition; les Alliances, principalement celles qui se font avec des peuples qui sont, comme veut Aristote, &

voisins, & puissans; les Avis frequens & fidelles de tout ce qui se passe, & de tous les desseins qui se forment soit chez les Sujets, soit chez les Voisins, ou chez les Ennemis; de crainte que n'en ayant pas la connoissance, il ne se machine quelque chose contre luy à l'improviste, ou qu'il ne soit peuteftre luy-mesme opprimé; ce qui l'obligera à hazarder quelque chose, comme dit Platon, ou plutoft à ne rien epargner en Espions.

Des Consequences importantes du Mien, & du Tien.

LA Sixieme chose qu'une longue Experience de Voyages dans l'Europe, & dans l'Asie m'a fait reconnoitre estre de la derniere importance à un Souverain pour rendre l'Estat florissant, c'est de ne se rendre pas le Maistre absolu, ou le proprietaire de toutes les terres de son Royaume, comme le Grand Seigneur, le Roy de Perse, & le Grand Mogol dans la plus grande partie de leurs Estats; mais d'etablir le Mien, & le Tien, non seulement com... en Pologne à l'egard des Nobles, mais generalement à l'egard de tous ses Sujets. Car comme ostant ce grand fondement, on oste en mesme temps aux particuliers l'esperance de parvenir jamais à quoy que ce soit, & qu'ainsi il n'y en a aucū qui puisse dire, Si je travaille ce sera pour moy, & pour les miens, je seray le maistre de ce petit canton de terre que j'achepteray, & je le laisseray à mes Enfans ; les Peuples devienent tellement lasches & paresseux qu'ils ne travaillent prsque plus que par force, & ils negligent tellement l'Agriculture, que des meilleures terres il s'en fait des terres sabloneuses comme en Egypte par l'inondation du Nil; des plus belles collines, des lieux pleins de ronces & de chardons comme dans la Palestine ; de ces admirables fonds d'Alexandrette, & d'Antioche, des Marais pestiferes ; de toutes ces belles plaines, beaux cantons, & beaux coteaux de l'Asie Mineure, des lieux la pluspart couverts de grandes herbes ; de cette admirable Mesopotamie cette vraye terre de promission, des terres incultes, & abandonnées; en un mot, de toute la Turquie qui devroit estre le plus beau pays du Monde, le plus fertile, & le plus peuplé, une espece de Desert.

D'ailleurs, comme dans un Estat où ce Mien & ce Tien n'est point, il n'y a point aussi de Ministres de justice assez puissans ausquels les peuples eloignez de la Cour puissent avoir recours, les Gouverneurs se trouvent dans les Provinces avec une puissance absoluë, qui les porte d'ordinaire à la Tyrannie, d'autant plus que ce sont tous des gens de rien, de miserables Esclaves qui auront esté tirez d'un Serail, & qui auront emprunté de ceux qui ont l'Argent du Royaume, comme sont les Iuifs en Turquie, de grandes sommes pour achepter leurs Gouvernemens, sans parler des Presens qu'ils sont obligez de faire tous les ans pour se maintenir; de sorte que tout estant à la mercy des Gouverneurs, & des Iuifs, il n'y a ni Laboureur, ni Artisan, ni Marchand qui soit en seureté, & qui ne tremble toujours d'une avanie; d'où vient que les Arts qui font la richesse d'un Royaume, languissent dans ces pays-là, & que les Sciences qui en font la beauté & la politesse, en sont absolument bannies; n'y ayant personne qui ait ou le courage, ou l'esperance de s'elever à quoy que ce soit, & n'y ayant d'ailleurs ni Benefices, ni aucunes Charges qui demandent de l'Erudition, mais de simples Timars, c'est à dire quelques Villages affectez pour la pension d'un homme de guerre qui en tire tout ce qu'il peut, sans jamais y rien depenser soit pour reparer les maisons, soit pour relever les fossez, & faire ecouler les eaux, ou autrement; parce qu'il n'est jamais assuré de rien, & qu'il ne sçait pas aujourd'huy si on ne luy ostera, ou si on ne luy changera point demain son Timars.

Aussi ay-je quelquefois defini un Turc, *Un Animal né pour la destruction de tout ce qu'il y a de beau, & de bon au Monde, jusqu'au genre humain mesme*: Non que les vrays Turcs ne soient souvent d'un assez bon naturel, mais parce que leur fausse Politique, ignorance, ou negligence va à oster, & à exterminer ce Mien & ce Tien, d'où suivent, comme je viens de marquer, la Paresse des peuples, l'abandon de l'Agriculture, la Tyrannie, & le Depeuplement des Provinces.

Car enfin la verité est, & ce ne sont

point des visions de Voyageur: Ces pays ne sont plus ce qu'ils ont esté, la moitié de la terre & davantage y est en friche, l'on fait souvent les jours entiers sans rencontrer un homme, on ne voit plus que de grandes Bourgades à demy desertes & abandonnées, il n'y a pas jusques aux meilleures Villes, comme le Caire, Alexandrie, Babilone, & ainsi de plusieurs autres qui ne soient au moins le tiers en ruine, & il est constant que les Princes, quoy que tres puissâts encore acause de l'immense etendüe de leurs Estats, y sôt & bien moins riches, & bien moins puissants qu'ils n'estoient; ne prenants pas garde que pour vouloir tout avoir, ils n'ont rien, & que se faisâts les seuls proprietaires de toutes les terres de leur Empire, ils se font des Roys de Deserts, de gueux, & de miserables; de sorte que s'ils s'agrandissent tous les jours, ce n'est que par la foiblesse, & la desunion de leurs Voisins, que parceque leur Empire se trouve estre, comme je viens de dire, d'une etendüe immense à l'egard des autres, & que les Tartares, sans parler des Enfans de Tribut qu'on arrache du sein de leurs Meres, leur fournissent
des

des Esclaves de toutes parts, de Russie, de Circassie, de Mingrelie, d'Armenie, & autres lieux.

Des Devoirs du Souverain qui regardent le temps de Paix.

MAis pour revenir à nostre Autheur, & pour dire en peu de mots ce qui regarde en quelque façon plus particulierement le temps de Paix, & cette espece de Prudence que les Latins appellent *Togata*. Le premier Devoir est d'avoir soin que la Religion, & la Pieté envers Dieu soient toujours gardées inviolablement dans tout le Royaume, afin que le Ciel luy soit propice, & que les Sujects touchez de respect, & de crainte pour la souveraine puissance de Dieu qui est repandu par tout, & qui voit tout, s'abstiennent des crimes cachez que le Prince ne sçauroit empescher par ses Loix. Or l'experience de nos derniers temps nous a assez fait voir l'importance, & la verité du conseil que Mecenas donnoit à Auguste sur la Religion, & sur le Culte Divin. *Haissez*, disoit-il, *& ne laissez pas impunis les Novateurs à cet* egard, & cela non seulement acause des Dieux, qui ne permettent pas que ceux qui les mesprisent fassent iamais rien de grand ; mais parce que ceux qui introduisent quelques nouvelles Divinitez portent d'ordinaire les peuples à quelque changement, d'où naissent les Coniurations, les Seditions, & les Assemblées secretes, qui sans doute sont tres dangereuses à la Monarchie.

Le second, d'avoir soin que les Arts soient cultivez, & non seulement ceux que l'on appelle liberaux, & d'où le Royaume tire un ornement tout particulier; mais aussi ceux qu'on nomme Mechaniques, & d'où l'on tire de l'utilité, ayant sur tout de grands egards pour l'Agriculture, & pour la Marine, celle la fournissant abondamment les choses necessaires à la Vie, & celle-cy entretenant le Commerce, qui fait que nous communiquons aux Etrangers les choses dont ils ont besoin, comme les Etrangers nous communiquent celles qui nous manquent.

Le Troisieme de travailler à ce que le Royaume abonde en Vertu, & en Richesses, c'est à dire en tout ce qui est necessaire pour bien, & commodement passer la vie; & comme le Luxe se glisse aisement, il le doit reprimer par de rigoureuses defenses, & cependant donner ordre que ceux qui regorgent de biens, ne souffrent pas des pauvres à leur porte secher de misere; en un mot, il doit de telle maniere pourvoir aux diverses necessitez, que la felicité & l'abondance du Royaume se repande generalement sur tous.

Le Quatrieme de veiller à la seureté de la Paix, pour que la felicité du Royaume qui est le but primitif des Roys, & des Royautez, soit plus ferme, & plus constante, à quoy contribueront les choses que nous venons de marquer plus haut, à sçavoir de se prendre bien garde tant des irruptions des Etrangers, que des factions, & des seditions des Sujets; d'avoir des alliances, & de les conserver autant qu'il se peut, mais de faire neanmoins connoitre tacitement aux Alliez, qu'en vain il les romproient: Et parce qu'il faut toujours croire à l'egard des Etrangers que les forces leur manqueront plutost que l'envie, ou le pretexte de faire invasion dans le Royaume, & de s'en rendre les Maistres ou entierement, ou en partie ; pour cette raison il doit toujours tenir ses Forteresses bien munies, & ne se dôner pas moins de garde des embusches cachées, & des trahisons, que de la force ouverte. Il doit de mesme avoir toujours un nombre connenable de troupes entretenues, & à l'egard des nouvelles Levées, les faire exercer avec tant de soin, & d'exactitude dans tous les exercices de la Guerre, que les vieux Soldats instruisant les nouveaux, elles se trouvent prestes à bien servir lorsque l'occasion le requerera.

Le Cinquieme qui regarde les Sujets, c'est de prevenir les Conjuratiõs, & les Factions des Grands, non seulement par une juste & consideree distribution des Charges, mais aussi par des temoignages particuliers de bien-veillance, afin qu'ils n'ayent aucun sujet de se plaindre ; leur faisant cependant connoitre qu'il est le Maistre, & qu'il est assez clairvoyant pour penetrer leurs desseins, & leurs plus secrettes intentions : Pour ne rien dire icy du conseil de Periander, qui selon le rapport d'Aristote, ne donna aux Ambassadeurs de Trasibule aucune reponse de vive voix, mais seulement par signe, & en abattant devant eux les testes des pavots les plus elevez.

Le Cinqieme que nous avons deja insinué, de prevenir les Troubles & les Seditions du peuple, non seulement par la reverence, & par la crainte; n'y ayant rien qui porte plus à l'insolence les Esprits populaires, que lorsqu'ils voyent le Prince dans le mespris, & qu'ils sont en seureté du costé du chastiment, mais aussi par une Iustice exacte, & judicieuse qui tire les plus foibles de l'oppression des plus puissants, & par le soulagement des peuples, soit en reduisant les Imposts à une juste mediocrité, soit en les ostant entierement; car il n'y a aussi rien qui excite davantage la haine, & qui rende les Esprits plus impatiens que l'excez des Imposts. Du moins doit-il, si la necessité pressante de l'Estat l'oblige à des depenses, & par consequent à des levées de deniers extraordinaires, faire entendre à ses Sujets que ces levées ne se font que pour des usages necessaires à la seureté publique, ensorte que *s'ils veulent leur salut*, comme dit Ciceron, *il faut qu'ils obeïssent à la necessité*, & que d'ailleurs cela se fait avec une grande egalité, & eu egard à la condition, & aux facultez d'un chacun: Pour ne dire aussi rien du conseil d'envoyer des Colonies hors du Royaume, lorsqu'il y a trop de monde, ni de celuy d'amaigrir les peuples, lorsqu'il y a du danger que l'opulence, & la graisse, comme on parle, ou plutost comme on pretexte souvent, ne les rende insolens.

Le Sixieme, que s'il s'est formé des factions, & s'est excité quelque Sedition, il l'appaise au plutost par l'entremise de quelques personnes que la vertu, le merite, & l'adresse auront rendu recommandables; ou si les reprimandes, les avis, & les conseils de ces personnes ne font rien, qu'il ait recours aux armes & à la force, afin d'etouffer d'abord un mal qui dans le progrez pourroit acquerir des forces, & devenir enfin sans remede; se souvenant cependant que si le temps ne permet pas d'avoir recours aux armes, ou que la chose semble dangereuse, le plus seur sera de relacher quelque chose de ce qui aura donné sujet à la sedition.

Le Septieme, que si le mal ne peut

pas d'abord eſtre reprimé ni par adreſ-
ſe, ni par les armes, mais qu'il paſſe à
une guerre Civile qui eſt la peſte d'un
Eſtat, il ſe ſerve alors de l'un de ces remedes, ou de ſe relaſcher en quelque
choſe, & de s'accommoder ſous quelques conditions, ou de tenter de terminer la guerre par une Victoire s'il y a
quelque eſperance, s'armant cependant de tout ſon courage, & ſe diſant
genereuſement à ſoy meſme,
*Nunc animis opus, Ænea, nunc pectore
firmo.*
Il doit neanmoins auſſi ſe ſouvenir a-
pres qu'il aura remporté la Victoire,
ou retabli les choſes par ſon auctorité,
de ne s'en prendre qu'aux principaux
autheurs, & aux plus ſeditieux, & du
reſte pardonner à la multitude; afin
qu'imprimant la terreur par le ſupplli-
ce, il previenne de ſemblables troubles
à l'avenir, & qu'uſant de douceur, &
de clemence, il faſſe voir qu'il agit en
Pere de la Patrie.

Au reſte, comme on pourroit icy demander, ſi un homme d'honneur dans
une guerre Civile pourroit ſe retirer,
& ſe tenir, comme on dit, clos & couvert dans ſa Maiſon ſans ſe declarer ni

d'un costé, ni d'autre ; Ou s'il devroit selon cette Loy de Solon si celebre dans Aristote, dans Plutarque, & dans Agelle, se declarer pour l'un des deux partis ; Il semble que si c'est un homme de consideration dans l'Estat, & qui occupe quelque grande Charge, il ne doit pas quitter son rang, & se tenir les bras croisez, mais qu'en sage Pilote il tiendra dans la tempeste le mesme timon qu'il auroit tenu dans la bonace ; que si c'est un homme privé, ou qui n'entre pas d'ordinaire dans les affaires, il semble qu'il pourra ne prendre aucun party, & vivre doucement retiré chez soy, sans offenser ni les uns, ni les autres, à condition toutefois que si l'Estat venoit à estre menacé d'une guerre etrangere, il ne balance pas à se declarer pour son Prince, & pour sa Patrie.

Des Devoirs du Souverain qui regardent le temps de la Guerre.

POur dire aussi maintenant ce qui regarde specialement le temps de la Guerre, & par consequent la Prudence Militaire, qui se fait remarquer en entreprenant, en faisant, & en finissant la Guerre ; un Prince Sage ne prendra jamais temerairement les armes, & soit qu'il pense à attaquer, ou à soûtenir, il mesurera ses forces de façon que s'il ne les connoit pas suffisantes, il se gardera bien de faire irruption, de crainte de ne se pouvoir pas retirer aisement de ce premier pas, ou de s'attirer les forces de l'Ennemy sur les bras ; il n'attendra pas mesme alors l'irruption des Ennemis, mais ou il les previendra par des Mediateurs de grand merite, & en relaschant plutost quelque chose du sien, que de s'attirer quelque grande disgrace ; ou si rien ne peut flechir l'Ennemy trop puissant, son unique remede sera de ramasser toutes ses forces, & celles de ses Alliez, & du reste mettant sa confiance dans l'assistance Divine,& dans la justice de sa cause, s'armer de tout son courage, & se resoudre à tout evenement, ou à vaincre glorieusement avec de moindres forces, ce qui arrive souvent, ou a vendre, comme on dit, bien cherement sa ruine. Il n'entreprendra aussi jamais la guerre que justement, ou pour une fin juste, & raisonable; comme par exemple, pour prevenir l'Ennemy, qui ne manqueroit pas de faire irruption sur luy; pour reprendre quelque chose que l'Ennemy aura injustement usurpé, & n'aura pas voulu restituer apres en avoir esté averty; pour secourir ses Alliez injustement opprimez, ou pour assister quelque autre Nation qui pour estre trop foible, & estre aussi injustement attaquée, implore son assistance.

La guerre sera mesme censée juste, quoy qu'entreprise, ou soûtenuë injustement, apres qu'il aura fait des offres raisonnables, & que l'Ennemy ne les aura pas voulu accepter: En tout cas, il doit considerer que toute Guerre est une Mer de malheurs qu'il est facile d'emouvoir, mais difficile d'appaiser, acause de mille occasions inopinées qui surviennent; desorte qu'il n'y a que la necessité seule qui puisse estre une excuse legitime, & qui puisse mettre à couvert un Prince de tant d'horribles imprecations que les peuples acablez de miseres ont coûtume de vomir contre les autheurs de la Guerre.

Maintenant pour faire effectivement, & prudemment la guerre lorsqu'elle a une fois esté resolüe, & determinée; il doit sur tout pourvoir à ce que generalement quatre choses ne luy manquent pas, les Hommes propres au mestier, les Armes convenables, les Provisions suffisantes, & l'Argent necessaire. Quant aux Homes, il est evident que l'on doit premierement avoir egard aux Chefs, & sur tout au General; que ce General doit estre unique, parceque l'on a de tout temps remarqué avec Thucidide, *que rien ne nuit tant que la multitude des Commandans*; qu'il doit estre experimenté, & tres intelligent pour pouvoir prendre son party sur le champ, qu'il doit connoitre la situation du pays où il fait la guerre, parceque le gain, ou la perte d'une Bataille depend souvent de tres peu de chose, d'un defilé, d'un ruisseau, d'un bois, de quelque petite eminence, &c. Aristote tient mesme qu'il doit estre homme de bien, mais que l'on doit neanmoins avoir plus d'egard à sa capacité qu'a ses mœurs; que d'ailleurs il doit estre auctorisé, & en reputation de grand homme de guerre, & de plus qu'il doit estre fortuné; non seulement parce que cela rassure une Armée, mais parceque cela la rend prompte, hardie, & deliberée, & jette la terreur parmi les Ennemis. L'on sçait les qualitez qu'a l'occasion de Pompée Ciceron demande dans un General d'Armée; Qu'il soit infatigable dans le travail, intrepide dans le danger, industrieux dans les rencontres, prompt dans l'execution, & homme de grande prevoyance, *Laboris in negotio, fortitudinis in periculo, industriæ in agendo, celeritatis in conficiendo, consilii in providendo.* Il faut aussi avoir egard aux Soldats, qu'ils soient de bon âge, & robustes de corps, comme estant destinez au travail; qu'ils soient plutost naturels du Pays qu'Etrangers, parcequ'ils sont plus fidelles, & moins tumultueux; qu'ils soient bien disciplinez, & bien exercez, parcequ'autrement ils ne font rien qui vaille, & l'on sçait quel succez une discipline rigide, & etroitement observée eut autrefois entre les Romains. Or quoy que l'Infanterie, & la Cavalerie soient necessaires, neanmoins l'Infanterie est plus utile dans les pays de Montagnes, & dans les Sieges; elle est mesme souvent plus utile dans les Combats quand elle est bien instruite, & bien disciplinée; Tacite ayant d'ailleurs observé *que comme la Cavalerie donne viste, ainsi elle cede viste la Victoire.* Pour ce qui est des Armes, tout le monde sçait assez combien il est necessaire qu'elles soient propres, & commodes, soit pour l'attaque, soit pour la deffense. Pour ce qui est des Munitions, & des Vivres, l'on en sçait aussi assez l'importance, & comme faute d'y avoir pourveu, les Armées perissent, & les forteresses se rendent sans combat. Pour ce qui est enfin de l'Argent, personne n'ignore, que comme c'est le nerf de l'Estat, c'est aussi le nerf de la Guerre; qu'une Armée qui n'est point payée est tumultueuse, & un amas de brigans plutost que de Soldats; que les grandes choses se font autant par l'argent que par la force, & par le conseil, & enfin, ce que Ciceron rapporte de Philippe, *qu'il n'y a point de Forteresse qui ne puisse estre prise, pourveu qu'une Mule chargée d'Or y puisse monter.*

Au reste, il semble que nous devrions icy parler des divers offices du General soit dans la marche de l'Armée, soit dans les Campemens, soit qu'il ait à ranger son Armée en Bataille, ou à donner un Combat, à assieger, ou deffendre une Place, &c. Mais cela depend de sa capacité, de sa presence d'Esprit, du temps, des lieux, des personnes, & de cent autres circonstâces. Ce qui s'en peut icy dire generalement, c'est qu'il n'est rien de plus utile, ni de plus important à un General, que de sçavoir bien l'estat des Ennemis, que d'observer, de bien connoitre, de prevenir, & de ne laisser jamais perdre une occasion.

Il semble qu'on devroit aussi parler des Stratagemes, mais c'est assez de dire que de tout temps ils ont esté permis, & censez estre du droit de la Guerre, en ce qu'ils regardent le salut de l'Armée, & qu'il y a toujours danger d'estre prevenu, si l'on ne previent; de la vient que Cyrus s'etonnoit entre ses

Amis des etranges qualitez que doit avoir celuy qui fait la guerre, qu'il doit estre fin, rusé, dissimulé, trompeur, &c. *debere esse insidiatorem, dissimulatorem, dolosum, deceptorem, furem, raptorem, ac omni in re hostibus prævalentem*: Mais il semble que l'on peut sur cela entendre S. Augustin, qui dit que le commandement que Dieu fit à Josué de dresser des embusches *nous fait voir que d'en dresser n'est pas une iniustice dans une iuste guerre, qu'un Prince juste ne doit principalement avoir egard qu'à ce que la guerre ne soit pas iniuste, & que la guerre estant iuste il n'importe pas de vaincre ou par ruse, ou en combatant ouvertement.*

Ajoûtons ce mot à l'egard de la fin, ou de l'issue de la Guerre; que si le Prince demeure Victorieux, il prendra garde de ne rien negliger, pour empescher que l'Ennemy ne ramasse ses forces, & ne fasse de nouvelles affaires, sans toutefois insulter à sa mauvaise fortune, car cela est indigne d'une Ame genereuse, ni sans le pousser à l'extremité, de peur que le jettant dans le desespoir, il ne fasse des efforts extraordinaires, & ne ravisse une Victoire gagnée ; que si cependant il n'y a rien à craindre dans l'indulgence, il est certain que la moderation, la douceur & la clemence envers l'Ennemy sera toujours loüable, & estimée : Mais s'il est assez malheureux pour perdre la Victoire, le plus expedient sera de souffrir cette perte courageusement, & de la mettre au nombre des accidens ausquels la vie humaine est sujette : Cependant ne negliger pas les restes de son debris, & s'accommodant doucement au temps, ne desesperer pas que la fortune ne puisse dans un autre temps, & dans une autre conjoncture devenir plus favorable.

Ce mot que je viens de toucher plus haut, que le Victorieux ne doit point insulter au Vaincu, me fait souvenir des reproches que fit Bajazet à Tamerlan, qui le vint voir aux fers, & qui se mit à rire en le voyant. *Ne te ris point de mon malheur, luy dît fierement Bajazet, & n'insulte point à ma fortune, sçaches que Dieu est le Maistre, & le Distributeur des Empires du Monde, & que si aujourduy tu es elevé au plus haut de la roüe, tu pourras demain estre precipité au plus bas. Je sçais aussi bien que* toy, repondit Tamerlan, *que Dieu est le Maistre, & le Distributeur des Couronnes, & des Empires, & si ie ris ce n'est pas que ie vueille insulter à ta misere, mais c'est que ie considere que tous ces grands Empires du Monde doivent estre bien peu de chose, & que ce Souverain Maistre en doit faire bien peu d'estime, puis-qu'il les distribue à des gens si malfaits, à un vilain Borgne comme toy, & à un miserable Boiteux comme moy*; car Timur-leng, d'ou par corruption nous avons fait Tamerlan, veut dire le Prince boiteux & Bajazet estoit laid de visage, & avoit les yeux tournez, ce qui soit dit en passant.

Si le Sage se doit mesler dans les Affaires publiques.

CE seroit icy le lieu de repondre à plusieurs Objections, qui à l'occasion de cette Prudence, se font contre ceux à qui la Maxime d'Epicure, *que le Sage ne doit point se mesler dans les affaires de la Republique*, semble ne deplaire pas; mais nous avons deja montré par le temoignage exprés de Seneque, que cela n'a pas esté dit abfolument, mais feulement fous cette condition, *S'il n'intervient quelque chofe qui l'y appelle*, nous voulant fimplement donner à entendre que le Sage fe meflera feulement dans les affaires de la Republique lorfqu'il fe prefentera quelque occafion qui fera voir que fon induftrie, & fon Efprit font neceffaires, mais qu'autrement il ne s'y engagera point, & que l'ambition, ou le defir des richeffes, des charges, & des dignitez ne le tireront point de fon repos Philofophique. Que fi Epicure n'a point voulu entrer dans les Emplois, ce n'eft affuremment pas qu'il crûft avec Theodore, & quelques autres, que la Sageffe eft d'un trop haut prix pour l'expofer au travaux, & aux dangers en faveur de la Patrie, qui comprend d'ordinaire tant de fous, & tant d'ingrats; mais ce n'a efté que par une pure modeftie, comme Laërce l'a obfervé, & que parce qu'il ne croyoit pas qu'il fuft jufte de s'ingerer de foy-mefme dans des chofes aufquelles il fçavoit n'eftre pas appellé, ou d'imiter les ambitieux qui reconnoiffent enfin trop tard ce dont Theophrafte fe plaignoit fur la fin de ſes jours, lorſqu'il diſoit à ſes Diſciples, *qu'il n'avoit plus rien à leur dire, ſinon que la vie des hommes laiſſoit vainement echapper pluſieurs plaiſirs acauſe de la gloire, & de l'ambition ; que nous ne commençons pas pluſtoſt de vivre, que nous mourons, & qu'ainſi il n'y avoit rien de moins convenable à l'homme que l'Ambition, & cette cupidité exceſſive de gloire.* Admirable enſeignement, & qui nous devroit bien faire connoitre qu'il ne faut pas differer la tranquillité, & ce bienheureux repos philoſophique à un âge decrepite ! Il ne faut que conſiderer l'eſtat des Courtiſans, ou de ceux qui ſont elevez aux grandes Dignitez, & embaraſſez dans les affaires, En voit-on preſque aucun qui ne s'ennuie de ſa maniere de vie ? qui n'envie le repos de ceux qu'il voit comme du milieu de quelque Mer agitée de bouraſques, & de tempeſtes, joüir dans un Port aſſuré & paiſible d'une douce tranquillité ? qui ne ſonge ſouvent à ſa retraite, & qui ne croye heureux ce repos dans lequel il eſpere ſe retirer ſur la fin de ſes jours, & paſſer doucement ce qui luy reſtera de vie ?

Ne ſeroit-ce pas, je vous prie, en uſer

beaucoup plus sagement, de ne s'engager jamais dans cette Mer orageuse d'affaires, ou de s'en retirer dés aussitost qu'on est en pouvoir de le faire, & ainsi vivre heureusement dés la fleur de son âge ; ne seroit-ce pas, dis-je, en user plus sagement, que de ne s'octroyer pour bien & heureusement vivre, que la lie de sa vie, à laquelle il est mesme encore incertain si l'on pourra parvenir ? Heureux asseurement sont ceux-là, qui ont de bonne heure pris une ferme resolution de passer toute leur vie en un estat dans lequel les autres se tiennent heureux d'en passer une petite partie, & mesme la moins estimable.

Conseil plus precieux que tout l'Or du Monde fut celuy de Cyneas à Pyrrhus qui meditoit la guerre contre Rome. Et bien Seigneur, dit Cyneas, que ferat-il bon de faire quand nous aurons vaincu les Romains, & subjugé l'Italie, la Sicile, la Lybie, la Macedoine, & puis tout le Monde ? Nous-nous reposerons enfin agreablement, repondit Pyrrhus, nous ferons des Festes, nous-nous entretiendrons de toutes choses, & nous passerons ainsi doucement le reste de nos jours. *Mais de grace*, ô grand Roy, repliqua Cyneas, qui empesche que dés à present nous ne nous reposions agrablement, que nous ne fassions des Festes, & que nous ne nous rejoüissions? Nous avons maintenant entre nos mains un bien au quel nous ne sçaurions parvenir que par des travaux immenses, que par le sang, que par mille deplaisirs, & mille soins fascheux, & qu'en nous exposant nous, & les nostres à une infinité de dangers.

Ie ne m'arresteray pas ici davantage sur le repos, & la tranquillité du Sage, par ce que nous en avons desja parlé plusieurs fois, j'ajouteray seulement, que Damocles avoit bien raison de dire, que ceux qui affectent avec tant d'empressement les grãds honneurs de l'Estat, ne s'arrestent d'ordinaire qu'a cet eclat exterieur qui eblouït les yeux du vulgaire, & ne prenent pas garde aux chagrins, pour ne dire pas aux furies, qui rongent interieurement ceux qui y sont deia parvenus. Aristote rapporte des Vers d'Euripide, par lesquels il se condamne luy-mesme d'imprudence, de ce qu'ayant pû vivre heureusement en homme privé, il s'estoit rendu miserable en se jettant indiscretement dans l'embarras des affaires. *Suis-je Sage*, di-*soit-il, d'avoir pû estre sans affaires, & de m'y estre malheureusement engagé?* Mais les simples travaux qu'il faut essuyer dans le maniment des affaires, semblent devoir presque estre contez pour rien, en comparaison de cette peur, ou plutost de cette frayeur continuelle qui doit tourmenter l'Esprit de ceux qui se voient toujours comme sur le bord du precipice, & en danger de tomber d'autant plus rudemét qu'ils ont esté elevez plus haut. Sejan, dit le Poëte Satyrique, ne sçavoit ce qu'il demandoit lors qu'il soupiroit apres tous ces grands honneurs, & ces excessives richesses qu'il obtient enfin ; car c'estoit autant de degrez qu'il se faisoit pour monter au haut de la Tour d'ou il devoit estre miserablement precipité ? Qu'est-ce qui a perdu les Crasses, & les Pompées ? c'est cette mesme elevation pour laquelle ils avoient tant de passion qu'il n'y a rien qu'ils n'ayent fait pour y parvenir, ce sont ces grands Vœux que les Dieux en colere ont exaucé.

Ergo quid optandum foret, ignorasse videris

Sejanum? Nam qui nimios optabat hono-
res,
Et nimias poscebat opes, numerosa parabat
Excelsæ Turris tabulata, unde altior esset
Casus, & impulsæ præceps immane ruinæ.
Quid Crassos? Quid Pompeios evertit, &
illum
Ad sua qui domitos deduxit flagra Qui-
rites?
Summus nempe locus nulla non arte peti-
tus,
Magnáque Numinibus vota exaudita ma-
lignis.

CHAPITRE VI.

De la Force.

L'Ordre des Vertus demande qu'apres la Prudence nous traitions de la Force qui est comme la premiere partie de l'honnesteté, ainsi que la Temperance en est la seconde, non que les autres vertus ne soient aussi parties de l'*honneste*, mais parceque ceux qui se comportent selon les regles de la Force, & de la Temperance, sont specialement dits, & censez agir

honorablement, & vivre honnestement. Or la Force dans le sens qu'elle est prise icy ne semble pas mal definie dans Ciceron, *Vne considerée fermeté d'Ame à affronter les dangers, & à
supporter les travaux*; parceque cette
definition marque les deux principaux
actes de Force, qui consistent l'un à
Entreprendre, l'autre à Soûtenir, & insinue qu'il faut eviter les deux extremitez vicieuses, asçavoir l'Audace, &
la Timidité, dans lesquelles l'on tombe faute d'une meure consideration;
de sorte qu'elle ne semble pas aussi mal
définie dans Aristote, *Vne mediocrité entre la Crainte, & la trop grande Confiance*; pour ne dire point que Seneque
la definit, *La Science de repousser, de
recevoir, & d'affronter les dangers*.

Cependant, quoy que la Force, entant que c'est une Vertu speciale, soit
telle que nous venons de dire, neanmoins on luy donne quelque fois trop
d'etendue, & quelque fois trop peu:
On luy en donne trop, lorsqu'on l'e-
tend presque autant que la Vertu,
comme S. Ambroise, & avant luy S.
Clement quand il dit, *Le devoir de la
Force est non seulement de supporter les
accidens*

accidens humains, mais aussi de resister à la Volupté, à la Cupidité, à la Douleur, & à la Colere. On luy en donne trop peu, lorsqu'on la prend presque pour la seule Vertu Militaire; comme n'y ayant presque que ceux qui temoignent de la force dans la Guerre, & qui meurent en combattant, qui deviennent illustres, qui obtiennent des honneurs, de la gloire, & un renom eternel ; n'en estant pas demesme de ceux qui ne temoignent pas moins de force, & de courage soit dans les maladies, soit dans les dangers de la Mer, ou autres, & qui ne meurent pas avec moins d'intrepidité. De là vient qu'Aristote veut que celuy-la soit proprement dit Fort, *lequel regarde d'un Esprit intrepide une Mort honneste, & les choses qui y menent, telles que sont,* dit-il, *principalement celles qui se rencontrent dans la guerre.* de là vient aussi que Ciceron enseigne, *que les grandes & genereuses actions qui se font dans la guerre, ont cela de particulier qu'elles sont je ne sçais comment plus louées, & exaltées.* Cependant Ciceron prouve ensuite fort au long par plusieurs exemples, & sans mesme oublier le sien propre, *qu'encore* que plusieurs tiennent les choses Militaires plus grandes que les Civiles, il faut neanmoins rabatre de cette opinion; parce que si nous voulons iuger selon la verité il y en a plusieurs entre les Civiles qui sont plus grandes que les Militaires: D'ou l'on doit inferer, qu'encore que ceux qui se comportent fortement, & genereusement dans la guerre soient censez Forts *par excellence*, neanmoins la vertu de Force n'est pas en eux seuls, & ils ne meritent pas eux seuls d'estre dits forts. Pour parler donc de la Force contenüe dans des bornes convenables, deux conditions semblent estre generalement requises pour cette Vertu: L'une, que ce soit une certaine fermeté invincible d'Ame alencontre de toutes les choses qui sont difficiles, c'est à dire alencontre des maux qui sont difficiles soit à afronter, soit à supporter: L'autre, qu'elle ne soit pas inconsiderée, & ne tende qu'à une bonne & legitime fin, asçavoir à l'honnesteté, & à l'equité.

A l'egard du premier Chef, quand je dis que la Force est *une certaine fermeté d'Ame*, on entend assurement que cette Vertu ne consiste pas, comme pourroit penser le vulgaire, dans la vigueur, & dans les forces du corps; car un homme foible de corps merite aussi le nom de Fort, pourveu que s'estant proposé l'honnesteté de la chose qu'il entreprend, il demeure ferme & inebranlable dans son entreprise, de façon qu'il ne sache ce que c'est que de mollir, & qu'encore qu'il experimente la mauvaise fortune, le courage ne luy manque pas, mais qu'il poursuive toujours de mesme force, & de mesme teneur: On entēd aussi qu'elle consiste encore moins dans cette vanité de fanfaron assez commune à certaines gens; car si vous leur ostez cette ostentation qui leur fait poursuivre une certaine lueur de vaine gloire, vous connoitrez que ce sont des Ames basses, & que lors qu'il est question d'affronter de vrays dangers, ils tirent en arriere & manquent de courage, ou cherchent honteusement a s'enfuir pour se sauver.

Lorsque d'ailleurs je dis que *c'est une fermeté d'Ame invincible*, je pretens marquer, qu'afin que ce soit une veritable Force, elle ne doit nullement succomber, mais qu'elle doit demeurer inflexible non seulement à l'egard de la grandeur du travail, & du peril, mais aussi à l'egard de la durée, & de la repetition des actes.

Ie dis que cette fermeté est *alencontre des maux*; parce que cette Vertu de sa nature est comme un Rampart contre tout ce qui est, ou paroit mal dans la vie, & qu'elle n'a proprement point d'autre sujet ou d'autre matiere que celle-là.

I'ajoute que les maux que la Force se propose de surmonter, doivent *estre difficiles*; parce qu'encore que la Force se puisse etendre aux maux legers, faciles, & familiers, & qu'il soit mesme utile de s'acoutumer à les afronter, & à les supporter, comme pour commencer par là l'habitude; neanmoins demesme que la vertu de Temperance n'est pas requise pour que quelqu'un s'abstienne d'une Vieille moribonde, comme il fut objecté à Crysipe, ainsi la Force ne paroit pas dans les petis maux, mais seulement dans les grands & difficiles, tels que sont la Mort, la Douleur, l'Ignominie, la Perte des Amis, ou des Enfans, la Pauvreté, la Prison, l'Exil, & autres qui sont capables de causer ou de grandes apprehensions estant absens, ou de grands chagrins estant presens.

A l'egard du second Chef; la Force ne seroit pas Vertu, si elle estoit imprudente & inconsiderée, mais ce seroit une Temerité, & comme parle Aristote, une certaine Brutalité, ou un emportement brutal opposé à cette Vertu qui est dite *Heroïque, & Divine*, laquelle n'estant autre chose qu'une certaine espece de Force excellente, donne le nom aux Heros, & fait que leurs actions sont appellées Heroïques. Ceux là donc ne doivent pas estre censez Forts ou courageux, qui poussez par une impetuosité aveugle, & se confiant principalement dans les forces de leur corps, courent à tout entreprendre, & comme s'il defioient les dangers, semblent ne rien tant craindre que de sembler craindre quelque chose; mais ceux-là sont veritablement Forts, qui connoissant les dangers, & qui ne les aimant, ni ne les provoquant point indiscretement, s'y pottent neanmoins vigoureusement toutes les fois qu'il le faut, & de la maniere qu'il le faut. Car Aristote fait remarquer que l'Homme Fort, n'eſt pas celuy qui ne craint rien, ou qui ſe porte à tout ſouffrir, ou à tout entreprendre, mais celuy qui le fait à l'egard de ce qu'il faut, pour la fin qu'il faut, quand il faut, & de la maniere qu'il faut, *ſed qui quod oportet, & cujus causâ, & quando, & quo modo oportet.*

De là vient que demeſme que d'un coſté il oppoſe au Fort le Timide, qui par crainte n'entreprend pas les choſes qu'il faut; ainſi il luy oppoſe de l'autre coſté l'Audacieux, qui faute de crainte, ou pour avoir trop de confiance en ſoy meſme, entreprend ce qu'il ne faut pas : Pour ne dire point que ceux-là peuvent ſelon luy eſtre appellez fous, & inſenſibles qui ne craignent rien de tout, pas meſme le tremblement de terre, ni les tempeſtes, *comme les Celtes*; & d'ailleurs qu'il y a des choſes qui ſont abſolument à craindre, comme la turpitude, & l'infamie qui la ſuit; *y ayant*, dit-il, *de l'impudence à ne la pas craindre, parce que la turpitude eſt un mal.* Car comme remarque Seneque, *la Force n'eſt pas une inconſiderée temerité, ni un amour des dangers;*

mais c'est la Science de distinguer ce qui est, ou n'est pas mal : Elle est tousiours sur ses gardes, Constante, Patiente, &c. Elle ne seroit pas aussi Vertu, comme il est evident, si elle ne se proposoit pour fin l'*Honnesteté, & l'Equité.* Et c'est pour cela qu'Aristote veut bien que l'Homme fort soit intrepide, *mais que ce soit en veuë de l'honnesteté* ; & c'est pour la mesme raison, qu'apres qu'il a improuvé comme laches, & non comme forts, ceux qui meurent en fuyant la pauvreté, l'amour, le chagrin, & qu'il a dit que ceux-là peuvent estre reputez forts, qui invitez par les recompenses, ou epouvantez par les peines, se comportent genereusement, (ce qui se peut aussi en quelque façon dire des Soldats qui sont reduits à la necessité de combattre) il declare *que celuy qui est veritablement Fort ne doit pas proprement estre excité par la necessité, mais par l'honnesteté.*

L'on ajoute specialement ce mot *d'Equité,* parce que ceux qui vulgairement sont reputez forts, abusent souvent de leurs forces alencontre de la justice, & tienent d'ordinaire ce barbare langage, *La puissance est au dessus de tout, le droit est dans les armes*. De là vient que Platon tient que la force est comme une espece de Flux, & d'impetuosité contre l'impetuosité de l'injustice, & qu'avec raison il blasme Protagoras qui tenoit pour tres forts des gens qui estoient tres profanes, tres injustes, tres intemperans, & tres fous; parceque disoit il, l'on ne doit pas mesurer la Force par les forces du corps, mais par la fermeté de l'Esprit, & par une fin qui soit honneste, loüable, & dans laquelle la Iustice, & l'Equité reluissent principalement. Aussi observe-t'on que les Heros ont toujours esté recommandables, parce qu'ils ont esté les deffenseurs des innocens, & les ennemis des scelerats, des hommes injustes, & des Tyrans; & on loüe Agesilaus de ce qu'estant interrogé *si la Iustice estoit meilleure que la Force*, il repondit, *que si tous les hommes estoient iustes il ne seroit point besoin de Force* : Et parce que c'est d'ordinaire la Colere qui porte ceux que l'on croit forts à l'injustice, Aristote insinüe qu'il faut bien estre sur ses gardes du costé de cette passion, de peur que ce qui est comme la pierre à aiguiser la Force, ne deviene le glaive qui pour ainsi dire egorge la justice. Il ajoûte mesme *qu'encore qu'il n'y ait point de plus grand esperon pour afronter les dangers que la Colere, il n'y a neanmoins point de veritable force, si elle n'est dirigée par le conseil, & par la consideration de la fin.* Et c'est ce qui a fait dire cecy à Taurus dans Agelle, *l'homme fort n'est pas celuy qui par ie ne sçais quelle brutalité, ou insensibilité, ou accoutumance, combat comme une espece de monstre contre la nature, & sort hors de ses bornes, tel qu'estoit ce Gladiateur de Cesar, qui rioit lorsque les Medecins fasoient des incisions dans ses blessures; mais la veritable Force est celle que nos Anciens ont appellé la Science des choses qui sont, & de celles qui ne sont pas à supporter; ce qui fait voir qu'il y a de certaines choses insupportables que les hommes qui sont veritablement Forts doivent avoir en horreur.*

De tout cecy on entend, ce que nous avós deja touché ailleurs, qu'on peut veritablemēt avoir des semences de force, *fortes creanur fortib*; mais qu'afin qu'lles puissét croistre, & devenir Vertus, l'exercice, & la doctrine sont necessaires.

Doctrina sed vim promovet inclytam,

Rectique cultus pectora roborant ;
Vicumque defecere mores,
Dedecorant bene nata culpa.

Des Especes de la Force.

NOus avons deja veu que d'ordinaire on ne fait point diverses Especes de Force, acause qu'on la fait occupée alentour d'une matiere tres particuliere : Mais s'il est vray qu'elle regarde tout ce qui est estimé mal dans la vie, combien plutost sa matiere doit-elle estre generale, & pourquoy n'en fera-t'on pas autant d'especes qu'il y a de genres de maux dans la vie ? Et de fait, comme il y en a qui supportent patiemment la perte de l'argent, & non pas celle de l'honneur, ou qui souffrent genereusement la mort dans la guerre, & non pas dans un lict, & ainsi des autres semblables accidens ; pourquoy ne sera-t'il pas necessaire pour tant de diverses choses, de se faire diverses habitudes, & ainsi de distinguer diverses especes de Force ?

Quant à celles-cy qu'on veut estre tantost parties Integrantes dás une matiere difficile, & tantost Potentielles dans une moins difficile, aſçavoir la Magnificence, la Magnanimité, la Conſtance, & la Patience ; il eſt conſtant Premierement à l'egard de *la Magnificence*, qu'elle n'appartient pas à cette Vertu, mais à la Liberalité, puiſque ſelon Ariſtote elle regarde la depenſe de l'argent, & entre autres celle qui ſe fait dans les grandes choſes, comme ſont les Repreſentations, & les jeux publics, la conſtruction des Galeres pour ſecourir la Republique, & enfin toutes les autres choſes qui tenant du grand, ſont d'ordinaire admirées, & fort eſtimées du peuple. Auſſi eſt-ce conformement à cette penſée d'Ariſtote que Ciceron en a donné cette belle definition. *Magnificentia eſt rerum magnarum, & excelſarum cum animi ampla quadam, & ſplendida propoſitione agitatio, atque adminiſtratio.* Il faut neanmoins remarquer, que la Magnificence eſtant une Vertu, & par conſequent une mediocrité, Ariſtote deſigne les deux vices qui luy ſont oppoſez, aſçavoir du coſté de l'Excez la depenſe inſolente, ridicule, & ſuperflue, & du coſté du Defaut cette ſorte de depenſe qui ſe fait comme par force, en contant, &c.

recontant, en differant de jour à autre, en un mot, celle dans laquelle l'on voit toujours quelque chose de bas, de chiche, & de sordide.

Pour ce qui est de *la Magnanimité*, ou comme on la nomme aussi, de *la Generosité* ; il est demesme evident ou qu'elle n'appartiét point à cette Vertu, ou que ce n'est autre chose que la Force mesme sous un autre nom. En effect, comme la Force regarde proprement les choses difficiles, il est constant que pour entreprendre, & supporter ces choses, il faut avoir l'Ame grande, & genereuse, ou comme dit Ciceron, *avoir l'Esprit dans une grande elevation & confiance de soy-mesme, avec une esperance certaine à l'egard des choses grandes, & honnestes*. Car du reste, lors qu'Aristote veut que la Magnanimité, ou grandeur d'Ame consiste à se croire meriter beaucoup lors qu'effectivement on a beaucoup de merite, il est visible que cette opinion de l'honneur qu'on merite regarde la Iustice, ou la bien-seance de la Temperance, & non pas la Force qui consiste à afronter genereusement les perils, & à souffrir genereusement les travaux.

DES VERTUS. 421

A l'egard de *la Constance*, ou comme parlent les Saintes Ecritures, *la Longanimité*, ce n'est aussi que la Force mesme, entant qu'elle se fait reconnoitre par une suite de plusieurs actes, & par une durée considerable de téps : Car un homme ne peut pas estre dit fort, mais foible & debile, s'il ne demeure ferme dans ce qu'il a entrepris, & si apres avoir soutenu quelque temps, il vient à manquer de cœur, & à se relascher. D'où vient que la Constance, & la Perseverance estant Synonimes, Ciceron dit que la Perseverance consiste, *à demeurer ferme longtemps, & constammant dans les choses qu'on s'est proposé apres les avoir meurement considerées.*

Pour ce qui est enfin de *la Patience*, elle semble n'estre presque autre chose que la Constance ; si ce n'est qu'elle consiste plutost à endurer, comme le porte le mot, qu'a attaquer & c'est pour cela que Ciceron dit qu'elle consiste à souffrir volontairement, & longtemps des choses difficiles en veüe de l'honnesteté, ou de l'utilité, l'ayant definie, *Honnestatis, aut utilitatis causâ rerum arduarum, & difficilium volunta-*

ria, & diuturna perpeſſio.

C'eſt pourquoy ſans nous arreſter davantage à cecy, remarquons plutoſt avec Epicure, *qu'un Eſprit bas devient inſolent dans la proſperité, & s'abbat laſchement dans l'adverſité*, & inferons par la regle des Contraires, qu'il eſt d'une Ame grande, forte, & genereuſe de ne s'elever point inſolemment dans les ſuccez heureux, & de ne ſe laiſſer point abbatre par les mauvais, mais de ſupporter l'une & l'autre fortune egalement, & d'une meſme teneur : Et d'autant qui lorſque toutes choſes proſperent, il appartient aſſez evidemment à cette partie de la Temperance qu'on appelle Moderation, de moderer l'Eſprit, ou d'empeſcher qu'il ne s'eleve exceſſivement, il s'enſuit que lorſque les diſgraces ſurvienent, c'eſt le propre de la Force de relever l'Eſprit, & de le tenir conſtamment dans cette aſſiette. Or comme les adverſitez ne ſont autre choſe que les maux externes, il faut ſe ſouvenir qu'elles ne ſont pas effectivement maux, ſi ce n'eſt entant qu'elles ſont jointes ou avec la douleur qu'elles cauſent dans le corps, ou avec le chagrin qu'elles cauſent dans l'Eſprit par

DES VERTUS. 423

l'entremise de l'Opinion ; desorte que n'y ayant que la seule douleur, & le seul chagrin qui soient des maux effectifs, le devoir de la Force consiste tant à empecher qu'elles ne causent de la douleur, ou à faire en sorte qu'on la supporte constamment quand elle est causée, qu'a empescher qu'en vain elles n'accablent l'Esprit de chagrin, ce qui se doit faire en guerissant l'Opinion, sans laquelle elles ne donneroient aucune atteinte à l'Esprit.

Si les Maux preveus font moins d'effect ?

DE là vient qu'il faut remarquer en second lieu, qu'il y a comme deux Ramparts generaux alencontre de ces sortes de maux externes : Le premier est la bonne conscience ; car comme dit Crantor, c'est-un tres grand soulagement dans les calamitez que d'estre exemt de faute, *Grande in calamitatibus solatium est culpâ vacare.* Le second est de prevoir, & de se remettre devant les yeux les maux qui peuvent arriver. Car celuy qui prevoit le coup, & qui se fortifie alencontre, n'est pas si aisement terrassé, que s'il le recevoit à l'improviste; & lorsqu'il s'est muni de cœur, & de courage comme d'une espece de cuirasse, il n'est pas si facilement blessé, que s'il estoit tout à nud. Et c'est pour cela qu'un Homme sage ne se fie jamais tellement à la bonne fortune, qu'il ne songe à la mauvaise; la fortune n'ayant rien de stable, & n'y ayant rien de fort seur, ni de longue duré dans les choses humaines. Il a toujours devant les yeux quelques exemples de la vicissitude des maux, & des biens, & reconnoit qu'il n'arrive presque aucun malheur à personne, qu'il ne luy en puisse arriver autāt; ainsi il n'attend pas le temps de la Guerre à se fournir d'Armes pour la soûtenir, ni le temps de la tempeste à se preparer pour y resister; Si le Sage engendre un Fils dit Ciceron, il songe qu'il l'a engendré mortel, & il l'eleve dans cette pensée; s'il l'envoye à Troye pour defendre la Grece, il sçait qu'il ne l'envoye pas à un Banquet, mais à une guerre tres dangereuse.

Ego cùm genui, tum moriturum scivi, & ei rei sustuli.

Præterea ad Trojam cùm miss ad defen-

DES VERTUS. 425

dendum Græciam,

Scîbam me in mortiferum bellum, non in epulas mittere.

Cette pensée, ajoute-t'il, & cette meditation antecedente des maux à venir adoucit l'atteinte de ceux qui arrivent ensuite; de façon qu'on ne sçauroit trop loüer Thesée de ce qu'il dit dans Euripide, ie pensois aux miseres à venir à la mort, à l'exil, & afin d'estre muni contre la dureté de la fortune.

Futuras mecum commentabar miserias,
Aut mortem acerbam, aut exsilii malam fugam,
Vt, si qua invecta diritas casu foret,
Ne me imparatum cura laceraret repens.

Il est sans doute que les maux impreveus sont beaucoup plus fascheux, & que la prevision, & la preparation d'Esprit peut beaucoup pour diminuer la douleur: Que l'homme ait toujours en veüe tous les accidens humains; car cette excellente & divine sagesse consiste à avoir de longue main connu à fond les choses humaines, à avoir longtemps medité dessus, à ne rien admirer lors qu'il arrive, à ne pas croire qu'une chose avant qu'elle soit arrivée, ne puisse arriver. Il loüe ensuite ce Conseil de Terence qui veut que lorsqu'un homme est dans la prosperité, il medite à par soy comment il supportera l'adversité, les dangers, les pertes, l'exil, la mauvaise conduite d'un fils, la mort d'une femme, la maladie d'une fille, se representant que tout cela est commun, que tout cela peut arriver; ainsi il n'arrivera rien de nouveau à l'Esprit, & tout ce qui arrivera de bien contre nostre attente, sera reputé comme un gain.

Quamobrem omneis, cùm secunda res sunt maximè,

Meditari secum oportet, quo pacto adversam ærumnam ferant

Pericla, damna, exilia. Peregrè rediens semper cogitet,

Aut filii peccatum, aut uxoris mortem, aut morbum filiæ :

Communia esse hæc ; fieri posse ; ut ne quid animo sit novum.

Quicquid præter spem eveniat, omne id deputare esse in lucro.

C'est cette sorte de Meditation, & de prevision qui faisoit cette constante egalité dans Socrate, & ce visage toujours tranquille, & serain; & certes, comment son visage n'auroit-il pas toujours esté le mesme, puisque l'Esprit qui le fait changer ne changeoit iamais ?

Agrippinus pouſſoit la choſe plus loin; car il avoit accoûtumé de faire le Panegyrique de tous les maux qui luy arrivoient, de la fievre s'il en eſtoit pris, de l'infamie ſi l'on mediſoit de luy, de l'exil s'il eſtoit chaſſé, & lors qu'allant un jour ſe mettre à table, on luy vint faire ſçavoir de la part de Neron qu'il euſt à partir tout preſentement, & à ſe retirer, il ne dit autre choſe ſinon, he bien nous diſnerons donc à Aricie, *Aricia ergo prandebimus.*

De la maniere dont il faut ſupporter les maux externes, & publics.

COmme les Maux ſe diſtinguent d'ordinaire en Publics, tels que ſont la Guerre, la Tyrannie, la Ruine de la Patrie, la Peſte, la Famine, & autres; & en Privez ou particuliers, tels que ſont l'Exil, la Priſon, l'Eſclavage, l'Ignominie, &c. Il n'eſt pas neceſſaire de nous arreſter beaucoup ſur les Publics; parce qu'effectivement ils ne nous touchent point tant comme publics, qu'en ce qu'ils ſont privez, ou qu'ils nous regardent en noſtre particulier. Il eſt vray que les calamitez publiques envelopant beaucoup de monde, se font avec plus de bruit, & sont censées d'autant plus insuportables, que c'est la Mere commune, asçavoir la Patrie, qui est mal-traittée, mais si l'on y prend garde de prés, l'on s'apperçoit que le mal ne touche un chacun qu'en ce qu'il redonde sur luy en particulier.

Et pour montrer que ce n'est point un Paradoxe, que le mal qui se repand sur plusieurs dont nous avons compassion, n'est pas plus difficile à supporter, il suffiroit d'opposer ce qui est dans la bouche de tout le monde, & que la pratique mesme semble comme prouver, *Que d'avoir des semblables, & des Camarades c'est la consolation des miserables*; mail il ne faut que prendre garde à une chose, & considerer que lorsqu'une maison voisine brusle, il n'y a que les Voisins qui y accourent, ceux qui dans la mesme Ville sont un peu eloignez ne s'en emeuvant seulement pas; parce qu'encore qu'ils soient tous Concitoyens neanmoins ce n'est point tant leur affaire que celle des autres. Demesme si la Guerre est allumée chez les Perses, ou si la Peste fait de grands ravages chez les Indiens, cela ne nous touche point, quoy qu'ils soient nos Concitoyens du Monde, parceque le mal est trop loin pour gagner jusques à nous. Qu'elle infecte mesme les confins du Royaume, ou nous n'en sommes point touchez, où ce n'est qu'entant que par quelque accident elle peut se communiquer jusques à nous.

Mais pour ne m'arrester pas à cecy, s'il arrive que nous soyons enveloppez dans quelque malheur commun, deux choses sont principalement à considerer. L'une, que c'est là la condition, & le cours naturel des choses que nous ne sçaurions empescher; que c'est le souverain Maistre du Monde qui a ordonné ces vicissitudes de choses, & qui estant tres Sage, s'est proposé des fins, qui quoy qu'inconnuës aux Hommes, ne laissent pas d'estre excellentes; que ce n'est pas à nous à changer l'ordre qu'il a etably, mais que nous devons nous y laisser aller volontiers, & suivre les routes par où sa Providence nous conduit; que n'estant pas en nostre puissance de changer les destinées, ou plutost les Decrets de la Providence eternelle, il est plus à propos d'en adoucir la rigueur par nostre consentement, que de les aigrir en nous y opposant; *Que les Republiques ont leurs revolutions naturelles, & qu'il est comme necessaire que tantost elles soient tenuës par des Princes, & soient des Monarchies, tantost par le Peuple, & deviennent Democraties, & tantost par les principaux du Peuple, & soient changées en Aristocraties*; ce que Ciceron dit avoir appris de Platon, ajoutant ces beaux mots qui marquent une garandeur, & une fermeté d'Ame singuliere, lorsqu'il parle de l'estat deplorable de la Republique. *Ie ne me suis point caché, je n'ay point lachement abandonné, je ne me suis point extraordinairement affligé, & ie ne me suis point comporté en Misantrope, ou en homme irrité contre le temps.*

L'autre, que si le Sage echappe sain de Corps, & d'esprit d'une calamité publique, il n'a pas sujet de se plaindre de la rigueur de la Fortune, comme en ayant mal usé en son endroit, & comme l'ayant depoüillé de choses qui le regardent. L'on sçait ce beau mot de Bias, qui apres un embrasement public disoit *qu'il portoit avec soy tout ce qu'il avoit iamais eu de biens*; & nous avons fait mention de Stilpon qui apres avoir esté chassé de sa patrie, avoir perdu sa Femme, ses Enfans, & tous les autres biens de fortune, fit cette reponse à Demetrius qui avoit pris la Ville, & qui luy demandoit s'il n'avoit rien perdu, *Tous mes biens sont avec moy. Il entendoit*, dit Seneque, *la Iustice, la Vertu, la Temperance, la Prudence, & il ne contoit pas entre les biens ce qui se pouvoit oster. Le Sage s'accoûtume aux maux à venir en y pensant souvent, comme les autres en les souffrant longtemps. Ie ne sçavois pas, disent les ignorans, qu'il me restast tant de maux à souffrir, le Sage sçait qu'ils luy restent tous, & dit, ie sçavois tout ce qui s'est fait, & estois preparé à tout ce qui est arrivé.*

Des Maux externes, & particuliers, & premierement de l'Exil.

POur ce qui est des Maux Privez ou particuliers, nous n'en dirons aussi que peu de chose, acause que nous en avons deja touché ailleurs; j'ajouteray seulement à l'egard de *l'Exil*, que ce n'est pas un mal en effect, mais seulement par l'opinion; puisque ce n'est autre chose qu'un certain changement de lieu, tel que plusieurs le souhaittent assez souvent de leur bon gré, & pour leur satisfaction particuliere. Le Sage porte avec luy dans un Pays etranger tout ce qu'il a de biens solides, l'Esprit, & les Vertus dont il peut toujours joüir heureusement, & par où il peut mesme se faire des Amis, en la place de ceux qu'il aura laissé dans la patrie. Il n'a point l'Esprit si resserré, que de se croire Citoyë d'une seule Ville, ou d'une seule Region, il se tient plutost pour Citoyen de tout le Monde, & en quelque endroit qu'il soit venu, il croit qu'il y est comme dans son Pays. Vn homme de cœur trouve sa patrie par tout, comme un poisson par toute la Mer, un oiseau par toute la Terre.

Omne solũ forti patria est, ut piscib{^{9}} aquor,
Vt volucri vacuo quicquid in orbe patet.

Il voit par tout la mesme face, & la mesme majesté de la Nature, le mesme Soleil, la mesme Lune, & cette mesme infinité d'Astres qui brillent dans le Ciel: Il rencontre par tout de semblables Montagnes, de semblables Plaines,

Plaines, des Fleuves, des Arbres, des Animaux, des Hommes, & des Villes qui sont à peu pres les mesmes, & s'il y a quelque varieté, c'est ce qui luy plaist, ce qu'il est bien aisé de connoitre, & ce qui a toujours fait ce grand nombre d'Illustres Voyageurs: Il ne met pas au nombre des choses fascheuses d'estre chassé par ses Citoyens, comme ayant cela de commun avec tant d'honnestes gens, avec tant de celebres personnages, Aristide, Thucydide, Demosthene, une infinité d'autres, & comme pouvant faire la mesme reponse que Diogene à celuy qui luy reprochoit que les Synopes l'avoient condamné à estre exilé; *au cōtraire, dira-t'il, c'est moy qui les ay condamnez à demeurer eternellement dans le fond du Pont-Euxin.*

Il pourroit considerer que l'Exil a souvent esté l'occasion d'une haute fortune, ce qui a rendu ces paroles de Themistocle si celebres, je perissois si je n'eusse pery, *perieram, nisi periissem*: Il pourroit demesme considerer qu'il arrive quelquefois que la Patrie estant revenüe à soy, rappelle avec honneur un honneste Exilé, ce qui se fit à l'egard d'Evagoras, de Pelopide, d'Alcibiade, de Camille, de Ciceron, & de quelques autres : Mais il considerera plutost que hors de la patrie l'on peut souvent vivre avec beaucoup plus de repos, & de tranquillité ; ce qui a fait dire à Marcellus, & à Rutilius, qu'ils n'avoient proprement vescu que le temps qu'ils avoient passé en Exil, & hors de leur pays : Enfin il rendra graces à la fortune de ce que sa condition est devenue telle que celle de Platon, de Galien, de Zenon, de Crantor, & de plusieurs autres illustres Voyageurs, qui se sont d'eux-mesmes si longtemps exilez de leur patrie, & qui ne s'en sont neanmoins point repenti ; parceque la veüe du monde leur donna mille belles connoissances, & que faisant reflexion sur les differentes mœurs des Nations etrangeres, ils devinrent tout-autres qu'ils n'eussent jamais esté dans leur Pays.

De la Prison.

LA *Prison* semble estre quelque chose de plus fascheux, mais ce n'est neanmoins pas à l'egard du Sage, dont l'Esprit ne sçauroit estre arresté par aucunes murailles, ni lié par aucunes chaines. Car je vous prie, comment un Esprit qui est toujours libre, & toujours tout à soy, pourroit-il estre renfermé dans une Prison, luy que les murailles mesme du Monde ne renferment pas, luy qui parcourt l'immensité de l'Vnivers, & qui pouvant repasser en luy-mesme la suite de tous les Siecles passez, penetre ainsi en quelque façon dans l'Eternité ? Il se sert mesme d'autant plus tranquillement, & plus excellemment de cette liberté, que son corps resserré dans une Prison est plus en repos, & que son Esprit moins distrait est par consequent plus libre dans ses pensées. Ne sçait-on pas d'Anaxagore, que dans sa Prison il composa un tres beau Livre de la Quadrature du Cercle ; de Socrate, que non seulement il philosopha admirablement dans la Prison, mais qu'il y fit mesme des Vers excellents, & de Boëce, que jamais il n'ecrivit plus fortement, ni plus elegamment que dans les fers, ce qui demande un Esprit extremement libre, & degagé, extrememement tranquille, & serain?

Deplus, comme il y en a qui pour composer quelque important Ouvrage, se renferment dans leurs maisons, & ne s'en laissent tirer qu'avec peine, le Sage s'imaginera qu'il ne luy importe qu'il soit enfermé ou volontairement, ou par le commandement d'autruy: Lors mesme qu'il considerera tant d'Artisans, & tant d'Ecrivains, qui non seulement sont renfermez dans leurs maisons, & dans leurs boutiques, mais qui sont mesme comme attachez à leurs sieges, & qui cependant ne s'en chagrinent aucunement, parce qu'ils ne tienent pas le lieu où ils sont attachez comme une Prison, mais comme une Maison; cette consideration luy fera supporter plus doucement d'estre renfermé, parcequ'il tiendra la Prison comme une Maison, & non pas comme une Prison. Quand d'ailleurs il considerera tant de personnes pieuses qui se confinent volontairement, & pour toujours dans un Cloiſtre, & qui y paſſent agreablement la vie, il reconnoitra de là que la Priſon de ſoy n'eſt pas une choſe inſupportable. Et quand il verra des gens groſſiers, qui eſtant entrez en Priſon par force, en pleurant, & en ſe plaignant, s'y rejoüiſſent quelques jours apres, & prenent plaiſir à chanter, & à joüer avec les autres; il tiendra que ce ſeroit une choſe indigne que la Sageſſe ne fit pas dans le Sage ce que la coûtume fait dans les gens du bas peuple. Pour ne dire point que ce n'eſt pas une choſe nouvelle, & extraordinaire que des gens de bien ſoient mis en Priſon, qu'il y en a pluſieurs dont la vertu n'eclatte jamais davantage que dans les fers, & dans les liens, & qui en ſortent enfin ſi glorieuſement qu'il ſemble qu'il leur ait eſté à deſirer d'y avoir eſté mis.

De la Servitude.

LE meſme ſe doit dire de la Servitude. L'Eſprit du Sage eſt trop grand, pour pouvoir eſtre reſſerré ſous le commandement d'un Maiſtre. La partie la plus vile, qui eſt le corps, peut bien êstre mise en esclavage, mais pour ce qui est de son Esprit, cette noble & excellente partie, il est trop degagé & trop libre pour pouvoir estre pris, & arresté avec les mains, & pour flechir sous l'Empire d'autruy. Il n'y a personne qui ne sçache combien Epictete fit paroitre de force, & de fermeté d'Ame dans cette necessité de servir. L'on sçait aussi comme Diogene repondit à ceux qui le marchandoient, & qui luy demandoient ce qu'il sçavoit faire, *qu'il sçavoit commander aux hommes*, que se tournant ensuite vers le Crieur, il luy dit, *qu'il criast si quelqu'un vouloit achepter un Maistre*, & que retournant enfin vers Xeniades, qui estoit l'Achepteur, il luy tint ce discours. *Prenez bien garde à ce que vous faites, car il faudra desormais, encore que je sois vostre Esclave, que vous m'obeïssiez, comme le malade obeït au Medecin, & l'Enfant à son Gouverneur, quoy que le Medecin soit esclave du malade, & le Gouverneur esclave de l'Enfant.*

D'ailleurs, comme le Sage a longtemps medité sur la Condition des choses humaines; comme il reconnoit qu'il n'est pas le maistre de la fortune, &

que s'il arrive des disgraces aux autres, il luy en peut bien aussi arriver; comme il sçait par consequent qu'estant né homme, il est né sujet à tous les accidens humains; il est toujours tellement prest à tous les evenemens de la fortune, qu'il n'y en a aucun auquel il ne s'accommode patiemment, qu'il ne rende supportable, & qu'il ne rende mesme doux en quelque façon, & agreable. Si le Maistre commande, il obeït volontiers, & comme il auroit pû de luy mesme prendre ce travail, il croit qu'il est indifferent qu'il le fasse ou par cõmandemẽt, ou de son bon gré. Il se rejoüit d'avoir des forces pour executer les commandemens qu'on luy fait, & il ne se repute pas malheureux d'avoir lieu d'exercer une faculté qui d'ailleurs seroit demeurée endormie, & engourdie. Il se tient mesme plus heureux que son Maistre, en ce qu'il reconnoit qu'il n'a qu'à observer sa volonté, & que cependant ce Maistre est sujet à la tyrannie de plusieurs Maistres & plus rudes, & plus fascheux, à l'ambition, à l'envie, à la colere, & aux autres passions, & qu'ainsi sa vie est plus tranquille, & plus heureuse que celle de son Maistre, qui d'ailleurs est distrait par mille soins divers, & mille inquietudes.

Pour ne dire point cependant, combien il y en a qui rencontrent de tres bons Maistres, & tres humains; combien on en a veu qui non seulement ont obtenu leur liberté, & sont parvenus à de grandes richesses, mais qui ont mesme esté faits heritiers par leurs Maistres, & combien il s'en est trouvé qui estant heureusement tombez entre les mains de Maistres qui estoient doctes, & honnestes gens, auroient eu à souhaitter la Servitude, comme le Mus d'Epicure, le Tyron de Ciceron, & quelques autres.

De l'Infamie, ou Ignominie.

LE Sage se souciera encore moins de l'Infamie ou Ignominie qu'il sera obligé de souffrir, pourveu qu'il n'y ait point de sa faute. Car ou elle consiste à estre privé de la Magistrature, ou de quelque autre Charge publique, de quelque honneur, & de quelque dignité; & pour lors il a sujet de se croire heureux, & de se féliciter soy-mesme que la fortune luy ait offert une occasion de tranquillité, qui autrement ne se seroit pas presentée, quoy qu'il l'eust peuteftre ardemment desirée.

Que si elle consiste dans ses petits bruits qui se repandent parmy le peuple, il a l'Ame trop grande, & trop genereuse pour se soucier de ces sortes de bruits populaires : Il connoit l'Esprit du peuple, il sçait qu'il est extrememement changeant, qu'il approuve maintenant une chose qu'il improuve un moment apres, qu'il est impossible de luy plaire toujours, & qu'il est comme on dit, plus inconstant que la Lune : Sa conscience luy tient toujous lieu de mille temoins, & il luy suffit de n'avoir rien à se reprocher, & de ne se sentir atteint d'aucun crime, *nullâ pallescere culpâ*.

Si enfin elle consiste en ce que quelqu'un medise de luy, & repande sur luy des calomnies, ou des paroles injurieuses & outrageuses, il a encore l'Ame trop grande pour que cela le puisse fascher : Car il ne s'applique pas les injures, mais ils les entend comme si elles ne le regardoient point, & comme si elles estoient dites d'un autre, ou mesme de celuy qui le calomnie; d'où vient que le Medisant qui esperoit de le fascher en luy imposant des choses qui ne sont point en luy, & qui ne le touchent point, aura luy mesme trouvé un grand sujet de fascherie, se voyant frustré de son esperance, & s'appercevant qu'on le meprise, & qu'on ne fait pas plus de conte de ce qu'il dit, que si c'estoit un enfant, ou un insensé qui parlast.

Le Sage considere de plus le grand nombre de Fous qui se rencontrent par tout, & que s'il croyoit une fois en pouvoir estre offensé, il seroit donc exposé à l'estre, & par tout & perpetuellement, ce qui troubleroit entierement la tranquillité de sa vie, c'est pourquoy il se met une bonne fois au dessus de toutes ces sortes d'offenses, & croit qu'il ne doit pas plus estre touché des medisances des meschans, que la Lune des cris, & des jappemens des chiens.

De la Perte des Enfa s, & des Amis.

MAis que dirons-nous *de la perte des Enfans, des Amis,* & generalement *de tous ceux que nous aimons* ? Le Sage s'en affligera aussi d'autant moins qu'il connoit que les plaintes, les pleurs, les soupirs, & les regrets sont en vain, & que c'est inutilement qu'on les oppose à la Mort, puis qu'elle est inexorable, & qu'elle ne nous rend jamais les Amis qu'elle nous a une fois enlevez : D'où vient que de bonne heure il se prepare de telle maniere contre ces accidens qu'il sçait pouvoir arriver, que lors qu'ils arriveront il les supporte courageusement, & n'en soit pas vainement tourmenté.

D'ailleurs il prend garde que lorsque nous-nous affligeons de la perte de nos Enfans, ou de nos Amis, ce n'est pas acause d'eux, mais acause de nous seulement que nous-nous en affligeons. Car de s'affliger de ce qu'ils soient dans un port tres tranquille, & qu'ils ne soient plus agitez des maux, & des miseres ausquelles cette vie est sujette, cela tient de l'envie, & de l'inhumanité; & d'eſtre faſchez de ce qu'ils ne joüiſſent pas de certains plaiſirs de la vie, cela ne ſert de rien, & eſt tout à fait ridicule, parce qu'ils ne les deſirent aucunement, parce qu'ils n'en ont point de beſoin, & qu'il ne leur eſt point faſcheux d'en eſtre privez. C'eſt donc à la verité une belle, & eclatante, mais toutefois une feinte, & deguiſée eſpece de Pieté dont nous parons noſtre douleur, lorſque nous temoignons que nous-nous affligeons acauſe d'eux; puis qu'en effet nous-nous affligeons acauſe de nous-meſmes, de ce que nous ſerons deſormais privez de leur compagnie, de ce que nous n'en recevrons plus les offices ordinaires, ni ceux que nous en eſperions, & de ce que nous ne ſerons plus demeſme conſiderez, honorez, reſpectez, &c. C'eſt pourquoy le Sage croit qu'il eſt indigne de s'affliger de la ſorte pour ſon intereſt, comme s'il n'avoit voulu les avoir que pour qu'ils veſcuſſent à luy ſeul, que pour qu'ils ne fuſſent, & ne ſe meuſſent que pour luy, & comme s'il n'avoit deſiré de les avoir qu'autant de temps qu'ils luy auroient eſté utiles à luy seul, & non pas autant que l'Autheur de la Nature auroit creu qu'il leur seroit bon, & utile.

Deplus, il songe au temps qu'il n'avoit par exemple point encore d'Enfans : Car de mesme qu'il ne luy a pas alors esté fascheux de n'en point avoir, ainsi il pense qu'il ne luy doit point ensuite estre fascheux d'en estre privé, puis qu'a son egard ils sont comme lors qu'ils n'estoient point. Que s'il semble plus fascheux d'estre privé de ce que l'on a quelquefois possedé, que de ce que l'on n'a jamais eu, il croit que cela regarde l'ingratitude vulgaire, qui fait qu'au lieu d'avoir de la joye d'en avoir joüy quelque temps, l'on a du deplaisir de n'en pouvoir plus joüir ; & il se consolera mesme d'autant plus volontiers de sa perte, qu'il se represente qu'il n'a point tant perdu son fils qu'il l'a rendu à l'Auteur de la Nature, qui le luy avoit comme presté ou mis en depost, non pour toujours, mais seulement pour un certain temps determiné. Que si c'est un Pere qu'il a perdu, il reconnoit qu'il luy a laissé assez dequoy la passer doucement, & se tirer de la necessité, quand ce ne seroit que de luy avoir laissé un Esprit, qui sçachant se contenter de peu, se promet qu'il ne luy manquera jamais rien. Et si c'est un Amy, il considere qu'il luy reste de la vertu par laquelle il s'en peut acquerir un autre, de sorte qu'il ne luy semble point tant avoir perdu, qu'avoir changé son Amy.

De la Perte des Biens.

Que dirons-nous aussi *de la perte des Richesses*? Il en sera de mesme d'autant moins touché qu'il considerera, selon ce que nous avons deja dit ailleurs, que personne ne devient tellement pauvre, que les choses necessaires à la vie ne luy restent encore ; puisque la Nature les fait aisées & faciles à tout le monde, & qu'il auroit tort de se tourmenter de la perte de ce qui n'est pas absolument necessaire, ou sans quoy l'on peut encore bien & heureusement vivre. Pour peu mesme qu'il luy reste de bien, il pourra toujours voir une infinité de personnes qui n'en ont encore point tant que luy, ou qui du moins n'en ont pas davantage, & qui cependant sans se tourmenter si fort, vivent beaucoup plus agreablement que les riches: Tout-pauvres qu'ils sont, ils rient, & se rejoüissent, & mesme leur joye est d'autant plus grande, & plus pure, qu'ils sont plus degagez de ces soins, & de ces soucis qui accompagnent les richesses.

Mais je veux que la Fortune ait tellement changé, que pour un Palais il ne luy reste qu'une Cabane, un vestement de laine pour un de soye, du pain noir pour des perdrix, de l'eau pour du vin excellent, un baston pour une Littiere, un vaisseau de terre, ou mesme la paume de la main pour une tasse d'or, ou d'argent, & ainsi du reste: Combien aura-t'il d'exemples de ceux qui contens de ces moindres choses, se sont mocquez de cette fausse splendeur, & ont passé plus agreablement leur vie que ceux qui regorgoient de biens? Combien mesme y en a-t'il presentement qui vivent tres pieusement, & tres heureusement apres un pareil changement, & qui abandonnent de leur bon gré les richesses, pour mener une vie pauvre? ce qui fait qu'il n'est pas necessaire de citer ces Anciens, qui pour l'amour de la Philosophie, & pour mener une vie libre & tranquille ont dit adieu aux richesses, & ont suivi la pauvreté? Est-ce qu'on n'a pas depuis peu decouvert des Nations entieres, qui n'ayant aucun usage de ces biens qu'on appelle de richesses, menent une vie semblable à celle de nos premiers Peres, dont le temps a esté nomé l'Age d'Or, & estimé le plus heureux de tous les temps?

Que si vous croyez qu'il soit plus fascheux d'estre decheu de quelque grande & haute fortune, que d'avoir toujours demeuré dans une basse condition, il est aisé de reconnoitre que ce n'est donc plus maintenant qu'une pure opinion; puisqu'à regarder la chose en soy, il n'y a point de difference, ou que vous ayez esté pauvre depuis longtemps, ou que vous le soyez devenu depuis peu: Si ce n'est peuteftre que vous croyiez qu'on doive considerer un Apicius qui au rapport de Seneque, avoit fait un fond de plus de neuf millions pour sa cuisine, & qui voyant apres avoir fait ses contes qu'il ne luy restoit guere plus de neuf cent mille livres, s'empoisonna comme s'il eust deu mourir de faim le lendemain.

De la Douleur, & de la Mort.

IL nous reste à parler de la *Douleur*, & de la *Mort*, ces deux principaux Chefs, qui selon Ciceron demandent une Force extraordinaire, pour qu'on les puisse mespriser. Pour ce qui est de la Douleur, comme elle est presque le seul & unique mal effectif, ou qui ne depende pas demesme que les autres de l'Opinion, il est sans doute qu'il faut beaucoup de force & de grandeur d'Ame pour la supporter patiemment. C'est pour-quoy le Sage considerera icy serieusement, qu'il n'est né qu'à condition d'estre sujet à mille incommoditez de la Vie, & entre autres à la Douleur; que c'est le propre de la nature de sentir le mal, mais que c'est aussi le propre de la vertu de le souffrir constamment, & que lorsque le mal est inevitable, on le doit plutost adoucir par la patience, & en le recevant tranquillement, que de l'aigrir par l'impatience, & par de vains efforts; que la Douleur ne doit pas estre une chose insupportable, puisque tant d'illustres exemples nous font voir le contraire, non seulement entre les Zenons, & les Anaxarques, mais entre les Esclaves mesmes (temoin celuy que les plus grands tourmens ne pûrent jamais empescher qu'il n'exprimast sur son visage la joye qu'il avoit d'avoir vangé la mort de son Maistre en tuant Asdrubal qui en estoit le meurtrier) mais entre les Nations entieres, comme les Lacedemoniés, dont les Enfans s'entre foüettoient presque jusques à mourir, sans toutefois temoigner aucun ressentiment de Douleur soit dans leurs visages, soit dans leurs paroles, afin de s'apprendre par là les uns aux autres à souffrir tout pour la Patrie. Pour ne dire rien de celuy qui sçachant qu'entre ceux de sa Nation ce n'estoit pas une chose honteuse de derober, mais d'estre surpris en larcin, se laissa ronger les entrailles par un petit Renard qu'il avoit derobé, & caché dans son sein, sans donner aucune marque de Douleur qui pûst decouvrir le vol.

Il considerera deplus si la douleur est legere, qu'elle est facile à supporter; si elle est grande, qu'il y a d'autant plus de gloire, & de vertu à la souffrir genereusemét, & qu'elle devient mesme plus legere par l'accoûtumance, ou qu'elle n'est pas de longue durée, en ce qu'elle cesse bientost, ou emporte le malade; que si elle cesse, l'Indolence & la Santé qui suivent sont tellement agreables, qu'on devroit presque rendre graces à la Douleur, de nous estre venüe visiter, tant il y a de plaisir à estre delivré d'une grande douleur; que si elle emporte le Malade c'est approcher du terme qui est la fin de tous les maux; & qu'enfin la Douleur a du moins cela de bon, qu'elle rend la Vie, qu'il faut d'ailleurs necessairement quitter, moins aimable, & la Mort moins hayssable; d'ou vient qu'il y en a plusieurs qui ne se soucient pas de mourir, dans l'esperance qu'ils ont d'estre delivrez de leurs douleurs, & qui disent tous les jours.

Nec mihi Mors gravis est, posituro morte dolores.

Pour ce qui regarde la Mort, nous avons deja tant rapporté de choses pour montrer qu'on la doit attendre, & supporter constamment, qu'il seroit superflu de nous y arrester icy davantage; finissons simplement par cette espece de Consolation generale que nous fournit Horace en deux mots.

Pallida Mors æquo pulsat pede pauperum tabernas,
Regumque Turreis.——

Et Malherbe à son imitation.

Le Pauvre en sa Cabane, où le chaume le couvre,
Est sujet à ses Loix,
Et la Garde qui veille aux Barrieres du Louvre,
N'en defend point nos Rois.

CHAPITRE VII.

De la Temperance.

Ciceron enseigne que la Temperance fait la seconde, & principale Partie de l'Honnesteté. Les Grecs l'ont apppellée Σωφροσύνη, comme qui diroit la *conservatrice de la Prudence,* ou comme dit Platon, *le salut de la Prudence*; d'où vient que le Temperant est dit Σώφρων, qui signifie *conservant la Sagesse,* ou *conservant le bon Sens en son entier,* en ce qu'il est opposé à χαλίσφροντ, à l'*Imprudent,* ou *au Fol,* parce que celuy qui est Intemperant semble avoir perdu la Prudence, le bon sens, la raison.

Cette Vertu a aussi tantost trop d'etendue, tantost trop peu, & tantost mediocrement, qui est la maniere dont nous la prendrons icy. Or que quelquefois elle soit prise trop amplement, & generalement pour toute Vertu, ou pour tout ce qui est de beau, & d'honneste dans toute Vertu, c'est ce que marque le mot mesme, entant que Temperance dit mediocrité, & que toute vertu est une mediocrité ; joint qu'elle est, selon ce que nous venons de dire, *la Tutrice de la Prudence*, sans quoy il n'y a point de Vertu, & que selon Pytagore elle est *la force de l'Ame*, selon Socrate, *le fondement de la Vertu*, selon Platon, *l'ornement de tous les biens*, & selon Iamblicus, *la cuirasse de toutes les plus belles habitudes*. Qu'elle soit aussi quelquefois prise dans une signification trop serrée, & trop particuliere, cela est visible, de ce que paroissant specialement dans la repression des Voluptez qui regardent le Goust, & le Toucher, l'on entend presque qu'elle comprend seulement la Sobrieté, & la Chasteté.

Enfin elle semble estre prise dans une juste, & mediocre etendue, lorsque l'on entend qu'outre les Cupiditez particulieres du Goust, & du Toucher, elle modere aussi celles qui elevent trop l'Esprit, & le portent à outrepasser les bornes de la Bienseance, & de l'Honnesteté. D'où vient qu'on peut dire, que l'Homme Temperant est non seulement celuy qui vit sobrement, & chastement, mais qui ne dit, ou ne fait rien qu'avec justesse, & bienseance, rien qui ne soit receu ou approuvé de tous les gens de bien, & de tous les gens Sages :

De la Pudeur, & de l'Honnesteté.

DE là vient aussi que les parties Sujettes, ou les Especes de la Temperance doivent estre censées, non la Sobrieté, & la Chasteté seules, qui sont celles dont nous avons fait mention, mais aussi plusieurs de celles qu'on appelle Potentielles, telles que sont la Mansuetude, la Clemence, la Modestie, & quelques autres, ensorte que la Pudeur, & l'Honnesteté qui sont dites parties Integrantes ayent plus d'etendue, comme estant deux moyens generaux, dont l'un retire de l'Intemperance, & l'autre porte à la Temperance. Car pour ce qui est de la Pudeur, encore qu'Aristote pretende que ce n'est pas une Vertu, mais plutost un trouble, comme n'estant autre chose qu'une certaine crainte d'infamie, neanmoins ce trouble sert à faire eviter cette espece de plaisir, ou cette arrogance, d'où il suivroit un plus grand, & plus long trouble, asçavoir ce chagrin qu'on prend d'ordinaire acause de l'infamie, & du deshonneur; Et l'Honnesteté, du moins comme elle prise icy, n'est autre chose qu'une certaine decence ou bien-seance, τὸ πρέπον, qui attirant par sa beauté, fait que ce plaisir, ou cette arrogance soit reprimée, ensorte que la bonne reputation estant gardée saine & sauve, elle cause une certaine volupté plus pure.

Or quoy qu'il soit tres loüable de fuïr l'Intemperance, & de se porter à la Temperance acause de la decence, ou bienseance seule, il ne laisse pas aussi d'estre loüable de le faire acause de la Pudeur, ou de la crainte d'infamie, qui autrement s'ensuivroit; en ce que demesme qu'on ne peut pas hayr les tenebres qu'on n'aime la lumiere, ainsi l'on ne peut pas avoir en averſion l'infamie, & le deshonneur, qu'on n'ait de l'affection pour la bonne reputation, & pour l'honneſteté; d'ou vient qu'encore qu'Ariſtote dans ſes Livres à Nicomaque ſemble improuver la Pudeur, il ne le fait neanmoins qu'entant qu'elle eſt reputée la meſme choſe que cette honte d'ou il naiſt au viſage une rougeur qu'il approuve bien dans les jeunes gens que la ferveur de l'âge excuſe, mais qu'il improuve dans les Vieillards qui ne doivent rien commettre dont ils puiſſent avoir honte; Car d'ailleurs dans les Grandes Morales il met luy-meſme la Pudeur entre les Vertus, la definiſſant une Mediocrité entre l'*Impudence*, & l'*Inſenſibilité*; comme s'il entendoit que la Pudeur fuſt une certaine eſpece de *Honte* cauſée, non a cauſe qu'on ait commis quelque choſe de ſale & deshonneſte, mais qui precede comme un avertiſſement qu'on n'en commette pas.

De la Sobrieté, & de la Chasteté en general.

IL semble que nous devrions icy traitter fort au long de ces deux Vertus, qui font les deux principales especes de la Téperance, mais à peine y a-t'il rien à ajoûter à ce qui en a deja esté dit ailleurs, lorsque nous avons fait voir les grands avantages qu'apporte une vie sobre, *Quæ quantaque secum commoda afferat victus tenuis*, & que nous avons rapporté ce grand, & celebre principe d'Epicure. *Sapientem non esse amaturum ; nunquam prodesse Venerea.* C'est pourquoy j'en remarqueray seulement icy quelque chose partie en general, & partie en particulier ; en general, que la loüange, & l'avantage de ces deux Vertus semble le plus souvent consister non à nous retirer de la maniere de vivre des Bestes à l'egard des cupiditez, & des voluptez, mais plutost à nous en approcher. Et cecy ne paroitra point un Paradoxe, pourveu qu'on veuille prendre garde que nous sommes tres souvent plus intemperans, & pires que les Bestes, qui suivent la nature, au lieu que nous corrompons la nature. Car il est sans doute que la Cupidité, ou la passion qu'on a tant pour le manger, & pour le boire, que pour l'Amour est naturelle, puisqu'on la voit generalement imprimée dans tous les Animaux, & qu'il est de l'institution de la Nature, ou plutost de l'Autheur de la Nature, que par les alimens la vie de chaque individu soit conservée, & prolongée, & que par l'usage de Venus, chaque espece d'Animal soit par une suite de propagations continuée, & comme eternisée. Or cela estant, sont-ce, je vous prie, les hommes, ou les autres Animaux qui demeurent dans les bornes de la Nature?

Nous voyons que les Animaux ne vivent que d'alimens tres simples, & preparez par la Nature mesme; au lieu que le boire & le manger des hommes est diversifié, meslé, & alteré en mille manieres: Nous voyons deplus que les Animaux estant une fois rassasiez ne mangent, ni ne boivent pas davantage, mais qu'ils attendent la faim, & la soif à revenir; au lieu que les hommes non contens de s'estre gorgez de toutes sortes de viandes, & de boissons, se servent encore de divers ragoûts pour exciter la faim, & la soif qui sont eteintes : Nous voyons enfin que les Animaux ont des temps reglez pour l'accouplement, & qu'ils s'en abstienent apres que la conception est faite ; au lieu que les hommes n'ont aucun temps, ni aucune regle determinée pour cela, & que dans le temps de la grossesse ils s'y portent aussi frequemment, & avec autant d'impetuosité qu'auparavant ; joint qu'il n'y a que les hommes seuls qui par une depravation honteuse & ignominieuse à leur propre sexe, en usent contre nature. Les hommes ne sont-ils donc pas plutost des Bestes, & les Bestes telles que devroient estre les hommes, & par consequent les hommes ne doivent-ils pas à l'egard de la cupidité du manger, du boire, & de Venus estre renvoyez à l'usage des Bestes, pour pouvoir estre censez vivre temperamment ? Certainement si vivre selon la Vertu est vivre selon la nature, personne ne dira que vivre come les homes soit vivre selõ la vertu, mais plutost comme vivent les autres Animaux : C'est pourquoy c'est une chose indigne, non pas que les hommes soient

V 2

exhortez à vivre à l'exemple des Bestes, mais que vivant pire que les Bestes, il faille les renvoyer à leur exemple.

Mais pour ne nous arrester pas à cecy davantage, & en venir à cette belle description de l'homme Temperant qu'Aristote nous a laissée : Apres qu'il a enseigné que la Temperance est une Mediocrité entre l'Imtemperance, & la privation de sentiment, ou la Stupidité, & qu'il a fait voir que l'Intemperant desire de telle maniere les choses qui apportent du plaisir, qu'il soufre, & patit non seulement lorsqu'il nen peut jouir, mais aussi tandis qu'il les souhaite, & que l'Insensible, ou celuy qui n'est touché d'aucun plaisir, est une chose si fort eloignée de l'humanité, qu'a peine se trouve-t'elle, il ajoute, *Le Temperant se tient dans un certain milieu ; car il ne se plaist pas aux choses dont l'Intemperant fait ses delices, mais il en est plutost choqué & offensé ; il ne prend pas du plaisir à celles dont il n'est pas honneste d'en prendre, & il n'y en a aucune qui le touche si fortement que s'il ne l'a pas il en soit tourmenté ; il ne desire absolument rien de tel, du moins ce n'est* que moderement, jamais plus qu'il ne faut, ni que dans le temps qu'il faut. Tout ce qui cause de la volupté, & qui en mesme temps fait pour la bonne habitude du corps, il le desire moderement, & selon qu'il est convenable, comme aussi les autres choses agreables qui ne sont pas un obstacle à ce que nous venons de dire, ni qui ne sont pas contre l'honnesteté, ni au dessus de nos facultez. Car celuy qui est autrement affecté, & qui souhaitte ces choses avec plus de passion qu'il ne faut, n'est pas Temperant, mais celuy qui les desire & qui s'y porte selon que la Raison le prescrit. Où vous voyez que chez Aristote le Temperant est celuy non qui s'abstient absolument de tout plaisir, mais de ceux qu'il n'est pas honneste de poursuivre, tels que sont les non-naturels, ceux qui ne sont pas licites, ou qui sont deffendus par les Loix, ceux qui nuisent à la Santé, qui font perdre la renommée, ou qui ruinent la famille, ne faisant pas d'ailleurs difficulté de prendre moderement ceux qui n'ont aucun de ces inconveniens; comme n'y ayant rien en cela qui ne soit humain, & selon la nature, laquelle ne peut pas en avoir en vain imprimé le desir.

C'est là la peinture que ce Philosophe a fait du Temperant; d'où vient qu'il improuve les criailleries de ceux qui s'emportent contre les plaisirs dont ils ne laissent pas d'estre pris; comme si ce n'estoit pas se contredire, & comme si un chacun n'avoit pas toujours sa propre nature, dont il se peut bien depoüiller de paroles, mais non pas en effect! *Aussi est-ce pour cela*, dit-il, *que ce n'est pas merveille qu'encore que vivre selon la Nature soit vivre vertueusement, & qu'il soit si aisé de suivre la Nature, il y en ait neanmoins si peu qui suivent la Vertu; parceque la Vertu qu'ils loüent, est plutost contre la Nature, que selon la Nature.* Ce n'est pas qu'il ne puisse bien y avoir de la vertu à s'abstenir absolument de ces plaisirs, mais cette vertu ne sera pas naturelle, elle sera d'un autre genre, & elle appartiendra, par exemple, à la Religion qui soûmet la Nature, & la contraint, comme plus excellente qu'elle à luy obeir.

De la Sobrieté en particulier.

POur dire auſſi ſpecialement quelque choſe de ces deux Vertus la Sobrieté, & la Chaſteté, remarquons ſimplement qu'il y a cela de difference entre elles, que l'on peut-bien de telle maniere regler ſa vie, & vivre de ſi peu de choſe, qu'on n'engendre point de ſemence, qu'on ne ſoit par conſequent point ſollicité aux mouvemens de l'amour, & qu'on puiſſe ainſi paſſer ſa vie dans cet eſtat; mais que n'eſtant pas poſſible d'empeſcher que la chaleur naturelle ne diſſipe continuellement l'humeur radicale, l'on ne peut pas vivre, que de temps en temps on ne repare cette perte par le boire, & le manger, & qu'ainſi la Sobrieté ne conſiſte pas à s'abſtenir entierement du boire, & du manger, mais à boire, & à manger avec moderation. Or quoy que cette moderation puiſſe avoir divers egards, & conſiderer l'âge, par exemple, l'eſtat de la vie, la conſtitution du corps, les mœurs du pays, &c. Neanmoins elle conſiſte generalement à prendre garde à la ſanté, & par consequent, qu'a l'egard du boire, & du manger l'on ne peche point soit dans la quantité, ce qui se fait principalement lorsque l'on boit, ou que l'on mange sans avoir ni faim, ni soif, soit dans la qualité, ce qui arrive quand on prend quelque chose qui ou de sa nature, ou par artifice, ou par quelque meslange est trop chaud, ou qui estant trop froid, & ne pouvant estre digeré, devient comme une espece de Venin, cause des raports, des vents, & des coliques, appesantit la teste, trouble le sommeil, & ainsi de ces autres sortes d'incommoditez.

Pour ce qui regarde specialement la quantité, l'on a suffisamment egard à la santé, lorsqu'on se donne de garde de ne rien prendre au de là de la faim, ou de la soif; Car demesme que la Nature nous a imprimé le desir de boire & de manger, ainsi elle nous a donné la faim & la soif comme la mesure de ce qu'il faut, ou ne faut pas prendre. Cependant, parceque dans la plus part des alimens, dans le pain mesme, & dans le vin, il y a de l'art, d'ou vient qu'il s'y trouve quelque chose qui irrite l'appetit, & qui le rend plus grand

DES VERTUS. 465

qu'il ne feroit naturellement ; cela fait que les Sages ont creu *qu'il est fort salutaire de s'en tenir sur son appetit* : Et parceque l'on pourroit oppofer, que les autres Animaux qui fuivent la Nature, & qui ne pechent par confequent point contre la Santé, boivent & mangent jufques à ce qu'ils foient entierement raffafiez ; ils repondent que les Animaux vivent d'alimens purement naturels, & qui ne provoquent point la faim, & la foif, comme font ceux dont fe fervent les hommes ; ce qui eft vifible dans le breuvage le plus naturel de tous qui eft l'eau, dont on boit avec grand plaifir, fans que l'on ait plus envie d'en boire du moment que la foif eft eteinte. Quoy qu'il en foit, il eft conftant que jamais perfonne ne fe repent d'eftre forty de table n'eftant pas tout à fait raffafié, & que tres fouvent l'on s'eft repenti d'avoir remply fon eftomac jufques à n'avoir plus de faim : Et ce n'eft affurement pas fans raifon que Diogene s'etonne *de ce que les hommes vueillent manger pour le plaifir, & qu'ils ne vueillent neanmoins pas pour la mefme raifon ceffer de manger,* puifqu'il y a tant de plaifir à fe bien

V 5

porter, & à se voir exemt de maladie, & de douleur, & mesme disposé à prendre plutost, & plus purement un pareil plaisir.

A l'egard de la qualité, il semble aussi qu'on satisfasse au devoir de la Santé, lors qu'on se nourrit d'alimens simples, aisez à digerer, & qu'on croit estre propres, & convenables : Car c'est pour cela que nous voyons des Paysans qui ne vivent que de pain, de fruits, & d'eau, & qui se portent à merveille, sans avoir presque jamais besoin de Medecins ; au lieu que ceux qui vivent aux Tables magnifiques ont une santé douteuse, & implorent souvent le secours des Medecins. D'ou vient qu'il y a toujours eu de certaines Sectes de Sages, comme celle des Pytagoriciens, qui s'abstenant de manger la chair des Animaux, & se contentant des simples dons de la Nature, ont passé la vie sainement, & doucement. Ie ne repeteray point icy, ce que nous avons dit ailleurs, que la chair ne semble pas estre un aliment naturel à l'homme, mais que la coûtume l'ayant fait comme naturel, l'on doit du moins considerer que l'usage en est d'autant plus sain, qu'elle est apprestée plus simplement; & que les Arts des Cuisiniers, Confiseurs, & autres, qui par les divers meslanges, & ragousts differens alterent les alimens, semblent avoir esté inventez pour la ruine des hommes, & de leur santé ; ce qui fait qu'il y a sujet de s'etonner que les hommes puissent hayr, & poursuivre les Empoisonneurs, & cependant qu'ils tiennent à gages, & cherissent les Artisans de leurs friandises, qui sous une fausse douceur ne s'en prenent pas moins à leur vie, & à leur santé. Mais qu'il y en a peu qui ne se laissent aller aux amorces trompeuses du Goust, & qui ensorcelez du plaisir present, puissent se donner de garde des maux à venir ! Que Democrite avoit bien raison de se mocquer de ceux qui font des Vœux aux Dieux pour leur santé, & qui cependant par leur vie dissolue, & dereglée prenent à tache de la ruiner ! *C'est une chose merveilleuse*, dit Diogene, *que les hommes ayent tant de soin de se faire embaumer apres leur mort, & que cependant il n'y ait rien qu'ils ne fassent pour devenir pourris dés leur vivant !*

De la Chasteté en particulier.

POur ce qui est enfin de la Chasteté, je remarque seulement que cette Vertu combattant la plus violente de toutes les passions, & à laquelle il n'y a presque personne qui ne succombe, il y a deux ou trois principaux moyens qui nous peuvent servir comme de ramparts pour luy resister.

Le premier est une grande Sobrieté; car en vain tenterez-vous de reprimer cet imperieux appetit, si vous ne cultivez soigneusement cette Vertu, & si vous la cultivez il ne vous restera pas grande difficulté à le dompter. L'on a dit long-temps avant le Chremes de Terence, que sans le vin, & la bonne chere l'Amour est froid, *sine Cerere, & Libero Venus friget*, ce qui n'est pas fort difficile à montrer, dautant que ce qui fomente l'Amour, & qui excite la Concupiscence c'est l'abondance de la semence, qui enflant, & picotant les vaisseaux, presse la nature, & la pousse à se decharger de ce qui l'embarasse ; or comme cette abondance ne vient que de la quantité, ou de la qualité de l'aliment, si quelqu'un est extremement Temperant dans son vivre, & s'il prend garde à n'user point d'alimens qui soient trop chauds, ou propres à engendrer de la semence, il ostera, pour ainsi dire, le bois & l'huile qui excitent, & entretienent ce feu : De là vient que ceux qui font profession d'une vie chaste, & continente, ne doivent pas entierement se rassasier, mais ce que nous avons desja dit plus haut, s'en tenir toujours sur leur appetit, *Citra satietatem vesci* : Leur vertu sera mesme abondamment recompensée, en ce qu'ils en deviendront plus forts, & plus vigoureux, l'emission de la Semence epuisant les forces, & les esprits; ce qui fait que plus les autres Animaux, & mesme les Arbres sont prolifiques, & plutost ils vieillissent.

Le second moyen est quelque occupation honneste qui nous attache, qui consume une partie des esprits qui font boüillonner la semence, & qui divertisse l'Esprit. Car la pensée qui est attachée à l'object aimé, & qui n'est point detournée ailleurs, s'echauffe facilement, & d'une petite etincelle passe aisement à un grand feu. C'est pourquoy on doit prendre une ferme resolution de rejetter toutes les pensées sales, & deshonnestes, d'eviter toutes les occasions qui les pourroient faire naistre soit par la veüe, soit par les entretiens trop familiers, soit par la lecture, par le toucher, ou autrement, & si par hazard il s'en est excité quelqu'une, de ne luy donner pas le temps de s'enraciner davantage, mais de la chasser d'abord, & en cela faire paroitre qu'on est homme: Car le pas est glissant, plus vous-vous y laisserez aller, plus il sera difficile de vous retenir, & de vous en retirer; & il n'est rien de plus veritable que ce qui se dit d'ordinaire, *Que c'est une espece de combat, d'où l'on ne peut sortir victorieux qu'en fuiant.*

Le troisieme est l'accoutumance qu'on prend à resister, & à vaincre; car comme l'on devient d'autant plus enclin à l'Amour, que l'on cede plus facilement, & que l'on s'y addonne plus frequemment, ainsi on devient d'autant plus continent qu'on resiste genereusement, & qu'on se laisse vaincre moins frequemment.

Il est vray que la violence de cette

passion est grande, mais souvent aussi la mollesse de nostre Esprit est telle, qu'a la premiere atteinte on se laisse vaincre. Vous cedez d'abord, vous ne faites aucun effort, & vous n'avez pas le courage d'experimenter si vous n'auriez point assez de force pour resister; est-ce merveille que la passion triomphe, & qu'elle l'emporte si aisement sur vostre raison? Mais j'ay deja, direz-vous, contracté une habitude? Que ne taschez-vous donc par la desaccoûtumance de detruire cette habitude, & d'en introduire une contraire; car enfin la chose n'est pas impossible, pourveu que vous vueilliez bien vous armer de tout vostre courage. Apprennez à vous contenir peu à peu, & si vous ne le pouvez pas faire de deux jours l'un, contenez-vous du moins de deux Semaines une; car il arrivera ainsi en peu de temps que vous pourrez obtenir trois jours de vacances, & puis six, & puisque les Semaines, & les mois entiers vous serez victorieux. Souvenez-vous sur tout, que n'estant presque pas possible qu'il n'intervienne plusieurs choses qui vous peuvent detourner de vostre dessein, il faut tenir ferme dans voſtre reſolution, qu'il faut rompre tous les obſtacles, qu'il faut pourſuivre, & paſſer outre, & qu'il faut ſe bien mettre en l'Eſprit, que c'eſt une choſe indigne de temoigner ſitoſt de la laſcheté, & eſtant homme, comme vous eſtes, de ne rien moins temoigner que vous eſtes homme. Repreſentez-vous quelle joye vous aurez lorſque la chaleur ſera rallentie, & que vous ſentirez que vous aurez remporté la Victoire ; au lieu que vous eſtant laiſſé ſalement vaincre, un faſcheux repentir vous ſaiſiroit ; vous-vous applaudirez à vous meſme, & vous-vous reputerez heureux d'avoir courageuſement triomphé : Vous prendrez meſme de là une nouvelle vigueur pour pouvoir vaincre une autre fois à une pareille occaſion, & ſi vous pourſuivez, il arrivera que changeant peu à peu la mauvaiſe habitude, vous-vous tirerez enfin d'une cruelle tyrannie, d'une baſſe, & vilaine ſervitude ; qu'au lieu d'un Eſprit tenebreux, & offuſqué, vous l'aurez clair, & ſerain ; qu'au lieu d'un corps foible, & maladif, vous l'aurez ſain, & robuſte, & qu'au lieu d'une vie languiſſante, &

courte, vous l'aurez vigoureuse, & longue, pour ne rien dire de la perte de la Renommée, & de la perte des biens, & passer sous silence tous ces autres vilains maux qui sont connus de tout le monde.

Ie ne m'arresteray point icy à vous dire, qu'on a coûtume de sous-diviser l'une & l'autre de ces deux especes de Temperance chacune en deux, ensorte qu'on assigne ordinairement quatre Parties sujettes de la Temperance, dont il y en ait deux qui regardent le Goust, sçavoir l'Abstinence, & la Sobrieté, celle-là à l'egard du manger, & celle-cy à l'egard du boire; & deux qui regardent Venus, sçavoir la Chasteté, & la Pudicité, celle là à l'egard de l'acte mesme, & celle-cy à l'egard de quelques adjoints, tels que sont les baisers, les attouchemens, les embrassemens, les regards, les discours, &c. Ie ne m'arresteray pas aussi à dire que la Pudicité est ou la Chasteté mesme, & principalement la Virginale, qui estant une fois perduë, comme dit le Poëte, ne se repare plus.

——— *nulla reparabilis arte*
Læsa Pudicitia est, deperit illa semel,

Ou que si elle est prise entant qu'elle reprime ces adjoints que nous venons de dire, on ne l'a point tant deu faire partie sujette de la Prudence, que partie potentielle de la Chasteté : Ie remarque seulement à l'egard de la Pudicité, qui est dite pudicité du mot de pudeur, comme estant une espece de garde de la Chasteté, qu'encore que la Nature n'ait rien fait dont nous devions avoir honte, comme d'une chose obscene, & qu'ainsi chez les Nations qui ne reconnoissent aucune obscenité, soit dans les parties du corps, soit dans les mots dôt elles sôt nomées, on puisse en quelque façon s'en tenir à la coûtume, neámoins chez celles qui en reconnoissêt on s'en doit absolumêt garder, & il ne faut en aucune maniere oster la pudeur qui fait qu'on s'en garde : Car que ce soit ou la Nature, ou la Loy, ou la Coutume qui fasse le beau, & l'honneste, c'est toujours la Nature qui commande de le garder, comme estant gardé pour le bien commun, dans lequel le bien, & le salut particulier qui est naturel à un chacun, se trouve compris. De là vient que Ciceron dit excellemment, *Il ne faut pas ecouter les*

Cyniques qui se mocquent de ce qu'on fait sales & deshonnestes en paroles des choses qui en effet ne le sont point, & que tout au contraire nous en nommons par leur nom propre qui sont sales, & mauvaises: Derober, tromper, commettre un adultere est en effet deshonneste, & se dit cependant sans obscenité ; faire des Enfans est en effet honneste, & est obscene, ou déshonneste dans le mot : Pour nous, suivons la Nature, & fuyons tout ce que les yeux, & les oreilles ne peuvent honnestement soufrir ; que vostre port, vostre marcher, vostre maniere d'estre assis, & d'estre couché, vostre visage, vos yeux, & vos mains gardent la bienseance. Voicy ce qu'il ajoute dans un autre endroit, apres avoir montré qu'il n'y a rien de plus vicieux, & de plus sale que de mesler dans une chose serieuse un mot de banquet, & de debauche ; Pericles en usa tres sagement avec le Poëte Sophocle, qui estoit son Collegue dans la Preture ; celuy-cy par hazard ayant veu passer un jeune homme bien fait, & n'ayant pû s'empescher de dire à Pericles, ô le beau jeune homme que voilà, Pericles luy dit, Sophocle, la bien-seance veut qu'un Preteur ait de la continence non seulement dans les mains, mais aussi dans les yeux.

De la Mansuetude.

POur dire aussi quelque chose des autres parties de la Temperance, soit d'ailleurs qu'on les vueille appeller parties Sujettes, ou parties Pontentielles ; la Mansuetude semble veritablement plutost appartenir à la Force qu'à la Temperance, entant qu'elle regarde la Colere qui se prend acause de la douleur, & qu'estant dans cette partie de l'appetit qui tire son nom de la Colere, asçavoir dans la partie irascible, elle semble devoir estre mise sous la Force ; neanmoins, comme le propre de la Force est d'elever, & le propre de la Temperance de reprimer, & qu'a l'egard de la Colere l'Esprit n'a point tant besoin d'estre elevé ou excité, que que d'estre reprimé ou empesché ; ce pourroit estre là la raison de ce qu'on la rapporte ordinairement à la Temperace. Quoy qu'il en soit, Aristote enseigne que la Mansuetude, ou la Douceur doit estre mise au nombre des Vertus, parce que c'est une mediocrité ou un milieu entre deux extremes, dont l'un est *une inclination à la Colere, Iracundia*, comme lorsque quelqu'un s'emporte plutost, & plus qu'il ne faut, contre ceux qu'il ne faut pas, & pour des causes qu'il ne faut pas ; l'autre *une certaine privation de Colere, Non-irascentia*, comme lorsque quelqu'un ne se met pas en colere ni quand, ni contre ceux, ni pour les raisons qu'il faut ; Car il veut qu'avec toutes ces conditions il soit permis, & que l'on doive mesme se mettre en colere, tant parce qu'il semble que la Nature n'a pas en vain imprimé à l'homme l'inclination à la colere, que parceque la colere est comme l'esperó qui excite à repousser, & à vanger l'injure qu'on nous a fait, ou qu'on a fait à la patrie, à nos parens, à nos amis, ou aux gens de bien, ce qui cause la seureté, & la conservation particuliere, & publique, & qui ouvre le chemin aux grandes, & genereuses actions,

Cependant les Stoïciens semblent avoir raison de demander l'exclusion entiere de la Colere, parceque s'il n'est pas possible de s'en defaire entierement, l'on sera au moins d'autant plus heureux, qu'on sera moins sujet à cette cruëlle, & turbulente passion. Ie dis s'il n'est pas possible de s'en defaire entierement, car il n'y a presque pas lieu d'esperer que le Sage en puisse estre absolument exempt, temoin ces belles paroles que Seneque attribuë à Socrate, qui cependant à passé pour le plus sage de tous les hommes, *Ie te frapperois si je n'estois en colere*, & celles-cy qu'il attribuë à Platon, *Speusippe chastiez cet esclave, car pour moy je suis en colere*, Il ajoûte que Platon tenant la main levée sur un Esclave, comme pour le frapper, & qu'un amy luy ayant demandé ce qu'il avoit, & ce qu'il faisoit, Platon fit cette belle reponse, *Exigo pœnas ab homine iracundo*, je punis un homme qui est en colere. Or qu'il n'y ait rien de plus à souhaitter, que de n'entrer que peu, ou point du tout en Colere, cela est visible de ce qu'il n'y a passion qui agite davantage le corps, le sang, le cœur, les yeux, la bouche, &c. & qui trouble davantage l'Esprit. Et c'est pour cela qu'Epicure a fort bien dit, *qu'une colere excessive fait un homme fou*; Seneque, *qu'une courte colere est une courte folie*; & Philemon, *que nous sommes tous fous lorsque nous sommes en colere*, Despimus omnes donec irati sumus. D'où vient qu'on ne sçauroit trop s'appliquer à exterminer une passion si brutale, & qu'elle ne doit point estre censée necessaire soit pour repousser, ou vanger les injures, puisqu'un Esprit serain & tranquille le peut faire, & mesme plus à propos, & sans crainte du repentir, soit pour contenir les Serviteurs dans leur devoir, puis qu'une colere feinte, & apparente suffit, soit pour punir les crimes, & pour chastier les meschans, puisque l'on ne doit pas pour cela se mettre davantage en colere que la Loy mesme, ou qu'un Medecin qui sans s'emouvoir commande que l'on brusle, & que l'on coupe. Nous avons deja veu ces beaux Vers de Claudian, qui veut que le Sage soit toujours maistre de soy, & qu'il punisse les coupables sans s'emouvoir.

Quin etiam Sontes expulsâ corrigis irâ,
Et placidus delicta domas, nec dentibus unquam
Instrepis horrendum, fremitu nec verbera poscis.

Au reste, comme l'opinion qu'on a d'avoir esté offensé est ce qui excite la colere, nous avons deja dit en parlant de la Force, que le Sage se doit mettre au dessus des injures, & qu'il ne sçauroit se vanger plus glorieusement qu'en les mesprisant. J'ajoute icy seulement, qu'il faut temperer cette ardeur de vangeance, & la reduire en fin à la douceur, & à la Mansuetude, qui est de toutes les Vertus celle qui convient davantage à l'homme, & qui le rend plus aimable; n'y ayant personne qui n'aime ces naturels doux & humains qui s'adoucissent, & qui pardonnent aisement. Il en revient mesme un tres grand avantage, car par là on se delivre de ce chagrin inquiet qui rôge un Esprit inhumain, qui le trouble, qui epuise ses forces, & qui fait que non-content du mal qu'il a receu, il s'en attire souvent un pire en se voulant vanger: Peut-il y avoir un plus grand aveuglement que celuy de quelques-uns des nostres, qui ayant esté offensez appellent l'offenseur en duel, où souvent il arrive que celuy qui a souffert l'injure y perd encore la vie, & la sacrifie, pour ainsi dire, à celuy dont il n'aura pû negliger, ou mespriser l'offense ? Graces, & louanges eternelles soient rendues à la seve-

severe, & inebranlable Justice de *Louys le Grand*, qui a sçeu enfin delivrer les François d'une coutume si barbare, & si inhumaine.

De la Clemence.

POur ce qui est de la Clemence, elle ne differe de la Mansuetude, qu'en ce que la Mansuetude regarde generalement tous les hommes, & que la Clemence regarde seulement l'inferieur; d'où vient que Seneque la definit non seulement, *Vne moderation d'Esprit dans la puissance qu'on a de se vanger; Mais aussi une douceur du Superieur dans les peines qu'il ordonne pour le chastiment des Inferieurs.* D'ailleurs on sçait que demesme que la Mansuetude regarde plutost vers le defaut, que vers l'excez de colere; ainsi la Clemence regarde plutost vers le defaut, que vers l'excez de punition, de façon qu'il s'en faut beaucoup que l'Indulgence luy soit autant opposée que l'Atrocité d'Esprit, ou cette espece de Cruauté qui s'exerce dans le chatiment de celuy qui aura failly. C'est avec raison qu'elle est censée appartenir aux Ames genereuses, & qu'estant bien-seante à tous les hommes qui ont droit sur ceux qui demandent pardon de leur faute, elle sied principalement aux Rois, & aux Princes. D'où vient que Ciceron dit qu'elle est toute Royale. Car demesme qu'il est d'un Esprit foible, lasche, & sauvage, de se montrer cruel envers ceux qu'on a vaincu, lors principalement qu'ils n'ont point fait de cruautez dans la guerre; demesme aussi il est d'un Esprit heroïque, & divin d'user de Clemence en leur endroit. Et demesme que la cruauté rend les hommes haïssables & execrables, ainsi la Clemence les rend aimables & venerables; parceque, dit le mesme, *comme c'est une chose bestiale de detruire par la cruauté, c'est une chose divine de sauver en pardonnant.* Ce n'est pas qu'il ni ait des occasions où l'on ne sçauroit pardonner sans danger, auquel cas on la doit appeller severité, & non pas cruauté, mais lorsqu'il n'y a rien à craindre, qu'au contraire il y a esperance de s'attirer la bienveillance des Esprits, & de les rendre soûmis & obeïssans par le titre de Gratitude ; il est non seulement glorieux de sauver ceux que vous pouvez perdre, mais aussi utile, & agreable de tenter, ou experimenter la bienveillance soit de ceux qui recoivent le plaisir, soit des autres qui reconnoitront par là un naturel plein de bonté, & d'amitié. C'est une chose merveilleuse de l'amour que nous avons encore presentement pour ceux que nous lisons avoir esté autrefois humains, & indulgens, & combien nous avons en horreur ceux qui ont esté cruels: Ce qui fait bien voir à l'egard de la Renommée la difference qu'il y a entre les Princes qui s'etudient à s'acquerir le titre auguste de Peres de la Patrie, & ceux qui ont dans la bouche ces paroles que Seneque appelle execrables, *Oderint dum metuant*, qu'ils haïssent pourveu qu'ils craignent.

De la Misericorde.

SEneque dit qu'a propos de la Clemence il faut demander ce que c'est que la Misericorde, parceque cette Vertu semble estre quelque chose d'approchant de la Clemence, & estre mesme prise quelquefois pour la Clemence, car quoy que la Miséricorde semble n'estre autre chose qu'une certaine angoisse, ou peine qu'on a de la misere d'autruy, elle approche neanmoins de la Clemence, en ce que la misere de celuy qui est tombé en faute excite à pardonner, & obtient pardon. D'où vient que quelque-fois elle semble n'estre que la Clemence mesme, & cela non seulement chez les Autheurs Sacrez, qui l'ont en grande recommandation, mais aussi chez les Payens, comme Ciceron, lorsque s'adressant à Cesar il luy dit, *De toutes les Vertus qui vous accompagnent, la plus cherie des hommes, & la plus admirable est la Miséricorde. Car il n'y a rien en quoy nous approchions tant des Dieux, qu'en donnant la vie aux hommes : Vostre fortune n'a rien de plus grand que de pouvoir, & vostre nature rien de meilleur que de vouloir en conserver plusieurs.* Certainement quoy que Seneque dise *que la Miséricorde est le vice d'un petit Esprit, qu'elle est familiere aux plus meschans, & que ce sont les vieilles, & les femmelettes qu'on voit estre touchées des larmes des plus grands Scelerats, jusques là que s'il leur estoit*

estoit permis, elles romproient les Prisons; neanmoins il avoüe *qu'il y en a plusieurs qui loüent cette Vertu, & qui appellent l'homme de bien misericordieux.* Mais il il prend la chose dans le sens des Stoiciens qui pretendent *que le Sage n'est point touché de compassion, & que le Sage ne pardonne point.*

Au reste, quoy que les Stoïciens vueillent que l'Esprit du Sage soit incapable d'aucune fascherie, & ne doive par consequent point estre touché de la misere d'autruy; neanmoins les Peripateticiens & tous les autres tiennent qu'il en peut estre touché mediocrement, afin que par là il soit plus excité à secourir les miserables. Il est vray qu'il ne sert de rien à un miserable qu'on soit touché, ou affligé de sa misere, cela ne servant simplement qu'a nous porter à le secourir; d'où vient qu'il n'est pas blamable de se garder d'une affliction qui soit nuisible, & qui n'apporte aucun profit, & ne laisser neanmoins pas d'assister : Cependant parce qu'il est humain, & comme naturel de s'affliger avec les affligez, & que d'ailleurs il y a danger que le secours ne soit froid, & lent s'il n'est rechauffé par un mouvement interieur; cela fait qu'il n'y a pas sujet de condamner entierement cette emotion interieure; d'autant plus qu'on la peut prendre telle que ce ne soit pas un tourment, mais plutost un agreable mouvement d'humanité, & de charité.

De la Modestie, & de l'Humilité.

NOus devons ensuite parler de la Modestie, qui a veritablement beaucoup d'etendue, mais qui consiste neanmoins generalement à moderer la passion qu'on a d'acquerir de l'honneur. Or il est evident qu'elle approche aussi plus du defaut, que de l'excez, en ce que la Superbe luy est plutost opposée, que le Mespris de l'Honneur. Il est vray qu'Aristote n'appelle Modeste que celuy qui n'ayant en effect que peu de merite, se croit meriter peu : Mais il semble que le nom de modeste se doit aussi donner à celuy qui bien qu'il merite beaucoup, n'a neanmoins pas de grands sentimens de soy mesme, ou qui n'exige pas tout l'honneur qu'il merite, & qui reconnoissant la foiblesse humaine, se souvenant de sa condition mortelle, tient pour suspecte l'opinion qu'il pourroit avoir de son merite. Et defait, la Magnanimité mesme tant recommandée chez Aristote, semble plutost consister à faire que quelqu'un se porte aux grandes choses, qu'à se croire meriter beaucoup. Ioint qu'il semble que de ne s'elever pas, de ne se vanter pas de ses merites, de refuser les honneurs, ou du moins de les recevoir avec pudeur, en un mot, que de temoigner de la Modestie, est comme le couronnement des grandes actions : Aussi n'est ce pas sans raison que les Anciens ont comparé l'Homme de merite, & de vertu à un Epy de froment lequel s'abbaisse dautant plus qu'il est chargé de grains, & que Demostene remarque *que bien loin qu'un homme qui est solidement scavant, se vante de sa Science, qu'il rougit mesme lorsque quelqu'un le vante, & le loüe.*

Ce n'est pas qu'il faille pour cela penser que la Modestie soit la mesme chose que la Pusillanimité, qu'il tient estre lorsque quelqu'un croit moins meriter qu'il ne merite ; car la Pusillanimité consiste aussi plutost à avoir crainte d'entreprendre de grandes choses, qu'a se croire digne de grandes choses. Or si dans un homme de grand merite l'ostentation diminue la gloire des merirites, & l'obscurcit beaucoup, combien doit-il estre indecent, & odieux dans un homme de nul merite d'estre tellement enflé de l'opinion de soymesme, & d'en devenir tellement insolent, qu'il ne finisse point de se vanter ? La Vanité a cela de mal, qu'elle n'est approuvée de personne, & qu'elle est odieuse à tout le monde ; au lieu que la Modestie a cela de bon, qu'il n'y a personne à qui elle ne soit agreable, & de qui elle ne soit aimée.

D'ou l'on peut cependant entendre, que la Modestie n'est pas un mespris de l'honneur, comme s'il n'y avoit point de difference entre estre honnoré, ou blasmé, mais seulement un mepris de l'honneur non-merité, ou affecté, & qui est bien different de celui qui est dans le jugement des gens de bien, & que l'on croit à bon droit obtenir, lorsqu'on en est jugé digne ; ce qui semble d'autant plus veritable, qu'il est evident qu'un honneste Homme entreprend les grandes choses pour meriter ce jugement, cultivant cependant la Modeſtie pour eviter le deshonneur que cauſe la Vanité. De ſorte que l'on peut dire, que moins on pourſuit l'honneur, plus on s'en acquiert, & qu'il eſt bien plus glorieux, comme diſoit un Ancien, qu'on demande *pourquoy l'on n'a pas dreſſé une Statuë à quelqu'un, que ſi on demandoit pourquoy elle luy auroit eſté dreſſée.*

Lon peut auſſi entendre que la Modeſtie n'empeſche pas que ceux qui ſont dans une Dignité ne conſervent l'honneur qui eſt deu à la Dignité ; parcequ'il eſt de l'intereſt de la Republique, que ceux qui preſident ſoyent en honneur, de peur que ſi le meſpris ſe gliſſoit, cela ne fiſt tort au gouvernement, & que conſerver l'honneur de la Dignité, n'eſt pas une Vanité, mais une juſtice, comme le negliger ne ſemble point tant eſtre une Modeſtie particuliere, qu'une injure publique.

Or tout ce qui ſe dit de la Modeſtie, ſe doit dire de l'Humilité, entant qu'elle eſt une vertu religieuſe. Car quoy que les Autheurs Prophanes l'attribuent à une baſſeſſe d'Eſprit, neanmoins c'eſt avec beaucoup de raiſon que les Autheurs Sacrez la tiennent pour une Modestie tres grande, & elle doit estre censée d'autant plus parfaite, qu'elle vient d'un amour de pieté, & que pourveu qu'elle soit veritable, & non pas feinte, & simulée, elle oste absolument toute Vanité. Car quoy que la Modestie prophane semble mepriser exterieurement l'honneur, elle n'en exclud pourtant pas toute la passion ; mais l'humilité religieuse rapporte à Dieu tout l'honneur, & toute la gloire. Je dis pourveu qu'elle soit sincere ; car il y a quelquefois de l'Hypocrisie meslée qui fait qu'on ne doit pas s'etonner qu'on ait reproché à Diogene, & à quelques autres Philosophes, *qu'ils ne fouloient aux pieds la Vanité, que par une autre Vanité.*

Au reste, ce n'est pas sans raison que nous avons insinüé plus haut que la Modestie avoit une grande etendüe, en ce qu'elle se reconnoit dans toutes les choses dont on desire tirer de l'honneur, & de la loüange. Il n'y a pas jusques dans la Vertu, qui ne peut asseurement point avoir d'excez, & qui n'a rien dont celuy qui en est doué puisse avoir honte, il n'y a pas, dis-je, jusques dans la Vertu où la Modestie ne paroisse, entant que l'on n'en fait point d'ostentation, mais qu'on la cultive tacitement, & sans la faire paroitre que lorsqu'il est convenable, & toujours loin du faste ; ce qui se doit dire à proportion de la *Science*, si ce n'est qu'il y a deplus une certaine espece d'Intemperance, nommée vulgairement *Curiosité*, à vouloir sçavoir des choses dont la recherche n'est point permise, ou qu'il est inutile de sçavoir.

La modestie paroit mesme dans le discours en plusieurs manieres. Car en premier lieu, comme il n'y a rien de plus importun que le grand parler *loquacitas* il n'y a rien de plus recommandable que *loquendi parcitas*, ou cette retenüe qui fait qu'on ne parle qu'à ceux qu'il faut, que des choses, que dans le temps, & qu'autant qu'il faut. D'où vient que depuis Simonides cecy a passé comme une espece de Proverbe, *Qu'on ne s'est iamais repenty de s'estre teu, mais tres souvent d'avoir parlé* ; & l'on a donné cette loüange à Epaminondas, *Que personne ne sçavoit plus que luy, & que personne ne parloit moins que luy*. Neanmoins comme la parole a esté donnée à l'Homme pour exprimer ses pensées, il suffit de prendre garde que cela ne se fasse pas indiscretement, comme il arrive lorsque quelqu'un parle à contre-temps, ou sans y estre invité ; lorsqu'il interrompt celuy qui parle, ou qu'il ne permet pas que les autres parlent à leur tour ; lorsqu'il parle, comme on dit, à tort & à travers, & qu'il dit tout ce qui luy vient en la bouche ; en un mot, lorsqu'il a une telle demangeaigeaison de parler qu'il n'ecoute qu'avec impatience, sans jamais faire de reflexion sur cette Sentence de Pytagore, *ou dites quelque chose de meilleur que le silence, ou vous taisez.*

D'ailleurs, comme il y en a qui exagerent trop les choses, & quelques-uns qui les rabbaissent trop, il n'y a rien aussi de plus recommandable que de parler simplement, & sincerement: Où vous remarquerez avec Aristote, qu'il y a souvent de l'arrogance, & de la vaine gloire à se trop rabbaisser, aussi bien qu'a s'en faire trop à croire, & que l'on peut en cela tomber dans un defaut semblable à celuy des Lacedemoniens, qui cherchoient de la gloire dans leurs vestemens vils, & de bas prix.

Enfin, comme il y a deux sortes de Raillerie selon Ciceron, l'une insolente, effrontée, picquante, & malicieuse, l'autre polie, civile, ingenieuse & plaisante; l'on sçait que cette derniere a toujours esté bien receüe, & comme parle Ciceron, *qu'elle est digne d'un homme libre, au lieu que la premiere est mal receüe, & n'est pas censée digne d'un homme.*

Il y a encore d'autres choses dans lesquelles on observe diverses especes de Modestie, comme dans la propreté, & dans les habits, dans le geste, dans le marcher, &c. Car il y a en tout cela une certaine mediocrité à tenir, ce sont les paroles de Ciceron. *Adhibenda est praeterea mundities non odiosa, neque exquisita nimis, tanquam quae fugiat agrestem & inhumanam negligentiam. Eadem ratio est habenda vestitus, in quo sicut in plerisque rebus, mediocritas optima est. Eadem gestus, & gressus: Nam & palestrici motus saepe sunt odiosiores, & histrionum nonnulli gestus ineptiis non vacant, & in utroque genere quae sunt recta, & simplicia, laudantur.* L'on diroit qu'Horace auroit tiré de ce passage ce qu'il reprend dans Tigellius, lors qu'il dit qu'il n'y avoit rien d'egal dans cet homme, que quelquefois on le voyoit courir comme s'il eust fuy l'ennemy, & quelquefois aller gravement, & posement comme s'il eust porté l'image de Iunon, qu'aujourd'huy il avoit deux cent Serviteurs, & demain qu'il n'en n'avoit que dix, que tantost il parloit en Roy ne respirant que la magnificence, & que tantost il faisoit le Philosophe se contentant de peu.

Nil aequale homini fuit illi. Saepe velut qui Currebat fugiens hostem; persaepe velut qui Iunonis sacra ferret, &c. ——

Ciceron ajoûte que la Modestie regarde aussi l'ornement de la maison, & tout l'ameublement; en ce que s'il y a de l'exces cela tourne à deshonneur, comme estant au dessus de la portée du possesseur; car ce n'est pas la Maison, dit-il, qui doit faire honneur au Maistre, mais le Maistre qui doit faire honneur à la Maison. *Eadem denique de ornatu domus totáque supellectile, in quo si quid modum excedat, dedecori est, quasi possessori incongruum; neque enim domo dominus, sed domino honestanda do-*

mus. Enfin il veut que la Modestie regarde les biens de la nature, & de la fortune, dans lesquels il est tres loüable de garder un honneste temperament, de façon qu'ils soient plutost une matiere de bonté, & de moderation, que de debauche, de superbe, & d'arrogance. *Tractanda etiam in laudationibus hæc sunt naturæ, & fortunæ bona, in quibus est summa laus non extulisse se in potestate, non fuisse insolentem in pecunia, non se prætulisse aliis propter abundantiam fortunæ, ut opes, & copiæ non superbiæ videantur, ac libidini, sed bonitati, ac moderationi facultatem, & materiam dedisse.*

CHAPITRE VIII.

De la Iustice, du Droit, & des Loix.

IL nous reste à parler de la quatrieme Vertu, asçavoir de la Iustice, dont le propre est de rendre à un chacun ce qui luy appartient, ce qui fait qu'elle est d'une tres grande etenduë, & censée comme la source, & la racine de tous les Devoirs. *C'est elle*, dit Ciceron, *qui donne le nom de bon, comme celuy de juste*, en ce que la Iustice est une certaine bonté, ou une affection pleine de candeur pour tout le monde ; d'où vient qu'il n'y a rien que les hommes regardent, reverent, & aiment davantage. Aristote dit en termes expres, *que la Iustice est la plus excellente des Vertus, que ni l'Etoile du matin, ni celle du soir, ne sont point si admirables.* Aussi luy a t'on de tout temps donné le nom de *tres precieuse possession*, & de tout temps elle a esté reconnuë pour estre, dit Ciceron, *le lien de la Societé*, c'est à dire le lien sans lequel la Societé ne sçauroit subsister, jusques là ajoûte-t'il, *que ceux qui ne se repaissent que de mechancetez, & de crimes ne peuvent pas vivre sans quelque espece de Iustice*; puisque si un Voleur derobe à un Voleur, ou luy oste en cachette quelque chose, il n'est pas soufert dans la compagnie des Voleurs, & que si un Chef de Pirates ne partage egalement le butin, il sera tué par ses compagnons, ou en sera abandonné.

Elle est aussi tantost prise plus generalement, & tantost plus specialement ; Car il y en a plusieurs qui la considerent comme l'amas de toutes les Vertus ; acause qu'il n'y a point de vertu dont elle ne prescrive les fonctions, & qu'elle fait, par exemple, l'office de la Force, lorsque dans le combat elle commande qu'on tienne son rang, qu'on ne s'enfuye pas, qu'on ne jette pas les armes bas; celuy de la Temperance, lorsqu'elle defend l'Adultere ; celuy de la Mansuetude, lorsqu'elle ordonne de ne frapper personne, ou de ne medire de qui que ce soit, & ainsi des autres.

Mais pour ne nous arrester pas à cecy ; comme il est constant que les deux offices, ou devoirs generaux de la Iustice consistent à ne nuire, ou ne faire tort à personne, & à donner, ou rendre à un chacun ce qu'il peut dire estre sien, ce qui s'exprime d'ordinaire par ces paroles de la Sainte Ecriture, *declina à malo, & fac bonum*, fuyez le mal, & faites le bien ; cela a donné sujet aux Iurisconsultes de la definir, *Vne constante, & perpetuelle volonté de donner, ou de restituer à un chacun son droit*, c'est à dire ce qui luy appartient, & cette definition donne occasion à ces deux remarques.

La premiere, que ce n'est pas sans raison qu'elle est dite *Volonté*; parcequ'encore que ce terme puisse signifier l'action de vouloir, ou la faculté mesme, neanmoins, comme on ajoûte que ce doit estre une volonté *constante, & perpetuelle*, l'on entend l'habitude de vouloir, ce qui fait la nature, & la veritable loüange de la Iustice: Car pour estre recommandable en Iustice, il ne suffit pas simplement *de faire des choses justes*; puisque celuy qui en feroit ou sans le sçavoir, ou par crainte, ou en consideration d'un Amy, ou pour le lucre, ou pour quelque autre fin de la sorte, ne seroit pas pour cela juste, ni ne seroit pas dit agir justement, acause que la fin cessant il agiroit autrement, mais il faut qu'il agisse volontairement, de son bon gré, pour l'amour de la Iustice; d'ou vient qu'Aristote fait difference entre *action iuste, & action faite iustement*; en ce que c'est la Volonté seule qui fait qu'une chose est justement, ou injustement faite, & que celuy qui ne fait simplement point de tort, n'est pas estimé juste, mais celuy-là, comme dit Philemon, qui le pouvant, ne le veut neanmoins pas faire,

Sed qui facere licet potis, non vult tamen,

mais celuy qui n'affecte point d'en tirer de la gloire, mais celuy qui aime mieux estre juste, que de paroître juste,

Vult esse iustus, quàm viderier magis.
La Seconde, que ce n'est point aussi sans raison qu'on ajoûte, *de rendre à un chacun son droit*; parceque ces paroles contienent la fonction, & l'ouvrage propre de la Iustice, & de plus insinüent d'ou se doit prédre cette Mediocrité qu'Aristote demande pour mettre la Iustice au nombre des Vertus: Car la Iustice n'est pas côme les autres Vertus entre deux vices opposez, puisqu'il n'y en a qu'un seul qui luy soit opposé asçavoir l'Injustice; mais toutefois elle s'occupe à rendre le Droit, lequel se reduit à la mediocrité, ou egalité, sur quoy Aristote observe Premierement,

Du Talion.

QVe le Talion, ou comme disent les Latins, *perpessio reciproca*, une soufrance reciproque, n'est pas le Droit simplement pris, quoy qu'en difent les Pitagoriciens, qui femblent approuver le droit qu'on attribüe à Radamanthe,

Æquum jus fuerit, si quæ egit, quis patiatur,

de faire fouffrir le mefme mal qui a efté fait. La raifon de cecy eft, que le Talion ne fe peut pas trouver dans la Iuftice Diftributive, où l'on a egard au merite, & à la perfonne: Car qu'un Magiftrat, par exemple, ait frappé quelqu'un, il ne doit pas pour cela eftre refrappé de mefme, & il ne fuffiroit pas que celuy qui auroit donné un fouflet à un Magiftrat, receuft feulement un pareil fouflet, mais il devroit eftre chaftié plus rigoureufement ; pour ne dire point qu'il faut avoir beaucoup d'egard à ce qui fe fait volontairement, ou involontairement. Il n'a pas mefme lieu dans cette partie de la Iuftice Commutative qui regarde les faits, & qui eft fpecialement dite Correctrice ; puifque fi pour une dent arrachée l'on arrache fimplement une dent, ou un œil pour un œil, l'on ne fait pas droit pour cela, ou l'on ne repare pas pour cela le tort, & le dommage qui a esté fait, mais il faut autant qu'il est possible compenser le dommage soit par argent, soit par quelque autre chose que le Iuge trouvera à propos. C'est pourquoy il peut seulement avoir lieu dans l'autre partie de la Commutative qui regarde les choses, ou le commerce des choses.

Aristote remarque en second lieu, que pour cette espece de Iustice on n'a pû rien inventer de plus commode que l'Or, & l'Argent, ou la Monoye : Car comme la Societé humaine ne subsiste que par l'indigence mutuelle, que l'on ne peut point pourvoir à cette indigence que par le Change, ou la permutation, & que dans cette permutation l'egalité se doit trouver ; quelle egalité est-ce qui se peut trouver entre deux choses si differentes que sont, par exemple, une maison, & un coup de pied ? Comme on ne sçauroit donc point trouver d'egalité quant à la chose, neanmoins quant à l'usage on a inventé la Monoye, par le moyen de laquelle, comme par une commune mesure toutes choses fussent egalisées.

Troisiemement, que le Iuge doit quelquefois faire droit, non de la maniere que la Loy le preſcrit, mais comme on dit, ſelon l'Equité, *ex æquo, & bono.* Car comme la Loy n'ordonne des choſes qu'en general, & que ſouvent il arrive des cas particuliers dans leſquels a cauſe de certaines circonſtances l'on ne peut pas juger ſans injuſtice ſelon les paroles de la Loy ; pour cette raiſon, *ſi le Legiſlateur*, dit-il, *a omis quelque choſe, ou peché en quelque choſe lorſqu'il a parlé abſolument, il faut ſupléer ce qui a eſté omis, ce que le Legiſlateur commanderoit s'il eſtoit preſent, & ce qu'il auroit ordonné par la Loy s'il l'avoit ſceu auparavant.* Ainſi, ajoûtent les Interpretes, *ſi la Loy avoit commandé qu'aucun Etranger n'allaſt ſur les ramparts, il ne faudroit pas pour cela faire mourir celuy qui y ſeroit allé pour deffendre la Ville, & pour chaſſer l'ennemy*; parceque ſi le Legiſlateur avoit preveu ce cas là, il auroit fait la Loy de cette maniere. Auſſi dit-on d'ordinaire que ſous une Loy inique il faut implorer l'aſſiſtance du Iuge, & que les Loix meſme veulent eſtre dirigées par la Iuſtice.

Iudicis auxilium ſub iniqua Lege rogato ;
Ipſæ etiam Leges cupiunt ut jure regantur.

Mais revenons à la definition de la Iustice.

¶ Comme cette particule de la definition, *rendre à un chacun son droit*, nous oblige à connoistre, & à rechercher un peu plus au long ce que c'est que le Droit, & d'ou il tire son origine, disons Premierement, que ce mot estant pris en diverses manieres, sa signification primitive est, que le Droit soit une faculté de faire quelque chose, d'avoir quelque chose, de joüir, de se servir de quelque chose : Et c'est de là qu'on dit garder, retenir, recouvrer, poursuivre son droit, ceder, rabattre, remettre de son droit, joüir de son droit, estre à soy, *esse sui iuris*, &c. C'est aussi de là que la Loy par metaphore est dite le Droit, en ce qu'elle declare, & prescrit ce qu'un chacun a de droit, de faculté, de pouvoir, de commandement sur quelque chose; Et c'est par une semblable metaphore qu'on appelle Droit le Tribunal où l'on rend le droit, c'est à dire où l'on restitue la faculté, ou la puissance lesée de quelqu'un.

Disons de plus, que le Droit semble par consequent estre de sa nature plus ancien que la Iustice ; car comme la Iustice est la mesme chose que cette affection, envie habituelle, ou passion qu'on a de ne faire tort à personne, & qu'un chacun joüisse de son droit, comme nous joüissons du nostre, il est constant que cette Iustice suppose qu'il y a dans autruy un droit independant d'elle, & qui ne laisseroit pas d'estre, quand mesme elle ne seroit pas. C'est pourquoy il semble qu'en premier lieu on doit poser le droit qu'un chacun a, soit d'ailleurs, que la nature le donne, ou que ce soit un pacte, ou une Loy ; en second lieu l'Injure, qui n'est autre chose que le violement mesme du Droit ; en troisieme lieu la Iustice, ou la volonté de rendre le sien à un chacun, laquelle repare l'injure, restitue le droit, & donne la denomination de Iuste à celuy dans lequel elle est ; en quatrieme lieu l'ouvrage de la Iustice, ou le Droit restitué, qui est aussi appellé le Iuste, ou ce qui est juste, la Iustice donnant cette denomination : Mais parce qu'Epicure, que plusieurs tant anciens que modernes suivent, a tiré toute l'origine du Droit, & de ce que l'on appelle Equitable, de

l'Utilité

l'Utilité, reprenons la chose de plus haut, & l'entendons parler luy-mesme dans les quatre Paragraphes suivans: Voicy donc premierement comme il parle de la Justice en general.

De la Justice en general selon Epicure.

Comme la Iustice est une Vertu par laquelle on rend à un chacun ce qui luy appartient, & qui fait qu'on se donne de garde de faire tort à personne, il est evident qu'elle regarde autruy, qu'elle convient à l'homme entant qu'il a à vivre dans la Societé, & qu'elle est le lien commun sans lequel il est impossible qu'aucune Societé subsiste.

Elle a cela de commun avec les autres Vertus, la Prudence, la Temperance, & la Force, qu'elle est inseparable du Plaisir, tant parce qu'elle ne nuit à qui que ce soit, que parce qu'elle met l'Esprit en repos, soit par sa propre force, & par sa nature, soit par l'esperance que rien des choses que la nature non-depravée desire, ne manquera.

Et de mesme que la Temerité, la Luxure, & la Lascheté rongent, inquietent, & troublent l'Esprit; ainsi du moment que l'Injustice s'est emparée de l'Esprit d'un homme, il ne peut qu'il ne soit troublé, & agité ; jusques là que s'il a entrepris quelque meschante action, quoy qu'il l'ait faite en cachette, il ne sera jamais assuré qu'elle demeure toûjours cachée : Et s'il y en a quelques-uns qui par leurs grandes richesses se croyent estre assez à couvert du costé des hommes ; neanmoins ils ont toûjours peur d'une Divinité, & ils croyent que ces chagrins qui les rongent nuit & jour, sont un suplice qui leur vient de la part des Dieux immortels qui sont irritez contre eux.

Est-ce que ce qui revient des mauvaises actions, dit-il ensuite, est autant capable de diminuer les fascheries, & les inquietudes de la vie, qu'il les augmente par le remord de conscience, par la crainte des Loix, & par la hayne des Citoyens ? Cependant il y en a qui sont insatiables d'argent, d'honneur, de commandemens, & qui ne mettent point de bornes à leur luxure, à leur debauche, à leur gourmandise, & à leurs autres passions que les biens qu'ils ravissent injustement ne font qu'augmēter, & enflammer davantage, bien loin de les diminuer, & temperer ; aussi semble-t'il que les Preceptes leur soient inutiles, & qu'il n'y ait que la severité, & le chatiment qui les puisse retenir.

La Raison invite donc ceux qui ont du bon sens à la Iustice, à l'Equité, & à la fidelité; les mauvaises actions ne servent jamais à personne, & les richesses ne convienent qu'aux honnestes gens, & qu'à ceux qui ont l'Esprit porté à la liberalité; parce qu'ils sçavent s'en servir pour gagner les cœurs, & pour se faire aimer, chose tres utile pour la seureté, & le repos de la vie. Ioint qu'il n'y a rien qui nous doive obliger à une Injustice; les desirs qui vienent de la Nature sont aisez à satisfaire, & à l'egard de ceux qui sont vains, & superflus, il n'y faut pas obeir. Ces desirs ne sont de rien qui soit desirable, & le tort qu'on fait à autruy cause plus de dommage, que ce que l'on acquiert par l'injure qu'on luy fait ne cause d'avantage.

C'est pourquoy si la Iustice d'elle-mesme, & par elle-mesme n'est pas à desirer, du moins l'est-elle acause qu'elle nous apporte beaucoup de plaisir; n'y ayant rien de plus doux que d'estre aimé, en ce que cela fait la Societé, & par consequent le plaisir de la vie. De sorte que la meschanceté n'est pas seulement à fuir acause des chatimens, & des maux qui arrivent aux meschans, mais principalement encore parce qu'elle ne laiſſe jamais reſpirer, ni repoſer un Eſprit dont elle s'eſt emparée, & qu'elle empoiſonne tous les plaiſirs, & rend la vie malheureuſe.

Ce que je viens de dire ſemble preſque pouvoir ſuffire, mais nous ne ferons pas mal d'ajoûter quelque choſe de ce que l'on appelle Droit, ou Iuſte, d'où la Iuſtice tire ſa denomination; afin de mieux faire entendre qu'elle eſt l'origine du Droit, entre quelles Nations il a lieu, & quels ſont les fruits qu'on en retire.

Du Droit, ou du Iuſte d'où la Iuſtice prend ſon nom.

COmme la Iuſtice a eſté inventée pour le bien public, il faut que le Droit, ou le Iuſte qu'elle a en veuë ſoit quelque choſe qui ſoit bon à tous, & à chacun de ceux qui ſont dans la Societé. Et parce qu'un chacun deſire naturellement ce qui luy eſt bon, il faut que ce qui eſt Droit, ou Iuſte ſoit ſelon la Nature, & ſoit par conſequent dit naturel.

Or ce n'eſt pas ſans raiſon que je touche cecy; parce qu'il arrive quelquefois que dans la Societé on ordonne quelque choſe comme Droit, & Iuſte, qui n'eſt pourtant pas le bien, & le vray interest de la Société, & qui n'estant par consequent pas naturel, mais contre la Nature, ne doit estre reputé Iuste que de nom, & abusivement; ce qui est veritablement Droit, & Iuste naturel estant tel qu'il est ordonné, c'est à dire effectivement utile, & bon. C'est pourquoy, à parler proprement, le Droit, ou le Iuste naturel n'est autre chose que la marque de l'utilité, ou cette utilité qui d'un commun accord a esté proposée, afin que les hommes entre eux ne se fassent aucun mal, ni n'en reçoivent aucun, & puissent ainsi vivre en seureté, ce qui est un bien, & est ainsi naturellement desiré d'un chacun.

Ie tiens donc icy ce qui est utile, & Bon pour une mesme chose, & j'estime qu'afin que quelque chose soit Iuste, & observée de Droit, deux conditions sont necessaires, l'une qu'elle soit utile, ou qu'elle ait par soy l'utilité, c'est à dire la seureté commune; l'autre qu'elle soit prescrite, & ordonnée du commun consentement de la Société : Car rien n'est entierement Iuste, que ce que la Société d'un commun accord, ou par un pacte commun, a crû devoir estre observé.

Il est vray qu'il y en a qui croyent que les choses qui sont justes, sont de leur propre nature, & invariablement justes, & que les Loix ne les font pas justes, mais seulement qu'elles les ordonnent conformement à ce qu'elles sont deja de leur nature ; cependant il n'en est pas ainsi, mais il en est plutost comme dans le reste des choses qui sont utiles, telles que sont celles qui regardent la santé, & une infinité d'autres semblables, qui sont utiles aux uns, & nuisibles aux autres, & qui par consequent s'ecartent souvent de la fin tant en general, qu'en particulier.

Et de fait, comme chaque chose doit toûjours par tout, & à tous paroître telle qu'elle est selon sa nature, puisque la nature ne change point, & est invariable en toutes rencontres ; dites-moy, je vous prie, si les choses que quelques-uns appellent justes, sont par tout, en tout temps, & envers toutes sortes de personnes justes ? Ne doit-on pas considerer que ce qui est ordonné, & etabli par les Loix, & qui est par consequent estimé legitime, ou juste, n'est pas demesme etabli, ni receu chez toutes les Nations, mais que les unes le negligent comme indifferent, & que les autres le rejettent comme nuisible, & injuste ? N'y en a-t'il pas qui tiennent pour generalement utile ce qui ne l'est pourtant pas, & qui embrassent ainsi des choses qui ne sont pas generalement commodes, pourveu qu'elles leur semblent estre utiles à leur Societé, & paroissent avoir quelque utilité generale?

L'on peut donc dire tout au plus, que cela universellement est Iuste, ou a la nature de juste, qui est utile, ou conforme à la notion du Iuste que nous venons de donner; car Specialement parlant, demesme que l'utilité est autre, & diverse chez les diverses Nations, demesme aussi le Iuste est autre, & divers, ensorte que ce que l'une croit juste, l'autre le tient injuste. Cela estant, lors qu'on demande si le Iuste, & le Droit est le mesme chez toutes les Nations, je repons qu'universellement c'est le mesme, asçavoir quelque chose d'utile dans la Societé mutuelle, mais que specialement à considerer les divers peuples, & les diverses causes, il arrive que ce n'est pas le mesme par tout.

En un mot, une chose est, & doit estre censée juste, ou avoir la nature de juste dans une Societé, si son utilité regarde tous les Associez; que si elle n'est pas telle, l'on ne peut pas dire qu'elle soit juste, ou ait la nature de Iuste.

Tellement que si une chose, ou une action

ayant esté utile dans une Societé, son utilité par quelque accident, ou par quelque changement cesse, cette chose cessera d'estre juste, & n'aura esté juste que dans le temps qu'elle aura esté utile à la Societé, ou mutuellement à tous les Associez : Et c'est ainsi, à mon avis, que jugent ceux qui ne se laissent pas confondre par de vains discours, & qui regardent plus generalement les choses.

De l'Origine du Droit, & de la Iustice.

Ais pour reprendre la chose de plus haut, & comme on dit, dans sa source; le Droit, ou le Iuste, & l'observation de la Iustice semblent estre quelque chose d'aussi ancien entre les hommes, que leurs mutuelles Societez sont anciennes. Car au commencement lorsque les hommes erroient çà & là à la maniere des bestes, & soufroient diverses incommoditez des bestes sauvages, & de la rigueur des Saisons ; quelque naturelle inclination qu'ils eurent les uns pour les autres, a cause de la ressemblance, & convenance mutuelle tant du corps, que de l'Ame, ou des mœurs, fit bien à la verité, qu'ils se joignirent en diverses petites troupes, & remedierent en quelque façon à ces incommoditez, en batissant des Cabanes, & en se premunissant contre les bestes, & contre le froid; mais parce qu'un chacun aimoit mieux sa commodité particuliere, que celle d'autruy, cela faisoit souvent naistre des querelles sur le boire, & sur le manger, sur les femmes, & sur les autres commoditez qu'ils se prenoient & se deroboient l'un à l'autre; jusques à ce qu'ils s'aviserent qu'ils ne pouvoient pas vivre seurement, ni commodement, s'ils ne faisoient quelques Pactes, & ne convenoient de ne se faire point de tort les uns aux autres, defaçon que si quelqu'un faisoit tort à à un autre, les autres le puniroient.

Ce fut donc là le premier nœud de la Societé, & le premier lien, qui, comme il supposa qu'un particulier pouvoit avoir quelque chose en propre, ou qu'il peust dire estre sien (soit pour l'avoir usurpé le premier, soit pour luy avoir esté donné, soit pour l'avoir eu en echange, soit pour l'avoir acquis par sa propre industrie) ce fut là, dis-je ce premier nœud qui confirma à chaque particulier la possession de ce qu'il pouvoit dire estre sien. Or ce nœud, ou ce pacte ne fut autre chose qu'une commune Loy que tous seroient tenus d'observer, & qui asseureroit à un chacun son droit, ou la puissance de se servir de ce qui seroit à luy; d'où vient qu'en cette consideration la Loy fut aussi comme le Droit commun de la Societé.

Ie laisse à part comment toute la Societé transfera la puissance qu'elle avoit de punir à un certain petit nombre de Sages, & de gens de bien, ou mesme à un seul qui estoit estimé le plus Sage de tous, je remarque seulement deux ou trois choses. La Premiere, que ceux là dans la Societé furent estimez Iustes, ou observateurs de la Iustice, qui se contentant de leurs droits, n'envahissoient point le bien d'autruy, & ne faisoient ainsi tort à personne; ceux là Injustes, ou commettants Injustice, qui ne se contentant pas de leurs droits, envahissoient les droits des autres, & ainsi faisoient tort aux autres, soit en derobant, en frappant, en tuant, ou autrement.

La Seconde qui regarde la conservation de la vie, comme la chose la plus chere de toutes, & l'affermissement des Pactes, ou des Loix communes, c'est que les Sages Legislateurs prenant garde à la Societé de la vie, & à ce qui se passe entre les hommes, declarerent que c'estoit un crime horrible, & detestable de tuer un homme, & qu'un homicide seroit reputé infame, & fait mourir honteusement, comme n'y ayant rien de plus deraisonnable que de tuer son semblable, & dequoy on doive avoir tant d'aversion; d'autant plus qu'il n'en revenoit aucun avantage pour la vie, & que cela ne se pouvoit attribuer qu'a une malignité de Nature.

La Troisieme, que ceux qui au commencement prirent garde à l'utilité de l'Ordonnance, n'eurent veritablement point besoin d'autre raison pour s'empescher de malfaire, & de la transgresser; mais que ceux qui n'eurent pas assez de bon sens pour en voir l'importance, ne s'abstinrent de s'entre-tuer que par la peur des grands chatimens, ce que l'on voit encore arriver presentement.

Entre qui le Droit, & la Iustice a lieu.

COmme apres tout ce qui vient d'estre dit, on peut demander entre qui le Droit, & l'infraction du Droit, & consequemment la Iustice, & l'Injustice qui luy sont opposées ont lieu; cela à mon avis, se doit entendre par la comparaison des hommes avec les autres Animaux.

De mesme donc qu'il n'y a aucune espece de Droit, & d'Injure, de Iuste, & d'Injuste entre le reste des Animaux, parce qu'il ne leur a pas esté possible de convenir entre eux qu'ils ne se feroient aucun mal les uns aux autres; ainsi il n'y en doit point avoir entre les Nations qui n'ont pû, ou qui n'ont pas voulu convenir qu'elles ne se feroient mutuellement aucum mal.

Car le Iuste, ou le Droit, dont l'observation se nomme Iustice, n'est que dans une Societé mutuelle, d'ou vient que la Iustice est un lien de Societé, entant que chacun des Associez peut vivre en seureté, & exempt de l'inquietude que cause la peur continuelle qu'on ne l'attaque, & qu'on ne luy fasse du mal; ainsi tous les Animaux, ou tous les hommes qui ne peuvent, ou ne veulent pas entrer en Societé, ni par consequent faire des Pactes, sont privez de ce bien, ou n'ont entre eux aucun lien de Droit, & de Iustice qui les fasse vivre en seureté : De sorte qu'il ne leur reste aucun autre moyen de seureté, que de prevenir les autres, & de les traitter si mal, qu'ils n'ayent pas le pouvoir de leur faire aucun dommage.

C'est pourquoy, de mesme qu'entre les Animaux qui n'ont convenu de rien entre eux, s'il arrive que quelqu'un en maltraitte un autre, l'on peut bien dire que celuy qui maltraitte est dommageable, ou fait mal à celuy qui est mal traitté, mais non pas qu'il soit Injuste à son egard, ou qu'il luy fasse injure, parce qu'il n'y a aucun Droit, aucun Pacte, aucune Loy qui l'oblige de ne luy point faire de mal; ainsi parmy les hommes qui n'ont fait aucun Pacte, ni aucune Societé, si quelqu'un en maltraitte un autre, on peut bien dire qu'il luy est dommageable, ou qu'il luy fait du mal, mais non pas qu'il soit injuste à son egard, ou qu'il luy fasse tort, & injure, parce qu'il n'y a aucune Loy qui l'oblige de ne luy point faire de mal.

Mais entre les hommes, & les autres Animaux peut-il y avoir de la Iustice ? Nullement. Il est vray que si les hommes pouvoient avec les Animaux, comme avec les hommes, faire des Pactes, & convenir de ne se tuer point mutuellement, l'on pourroit entre-eux & nous demander de la Iustice, car cela tendroit à la seureté mutuelle; mais parce qu'il ne se peut pas faire que des Animaux qui n'ont point de raison soient obligez, ou liez avec nous par des Loix communes, cela fait que nous ne pouvons point prendre plus de seureté des autres Animaux, que des choses inanimées : De sorte que pour estre en seureté, il ne nous reste point d'autre moyen que de nous servir de *la faculté qui est en nous de les tuer, ou de les contraindre à nous obeïr.*

Vous demanderez peut-estre en passant, d'où vient que nous tuons aussi les Animaux dont il semble que nous n'ayons rien à craindre ? Il est vray que nous pouvons souvent faire cela par Intemperance, & par ferocité, de mesme que par Inhumanité, & par cruauté nous mal-traitons quelquefois ceux qui sont hors de la Societé, & de qui il est impossible que nous ayons rien à craindre : Mais autre chose est pecher contre la Temperance, ou ses especes, telles que sont la Sobrieté, la Mansuetude, ou l'humanité, & la naturelle bonté, autre pecher contre la Iustice qui suppose des Pactes, ou des Loix. D'ailleurs de tous les Animaux qui ne sont pas nuisibles au genre-humain, il n'y en a aucune espece qui ne soit pernicieuse, si on la laisse peupler, & multiplier outre mesure.

Pour ce qui est maintenant de cette pretendue vie sauvage des premiers hommes, ce n'est pas Epicure qui le premier ait eu cette pensée, les Poëtes les plus anciens en parlent, & la supposent, lorsqu'ils disent, que ce fut Orphée ce sacré Interprete des Dieux, & Amphion le Fondateur de la Ville

DES VERTUS. 519
de Thebes, qui par leurs sages, & eloquentes remontrances retirerent les hommes de leur vie errante, & vagabonde, & adoucirent leurs mœurs sauvages, & cruelles.

Sylvestres homines sacer, interprésq; Deorũ
Moribus, & fœdo victu deterruit Orpheus,
Dictus ob id lenire tigres, rabidosque leones.
Dictus & Amphion Thebana cõditor arcis
Saxa movere sono testudinis, & prece blãda
Ducere quò vellet———

Ciceron mesme, comme s'il ne se souvenoit plus d'avoir tant exageré la dignité de la Nature humaine, & de l'avoir faite toute celeste, & toute divine, declare *qu'il y a eu un temps que les hommes estoient errans, & vagabonds parmy les champs à la maniere des bestes, que ni la Raison, ni la Religion, ni la Pieté, ni l'Humanité n'estoient point encore connuës parmy eux; qu'ils ne sçavoient ce que c'estoit que de mariages, ni que d'enfans legitimes; qu'il n'y avoit encore ni Droit Naturel, ni Civil escrits; qu'ils estoient dans une ignorance grossiere, & que la cupidité aveugle & temeraire se prevaloit des forces du corps pour se satisfaire, chacun possedant plus ou moins de choses, qu'il en avoit pû oster, ou retenir* par force en se battant, & en se dechirant avec l'un, & avec l'autre. Il ajoûte, qu'il se trouva enfin des hommes de meilleur sens, & de meilleur jugement que les autres, qui faisant reflection sur cette miserable vie, & reconnoissant d'ailleurs la docilité de l'Esprit humain, s'aviserent de faire des Remonstrances à leurs compagnons, & de leur faire voir l'utilité qu'il y auroit de se joindre ensemble; si bien que les retirant ainsi peu à peu de cette premiere ferocité, ils les ramenerent à la justice, & à l'humanité, inventerent le Droit Divin, & Humain, firent des Assemblées, puis des Villages, puis des Villes, & créerent enfin des Loix, & des Rois pour reprimer les plus petulans, & pour deffendre les plus foibles à l'encontre des plus forts.

Il y en a au contraire qui pretendent que le premier âge commença par ce celebre Siecle d'or, qui fut tel que les hommes sans estre liez par aucunes Loix, ou contraints par la peur des chatimens, vivoient innocemment, & cultivoient la pieté, la justice, & l'equité.

— — *cum vindice nullo,*
Sponte sua, sine lege fidem, rectúmq; colebãt:
Pœna, metúsq; aberant, nec vincla minacia
cello

DES VERTUS. 521

Ære ligabātur, nec supplex turba timebat
Iudicis ora sui, sed erant sine Iudice tuti.
Voicy comme en parle Seneque apres
Posidonius. *Ils n'estoient point encore
corrompus, ni depravez dans leurs mœurs,
& suivant la Nature qu'ils avoient pour
guide, & pour loy, ils ne regardoient dans
l'election de leur Chef ni à la force, ni à la
corpulence, mais à l'Esprit, & à la bonté:
Heureuses Nations chez lesquelles il n'y
avoit que le plus honneste homme qui pust
estre le plus puissant! Car celuy-là peut
autant qu'il veut, lequel ne croit pouvoir
que ce qu'il doit. C'estoit donc dans ce
Siecle d'or que la Royauté estoit entre les
mains des Sages. Ils empeschoient les querelles, & defendoient les plus foibles contre
l'oppression des plus forts; ils conseilloient,
ils dissuadoient, & remontroient ce qui
estoit utile, & inutile; leur prudence pourvoyoit aux necessitez de ceux qui estoient
sous leur conduite; leur valeur ecartoit les
dangers, & leur beneficence attiroit de nouveaux Sujets: Commander estoit une Charge, & non pas une Royauté, & la plus grande menace que pouvoit faire un Roy à ceux
qui n'obeïssoient pas, c'estoit de les quitter,
& de sortir du Royaume. Mais depuis
que le vice, & la corruption eurent changé*

les Royautez en Tyrannie, l'on commença d'avoir besoin de Loix, & les Sages en furent les premiers Autheurs.

Mais sans nous arrester à ces diverses Opinions que Lactance traitte de folie, *O ingenia hominum indigna, quæ has ineptias protulerunt! Miseros, atque miserabiles qui stultitiam suam literis, memoriæque mandaverunt!* Remarquons plutost que les Loix selon Epicure, estant etablies pour l'utilité commune, & afin qu'un chacun pouvant jouïr de son droit, pûst seurement, & agreablement passer la vie, & que n'y ayant rien qui soit plus selon la nature que cela, on n'a, ce semble, pas raison de luy objecter *quòd leges, & Iura à natura sejunxerit*, qu'il ait separé de la Nature les Loix, & le Droit; puis qu'il les a plutost tres etroitement conjoints par l'utilité qui est un lien tout à fait naturel, & absolument selon la nature. D'où vient qu'il n'y a pas aussi, ce semble, aucun sujet de le reprendre de ce qu'il ait plutost tiré les Loix, & le Droit de l'utilité que de la Nature; puis qu'il n'a pû les tirer de l'utilité, qu'il ne les ait en mesme temps tiré de la Nature. Disons plus, quel sujet y a t'il de le reprendre, puis qu'il n'y a d'ailleurs personne qui ne demeure d'accord que les premiers Legislateurs, & ceux qui sont venus depuis, ont eu cette mesme utilité pour but, & qu'il n'y a de Loix justes que celles qui sont pour cette utilité ? *La Societé Civile, dit Aristote, semble avoir commencé, & subsister encore presentement par l'utilité, les Legislateurs l'ont pour but, & ils appellent Droit ce qui est generalement utile.* Ciceron a eu la mesme pensée. *Il faut, dit-il, rapporter toutes les Loix au bien public, & les interpreter, non pas à la lettre, mais suivant l'utilité commune. Car nos predecesseurs ont eu cette sagesse, & cette prudence, qu'en dressant les Loix ils ne se sont proposé autre chose que le salut, & l'utilité du public.* Le salut du peuple, dit-il dans autre endroit, est la souveraine Loy, *Salus populi suprema Lex esto.* Il ajoûte *que les Magistrats de la Republique doivent s'attacher à ces deux preceptes de Platon, l'un d'estre tellement soigneux de l'utilité des Citoyens, qu'ils y rapportent tout ce qu'ils font, oubliant leur propre commodité, l'autre de prendre garde dans le gouvernement de la République,* qu'en voulant conserver une partie, ils n'abandonnent l'autre.

Veritablement Cujas avouë que le Droit Civil, ou de chaque Cité se tire de l'utilité commune, mais il le nie à l'egard du Droit des Gens, ou de tous les hommes en general ; car il pretend que celuy-là se tire de la Nature. Mais comme il avouë que ce Droit qui est commun à tous les Citoyens, se tire de l'utilité qui soit commune à tous les Citoyens, pourquoy n'admettra-t'il pas que ce Droit qui est commun à tous les hommes, se tire de l'utilité qui est commune à tous les hommes, de sorte que le Droit Naturel soit comme le genre generalissime, dont le Droit des Gens, ou des hommes soit une espece, & puis ce mesme Droit des Gens comme un genre moins etendu, dont le Droit Civil, ou de chaque Cité soit une espece ?

A l'egard de ce que dit aussi Epicure, qu'une veritable Loy suppose un Pacte mutuel, ou que toute Loy est une espece de Pacte, c'est une opinion qui luy est commune avec Platon, Aristote, Demosthene, Aristide, & plusieurs autres. Joint que la Loy divine mesme (qui entant qu'elle regarde les Citoyens peut estre censée la plus noble partie du Droit Civil)n'est autre chose qu'un Pacte fait entre Dieu, & les hommes. Il n'y a rien de plus ordinaire parmy les Sacrez Docteurs que d'entendre dire que l'une, & l'autre Loy, tant l'Ancienne, que la Nouvelle, est une Alliance, un Pacte; & il n'est rien de plus frequent dans les Saintes Ecritures, que de lire que Dieu fait des Pactes, comme avec Noé, avec Abraham, avec Jacob, lequel stipule aussi reciproquement avec Dieu qui luy avoit fait cette promesse, *Ie seray avec toy, & te garderay quelque part que tu aille, & je te rameneray en ton pays.* &c. A quoy Jacob repondit, *Si le Seigneur est avec moy, & s'il me garde dans le Voyage, s'il me donne du pain, & des vestemens, & si je puis retourner heureusement à la maison de mon Pere, je tiendray le Seigneur pour mon Dieu*, Erit mihi Dominus in Deum.

Mais pour ne faire mention que de la convention mutuelle qui se fit entre Dieu, & le Peuple, lorsque Dieu vouloit par l'entremise de Moyse donner l'Ancienne Loy, voicy comme Dieu parle, *Si vous entendez ma voix, & gardez mon*

Pacte, je vous considereray comme mon propre bien, & particulier, & auray plus de soin de vous que de tous les autres peuples, A quoy tout le Peuple repondit, *nous ferons tout ce que Dieu a ordonné.* A l'egard de la Loy Nouvelle, voicy la Prophetie de Jeremie, *les jours viendront dit le Seigneur, & je feray un nouveau Pacte avec la Maison d'Israël, & celle de Iacob, non selon le Pacte que j'ay fait avec leurs Peres, lors que je les pris par la main pour les tirer d'Egypte ; mais ce sera cecy le Pacte que je feray avec la Maison d'Israël, dit le Seigneur ; Ie leur donneray ma Loy dans leurs entrailles, & je l'ecriray dans leurs cœurs, & je seray leur Dieu, & il seront mon Peuple* : Mais cecy soit dit en passant.

Remarquons seulement qu'encore que de tout ce qui a esté dit il s'ensuive qu'a proprement parler il n'y a point de Loy des Gens, ni par consequent aucun Droit des Gens, parce qu'il ne s'est point fait de Pacte, ni de convention entre toutes les Nations ; neanmoins on peut dire que ce commun Precepte, *Tu ne feras à autre ce que tu ne veux pas qu'on te fasse,* doit estre reputé comme la premiere Loy naturelle, ou selon la Nature, non seulement parce qu'il n'y a rien de plus naturel, ou de plus selon la nature que la societé, & que la societé ne pouvant subsister sans ce precepte, il doit aussi estre censé naturel; mais parceque Dieu semble l'avoir imprimé dans le cœur de tous les hommes, & que cette Loy contient de telle maniere toutes les Loix de la Societé, que personne ne viole le droit d'autruy, que parce qu'il viole cette Loy; ce qui fait qu'elle doit elle seule estre consideréé comme la regle de toutes les actions qui regardent le Prochain.

Et defait, comme un chacun veut que son droit luy soit religieusement gardé, ensorte que personne n'y donne aucune atteinte, il n'a qu'a penser la mesme chose des autres, & qu'a se mettre en leur place pour reconnoistre incontinant ce qu'il doit, ou ne doit pas faire. De la vient que n'y ayant rien de plus prest, ou de plus à la main, ni de plus seur que nostre propre Conscience, un chacun se peut consulter soy mesme, & estre luy seul son propre & veritable Casuiste, de façon que celuy qui en cherche d'autre ne semble point tant estre disposé à ne vouloir point faire à autruy ce qui ne voudroit pas qu'on luy fist, qu'a ne l'oser faire, s'il n'a quelqu'un sur qui il puisse en rejetter la faute. Et c'est pour cela que Ciceron dit si bien dans ses Offices, que ceux qui defendent de faire quelque chose dont on soit en doute s'il est juste, ou injuste, ne sçauroient donner de precepte plus utile, ni plus raisônable; parceque l'Equité paroit & reluit d'elle mesme, & que le Doute est une marque que l'on pense à mal faire. *Bene præcipiunt qui vetant quidquam agere quod dubites æquum sit, an iniquum; æquitas enim lucet ipsa per se, dubitatio autem cogitationem significat injuriæ.* A ce sujet il me souvient, que feu Monsieur le Premier President de la Moignon, un des plus Sages, des plus integres, & des plus sçavans Juges qui ayent jamais esté à la teste de nostre auguste Parlement de Paris, nous disoit un jour fort serieusement en se promenant dans ses sombres Allées du Bois de Baville, que le principe de Ciceron bien etably parmy les hommes seroit d'une merveilleuse utilité, & qu'a l'egard de ceux qui ont de ces sortes de Doutes, & qui se mettent en peine de chercher des Casuistes pour les appuïer,

il

il avoit leu un tres bon mot dans un Autheur Espagnol, que ces gens là cherchent tacitement à chicaner contre la Loy de Dieu, *Quieren pleytear contra la ley de Dios.*

Ajoutons que les SS. Ecritures ont excellemment dit, que ce n'est pas au Juste que la Loy est imposée; parceque celuy qui est veritablement Juste ne l'observe pas par la crainte qu'il ait des peines que les Loix ordonnent, mais pour l'amour mesme de la Justice, & pour la veneration qu'il a pour elle, de façon, que quand il n'y auroit ni Loix, ni Magistrats, il l'observeroit toujours de mesme. D'où vient qu'on loüe avec raison ce beau mot de Menandre, *Si vous estes juste, vos mœurs vous tiendront lieu de Loix*; & cette reponse que fit Aristote, lors qu'on luy demandoit quelle utilité il avoit remporté de l'etude de la Philosophie, *De faire*, dît-il, *de moy-mesme, & sans contrainte, ce que les autres ne font que par la crainte des Loix,* ce qui a fait dire à Horace, qu'il ne faut rien faire par la crainte du chatiment, *Nihil esse faciendum formidine pœnæ,* & d'où l'on entend que les peines, & les chatimens sont non seulement ordonnez contre les meschans & les criminels afin qu'ils perissent, mais afin qu'en perissant ils epouvantent, & detournent les autres, ainsi que la remarqué Seneque, & apres luy Lactance, qui cite Platon comme ayant dit, *qu'un homme sage, & prudent ne punit pas parce que ce soit un peché (car il ne peut pas faire enforte que ce qui est fait, ne soit pas fait) mais afin qu'on ne peche plus*, mais entendons raisonner Epicure sur les avantages qu'il y a d'observer la Justice.

Que c'est avec beaucoup de raison qu'on observe la Justice.

LA Iustice ayant esté etablie par une Convention commune, un chacun doit estimer qu'il est né, ou receu dans la Societé où il est sous cette condition expresse, ou tacite, qu'il ne fera mal à personne, & que personne ne luy en fera, & qu'ainsi il faut ou s'en tenir au Pacte, ou sortir de la Societé, puis qu'il n'y est soufert que sous la mesme condition qu'il y a esté receu : D'où il s'ensuit, que comme naturellement il ne veut point estre maltraitté, il ne doit point aussi maltraitter les autres, ni faire à autry ce qu'il ne voudroit pas qu'on luy fit.

DES VERTUS.

Cela estant, on peut dire que les Loix ont esté etablies en faveur des Sages, non certes pour les empescher de faire des injustices, mais pour empescher qu'on ne leur en fasse: Car ils sont d'eux-mesmes disposez de telle sorte, que quand il n'y auroit point de Loix, ils ne feroient mal à personne; parce qu'ils ont mis des bornes à leurs desirs, & les ont reduits à l'indigence de la Nature, pour laquelle il n'est point necessaire de faire d'injustice; n'y ayant aucun plaisir de ceux que la Nature demande, qui doive estre cause qu'on fasse tort à personne, mais n'y ayant que ceux qui naissent des passions vaines, & effrenées.

En effect, la Nature ayant fait les herbes, les grains, les fruits, & l'eau tres aisez à obtenir, le grand plaisir qu'ils donnent, si l'on attend la faim, & la soif, n'est pas ce qui cause les larrecins, & les autres crimes que les hommes commettent communement, mais bien le vain desir de vivre plus splendidement, & plus somptueusement, & par consequent de s'enrichir pour pouvoir suffire à la depense: Pour ne rien dire de ceux, qui non contens d'un simple vestemen, d'une simple Maison, d'un simple Mariage, & ainsi du reste, & qui se laissent emporter à l'ambition, au luxe, à la luxure, &

aux autres passions, poussent leurs desirs au au delà de l'indigence de la Nature.

D'ailleurs, comme le Sage fait toutes choses pour soy-mesme, pour son bien, & pour sa satisfaction, il n'y a rien en quoy il puisse mieux seconder son dessein, qu'en observant etroitement la Iustice. Car lors qu'il rend à un chacun ce qui luy appartient, & qu'il ne nuit à personne, il maintient en son entier autant qui luy est possible la Societé, dont la ruine causeroit la sienne propre, il ne provoque personne à luy faire tort, & il ne craint point les amandes, & les chatimens que les Loix publiques ordonnent; desorte que ne se sentant la conscience chargée d'aucun crime, il vit en repos sans trouble, & sans inquietude, qui est le fruit de la Iustice le plus excellent de tous, & le plus avantageux qu'il puisse recueillir.

Et il ne faut pas penser, que celuy qui a secretement violé les Loix, & sans que personne le sçache, puisse jouir d'autant de repos, & de quietude d'Esprit qu'une personne veritablement juste : Car, comme je disois plus haut, encore qu'il l'ait fait hors de la veüe de temoins, il ne peut pourtant jamais s'assurer que la chose demeurera eternellement cachée : Les crimes peuvent bien estre secrets, mais non pas estre seurs, & il ne sert de rien à un homme qui fait une mechante action, de se cacher ; parce qu'il n'est pas assuré qu'elle demeurera cachée, comme il a eu la fortune de la cacher en la faisant.

Encore que pour le present un crime soit profondement enseveli, neanmoins il est incertain s'il demeurera caché jusques à la mort : Car la plus part du temps on entre en quelque soupçon des meschancetez qui se commettent, puis on en parle, & le bruit s'en repend, & enfin il se forme des accusations, & il se donne des Sentences. Il y en a eu mesme plusieurs qui se sont decouverts eux-mesmes, soit en révant, soit dans le delire, soit dans le vin, soit en laissant echaper quelque parore par megarde : Desorte qu'encore qu'un meschant homme trompe, comme on dit, les Dieux, & les hommes, il doit toujours estre inquiete, & dans la defiance que ces meschancetez ne demeureront pas toujours cachées.

Delà vient qu'encore que l'Injustice de soy, & de sa nature ne soit pas un mal, en ce que ce qui est juste icy, est reputé injuste ailleurs ; neanmoins c'est un mal dans cette crainte qu'elle excite, & qui fait que le meschant estant dans un continuel remord de conscience, il soupçonne quelque chose, &

apprehende que ces meschancetez ne viennent à la connoissance de ceux qui sont etablis pour les punir ; ce qui fait qu'il n'y a rien de plus seur, de plus convenable, & de plus utile pour vivre heureusement, & sans inquietude, que de vivre innocemment, & de ne violer jamais par ses actions les Pactes communs de la Paix.

C'est pourquoy l'homme Juste, & l'Injuste estant si fort opposez, en ce que comme celuy-là est exempt de trouble, & d'inquietude, celuy-cy au contraire est dans des inquietudes continuelles ; qui a-t'il de plus convenable, & de plus utile à celuy là que la Iustice, de plus nuisible à celuy-cy que l'Injustice ? Est-ce que le tourment d'Esprit, les inquietudes, & les craintes qui effrayent jour & nuit, peuvent estre utiles à qui que ce soit ?

Puis donc que la Iustice est un si grand bien, l'Injustice un si grand mal, aimons uniquement celle-là, & ayons une horreur extreme pour celle-cy : Et si par hazard nostre Esprit se trouve quelquefois en balance, & en doute de ce qu'il doit faire, proposons-nous l'exemple d'un homme de bien que nous ayons toûjours comme devant les yeux, afin que nous vivions comme s'il nous regardoit toûjours, & que nous faſſions tout comme s'il eſtoit preſent.

Ce conſeil nous ſervira, non ſeulement pour ne rien faire d'Injuſte, mais auſſi pour ne rien faire en cachette contre l'honneſteté : Cet homme de bien que nous aurons en veuë nous ſervira de garde, & de maiſtre, qui veillera ſur nous, que nous craindrons, & pour qui nous aurons du reſpect. Nous dirons en nous-meſmes, je ne ferois pas cela s'il le voyoit, & pourquoy l'oſeray-je donc faire en ſon abſence ? Il me blaſmeroit de cela comme d'une choſe mauvaiſe, pourquoy ne fuiray-je pas le mal de moy-meſme ? Faites donc toutes choſes comme ſi quelqu'un vous regardoit; car ſi vous avez ainſi de la veneration pour quelqu'un, vous en aurez bien-toſt pour vous-meſme.

Ciceron eſt merveilleux ſur ce ſujet. Si un chacun, dit-il, pour ſon avantage particulier eſtoit preſt & diſpoſé à violer le droit des autres, & à les depoüiller de leurs biens, l'on verroit bientoſt la ruine de cette Société humaine qui eſt ſi fort ſelon la Nature : Car demeſme que ſi chaque membre avoit ce ſentiment, qu'il cruſt ſe pouvoir bien porter s'il attiroit à ſoy la ſanté du membre voiſin, il faudroit de neceſſité que tout le corps s'affoiblit, & periſt enfin ; ainsi il faut de necessité que la Société & la communauté des hommes se detruise, si un chacun de nous ravit à soy le bien d'autruy, & luy oste ce qu'il a pour le convertir à son profit.

Veritablement il nous est permis sans que la Nature y repugne, d'estre plus curieux d'acquerir pour nous ce qui est necessaire à l'usage de la vie, que pour les autres; mais d'oster à autruy ce qui luy appartient, & de voir l'homme s'enrichir de la misere de l'homme, cela est plus contraire à la Nature que la mort, que la pauvreté, que la douleur, que tout ce qui peut arriver de plus funeste.

Il n'est rien de veritablement utile qui ne soit honneste, ni rien d'honneste qui ne soit utile, l'opinion de ceux qui separent ces deux choses est la peste la plus pernicieuse à la vie des hommes : Car c'est de là que naissent les empoisonnemens, les faux temoignages, les larcins, les concussions, &c. Ils voient l'utilité des choses par de faux jugemens, & s'ils echappent la peine des Loix qu'ils violent, ils n'echappent pas celle de l'Infamie qui est la plus grande, & la plus rigoureuse de toutes ; ils ne voient pas que de toutes les choses du monde la plus importante, & la plus considerable c'est la reputation d'estre honneste homme, homme juste, homme de bien, & qu'il n'y a utilité ni commodité si grande qui en puisse reparer la perte.

La vie d'un homme injuste est pleine de troubles, d'inquietudes, de remors, d'embusches, & de perils; que peut-il y avoir de bon & d'utile dans une vie qui est telle que si quelqu'un la ravissoit il seroit aimé, & honoré de tout le monde? Il n'est donc pas possible que la veritable utilité soit separée de la Iustice, & qu'elle puisse estre conjointe avec l'Injustice. Or comme le Iuste, & l'Injuste sont opposez, desorte que demesme que le premier est exempt de trouble, l'autre en est toûjours environné; quelle plus grande utilité peut recevoir un homme de bien que celle qui luy revient par le moyen de la Iustice, & quel plus grand dommage peut craindre un meschant que celuy que luy cause son injustice? Car quel profit peut-on retirer des soucis, des inquietudes, & des allarmes dans lesquelles on est jour & nuit?

Si l'on peut faire du dommage à un homme sans luy faire injure.

COmme autre chose est faire une chose Injuste, autre chose faire une Injure, puisqu'un homme peut faire une chose injuste ne le croyant pas, ou croyant mesme faire une chose juste; il est constant qu'on ne fait point Injure qu'ayant dessein de la faire, & qu'ainsi celuy qui la fait nuit volontairement, c'est à dire sçachant à qui, en quoy, & comment il nuit: D'où il s'ensuit que parce qu'autre chose est soufrir une chose Injuste, ou recevoir du dommage, autre chose soufrir une Injure, un homme peut bien volontairement soufrir une Injustice, mais non pas soufrir une Injure; & c'est pour cela qu'Aristote remarque, que si on definit l'homme qui fait une Injure, celuy qui nuit sçachant à qui, en quoy, & comment il nuit, cela ne suffit pas, mais qu'il faut ajoûter cette particule, *contre la volonté de celuy à qui il nuit.* Cela estant, il est evident en premier lieu, qu'il est impossible qu'on se fasse injure à soy mesme, ou qu'un homme reçoive une injure de soy-mesme : Car quelqu'un peut bien se faire du dommage à soy-mesme, ou agir contre sa propre utilité, mais non pas se faire une Injure, en ce que le mesme estant l'Agent, & le Patient, il agit & soufre volontairement. Il faut neanmoins se souvenir de ce que nous avons deja dit, & dirons encore ensuite, que celuy qui se veut du mal à soy-mesme, comme celuy qui veut sa mort, & qui se tue, ne veut pas le mal entant que mal, ou ne veut pas la mort entant qu'elle est l'extinction de la vie, mais entant que c'est un bien, c'est à dire entant que c'est la fin des maux dont il desire d'estre delivré, ce qu'il tient pour un grand bien. Il est demesme evident conformement à cette espece d'Axiome, *Volenti non fit injuria*, qu'on ne fait point d'injure à celuy qui est consentant du fait; puisque comme nous venons de dire, personne ne peut soufrir Injure que malgré soy; parce que l'Injure estant d'elle-mesme un mal, elle ne peut point estre consideree comme bien, ou comme cause d'aucun bien. Il est vray qu'il peut y avoir du crime dans celuy qui prend les biens d'un autre, quoy que cet autre en soit consentant, comme si par exemple il l'intimide sous quelque pretexte, s'il luy fait de belles promesses, s'il le flatte malicieusemét, s'il abuse de la foiblesse, ou de la facilité de son Esprit, ou s'il luy cache le prix, & la valeur de la chose, s'il ne l'avertit point de son erreur, & ainsi du reste; mais pource qui est de celuy qui le sçachant, & le voulant donne son bien, ou consent qu'on le prenne, il n'est point censé soufrir injure, mais dommage.

Au reste, comme faire, & soufrir Injure est un mal, si vous demandez à Aristote lequel des deux est le pire, il repondra que c'est faire Injure; parce que faire injure n'est point sans injustice, & que soufrir injure est sans vice, & sans injustice; d'où vient que Platon nous donne cet avertissement, *Qu'il faut plus se donner de garde de faire, que de soufrir injure*. Ajoûtons qu'encore que celuy qui reçoit quelque dommage ne le reçoive pas malgré luy, celuy qui fait le dommage à dessein de faire injure, n'est pas pour cela excusable; parce qu'il n'a pas tenu à luy que le dommage ne soit aussi injure. Seneque s'explique fort bien là dessus. *Il peut*, dit-il, arriver que quelqu'un me fasse injure, & que je ne la reçoive pas ; comme si quelqu'un vient mettre en ma maison ce qu'il a pris à ma metaerie, il aura fait un vol, & cependant je n'auray rien perdu. Si quelqu'un couche avec sa femme, croyant que c'est la femme d'un autre, il est Adultere, quoy que la femme ne le soit pas. Quelqu'un m'a donné du poison, mais comme il s'est trouvé meslé avec des viandes il a perdu sa force, celuy qui a donné le poison est criminel, quoy qu'il n'ait point causé de dommage : Tous les crimes premeditez sont, en egard au peché, faits & accomplis avant l'effet mesme.

CHAPITRE IX.

Des Vertus qui accompagnent la Iustice, à sçavoir la Religion, la Pieté, l'Oservance, l'Amitié, la Beneficence, la Liberalité, la Gratitude, & premierement de la Religion.

Comme il y a principalement deux causes pour lesquelles Dieu merite de la Religion, du Culte, de la Veneration, l'une l'Excellence Souveraine de sa Nature, l'autre sa Beneficence à nostre egard ; ceux qui les premiers l'ont nommé tres Bon, & tres Grand, *Optimum, Maximum*, avoient sans doute en veuë ces deux raisons ; parce qu'entant que tres Bon, il est souverainement Bienfaisant, & entant que tres Grand, il est souverainement Excellent: Deserte qu'on pourroit loüer Epicure de ce qu'il a cru *que Dieu doit estre honoré sans esperance, & simplement acause de Sa Majesté suprême, & de sa Souveraine Nature ; en ce que tout ce qui est Excellentissime merite d'estre veneré, & honoré:* Mais qu'il n'ait reconû que cette cause, & n'ait point admis la Beneficence, c'est ce que l'on ne sçauroit trop blasmer : Car comme luy dit excellemment Seneque, *Tu ne reconnois point les Bienfaits de Dieu, mais tu pretens qu'eloigné des affaires du Monde, & ne songeant point à nous, il joüit d'un repos, & d'une felicité assurée, sans que les bonnes actions le touchent davantage que les mauvaises :* Celuy qui tient ces discours impies n'entend pas *les voix de ceux qui prient de toutes parts, & qui les mains levées vers le Ciel, font des vœux soit publics, soit particuliers ; ce qui*

DES VERTUS.

ne se feroit, assurement point, & assurement tous les Mortels n'ont point ainsi d'un commun accord donné dans une telle fureur, que de parler à de sourdes, & inefficaces Divinitez; ils doivent avoir reconnu que tantost les Dieux previennent, & tantost secondent nos vœux par leurs bien-faits, & que souvent mesme ils nous secourent si puissammēt, & si à propos, qu'ils detournent les grands malheurs qui nous menaçoient. Quel est l'Homme si miserable, si abandonné, & d'une destinée si malheureuse, qui n'ait ressenti cette grande munificence des Dieux? Si vous considerez mesme ceux-là qui deplorent leur fortune, & qui ne font que se plaindre, vous n'en trouverez aucun à qui le Ciel n'ait fait quelque grace, & auquel il ne soit parvenu quelque ecoulement de cette liberale Source? Dieu, poursuit-il, ne nous fait point de bien? D'où te viennent donc tant de choses que tu possede, que tu donne, que tu refuse, que tu garde, que tu prens? D'où vient cette infinité d'objets qui flattent si agreablement tes yeux, tes oreilles, & ton Esprit? Il ne s'est pas contenté de pourvoir aux choses necessaires, son amour a passé jusques à nous en fournir de delicieuses, tant de fruits differens, tant d'herbages salutaires, tant d'alimens divers qui se succedent l'un à l'autre selon les Saisons ? Il n'y a pas jusques aux plus paresseux qui n'en trouvent fortuitement par tout sans peine, & sans travail. C'est luy qui nous a fait naître toutes ces especes d'Animaux soit dans la Terre, soit dans les Eaux, soit dans l'Air, afin que toutes les parties de la Nature nous payassent quelque tribut. C'est par son ordre que de certains Fleuves vont serpentant dans les Campagnes fertiles pour faciliter le transport mutuel des choses necessaires à la vie, & que d'autres par une merveille inconnue s'enflent subitement & reglement dans le plus fort de l'Esté pour arroser les terres qui sont sujettes aux chaleurs bruslantes du Soleil. Que dirons-nous de toutes ces Sources d'eaux Medicinales chaudes, & froides qui sont repandues par toute la Terre, de façon que les chaudes semblent quelquefois sortir du sein mesme de la froideur ?

Si l'on vous a donné quelques journeaux de terre, ou quelque somme d'argent, vous appellez cela un bienfait, & vous avez de la peine à avoüer que ces immenses espaces de terre, & toutes ces mines inepuisables d'or, & d'argent soient des bienfaits ? Ingrat que tu es, d'où te vient cet Air que

tu respires, cette lumiere qui te sert à te
conduire, ce sang qui coule dans tes veines,
& qui contient les esprits vitaux, & animaux, ces saveurs exquises, ce repos dans
lequel tu pourris ? Si tu avois quelque ressentiment de Gratitude, ne dirois-tu pas
que c'est Dieu qui est l'Auteur de ce repos?
——— *Deus nobis hæc otia fecit ;*
Namque erit ille mihi semper Deus.
Nous avons en nous-mesmes les semences
de tous les âges, & de tous les Arts, & Dieu
le Souverain Maistre les tire secrettement,
& les fait paroitre comme il luy plaist.
C'est la Nature, dites-vous, qui me donne
tout cela : Hé ne voyez-vous pas que ce
n'est que changer les noms de Dieu ? Car
que pensez-vous que soit cette Nature sinon Dieu-mesme, & la Divine intelligence
qui est infuse, & repandue dans tout le
Monde, & dans toutes ses parties ? Vous
le pouvez nommer de tel autre nom qu'il
vous plaira, Iupiter tres bon, Iupiter tres
grand, tonnant, fulminant, &c. Vous le
pouvez mesme si vous voulez appeller Destin, ou Fortune, puisque le Destin n'est
autre chose qu'un enchainement de causes
qui se suivent l'une l'autre, & que Dieu
est la premiere Cause de laquelle toutes les
autres dependent. Vous n'avancez donc

rien de dire que vous ne devez rien à Dieu, mais à la Nature ; puisque la Nature n'est point sans Dieu, ni Dieu sans la Nature, & que Dieu, & la Nature sont une mesme chose, tous ces differents noms estant des noms d'un mesme Dieu qui use differemment de sa puissance.

Mais laissant là Epicure, & supposant l'Existence de Dieu, sa Providence, & tous ces Attributs qui sont le fondement du Culte supreme qu'on luy doit, & de la Religion, il semble que ce seroit icy le lieu de montrer comme la Sacrée Religion que nous professons est la seule, vraye, & legitime; mais comme c'est une matiere toute speciale, & qui ne se doit traitter que solidement, & profundement, nous la laisserons aux Theologiens qui l'enseignent avec les circonstances, & la dignité qu'elle demande, il suffit icy de toucher ce que monstre la lumiere de la Nature. *Dieu*, dit Lactance, *a voulu que la nature de l'homme fust telle, qu'il eust de l'inclination & de l'amour pour deux choses qui sont la Religion, & la Sagesse : Mais les hommes se trompent, ou parce qu'ils prenent la Religion, laissant la Sagesse, ou parce qu'ils s'appliquent à la Sagesse seule, laissant la Religion, au lieu* que l'un ne peut estre vray sans l'autre; ils embrassent donc diverses Religions, mais qui sont fausses, parce qu'ils ont laissé la Sagesse qui leur pouvoit enseigner qu'il est impossible qu'il y ait plusieurs Dieux; ou ils s'appliquent à la Sagesse, mais qui est fausse, parce qu'ils ont laissé la Religion d'un Souverain Dieu qui les auroit instruit de la vraye Science : Ainsi ceux qui prennent ou l'un, ou l'autre seulement, se detournent du vray chemin, & en suivent un qui est plein de tres grandes erreurs; parceque le devoir de l'homme, & toute la verité est inseparablement renfermée dans ces deux chefs. Apres que Lactance s'est ainsi expliqué, & qu'il a ensuite enseigné de quelle maniere, & par quel Sacrifice il faut honnorer Dieu, voicy comme il poursuit, *Cette Sainte & Souveraine Majesté ne demande de l'homme autre chose que l'innocence, celuy qui l'offre à Dieu fait un Sacrifice assez pieux, & assez Religieux.* Et apres qu'il a rejetté diverses Ceremonies supersticieuses, il ajoûte, *La Religion Celeste consiste, non pas dans les choses corruptibles, mais dans les Vertus de l'Esprit qui tire son origine du Ciel. Le veritable Culte est celuy dans lequel une Ame pure, & sans tache s'offre elle-mesme* en Sacrifice. Quiconque obeït à ces celestes Preceptes, il honore veritablement Dieu, dont les Sacrifices sont la Mansuetude, l'innocence de la vie, & les bonnes œuvres. Autant de fois sacrifie-t'il à Dieu qu'il fait quelque bonne, & pieuse action : Car Dieu ne veut point de Victime d'Animal, de mort, & de Sang, mais il veut pour Victime le cœur, & la vie de l'homme. Ce Sacrifice ne demande ni vervaine, ni fibres, ni gazons, choses va., & inutiles, mais des paroles qui sortent au fond du cœur. L'on n'ensanglante point l'Autel de Dieu, qui est dans le cœur de l'homme, mais l'on y met la justice, la patience, la foy, l'innocence, la chasteté, l'abstinence. C'est là le veritable Culte, c'est là la Loy de Dieu, comme a dit Ciceron, cette Loy excellente, & Divine qui ne commande jamais que des choses justes, & honnestes, & qui deffend les mauvaises, & les deshonnestes. Le Souverain Culte de Dieu c'est la loüange qui luy est adressée par la bouche de l'homme juste, mais afin que cette loüange luy soit agreable, il faut qu'elle soit accompagnée d'humilité, de crainte, & d'une grande devotion; de peur que l'homme ne se confiant dans son integrité, & dans son innocence, ne tombe dans la vaine gloire, & dans l'arrogance, & qu'ainsi il ne perde la grace de la Vertu. S'il veut estre aimé de Dieu, qu'il ait la conscience nette de toute tache, qu'il implore sans cesse sa misericorde, & qu'il ne luy demande autre chose que le pardon de ses pechez. S'il luy arrive quelque bien, qu'il luy en rende graces; s'il luy arrive du mal, qu'il le soufre patiemment, avoüant qu'il lui est arrivé à cause de ses pechez; que dans les malheurs il ne laisse pas de rendre graces, & que dans la prosperité il soit humble, & satisfait, afin qu'il soit toujours le mesme, stable, & inebranlable: Et qu'il ne croye pas qu'il luy faille seulement faire cela dans les Temples, il le fera dans sa maison, dans sa chambre, & dans son lict. Enfin il aura toujours Dieu consacré dans son cœur, parce qu'il est luy-mesme le Temple de Dieu. Que s'il sert ainsi constamment, & devotieusement Dieu son Pere, & son souverain Maistre, ce sera une justice parfaite, & consommée; car celuy qui demeure inebranlable dans la justice, a obey à Dieu, & a satisfait à la Religion, & à son devoir.

Ciceron est aussi merveilleux sur ce sujet, voicy comme il parle. *La droite raison est assurement une veritable Loy, convenable à la Nature, & repandue dans* tous les hommes, constante, immuable, eternelle, nous portant par un commandement interieur à nostre devoir, & par des deffenses secrettes nous detournant du mal, & des tromperies. C'est une Loy qui n'a point besoin d'estre publiée, on n'en sçauroit rien retrancher, & elle ne sçauroit estre abrogée. Ni le Senat, ni le peuple ne sçauroient nous dispenser de cette Loy, & il n'en faut point chercher d'autre Interprete que soy-mesme. Elle ne sera point autre à Rome, autre à Athenes, autre maintenant, & autre à l'avenir; mais elle sera toujours constamment, & invariablement la mesme chez toutes les Nations, & dans tous les Temps, & Dieu seul sera comme le Maistre commun, & le Souverain Commandant de tous les hommes. C'est luy qui est l'Inventeur de cette Loy, l'Interprete, & le Legislateur; celuy qui n'obeïra pas à cette Loy, se fuira luy-mesme, & meprisera la nature de l'homme, & quoy qu'il ait evité les suplices ordinaires, il sera rigoureusement puny.

Seneque n'est pas moins admirable. Il y a, dit-il, je ne sçay quoy de plus grand qu'on ne sçauroit penser; il y a une Divinité que nous reconnoissons en vivant; conformons-nous à sa volonté, & à ses commandemens; une conscience cachée, & fermée ne sert de rien, tout est ouvert à Dieu. Voulez-vous, dit-il ensuite, vous representer Dieu grand comme il est, majestueux, & tout ensemble doux, benin, amy, & toûjours prest à vous assister ; ce n'est point par les Sacrifices sanglants des Animaux, & par l'abondance du sang que vous l'honorerez ; car quel plaisir y a-t'il dans l'egorgement des Animaux innocens, mais par une conscience pure, & qui a toûjours en veuë le bien, & l'honnesteté. Le Sacrifice qu'un chacun luy fait dans son cœur luy est plus agreable que tous ces Temples magnifiques, & tous ces grands Edifices de pierres amoncelées les unes sur les autres. Voicy encore ce qu'il ajoûte. Le premier Culte des Dieux, c'est de croire qu'il y en a, qu'ils sont, & qu'ils existent, il faut ensuite reconnoître leur Majesté Souveraine, & leur donner pour attribut la bonté, sans quoy il n'y auroit point de Majesté ; il faut estre persuadé que ce sont eux qui gouvernent le Monde, qui par leur puissance reglent, & temperent toutes choses, qui ont soin du genre humain, jusques à entrer quelquefois dans les affaires des particuliers ; qu'ils ne font pas le mal, & qu'ils n'en ont point ; qu'au reste ils en chatient quelques-uns, & punissent quelquefois sous apparence de bien: Voulez-vous avoir les Dieux propices ? Soyez bon, celuy-là les honore suffisamment qui les imite.

Pour ce qui est des Prieres, veritablement Seneque n'est pas de ceux qui croyent qu'il ne faut point prier Dieu; mais il veut neanmoins qu'on le prie de maniere que si tout le monde nous entendoit, & qu'ainsi il n'y eust personne qui ne deust approuver nostre priere. Sçachez, dit-il, que vous serez libres de tous desirs vains, & superflus, lorsque vous en serez venus à ne demander à Dieu que ce que vous luy pouvez demander devant tout le monde ; ce que vous luy devez demander, c'est qu'il vous donne la santé de l'Esprit avec celle du corps. *Orandum est ut sit Mens sana in corpore sano.*

Iusques où ne va point la fureur, & la folie des hommes ! Ils font secrettement à Dieu des prieres qui sont tellement sales, & deshonnestes, que s'ils s'appercevoient que quelqu'un prestast l'oreille pour les entendre, ils se tairoient tout court, confus, & honteux, ils ont l'effronterie de raconter à Dieu ce qu'ils ne voudroient pas que les hommes sçeussent. Suivez donc ce Precepte salutaire,

vivez

vivez avec les hommes comme si Dieu vous voyoit, parlez avec Dieu comme si les hommes vous entendoient? L'on sçait comme les Poëtes Satyriques ont de tous temps declamé contre ces vœux infames qu'un meschant homme fait tout bas en luy-mesme, & en marmotant entre ses dents.

Ille sibi introrsùm, & sub lingua obmurmurat, ô si
Ebullet patrui præclarum funus! &, ô si
Sub rastro crepet argenti mihi seria dextro
Hercule! pupilluq; utinā, quē proximus hæres
Impello, expungam!

Le celebre Satyrique de nostre temps n'a aussi pû s'en taire dans cette sçavante Epistre qu'il adresse à son spirituel Amy Monsieur de Guilleragues.

O! que si cet Hyver, un rhûme salutaire
Guerissāt de tous maux mō avare Beaupere
Pouvoit, biē confessé l'estēdre en un cercueil,
Et remplir sa maison d'un agreable dëüil!
Quē mō ame en ce jour de joye & d'opulēce,
D'ū superbe cōvoy plaindroit peu la depēse!
Disoit le mois passé, doux, hōneste & soumis
L'Heritier affamé de ce riche Commis
Qui, pour luy preparer cette douce journée,
Tourmenta quarante ans sa vie infortunée.

L'on sçait aussi à propos de ces sortes

de prieres indignes & ridicules, la reponse que Socrate fit à ceux qui luy demandoient pourquoy l'Oracle favorisoit plutost les Lacedemoniens que les Atheniens ; *parceque, dît-il, les prieres des Lacedemoniens plaisent davantage à l'Oracle que celles des Atheniens, & elles luy plaisent davantage parce qu'ils ne demandent jamais autre chose aux Dieux soit en public, soit en particulier, sinon qu'ils leur donnent ce qui est bon, & honneste.* L'on sçait enfin ce qu'Epicure disoit, *que si Dieu acceptoit toutes les prieres qu'on luy fait, les hommes periroient bientost ; parce qu'ils demandent continuellement des choses qui estant utiles aux uns, sont pernicieuses aux autres.*

Pour ce qui est de la Superstition, Ciceron veut qu'on la distingue soigneusement de la vraye Religion. *Car il ne faut pas s'imaginer, dit-il, qu'en ostant la Superstition on oste la Religion. Il est d'un homme sage de garder les institutions, les mysteres, & les ceremonies de ses Ancestres, & de reconnoitre cette excellente, eternelle, & admirable Nature que la beauté de l'Vnivers, & l'ordre des choses celestes contraignent d'avoüer. C'est pourquoy, demesme qu'il faut tascher d'etendre* la Religion qui est jointe avec la connoissance de la Nature ; ainsi il faut tascher d'extirper la Superstition, & d'en oster toutes les racines. Car elle vous presse, & vous poursuit par tout, & de quelque costé que vous-vous tourniez, vous la rencontrez toujours, soit que vous entendiez un Devin, ou un presage ; soit que vous immoliez un Animal, soit que vous consideriez le vol d'un oiseau, soit que vous voyiez un Chaldéen, ou un de ceux qui predisent par l'inspection des entrailles des Animaux, soit qu'il eclaire, ou qu'il tonne, ou que la foudre tombe du Ciel, soit qu'il naisse quelque Animal monstrueux, ou qu'il se soit fait quelque chose de ce qui doit d'ordinaire, & necessairement arriver ; de façon que l'on ne sçauroit jamais avoir l'Esprit bien en repos. Il n'y a pas jusques au sommeil, le refuge apparent de tous les travaux d'Esprit, qui par les visions extravagantes qu'il fournit, ne cause des terreurs, des soucis, & des inquietudes.

Ce que nous venons de dire de la Superstition me fait souvenir d'un scrupule de quelques Anciens qui ont blâmé les Philosophes de leur temps de ce qu'il assistoient aux Ceremonies superstitieuses de la Religion, quoyque dans leur cœur ils les improuvaſſent, ce qui ſemble eſtre contraire à la candeur, & à la bonne foy de la Philoſophie. Il eſt vray, dit noſtre Autheur en parlant d'Epicure, & en taſchant en quelque façon de l'excuſer ſur ce point là, que la candeur dans les actions ainſi que dans les paroles eſt extremement loüable; mais que faire, ajoute-t'il, ſi l'on conſidere un homme hors de la vraye Religion dans laquelle on doit avoir une parfaite conformité de penſées, de paroles, & d'œuvres? Il eſtoit ce ſemble alors du devoir de la Sageſſe, & du Philoſophe de ne pas penſer comme le Peuple, & cependant de parler, & de faire comme le Peuple. *Pars hæc tum erat Sapientiæ ut Philoſophi ſentirent cum paucis, loquerentur verò, agerentque cum multis.* Epicure aſſiſtoit à ces Ceremonies ſuperſtitieuſes, parce que le Droit Civil, & la Tranquillité publique demandoient cela de luy: Il les improuvoit, parce qu'il n'y a rien qui puiſſe contraindre l'Eſprit du Sage à croire ce que croit le Peuple: Interieurement il eſtoit libre, au dehors il eſtoit attaché au Loix de la Societé des hommes: Ainſi il s'acquittoit en meſme temps de ce qu'il devoit aux autres, & de ce qu'il se devoit à luy-mesme. *Intererat, quia Ius Civile, & tranquillitas publica illud ex ipso exigebat: Improbabat, quia nihil cogit Animum Sapientis ut vulgaria sapiat: Intùs erat sui juris, foras Legibus obstrictus Societatis hominum : Ita persolvebat eodem tempore quod & aliis debebat, & sibi.*

De la Pieté.

IL nous faut ensuite parler de la Pieté qui regarde les Parens, comme la Religion regarde le culte de Dieu. Car de mesme que Dieu est dit le Pere des choses, parceque c'est luy qui a produit toutes choses, ainsi les Enfans doivent considerer leurs Parens comme quelques Dieux, qui les ont produit. Et defait, apres l'obligation que nous avons à Dieu, il n'y en peut point avoir de plus grande, & de plus authentique que celle qui nous attache à nos peres, & à nos meres, puis qu'à l'egard des autres personnes nous leur pouvons bien devoir quelques autres biens, mais qu'à nos peres & à nos meres nous leur sommes obligez de nous-mesmes, ou de ce que nous sommes; & s'il est si fort selon la Nature de nous aimer nous mesmes, combien doit-il estre selon la Nature d'aimer ceux par qui nous qui aimons sommes, & de qui nous tenons ce que nous aimons, qui est nous-mesmes? S'il est mesme tellement selon la Nature d'aimer celuy qui nous aime, y a-t'il un plus ardent amour que celuy des peres & des meres à l'egard de leurs enfans? Et la Nature irritée pourroit-elle par consequent produire un monstre plus horrible qu'un fils qui n'aimeroit pas son pere & sa mere, ou qui seroit ingrat envers eux ? Certainement s'il y en a qui soient tels, quel repos de conscience peuvent-ils avoir, & ne doivent-ils pas estre tourmentez jour & nuit pour un crime si detestable ? Combien au contraire doit avoir de joye un Enfant qui aime de tout son cœur ses pere & mere, qui n'a rien tant à cœur que de leur temoigner sa gratitude par toutes sortes de bons offices, soit en les honnorant, soit en les aimant, & qui n'a point de plus grand plaisir que de leur procurer quelque plaisir, & principalement celuy d'estre bien aise d'avoir engendré un tel fils! O combien agreable, & combien estimable fut le fardeau de celuy qui dans un embrasement public meprisa generalement toutes choses pour sauver son pere qu'il emporta sain & sauve sur ses epaules au travers des flammes, & des fleches des ennemis !

Ille ego per flammas & mille sequentia tela Eripui his humeris, medioq; ex hoste recepi, ce que les Poëtes ont dit d'Ænée, & qu'Elian raconte de ces deux freres de Catane, qui dans la furie du Mont-Etna sauverent leur Pere au milieu des flammes, qui par hazard, ou par une permission Divine se fendirent, dit-on, pour les laisser passer. Que c'est avec grande raison que Solon estimée heureux Cleobis, & Biton, non seulement acause de l'heureuse fin de leur vie, mais principalement acause de cette grande joye qu'ils ressentirent, lorsque faute de bœufs, ils tirerent, attachez à un joug tres doux, le Chariot où estoit leur mere.

Je ne sçaurois m'empescher de faire icy une petite digression, & de souhaitter avec Martini qui nous a donné cette rare & excellente histoire des Roys de la Chine, que la Pieté des Chrestiens envers leurs Pere & Mere, peust egaler celle des Chinois, quoy qu'Idolatres envers les leurs. *Cette Pieté*, dit-il, *est encore maintenant observée chez les Chinois avec un respect incroyable, & un abandon à la tristesse tout-à-fait merveilleux. Trois ans entiers les Enfans pleurent la mort de leur Pere, & commençant d'ordinaire par se defaire de la Charge publique qu'ils exercent, ils ne sortent point de leur maison durant tout cet espace de temps, changent d'appartement, d'alimens, & de meubles pour en prendre de plus simples, ne s'assient que sur quelque petit banc assez bas, ne boivent point de vin, ne mangent d'aucunes viandes delicates, & se contentēt de simples herbages, leurs vestemens estant fort grossiers, de quelque grosse toile blanche, qui est chez eux la couleur de dueil, & le lict où ils couchent assez incommode: Il n'y a pas jusques à leur maniere ordinaire de parler qui ne soit changée, & qui ne ressente la douleur, & l'affliction: Celuy qui est en dueil ne se donne point d'autre nom que de fils miserable, & ingrat, comme n'ayant pas sçeu par ses bons offices, & par ses soins prolonger la vie de son cher Pere, & luy ayant plutost avancé ses jours par ses negligences, & par les deplaisirs qu'il luy a donnez; s'il ecrit, ce* n'est plus que sur du papier jaune, ou bleu, qui sont aussi chez eux des couleurs de tristesse. Mais ce qu'on ne sçauroit trop loüer, c'est que cette Pieté merveilleuse des Chinois paroit non seulement dans le dueil apres la mort de leurs Peres, & de leurs Meres, mais aussi dans le respect, dans l'obeissance, & dans les bons offices qu'ils leur rendent pendant leur vie ; jusques-là qu'il s'en trouve plusieurs qui les voyant cassez de vieillesse, quittent tout pour les venir assister eux-mesmes, se demettant de leurs Charges entre les mains de l'Empereur, qui ne leur refuse ordinairement point cette grace, sçachant que dans cette Pieté il n'y a ni ambition, ni vanité meslées : Mais cecy soit dit en passant, reprenons nôtre Autheur, & venons aux devoirs indispensables des Enfans envers leurs Peres, & leurs Meres.

Le premier est, non seulement d'avoir beaucoup d'estime pour eux, & de les considerer comme les autheurs de leur estre, & comme tenans la place de Dieu à leur egard ; mais aussi de faire paroistre cette estime, & cette veneration interieure qu'ils auront pour eux, par des marques exterieures d'honneur, & de respect, en faisant connoitre à tout le monde qu'ils les estiment, & les tiennent infiniment au dessus d'eux. C'est ainsi qu'en usa le pieux Cimon, qui n'ayant pas dequoy obtenir la permission d'ensevelir le corps de son Pere, se vendit luy-mesme pour le rachepter par le prix de sa liberté.

Le second est d'obeïr à leurs commandemens, & de suivre leur volonté, car c'est là la principale partie de la veneration, & du respect qu'on leur doit, & ne leur obeir pas c'est temoigner du mepris pour eux. Il est vray qu'on ne seroit pas tenu de leur obeir, s'ils commandoient quelque chose contre Dieu, contre la Patrie, & contre le Droit, & la Justice; mais il est tres rare qu'un Pere, & une Mere commandent quelque chose de la sorte à leurs Enfans, & un fils ne doit pas temerairement donner une mauvaise interpretation aux commandemens de son Pere; desorte que si pour des raisons evidentes & convaincantes il se trouve contraint de ne luy pas obeir, ce refus se doit faire avec un respect, & une moderation tout à fait honneste, & bienseante. Or il s'ensuit de là que les Enfans ne doivent jamais rien entreprendre malgré leurs Peres, & leurs Meres, & principalement dans des choses qui sont de la derniere consequence, comme le Mariage; parcequ'ils connoissent ce qui est de l'interest des Enfans, & qu'on doit presumer qu'ils ne demandent que leur bien, & leur avantage. Il s'ensuit aussi que s'il y a quelque chose de trop austere, d'importun, & de vicieux dans les Parens, ils le doivent endurer patiemment, & bien loin de l'exagerer ou de s'en plaindre, ne soufrir pas qu'on leur reproche.

Le troisieme est de les assister dás tous leurs besoins, se souvenants des soins, des peines, & des inquietudes qu'ils leur ont donné dans l'Enfance, & dans la suite de l'age; se souvenants de plus de cette belle Sentence d'Aristote, *qu'il y a plus d'honneur, & de grandeur d'Ame à songer aux Autheurs de nostre Estre, qu'à nous-mêmes; & que nous sommes obligez de les honnorer, côme nous honnorons les Dieux immortels*; se souvenants enfin du Precepte Divin, qui promet une longue, & heureuse vie aux Enfans qui honnoreront leurs Peres, & leurs Meres, *honora Patrem, & Matrem si vis esse longævus super terram*, ce que l'on peut dire estre un precepte, & une morale de tous les siecles.

Sencs Parentes nutriens diu vives.

Ne toucherons-nous point aussi un mot de la Pieté, & de l'Amour que nous devons avoir pour la Patrie, qui constamment nous doit estre plus chere que nos Parens mesmes ? Nous ne pouvons point assurement nous dispenser d'en parler, d'autant plus que nous avons deja marqué plus haut, qu'il est mesme permis d'accuser son Pere, si apres avoir reconnu qu'il trahit la Patrie, ou qu'il s'en veut rendre le Maistre, & l'avoir prié, & sollicité de se desister d'un si pernicieux dessein, les prieres sont inutiles contre son ambition, & ne le peuvent ramener à la raison. Et ce n'est pas certes sans sujet que nous avons avancé cela ; car comme l'amour qu'on a pour la Patrie est dit Pieté, parceque la Patrie est la Mere commune qui nous engendre, qui nous nourrit, & qui nous entretient, il est evident que la Patrie qui est la mere de nos Peres, & de nos Meres, de nos Parens, & de nos Amis, & qui comprend tout, nous doit estre plus chere que tout. C'est ce que dit si bien Ciceron. *Peut-*

il y avoir une Parenté plus proche que la Patrie dans laquelle sont compris tous les Parens ? Si nos Peres, & nos Meres, nos Enfans, nos Alliez, & nos Amis nous sont chers, combien la Patrie qui les embrasse tous, nous doit-elle estre encore plus chere? Y a-t'il un homme de bien qui ne doive exposer sa vie pour elle s'il luy peut rendre quelque bon office ? Et y a-t'il une ferocité plus detestable que de la dechirer, que de tascher de la perdre, & de la ruiner, comme quelques-uns ont voulu faire ?

De l'Observance.

LA troisieme des Vertus qui accompagnent la Justice, est celle que Ciceron appelle *Observantia*, par laquelle nous sommes portez à reverer, & honorer ceux qui sont elevez au dessus des autres en dignité, en âge, ou en sagesse. Car comme l'excellence, ou la benificence, sont la cause de la reverence, & de l'honneur qu'on rend, & que ceux qui sont elevez aux Dignitez sont censez en estre dignes, & estre comme nez, & destinez au bien public, soit en gouvernant, & conduisant les Peuples, soit en terminant leurs differens, & leurs procez, soit en repoussant les Ennemis, ou en procurant la seureté publique, & l'abondance, il est constant qu'on les doit honorer, & respecter ; d'autant plus que si cela ne se faisoit, il ne se trouveroit personne qui voulut prendre les soins, & les peines necessaires pour la Republique, ce qui causeroit des troubles, & des desordres que le seul respect peut empescher.

L'on ne sçauroit aussi douter que la Vieillesse ne soit de soy venerable, en ce qu'ayant l'experience des choses, elle a par consequent la prudence pour conseiller les plus jeunes, & leur procurer leur bien. *Les Ieunes*, dit Sopater dans Strobée, *doivent honorer ceux qui sont plus âgez qu'eux, faire choix des plus gens de bien, & des plus experimentez, suivre leur conseil, & s'appuyer de leur authorité.* Et c'est pour cela que ce Grand Capitaine de Grece honnora toûjours Nestor sur tous les autres, & qu'il ne souhaitta point d'en avoir dix semblables à Ajax, mais à Nestor. Cependant la Vieillesse sera d'autant plus digne de respect, & de veneration, qu'elle n'aura pas simplement des cheveux blancs à montrer, mais qu'elle aura de la prudence, qu'elle sera capable de donner de bons conseils, & qu'elle se sera renduë recommandable par ses vertus, & par ses bonnes actions. Enfin il est evident qu'on doit avoir du respect, & de la veneration pour ceux qui sont sages, ou vertueux, puisque la Sagesse, ou la vertu seule est le veritable & le juste fondement de tout l'honneur qui se rend. Il est vray *que la vertu seule est*, comme on dit, *sa propre, & tres ample recompense* ; mais si ceux qui sont vertueux ne cherchent point à en tirer de la gloire, & de l'honneur, ceux qui les reconnoissent pour tels sont obligez de les considerer, & honorer ; autrement ils ne feroient pas justice à leur merite, & n'estimeroient pas assez la chose du Monde la plus estimable, *Potior est illa argento, auroque purissimo* ; c'est le Sage qui parle de la vertu. *Elle vaut mieux que l'or, & que l'argent le plus pur. Elle est plus precieuse que toutes les Perles, & que tous les Joyaux, & de tout ce qui est à souhaiter, il n'y a rien qui luy soit comparable.*

De l'Amitié.

Nous ne pouvons pas aussi nous dispenser de traitter de l'Amitié, à laquelle se trouvent obligez ceux qui sont reciproquement aimez. *De tout ce que la sagesse a pû inventer pour rendre la vie heureuse*, dit Ciceron apres Epicure, *il n'est rien de plus grand, de plus fecond, de plus agreable que la possession de l'Amitié*; parce qu'effectivement il n'y a rien qui fasse la vie du Sage plus heureuse, que lors qu'en philosophant il peut dire à un Amy dont il a reconnu la sincerité ce que Ciceron dans un autre endroit disoit un jour à son frere Quintius, *Nous sommes seuls nous pouvõs sans envie chercher la verité*; ou ce que Lelius raconte de l'amitié qu'il avoit avec Scipion. *De toutes les choses que la Fortune, ou la Nature m'a données, je n'ay rien que je puisse comparer avec l'amitié de Scipion : Nous-nous communiquions mutuellement nos sentimens, & nos desseins tant sur les affaires publiques, que sur les nostres particulieres : Iamais, que je sçache, je ne l'ay offensé dans la moindre chose ; je ne luy ay aussi rien entendu dire qui m'ait*

DES VERTUS. 569

pû fafcher: Nous demeurions en mefme maifon, nous mangions, nous beuvions enfemble, & nous joüiffions paifiblement de tout ce qu'il y a de plus doux dans la vie. Car que diray-je de cette paffion commune de connoitre, & d'apprendre toûjours quelque chofe? Que diray-je de ces etudes dans lefquelles loin des yeux du peuple nous cherchions agreablement la verité, & paffions de fi agreables momens? Si la memoire de nos decouvertes, & de nos entretiens avoit pery avec luy, je ferois tout-à-fait inconfolable de la perte d'une fi chere perfonne; mais ces chofes ne font point eteintes, au contraire elles s'augmentent, & s'entretiennent dans ma penfée, & dans ma memoire.

Epicure en parle auffi excellemment bien, & je ne fçais fi perfonne a pouffé la chofe plus loin. L'Amitié, dit-il, eſt un tres-ferme appuy, un rampart affuré contre les infultes, & ce qui caufe plus de douceur, & plus de plaifir dans la vie. Car de mefme que les haines, les envies, & le mefpris choquent extrememement, & traverfent le cours de nos plaifirs; ainfi les amitiez entretienent les douceurs de la vie, & font tous les jours naiftre quelque nouveau plaifir; deforte que la folitude, ou la vie sans Amis estant exposée à une infinité d'embusches, & pleine de crainte, la raison mesme nous avertit de faire des amitiez qui nous rassurent l'Esprit, & qui en remettant l'esperance, & en banissant la crainte, etablissent la joye, & le repos.

Et à l'egard de ce qu'on dit que les amitiez se font pour les utilitez qui en revienent, demesme qu'on seme la terre pour l'esperance de la recolte, voicy comme il poursuit. Il est bien vray que les premieres approches de l'Amitié se font en consideration de l'utilité, & du plaisir qu'on en attend, mais lorsque le long usage a fait la familiarité, il n'y a plus que l'amour qui agisse, de façon qu'encore qu'il n'y ait point d'utilité, les Amis ne laissent pas de s'entre-aimer acause d'eux-mesmes. En effet, si nous aimons d'ordinaire certains lieux, des Temples, des Villes, des Colleges, une Maison de campagne, des Chiens, des Chevaux, &c. pour l'accoutumance que nous avons prise avec ces choses, combien à plus forte raison cela aura-t'il lieu à l'egard des hommes ?

Cependant, ajoute-t'il, l'on doit faire un choix discret & prudent des Amis ; car il faut bien plutost, selon le Proverbe, prendre garde avec qui l'on mange, qu'à ce que l'on mange; & quoy que de manger, & de se remplir le ventre tout seul, soit, pour ainsi dire, une vie de Lion, & de Loup, neanmoins il ne faut pas se donner indifferemment au premier venu, mais l'on se doit choisir un Amy dont l'entretien, & la conversation soit agreable, qui n'ait rien plus en recommandation que la candeur, la simplicité, & la bonne foy, qui n'estant point de ces humeurs chagrines, difficiles & plaintives, ou qui deplorent eternellement toutes choses, puisse par la douceur, & par la facilité de ses mœurs, par sa gayeté, & par les esperances agreables qu'il donne, contribuer à la douceur de la vie.

Or quoyque l'Amitié consiste, ou subsiste dans une participation mutuelle des plaisirs, ou des biens dont il nous est permis de joüir tandis que nous vivons; neanmoins il n'est pas pour cela necessaire que les richesses des Amis soient deposées en commun, comme s'imagine celuy qui a dit, que tous les biens des Amis sont communs, parce que cela marque de la defiance, & que ceux qui sont dans la defiance ne sont pas Amis, mais ceux-là seulement qui peuvent en toute confiance prendre tout ce qui leur est necessaire des biens de leurs Amis, comme si c'estoit leur bien propre, estant persuadez que ce qu'ils ont n'eſt pas moins à eux, que s'ils le poſſedoient, & le gardoient eux-meſmes.

Il eſt vray que les hommes vulgaires s'etonnent d'entendre cecy ; mais nous ne devons point nous arreſter à eux ; car il n'y a ni aſſurance, ni conſtance dans l'amitié de ces ſortes de gens ; ils ne ſont aucunement capables de ces choſes, ni de pas une des parties de la Sageſſe qui merite quelque recommandation. Ils n'entendent pas meſme ce qui eſt utile ſoit en particulier, ſoit en general, & ils ne peuvent pas faire la difference entre les mauvaiſes, & les bonnes mœurs.

Nous parlons donc des Sages, & des honneſtes gens, entre leſquels il y a une eſpece de Pacte, de n'aimer pas moins leurs Amis qu'ils s'aiment eux-meſmes, ce que nous ſçavons eſtre poſſible, & arriver ſouvent dans le cours de la vie ; de ſorte qu'il eſt evident, que pour pouvoir vivre agreablement, il n'y a rien de plus propre que cette jonction ; d'où l'on doit inferer, que non ſeulement la raiſon ne s'oppoſe point à l'Amitié, ſi l'on met le ſouverain Bien dans la Volupté, mais que ſans l'Amitié-meſme le ſouverain Bien ne ſe trouve point.

La raiſon de cecy eſt, que ſans l'Amitié

nous ne pouvons point garder une ferme, & perpetuelle gayeté de vie, ni garder l'Amitié si nous n'aimons autant nos Amis que nous-nous aimons nous-mesmes ; l'Amitié est inseparable du plaisir ; car nous-nous rejoüissons de la joye de nos Amis, comme de la nostre propre, & nous-nous affligeons de leur affliction.

C'est pourquoy le Sage en usera à l'egard de son Amy, comme il feroit à l'egard de soy-mesme, & les peines qu'il prendroit pour son plaisir, il les prendra pour le plaisir de son Amy ; & de mesme qu'il prendroit plaisir estant malade d'avoir quelqu'un qui fust là present pour l'assister, & estant en prison, ou pauvre, d'avoir quelqu'un qui le secourust ; ainsi il se rejoüira d'avoir quelqu'un qui le puisse assister s'il est malade, & qui le puisse secourir si on le met en prison, ou s'il devient pauvre. Il passera mesme plus avant, car il sera prest à souffrir de tres-grandes incommoditez, pour ne dire point la mort mesme, si l'occasion le demande.

Apres cecy il faut principalement remarquer, que ce n'est pas sans raison qu'Aristote veut que l'Amitié regarde la Justice, entant que l'Amitié est une espece d'egalité; car je vous prie, où il y a une veritable Amitié, peut-il y avoir une plus grande egalité; puisque les affections des Amis sont pareilles entre elles, *& que l'Amitié*, comme dit Ciceron, *est une participation, ou communauté de toutes choses, de conseils, d'etudes, d'opinions, & de volontez?* Il est vray qu'il y a de certaines Amitiez, où l'un des Amis est de plus grande condition que l'autre; mais ou ce ne sont point de veritables Amitiez, ou si s'en est, celuy qui surpasse l'autre en puissance, & en dignité, doit par vertu se rabaisser, afin de faire quelque egalité. *Scipion dans nostre troupe*, dit Lelius, *quelque puissant, & eminent en dignité qu'il fust, n'a jamais voulu l'emporter, ni se mettre au dessus de Philus, de Raphilus, de Mummius, & des autres Amis de moindre condition*: Mais comme Aristote l'a remarqué, *il est rare de trouver de ces sortes d'Esprits*. Cependant il faut considerer, dit Ciceron, que comme les superieurs dans une Amitié sincere & veritable se doivent egaliser avec les inferieurs, les inferieurs ne doivent pas aussi trouver mauvais d'estre surpassez en fortune, en Esprit ou en dignité par un Amy : Je dis où il y a de l'Amitié veritable, parce qu'il y a de certaines Amitiez fausses, ou, comme parle Aristote, qui ne peuvent estre dites Amitiez que par ressemblance; l'Amitié veritable estant fondée, non pas sur un gain sordide ou sur des plaisirs sales, & deshonnestes, mais sur l'honnesteté, & sur la Vertu.

Il faut de plus remarquer, que l'Amitié n'estant proprement qu'entre les honnestes gens, c'est avec raison qu'Aristote tire la fermeté, & la constance de l'Amitié, de ce que les Amis ne se demandent point de choses mauvaises, ni ne s'en font point les Ministres, qu'au contraire ils les defendent, & les empeschent; parce qu'il est d'un honneste homme & d'un vray homme de bien, non seulement de ne rien faire de mauvais, mais de ne permettre pas mesme que son Amy le fasse. *Que la premiere Loy de l'Amitié*, dit Cicéron, *soit de ne demander jamais rien de sale, & de deshonneste à son Amy, & pareillement de ne faire jamais rien de tel si l'Amy le requiert. La seconde, que l'on fasse pour l'Amy tout ce que l'honnesteté peut desirer, & qu'on n'attende pas mesme d'en estre prié. La troisieme, qu'il* n'y ait rien de feint, ni de diſſimulé entre les Amis ; parce qu'il y a meſme plus d'ingenuité à haïr ouvertement, qu'à feindre & à diſſimuler. La quatrieme, que non ſeulement on rejette comme faux les mauvais diſcours qu'on tient d'un Amy, mais qu'on ne ſoupçonne pas meſme qu'il ait eſté capable de la moindre laſcheté. La cinquieme, qu'il y ait une certaine douceur dans les diſcours, & dans les mœurs des Amis, ce qui eſt un grand aſſaiſonnement de l'Amitié, & que la triſteſſe & la ſeverité ſoient abſolument bannies. La ſixieme, qu'on prene garde qu'il n'y ait pas trop de gravité dans l'Amitié, parceque cela pourroit empeſcher cette liberté, & cette douceur qui en eſt comme le ſeul & unique lien. La derniere, que les Amis ſe faſſent quelquefois des reprimandes, & qu'on le ſouffre de part & d'autre, parce qu'elles ne ſe font que par une chaleur de bonne volonté.

Cependant il faut prendre garde à ce que dit excellemment Ciceron ſur cette eſpece de ſentence de Terence,

Obſequium amicos, veritas odium parit, que la complaiſance fait des amis, la verité des ennemis. *La verité,* dit-il, *eſt faſcheuſe & deplaiſante, parcequ'il en naiſt de la haine qui eſt le poiſon de l'Amitié,*

mitié; mais la Complaisance qui pour souffrir les fautes de l'Amy le laisse tomber dans le precipice, est beaucoup plus fascheuse: C'est pourquoy il faut en cecy se comporter avec beaucoup de circonspection, & prendre garde que l'avertissement qui doit preceder ne soit pas aigre, ni la reprimande injurieuse & outrageuse: Pour ce qui est de la Complaisance, il doit y avoir de la bonté & de la douceur, mais non pas de la flatterie qui fomente les vices; car l'on vit autrement avec un Tyran, & autrement avec un Amy: Au reste il n'y a plus rien à esperer de celuy qui a les oreilles bouchées à la verité qui luy vient de la part d'un Amy.

Ne pourrions-nous point icy nous servir du conseil qu'un celebre Autheur Persan tient estre tres important pour l'entretien de l'Amitié? *Nous sommes ordinairement injustes*, dit cet Autheur, *envers nos Amis, nous demandons ordinairement d'un Amy plus qu'humainement nous n'en devons demander, nous voulons qu'en toutes choses, en tout temps, & en toutes rencontres il soit ce que nous ne sommes point nous-mesmes, qu'il soit d'une fermeté, & d'une fidelité inebranlable, comme si nous n'estions pas tous naturel-*

lement petris de foiblesses, & d'imperfections, & tous de nostre nature sujets au changement; il n'y a point de Diaman, ajoute-t'il, sans quelque defaut, il n'y a point d'homme qui n'ait son foible; ayons beaucoup d'indulgence pour nos Amis; en un mot, achetons l'Amy avec tous ses defauts : Mais ne toucherons-nous point icy une question qui a esté celebre entre les Anciens.

Les Philosphes demandent, si en faveur d'un Amy l'on ne doit point quelquefois abandonner le Droit, ou l'honneste, & en quel cas, en quelles circonstances, & jusques où? Ciceron dans ses Offices dit, que si par malheur il arrive qu'on soit obligé d'aider les volontez injustes d'un Amy, l'on peut tant soit peu se detourner du droit chemin, pourveu qu'il ne s'en ensuive pas une grande turpitude, & que cela se doit pardonner à l'Amitié. Mais Agellius pretend que Ciceron passe un peu trop viste là dessus, & que Pericles dît quelque chose de plus positif, lorsqu'estant prié par un Amy de faire un faux serment en sa faveur, il luy repondit qu'il falloit servir ses Amis, mais jusques aux Dieux, ou comme on dit, jusques aux Autels, *Opitulari me*

Amicos oportet, sed ad usque Deos, sed usque ad Aras. Il ajoute que Theophraste parle encore plus expressément; *que l'on peut encourir une legere turpitude, ou infamie, s'il en doit revenir une grande utilité à l'Amy ; parceque la perte legere de l'honnesteté blessée est compensée par une plus grande, & plus importante honnesteté, qui est celle d'assister un Amy ; que lors que l'utilité de l'Amy, & nostre honnesteté consiste en choses pareilles, ou à peu pres, l'honnesteté le doit assurement emporter, mais que si l'utilité de l'Amy est trop grande, & que la legere perte de nostre honnesteté soit dans une chose de peu d'importance, ce qui est utile à l'Amy le doit alors emporter.*

L'on fait encore une autre question, mais qu'Agellius dit estre un peu difficile. *Si de nouveaux Amis, qui d'ailleurs soient dignes de nostre Amitié, sont quelquefois à preferer aux anciens, comme on prefere d'ordinaire un jeune cheval à un vieux ?* Agellius repond en un mot, *que c'est un doute indigne d'un honneste homme, qu'on ne doit pas se degoûter des Amitiez comme des autres choses, qu'il en est des Amitiez comme des vins, qui plus ils sont vieux, plus ils doivent estre doux, & que si les nouveautez donnent esperance de*

Bb 2

quelque bon fruit, il ne faut veritablement pas les rejetter, mais qu'il faut neanmoins toujours faire honneur à l'ancieneté.

De la Beneficence, & de la Liberalité.

LA Beneficence se prend d'ordinaire generalement, pour cete bonté de Nature qui s'occupe à assister autruy soit de ses soins, & bons offices particuliers, soit de ses biens, & de son argent; au lieu que la Liberalité est prise plus specialement, pour celle qui consiste à faire particulierement des largesses de biens, & d'argent. Nous avons deja veu plus haut qu'Aristote prend ainsi la Liberalité, & Ciceron semble aussi ordinairement la restraindre à la seule largesse d'argent, ou de richesses; neanmoins il joint quelquefois la Beneficence, & la Liberalité de maniere qu'il les tient pour une seule, & mesme chose, *mais qui a,* dit-il, *deux egards, en ce qu'on assiste benignement, ou par de bons offices, ou par argent ceux qui en ont besoin; le dernier,* ajoûte-t'il, *estant plus aisé, principalement à un homme riche, mais le premier plus loüable, plus splendide, plus eclatant, & plus digne d'un homme illustre, & genereux* : Car quoy que dans l'un & l'autre il y ait une volonté liberale de gratifier ; neanmoins il y a cela de difference, que l'un se tire du cofre, & l'autre se tire de la vertu, que la largesse qui se fait du bien domestique epuise la fontaine mesme de la beneficence, de façon que plus on la met en usage, moins on est en pouvoir de s'en servir pour plusieurs ; au lieu que ceux qui sont liberaux de leurs soins, & qui servent par leur vertu, & par leur industrie, plus ils obligent de gens, plus ils se trouvent en estat d'en obliger : Ioint qu'en obligeant souvent, ils prenent une habitude, & sont plus prests, & plus prompts à obliger tout le monde.

Or rien n'empesche, selon la pensée d'Aristote, que nous ne tenions la Liberalité comme un milieu entre l'Avarice, & la Prodigalité ; quoy qu'Aristote mesme ne disconviene pas que l'Avarice n'ait une plus grande opposition avec la Liberalité, que n'en a la Prodigalité; ce qui fait qu'il tient le Prodigue un peu meilleur que l'Avare, non seulement parceque le prodigue fait du bien à plusieurs, & l'avare à personne, pas même à soy-mesme, mais parceque le prodigue peut estre aisément ramené à la raison, soit que l'âge, & le temps le corrige, soit que la disette à laquelle il se reduit enfin, le contraigne ; au lieu que l'avare, loin de devenir liberal avec le temps, devient toujours plus avare, l'amoncellement de richesses ne luy estant que comme une hydropisie, qui au lieu d'en eteindre la soif, l'augmente ; de sorte que ce n'est pas sans raison qu'Aristote dit, que l'Avare est sordide, trompeur, &c. *Parcus, tenax, sordidus, turpis lucri cupidus, parvas impensas faciens, deceptor, depilator.*

Je ne m'arresteray pas à ce qu'Aristote enseigne, que le propre de la Vertu est plus de faire du bien, que d'en recevoir, & generalement de faire des choses honnestes, que de n'en pas faire de sales & deshonestes ; je remarqueray plutost les trois precautions que Ciceron demande pour la Beneficence, & la Liberalité. La premiere, *que la Beneficence ne nuise ni à ceux qu'il semble qu'on gratifie, ni à aucun autre* : Car de faire une gratification qui nuise à celuy à qui on l'a fait, cela n'est pas d'un homme bienfaiſant, mais d'un dangereux flatteur; & de nuire aux uns pour faire des gratifications aux autres, ce qui arrive aſſez ſouvent, cela eſt autant injuſte que ſi du bien d'autruy vous en faiſiez voſtre bien propre. La ſeconde, *que la Beneficence ne ſurpaſſe pas les forces*; autrement la fontaine de la benignité s'epuiſe, on fait tort à ſes Parens qu'il eſt plus juſte d'aſſiſter, ou à qui il eſt plus juſte de laiſſer du bien, & ſouvent il naiſt de là une envie d'en prendre, comme on dit, à droit & à gauche, juſtement, ou injuſtement, pour avoir dequoy ſuffire aux largeſſes. La troiſieme, *que les Bien-faits ſoient avec choix*. Car ſi les bien-faits s'appliquent à des mechans, & par conſequent à des indignes, ce que diſoit Ennius aura lieu, que des bienfaits mal placez feront des mal-faits, ſi l'on peut ſe ſervir de ce terme.

Benefacta malè locata, malefacta arbitror.

Et comme il eſt mieux de faire du bien à d'honneſtes gens qui n'ont pas, qu'à ceux qui ſont dans la fortune, la beneficence doit ſans doute pluſtoſt regarder ceux qui ſont dans l'indigence, que ceux qui n'eſtant pas miſerables, cherchent une meilleure fortune. *Il est principalement du devoir d'un homme officieux*, dit Ciceron, *d'assister celuy qui en a le plus de besoin*, ce qui est cependant le contraire de ce que plusieurs font ; car plus ils esperent d'un homme, plus ils le servent, quoy qu'il n'en ait pas besoin.

J'ajoûte ce que Seneque enseigne fort judicieusement, *Qu'il y a une grande difference entre la matiere du Bien-fait, & le Bien-fait* : Car le Bien-fait n'est ni l'or, ni l'argent, ni autre chose semblable, mais il consiste dans la volonté de celuy qui donne. En effet, si quelqu'un, comme remarque Aristote, donne ou par hazard, ou par force, ou par l'esperance qu'il luy en reviendra quelque avantage, ou s'il ne previent pas, ou si ayant esté prié, il ne fait pas la chose volontiers, viste, & sans balancer, sans temoins, plutost qu'en sonnant la trompette, & en amoindrissant plutost le bienfait, qu'en l'amplifiant, comment cet homme pourra-t'il estre censé Bienfaisant ? *Nous trouvons*, dit Seneque, *beaucoup d'ingrats, nous en faisons plusieurs; parceque quelquefois nous reprochons, & redemandons durement les bien-faits, quelquefois nous sommes si legers, que nous n'avons* pas plutost fait un plaisir, que nous-nous en repentons, & quelquefois nous-nous plaignons, & crions contre les moindres momens; de façon que nous gastons toute la grace, non seulement apres le bien-fait, mais aussi en donnant. Car qui est-ce, je vous prie, de vous autres qui se soit contenté d'estre prié ou legerement, ou une seule fois? Qui est-ce qui ayant soupçonné qu'on luy venoit demander quelque chose, n'a pas froncé les sourcils, ne s'est pas detourné le visage, n'a pas fait semblant d'avoir affaire? Est-ce que l'on peut avoir de la gratitude pour un homme qui vous a superbement jetté un bien-fait, ou qui en colere vous l'a lancé à la teste, ou qui fatigué l'a octroyé comme à un importun?

De la Gratitude.

Pour dire enfin quelque chose de la Gratitude, ce n'est pas sans raison que Ciceron insinue qu'elle seule comprend la Religion, & les autres Vertus dont nous avons parlé. Car voicy ce qui se lit dans l'Oraison pour Plancius. Veritablement, dit-il, je souhaitterois fort posseder toutes les Vertus, mais il n'y a rien que je souhaitasse avec plus de passion, que d'eſtre, & de paroître reconnoiſſant. Cette Vertu eſt non ſeulement la plus grande de toutes, mais auſſi la Mere de toutes les autres Vertus ; car qu'eſt-ce que la Pieté ſinon une douce, & agreable volonté envers ſes Parens ? Qui ſont les bons Citoyens qui en temps de guerre, & en temps de paix ſe conſacrent pour la Patrie, ſinon ceux qui ſe reſſouvienent des bien-faits de la Patrie ? Qui ſont les veritables Saints, les Obſervateurs de la Loy, & de la Religion, ſinon ceux qui n'oubliant jamais les graces des Dieux immortels, leur rendent le culte, & les honneurs qui leur ſont deûs ? Quelle douceur peut-il y avoir dans la vie l'Amitié eſtant oſtée, & qu'elle amitié peut-il y avoir entre des ingrats ? Cela eſtant, nous devons entendre qu'il ne peut point y avoir de plus grand devoir que la Reconnoiſſance. Car quoy que celuy qui donne n'exige, ou ne pretende rien autre choſe en donnant ; neanmoins il ſemble qu'il ſe promet que celuy qui reçoit luy en ſçaura bon gré, & que s'il ne le fait pas, il ſera injuſte : Et defait, quoyque celuy qui donne ne demande aucune recompenſe, celuy qui reçoit n'eſt pas pour cela quitte de l'obligation qu'il a de recompenſer par toutes

fortes de bons offices possibles son
bien-facteur. Certainement si Hesiode
veut que nous rendions, & mesme, comme on dit, avec usure, les choses qu'on
nous a simplement prestées pour nous
en servir quelque temps; *combien à plus forte raison*, dit Ciceron, *le devons-nous faire lors qu'on nous a genereusement obligez? Ne devons-nous pas imiter ces champs fertiles qui rendent beaucoup plus qu'ils n'ont receu? Et si nous sommes officieux à l'egard de ceux de qui nous esperons des bien-faits, combien le devons-nous estre davantage à l'egard de ceux qui nous ont deja servy, & obligez? Il y a deux especes de Liberalité, l'une de donner, l'autre de rendre; il est en nostre puissance de donner, ou de ne donner pas, mais de ne rendre pas, c'est ce qui n'est point permis à un honneste homme.*

Mais si l'on est dans l'impuissance direz-vous? Seneque repond, *que celuy qui doit volontiers un Bienfait, rend le bienfait; parceque pour estre degagé de sa foy, la bonne volonté suffit.* Il enseigne méme que ceux qui sont obligez, peuvent non seulement egaler, mais encore surpasser en effect, en bonne volonté, & en generosité ceux qui donnent. Il n'y a pas jusques aux

Princes, aux Grands Seigneurs, & aux Rois à qui l'on ne puisse satisfaire, soit en leur donnant de fidelles conseils, soit par une conversation assidue, & par un entretien doux sans flatterie, & agreable, soit par une attention grande à ce qu'ils proposent lorsqu'ils deliberent de quelque chose, & par une fidelité inviolable lorsqu'ils confient un Secret. Donnez-moy le plus riche en apparence, & le plus heureux homme du Monde, je vous montreray ce qui luy manque, un homme qui luy dise la verité? Vous ne voyez pas comment les Grands en etouffant la liberté de ceux qui les approchent, & reduisant leur fidelité à des devoirs Serviles, se perdent, & se precipitent eux-mesmes, n'ayant personne qui ose franchement leur dire ses sentimens, & les porter à quelque chose, ou les en detourner. Il n'y a malheur qu'ils ne doivent attendre, du moment qu'ils ne peuvent plus entendre de verité. Vous demandez ce que vous pouvez faire à un homme heureux ? Faites qu'il ne se fie pas à sa felicité. Est-ce que vous ne luy aurez pas rendu un bon office, si vous le defaites de cette folle confiance qu'il a que sa puissance demeurera toujours la mesme ; & si vous luy apprenez que les choses que donne la fortune sont mobiles, &

s'enfuyent souvent plus viste qu'elles ne vienent? Vous ne connoissez pas le prix de l'Amitié si vous ne voyez pas que vous donnerez beaucoup à celuy à qui vous donnerez un Amy la chose du Monde la plus excellente, & qui ne manque nulle part davantage, que là où l'on croit qu'elle abonde.

Mais pour ne m'arrester pas à cecy davantage, Aristote fait icy deux ou trois demandes. La premiere, *si un bienfait se doit mesurer par l'utilité de celuy qui le reçoit, ou par la liberalité de celuy qui donne?* Il repond luy-mesme, que dans les Amitiez qui se font pour le profit, & qui sont fondées sur l'utile, le bienfait se doit mesurer par l'utilité de celuy qui reçoit, parceque celuy qui reçoit est l'indigent mesme, & que celuy qui assiste ne le fait qu'a condition d'une pareille grace: Mais dans les Amitiez qui sont fondées sur la vertu, il faut mesurer le bienfait par la volonté de celuy qui donne; parceque lorsqu'il s'agit de la vertu, la volonté tient le premier lieu; d'où vient que soit que quelqu'un donne peu, ou beaucoup, le bienfait doit estre estimé grand, de la grande envie, ou bonne volonté de celuy qui donne.

La seconde, *Pourquoy ceux qui donnent aiment plus ceux à qui ils donnent, qu'ils n'en sont aimez?* Il repond aussi que la cause de cela se doit prendre, non pas comme le veulent quelques-uns, de ce que ceux-là sont comme les creanciers, & ceux-cy comme les debiteurs, & que les debiteurs demandent la mort des creanciers, & les creanciers la vie & la santé des debiteurs ; mais parceque les bienfacteurs sont comme les Artisans qui aiment plus leurs ouvrages, qu'ils n'en seroient aimez s'ils estoient animez ; *ce qui arrive souvent aux Poëtes qui les aiment eperdûment comme ils feroient leurs Enfans ; ceux qui reçoivent le bienfait estant comme l'ouvrage de celuy qui donne.*

La troisieme, *Pourquoy il n'y a point de lieu d'intenter action contre un Ingrat?* Ce crime, dit-il, qui est tres frequent n'est veritablement puny nulle part, & est improuvé par tout ; *mais comme l'estimation d'une chose incertaine seroit difficile, nous l'avons seulement condamné à la hayne generale, & l'avons laissé entre les choses que nous renvoyons à la vangeance des Dieux: Ioint qu'il n'est pas expedient qu'on sçache combien il y a d'ingrats, de peur* que la quantité de ceux qui sont entachez de ce vice n'oste la honte de la chose, & enfin ce n'est pas une petite punition à un ingrat de n'oser plus demander un bienfait de qui que ce soit, de n'oser faire du bien à personne, & d'estre montré au doigt de tout le monde.

Au reste, ce qu'il semble que nous devrions dire icy de l'Affabilité, de la Douceur, ou Civilité, & autres semblables, se peut assez entendre de ce qui a deja esté dit de la Mansuetude; il suffit que pour achever ce Traitté nous rapportions un passage de Seneque, qui comprend presque tous les devoirs de l'homme envers les hommes. *Que faisons-nous, dit-il, quels preceptes donnons-nous ? Que c'est peu de chose de ne nuire pas à celuy à qui nous devons servir! C'est une grande loüange à un homme d'estre doux envers un homme! Luy ordonnerons-nous de tendre la main à celuy qui a fait naufrage, de montrer le chemin à celuy qui s'egare, de partager son pain avec celuy qui meurt de faim ? A quoy bon dire au long ce qu'il faut faire, puis qu'en peu de mots je puis donner les devoirs de l'homme ? Ce grand Tout que tu vois, qui renferme les choses Divines, & les humai-*

nes, n'est qu'Vn, nous sommes les membres de ce grand Corps. La Nature nous a tous fait parens en nous engendrant des mesmes principes, & dans les mesmes Elemens. C'est elle qui nous a inspiré un amour mutuel,& pour les mesmes fins. C'est elle qui a fait le Iuste, & l'equitable ; selon son Ordonnance, c'est un plus grand mal de causer du dommage,que d'en recevoir, & son commandemen est que les mains soient toûjours prestes à donner secours, que ce Vers soit dans le cœur, & dans la langue. *Homo sum,humani nihil à me alienũ puto,* Je suis homme, & me tiens obligé à tout ce qui regarde l'humanité.

LIVRE III.
DE LA
LIBERTÉ,
DE LA FORTUNE,
DU DESTIN,
ET DE LA
DIVINATION.

CHAPITRE I.

Ce que c'est que Liberté, ou Libre-Arbitre.

APRES avoir examiné ce qui regarde les Vertus, il nous faut toucher quelque chose du Destin, de la Fortune, & du Libre-Arbitre, que quelque-uns tienent estre des Causes, quelques-uns des Modes ou manieres d'agir de certaines causes, & quelques-uns des Noms vains & imaginaires, il nous en faut, dis-je, toucher quelque chose, d'autant plus que solon qu'on les admettra, ou qu'on les rejettera, il y aura, ou il n'y aura pas entre les hommes des Vertus, & des Vices, & par consequent des actions qui pourront estre censées meriter de la loüange, ou du blasme, de la recompense, ou du chatiment: Car il est constant qu'il n'y a rien de loüable, ou de blasmable que ce qui se fait avec deliberation, & librement, & que ce qui se fait fortuitement, ou par necessité n'est ni digne de loüange, ni digne de blasme. Cela estant, la premiere chose que nous devons faire, c'est d'examiner en quoy consiste la Liberté, la Fortune, & le Destin, afin que de là on puisse voir comment la Fortune, & la Liberté ou repugnent, ou se peuvent accorder avec le Destin.

Pour commencer donc par la *Liberté*, il est evident qu'on n'entend pas icy precisement celle qui estant opposée à la Servitude, regarde proprement le corps, & est definie *Vne puissance de vivre comme l'on veut*, nous entendons parler de celle que les Grecs ont coutume d'appeller τὸ παρ' ὑμᾶς, *Id quod in nobis, seu penes nos, nostróve in arbitrio, potestatéque situm est*, ce qui est en nous, ou dans nostre Libre-arbitre, & en nostre puissance, asçavoir quelque chose qui est dans l'Esprit, & qui n'est point sujet aux Maistres exterieurs, ou, pour me servir des termes d'Epictete, *qui ne peut aucunement estre empesché*, ἀυτεξύσιον, comme qui diroit *une pleine, & entiere puissance de faire quelque chose*. Les Latins, & principalement les Theologiens, luy donnent d'ordinaire le nom de *Libre-arbitre*, & quelquefois de *Liberal-Arbitre*.

Sur quoy il est à remarquer I. que ce nom s'attribuë à la Raison, ou, ce qui est le mesme, à l'Entendement, en ce que la Raison est considerée comme un Arbitre assis entre deux Parties, ou comme un Juge qui examine, qui consulte, qui delibere, & qui enfin decide ou porte son jugement sur ce qu'il faut, ou ne faut pas faire dans une chose douteuse.

II. Que sitost que la Consultation, & la Deliberation estant faites, la raison a jugé, eleu, ou choisi une chose preferablement à l'autre, & qu'elle l'a cruë la meilleure, l'Appetition, ou la fonction de l'Appetit suit incontinent.

III. Que par ce mot d'Appetit j'entens icy l'Appetit raisonnable, & qui est particulier à l'homme comme est la Raison, parce que nous-nous servirons desormais indifferemment des termes de Volonté, & d'Appetit, entendant l'Appetit raisonnable.

IV. Que parce que l'action de la faculté motrice, qui est proprement la poursuite mesme du bien, suit l'Appetition, ou, comme l'on parle d'ordinaire, la Volonté, la faculté estant prise pour l'action, cette action de la faculté motrice est pour cette raison dite ou denommée Volontaire, comme qui diroit volontairement entreprise, ou avec deliberation, & consultation.

V. Que la Raison libre, ou le Libre-Arbitre est censé estre dans l'Homme, en ce que de plusieurs choses qui tombent en deliberation, il n'en choisit point tellement une, qu'il ne puisse ou la negliger, ou en choisir une autre. Veritablement l'on a coûtume d'attribuër cette Liberté à la Volonté, ou à l'Appetit raisonnable, mais cela revient au même, en ce qu'on demeure d'accord que la racine de la Liberté est dans la Raison, qu'on appelle ordinairement l'Entendement, c'est à dire dans la puissance connoissante. Car l'on tient communement que la Volonté est une faculté ou puissance aveugle, laquelle ne sçauroit se porter à rien, que l'Entendement ne precede, & ne porte, pour ainsi dire, le flambeau devant elle; desorte que le propre de l'Entendement estant de preceder en eclairant, & le propre de la Volonté de le suivre, de façon qu'elle ne puisse estre detournée de la route qu'elle a prise qu'il ne se detourne luy-mesme autre part, & ne detourne la lumiere, la Liberté semble par consequent estre premierement ou primitivement, & par soy dans l'Entendement, & en second lieu ou consecutivement, & dependemment dans la Volonté.

Pour dire la chose un peu plus expressément. La nature de la Liberté semble premierement consister dans l'Indifference, par laquelle la Faculté qui est appellée Libre peut se porter, ou ne se porter pas à quelque chose (ce qui s'appelle Liberté de Contradiction) ou se porter de telle maniere à une chose, qu'elle se puisse porter au contraire (ce qui s'appelle Liberté de Contrarieté.) Et defait comme on ne peut point concevoir de liberté sans qu'il y ait faculté de choisir, il est constant qu'il n'y a de choix que là où il y a de l'indifference, parceque lorsqu'il n'y a qu'une seule chose proposée, ou lorsque la faculté est determinée à faire ou à poursuivre une certaine chose, il ne peut point y avoir de choix, lequel suppose du moins deux choses dont l'une soit preferée à l'autre.

Je sçais bien qu'il y en a qui tienent que la Volonté est alors principalement & souverainement libre, quand elle est tellement determinée à une certaine chose (comme si c'est, par exemple, le souverain Bien) qu'elle ne puisse estre flechie ou detournée vers une autre, c'est à dire vers le mal; parceque, disent-ils, l'amour actuel, la poursuite, la jouissance de ce bien est souverainement Volontaire, & par consequent souverainement Libre.

Mais je ne sçais s'ils prenent assez garde qu'il y a cela de difference entre une action Spontanée, & une action Libre, que l'action Spontanée n'est autre chose qu'une certaine impulsion de la Nature, laquelle impulsion peut par consequent estre sans aucun raisonnement; au lieu que l'action Libre depend de quelque raisonnement, examen, jugement, ou choix precedent.

Et une marque que l'action Spontanée est une certaine impulsion de Nature, c'est qu'on dit des Enfans, & des Bestes, à qui cependant on n'attribue ni l'usage de la Raison, ni la Liberté, qu'ils font plusieurs choses *sponte*, ce qui se dit mesme des choses inanimées, comme d'une pierre, qui est dite tomber *sponte*, ou du feu, qui est dit monter *sponte* ; desorte que *fieri sponte*, & *fieri natura* semblent estre une mesme chose.

Ainsi, comme l'Appetit se porte de sa nature au bien, ce n'est pas merveille qu'on dise qu'il y est porté *sponte*. En effect, de mesme qu'une pierre, parce qu'elle tombe *sponte*, ou de sa nature vers le bas, ne peut pas par soy tendre vers le haut ; ainsi parceque l'Appetit est porté *sponte*, ou de sa nature au bien, il ne peut pas par soy tendre au mal. D'ailleurs, de mesme que la pierre, parcequ'elle est determinée au mouvement vers le bas, n'a pas d'indifference pour ce mouvement, ni pour le mouvement vers le haut ; ainſi l'Appetit, parce qu'il eſt determiné au bien, n'eſt pas indifferent au bien, ni indifferent au mal. Enfin de meſme que la pierre, faute d'indifference à l'un & à l'autre mouvement, eſt veritablement dite eſtre meuë *ſponte*, mais non pas librement vers le bas ; ainſi l'Appetit, faute d'indifference au bien, & au mal, eſt veritablement dit ſe mouvoir *ſponte*, mais non pas librement vers le bien en general.

C'eſt pourquoy, ſi vous ſuppoſez que la Volonté ſoit de telle maniere determinée, par exemple, au ſouverain bien, qu'elle ne puiſſe pas en le laiſſant eſtre divertie à en ſuivre un autre, elle ſera veritablement cenſée y eſtre portée *Sponte*, mais non pas librement; parce qu'elle n'eſt pas indifferente à ce bien là, & à un autre, & qu'il n'eſt pas en ſa puiſſance de ſe porter à un autre, en laiſſant celuy-là.

Il eſt vray qu'elle s'y porte *volens*, volontiers, & ſans repugnance, mais cette ſorte de Volonté qu'on pourroit nommer *volentia*, s'il eſtoit permis de ſe ſervir de ce terme, ne dit pas Liberté, mais
Pente,

pente complaisance, *libentiam, collubescentiam*, & par consequent exclusion de contrainte, de violence, de repugnance, de fascherie; de sorte que si la poursuite, ou l'amour actuel de ce bien est dit souverainement Volontaire, il ne faut pas inferer pour cela qu'il soit souverainement Libre, mais seulement qu'il est *summè libitus*, s'il estoit encore permis de se servir de ce terme, ou *libens*, parceque *libentia* peut bien estre sans indifference, mais non pas *libertas*.

Or il importe de remarquer ce qui se dit d'ordinaire chez les Theologiens, asçavoir qu'il est impossible qu'une Volonté, telle qu'est celle des bien-heureux, qui jouït du Souverain Bien clairement connu, laisse ce bien pour en suivre un autre; il importe, dis-je, de faire cette remarque, parcequ'il semble que cela nous peut faire entendre quelle est cette indifference en quoy consiste la nature de la liberté de cette vie mortelle.

Nous disions tout presentement que l'Entendement porte le flambeau devant la Volonté, & il est constant que ce flambeau, ou cette lumiere n'est autre chose que le Jugement que l'Entendement porte sur les biens, & sur les maux, asçavoir en prononçant que cecy est bon, cela mauvais, que de ces deux biens, ou de ces deux maux celuy-cy est le plus grand, celuy-là le moindre ; desorte que lorsque la Volonté est dite estre detournée de l'un, estre tournée ou portée vers l'autre, cela se fait entant que le jugement est tantost pour l'un, & tantost pour l'autre, & que la *flection* de la Volonté se fait conformement à la *flection* de l'Entendement.

Ainsi, parceque l'Entendement est souvent inconstant dans ses jugemens, la Volonté balance aussi souvent dans ses inclinations ou *appetitions* ; desorte que comme l'Entendement juge aujourd'huy qu'une chose est bonne, & demain qu'elle est mauvaise, la Volonté aime aussi aujourd'huy cette chose, & demain a de l'aversion pour elle : Et comme il juge aujourd'huy qu'il faut embrasser une certaine chose, parcequ'elle est bonne, & que demain il juge qu'il en faut plutost embrasser une autre, parce que cette autre luy semble meilleure ; ainsi la Volonté se porte aujourd'huy vers l'une, & se porte demain vers l'autre : En un mot, il semble que selon

DE LA LIBERTÉ 603

les notions que l'Entendement a des choses, ou selon les jugemens qu'il en porte, la Volonté poursuit ces mesmes choses, ou s'en detourne, & les fuit. Demesme, parce qu'entre les biens, ainsi qu'entre les maux, les uns sont vrais ou effectifs, & les autres faux ou apparens, le bien estant quelquefois voilé de l'espece de mal, & le mal de l'espece de bien; cela fait que demesme que l'Entendement est souvent trompé en jugeant, en ce qu'estant meu par l'espece du bien, il juge un mal estre un bien, ou qu'estant meu par l'espece du mal, il juge un bien estre un mal; ainsi la Volonté manque aussi souvent son but, en ce que tendant au bien, & le poursuivant, il luy vient du mal, & que fuyant le mal, elle est frustrée de quelque bien; ce qui fait aussi que l'Entendement tenant le moindre bien pour le plus grãd, le plus grand mal pour le moindre, la Volonté en poursuivant le plus grand bien, obtient le moindre, & en fuyant le moindre mal, tombe dans le plus grand.

Puisque la Volonté est donc ainsi attachée à suivre l'Entendement, ou son jugement, il est sans doute que l'indif-

C c 2

ference qui se trouve dans la Volonté va justement, & absolument de mesme pas que l'indifference de l'Entendement: Or l'indifference de l'Entendement semble consister en ce qu'il ne soit pas tellement adherant à un jugement qu'il aura fait sur une chose qui luy aura semblé vraye, qu'il ne puisse en le laissant se porter à un autre jugement sur cette mesme chose s'il se presente d'ailleurs une plus grande vraysemblance. Car l'Entendement n'est pas de ces facultez qui sont determinées à une chose, comme est la pesanteur dans les choses inanimées, la faculté d'engendrer dans les vivantes, & ainsi des autres; mais il est de sa nature tellement flexible, qu'ayant le vray pour objet, il peut tantost juger cecy, & tantost cela d'une certaine chose, & entre les jugemens qui se peuvent faire sur cette chose, tantost tenir celuy là pour vray, & tantost un autre.

C'est pourquoy l'Entendement peut estre consideré comme une Balance: Car de mesme qu'une Balance est indifferente à pancher vers l'un ou l'autre des bassins, & qu'elle panche de telle maniere vers celuy qu'on charge de quelque poids, que si l'on charge l'autre d'un plus grand poids, elle y panchera; ainsi l'Entendement est indifferent à pouvoir estre flechy ou porté à l'un ou à l'autre des jugemens opposez,& il est de telle maniere flechy ou emporté à celuy qui aura, comme une espece de poids, quelque apparence de vray, que si quelqu'autre plus grande apparence de vray survient à l'autre, il y sera tout aussitost flechy. Cette comparaison est de Ciceron lorsqu'il enseigne, *que de mesme qu'un bassin de Balance est abaissé par le poids que l'on y met, ainsi l'Esprit cede aux choses evidentes, ou ne peut n'approuver pas une chose qui luy paroit evidente.*

Ce qui tend à nous faire entendre, que l'Entendement estant indifferent à suivre un jugement, ou un autre, il n'est neanmoins pas indifferent à laisser une chose evidente pour en suivre une moins evidente, ou à laisser le jugemét qui paroit plus vray, pour embrasser celuy qui est moins vraysemblable; parceque de mesme qu'un bassin abbaissé par un poids plus pesant, ne sera jamais elevé a cause d'un moins pesant qui sera mis dãs l'autre baſſin, mais plutoſt acauſe d'un plus peſant qui abbaiſſant celuy-cy, ſera cauſe que l'autre s'elevera; ainſi il n'eſt pas poſſible que le conſentement de l'Entendement, que l'evidence de quelque experience, ou de quelque raiſon aura tiré, ſoit de telle maniere changé, qu'il en ſuccede un oppoſé, ſi ce n'eſt acauſe d'un plus grand poids, c'eſt à dire acauſe d'une experience plus excellente, ou d'une raiſon plus evidéte.

Cecy paroit principalement de ce que nous demeurons quelquefois en ſuſpens, & que nous balançons dans le doute, & dans l'incertitude; car cela n'arrive que parceque de part & d'autre il il y a, pour ainſi dire, des poids egaux de verité, dont l'un comme des poids egaux dans une Balance, empeſche l'autre, & fait que l'Entendement n'eſt pas attiré par l'un plutoſt que par l'autre.

Que s'il ſemble pancher tantoſt d'un coſté, & tantoſt d'un autre, cela ne ſe fait que parce qu'il devient tantoſt plus attentif à un poids, & tantoſt plus attentif à l'autre, & que l'un attire à ſoy tout autant de temps que l'autre n'apparoit pas demeſme, cet autre attirant neanmoins demeſme, quand il apparoit plus fortement ; demefme que fi ayant mis une Balance en equilibre avec des poids egaux, vous ajoûtez tantoſt à l'un, & oſtez tantoſt à l'autre quelque petit poids ; de ſorte que ſi l'Entendement pãche enfin plutoſt d'un coſté que d'un autre, il faut que cela ſoit venu de ce que quelque choſe l'aura meu davantage de ce coſté là que de l'autre, ou meſme de ce que la ſeule attention plus conſtante jointe à l'impatience, aura pû faire quelque poids.

Il eſt vray que l'Entendement laiſſant quelquefois le jugement qui de ſoy eſt plus vray, ou abſolument vray, embraſſe celuy qui de ſoy eſt moins vray, ou abſolument faux : Mais toutefois ce qui meut l'Entendement, c'eſt toujours l'eſpece du vray qu'il conſidere dans quelque choſe ; & parceque cette eſpece peut eſtre ou vraye, ou fauſſe, il arrive que ce qui eſt vray de ſoy pouvant eſtre voilé par l'eſpece du faux, ou du moins-vray, & ce qui eſt faux de ſoy eſtre voilé par l'eſpece du vray, ou du moins-faux, il arrive, dis-je, que l'Entendement peut auſſi eſtre porté vers le faux, ou vers le moins-vray, tandis que le faux eſt couvert de l'espece du vray, ou du moins-faux, ou que le vray est couvert de l'espece du faux, ou du moins-vray. C'est pourquoy toutes les fois que l'Entendement estant attaché à un jugement vray, laisse ce jugement pour en suivre un faux, il faut qu'il soit intervenu quelque chose qui ait osté au vray sa veritable & naturelle espece, & qui au faux en ait donné une apparente, ce qui ait causé ce changement de jugement.

Que s'il en est universellement de la sorte, il est constant que cela confirme ce qui vient specialement d'estre dit du changement des consentemens, ou des jugemens soit a l'egard du bien, soit à l'egard du mal, & par consequent que le jugement qu'on fait qu'une chose est bonne, ou meilleure, demeure dans l'Entendement tant que l'espece vraye, ou fausse qui fait que la chose paroit telle, y est en vigueur, & qu'il est changé, lorsque l'espece est changée.

Il est demesme constant, qu'estant necessaire à la Volonté que l'Entendement precede, en vain l'on tente que la Volonté change son appetition, si l'on n'a soin que l'Entendement change son jugement, comme l'on tente en vain que la Volonté persiste dans son appetion, si l'on n'a soin que l'Entendement persiste dans son jugement.

Aussi est-ce pour cela que celuy qui se sera proposé d'embrasser la Vertu preferablement à tous les autres biens, doit prendre garde qu'il ne se glisse de la fausseté, laquelle trompant l'Entendement, fasse qu'il juge qu'il y a quelque chose de plus excellent que la Vertu: Et comme il aura fait consister la souveraine Vertu à conformer sa volonté à la volonté Divine, il faut qu'il s'imprime fortement dans la pensée, qu'il ne peut rien vouloir de plus excellent que ce que Dieu aura voulu, disant en soy-mesme avec Epictete, *j'ay soûmis mon appetit à Dieu: Il veut que je sois malade, j'en suis content: Il veut que j'entreprene quelque chose, je l'entreprendray volontiers: Il veut que je viene à bout de quelque chose, je le veux aussi: Ne le veut-il pas? je ne le veux pas: Veut-il que je meure? je le veux.*

Enfin il est constant, que parceque tant que nous vivons icy bas, nous sommes & tres foibles, & tres debiles, & que nous ne pouvons point nous promettre une constance soit de jugement, soit de volonté,& de resolution acause de l'indifference par laquelle l'Entendement, & la Volonté peuvent passer d'une chose vraye à une qui paroitra plus vraye, d'une chose bonne à une qui paroitra meilleure, il est constant, dis-je, qu'il ne reste que la vie future dans laquelle cette indifference puisse cesser ; parceque c'est dans cette vie future que la souveraine Verité, & la souveraine Bôté sont connües evidemment, & que ne se pouvant rien presenter de plus vray à l'Entendement, ni de meilleur à la Volonté vers quoy elle se puisse tourner, il n'est pas possible de n'y demeurer pas attachée tres constamment, tres invariablement, tres necessairement, & tres volontiers, *summa cum libentia*, qui est ce que nous avions entrepis d'expliquer.

Maintenant pour ne sembler pas nous vouloir arrester sur les choses sur-naturelles, revenons, & disons encore une fois, que la Liberté, ou le Libre-Arbitre n'est dans l'homme qu'en ce que cette indifference que nous venons de dire y est. Car il est libre Premierement afin que le bien, & le mal luy estant proposez, il choisisse ou le bien par l'espece duquel il soit meu, ou le mal s'il est voilé

DE LA LIBERTÉ. 611

d'une espece de bien qui paroisse plus clairement, & qui par consequent attire, & meuve plus fortement que l'espece du bien mesme. Secondement afin que deux biens luy estant aussi proposez, il suive le plus grand dont l'espece le meuve, ou le moindre si son espece est plus evidente, & plus attirante que celle du plus grand. Troisiemement afin qu'ayant devant les yeux deux maux, il fuie le plus grand estant repoussé par son espece, ou le moindre si son espece paroit plus horrible, & plus repoussante.

Cecy supposé, ce passage de Platon fait extremement à ce sujet. *Que personne de son bon gré ne se porte au mal, & qu'il n'est pas dans la nature de l'homme de vouloir se tourner vers ce qu'il repute estre mal au lieu de se porter vers le bien; desorte que si de deux maux il est necessaire d'en choisir un, il n'y a personne qui pouvant choisir le moindre, choisisse le plus grand.*

Mais parceque l'on oppose d'abord ce qu'Ovide fait dire à Medée, *Je vois ce qui est de meilleur, je l'approuve, & cependant j'embrasse le pire.*

—— *Video meliora, probóque, Deteriora sequor.* ——

Pour cette raison il faut remarquer la question que fait Ariſtote, lorſqu'il demande s'il eſt poſſible que celuy qui connoit bien les choſes, & qui en a l'eſtime qu'il faut, ne ſoit pas continent, *qui fieri poſſit ut qui de rebus rectè aſtimat, incontinens ſit?* Car ce n'eſt pas ſans raiſon que Socrate diſoit, *qu'il n'eſt pas poſſible que dans celuy où eſt la Science, il domine quelque autre choſe de repugnant à cette Science, & qu'ainſi il eſt impoſſible que celuy qui connoit, & eſtime les choſes comme il faut, ne faſſe pas ce qui eſt de meilleur à faire; veu que s'il fait le contraire, cela ſe fait par ignorance.* D'ou il ſemble qu'on ait tiré ce qui ſe dit vulgairement, & qu'on oppoſe aux paroles de Medée, Tout homme qui peche eſt ignorant, *Omnis peccans eſt ignorans.*

Pour reſoudre la queſtion, Ariſtote fait une tres belle diſtinction. Car on peut, dit-il, ſçavoir quelque choſe ou Habituellement, ou Actuellement, *habitu, aut actu*; entant que quelqu'un peut ou avoir une Science dont il ne ſe ſerve pas, comme s'il tient ſon Eſprit diſtrait à autre choſe qu'à ce qu'il ſçait, s'il eſt endormy, furieux, plein de vin; ou avoir une Science dont il ſe ſerve, comme s'il a l'Esprit attentif à ce qu'il sçait. Or si un homme sçait Actuellement, ajoute-t'il, & qu'il n'ait point l'Esprit distrait ailleurs qu'a ce qu'il sçait, il est impossible qu'il fasse quelque chose qui repugne à sa Science, & par consequent que voyant la beauté de la Vertu, par exemple, & la turpitude du Vice, il abandonne celle-là, & suive celle-cy : Mais s'il ne sçait qu'Habituellement ou qu'il ne se serve pas de la Science qu'il a, pour lors, comme c'est demesme que s'il n'en avoit point, & qu'il ignorast la chose, il peut faire quelque chose de repugnant à la Science ; & ainsi, quoy qu'il sçache habituellement combien la Vertu est belle, combien le Vice est sale & difforme, cela n'empesche pas qu'il ne puisse negliger la Vertu, & embrasser le Vice.

Mais n'arrive-t'il pas souvent, direz-vous, que celuy qui peche voit effectivement, & considere la beauté de la Vertu qu'il neglige, & la saleté du Vice qu'il poursuit ? Aristote repond qu'il en est de cet homme comme de ceux qui sont pleins de vin, & qui par une certaine habitude recitent des Vers d'Empedocle ; ou comme des Enfans qui ne laissent pas de lire ce qu'ils n'entendent que tres peu; ou comme des Comediens qui font des personnages à qui ils ne ressemblent point. Car il s'eleve toûjours dans celuy qui peche quelque passion soit de Volupté, ou de Colere, d'Ambition, ou d'Avarice, qui remue, & trouble tellement l'Esprit, & cette Science, que tout ce qu'il y a de bien dans la Vertu, & tout ce qu'il y a de mal dans le Vice, est obscurcy, & couvert comme d'une espece de broüillar, ensorte qu'il est caché, ou ne paroit qu'a peine; au lieu que tout ce qu'il y a de mal, c'est à dire de penible dans la Vertu, & tout ce qu'il y a de bien, c'est à dire d'agreable dans le Vice, est à decouvert, & comme en plein jour; ce qui fait que le bien qui est dans la Vertu n'attire que foiblement à l'egard de celuy qui est dans le Vice, & que le mal qui est dans le Vice ne detourne qu'impuissamment à l'egard de celuy qui est dans la Vertu. Ainsi un homme qui peche peut veritablement bien dire qu'il voit les choses qu'il quitte meilleures, & celles qu'il suit pires, à sçavoir pour un autre temps, ou suivant l'habitude qui le fait souvenir confusement, & comme en passant qu'il a autrefois jugé de la sorte ; mais il ne le peut neanmoins pas dire pour ce temps-là mesme qu'il peche; car alors il tient pour meilleur ce qu'il suit, & pour pire ce qu'il laisse ; de façon qu'en disant qu'il approuve alors comme meilleures les mesmes choses qu'il aura autrefois approuvées, il ment, & il se contredit luy-mesme, approuvant plutost ce qu'il suit.

Que s'il fait cela non sans quelque sorte de repentir, & de douleur, cela vient veritablement de ce qu'il s'apperçoit qu'il fait quelque perte de bien, & qu'il s'attire quelque mal ; mais ce qui montre toutefois que cette douleur est petite en comparaison du plaisir qui ne laisse pas de l'attirer, c'est qu'il ne voit, & ne considere que comme en passant, & non pas serieusement la perte du bien, & l'atteinte du mal. Ce qui est d'autant plus aisé à comprendre, que si le supplice, la douleur, l'ignominie, & les autres maux qu'il ne voit, & n'apprehende, ou ne craint que legerement, & confusement, estoient attentivement & clairement veus & considerez, non comme absens, non comme eloignez ou à venir, non comme douteux, mais comme penchans sur sa teste, mais comme presens & certains, & comme devant immediatement arriver apres la mauvaise action faite, il en seroit asseurement detourné, & ne se precipiteroit pas dans le Vice.

Encore donc que celuy qui peche, & qui suit le pire, dise qu'il voit, & qu'il approuve le meilleur; neanmoins l'inconsideration, ou l'inadvertence qui fait qu'il ne voit, & ne considere pas toutes les circonstáces qui sont dans la chose, ou qu'il ne les voit pas telles qu'elles doivent estre, & seront, est une ignorance. Et c'est pour cela que celuy qui peche est dit ignorant, puisqu'il ne pecheroit pas s'il ne l'estoit de la sorte.

Il faut neanmoins remarquer, qu'il ne doit pas pour cela se croire excusable de ce qu'il agit avec ignorance, de ce qu'il suit le bien tel qu'il luy paroit, de ce qu'il n'est pas en son pouvoir d'empescher qu'il ne paroisse tel, pretextant *que nous ne sommes pas maistres de ce qu'une chose paroit estre.* Car encore qu'entre les choses qui excusent les pechez on ait accoûtumé de mettre l'Ignorāce, neanmoins cette ignorance qui excuse est une pure, absoluë, & invincible ignorance, telle que fut, par exemple, celle de Cephale, lorsqu'il tua Procris qui estoit cachée dans des buissons, lors qu'il tua, dis-je, Procris qu'il croyoit estre une beste sauvage, & qu'il ne pouvoit aucunement soupçonner estre sa chere femme; au lieu que l'Ignorance dont il s'agit icy vient faute de soin, & par negligence, comme dit Aristote, *per incuriam, negligentiamve paritur*; & est pour cette raison appellée ignorance crasse, affectée, *affectata, supina*. Car celuy qui peche, ignore, ou par cequ'il a esté luy mesme cause de ce qu'il ignore, ou *parcequ'il ne se met pas en peine de sçavoir*; c'est à dire *parcequ'il ne se soucie pas de prendre garde, & de considerer comme il faut*.

Vn homme yvre, dit Aristote, ignore en la premiere maniere, car il est luy-mesme cause de son ignorance, & de son yvresse, & il a esté en sa puissance de ne devenir pas yvre, & de n'ignorer pas ce qu'il feroit; d'où vient, dit-il, que l'ignorance ne l'excuse pas, au contraire il merite double peine, l'une de s'estre fait yvre, l'autre d'avoir peché estant yvre. Le mesme se doit dire de celuy qui du commencement ne refifte pas à une legere paffion, mais qui la laiffe prendre de telles forces qu'elle l'emporte enfuite avec plus de violence, & generalement de tous ceux qui fouffrent qu'une habitude dont il font les maiftres dans le commencement, s'enracine tellement & deviene tellement forte & puiffante, qu'on ne luy puiffe plus enfuite refifter. Il en eft de cecy, ajoûte Ariftote, comme de celuy qui jetteroit une pierre qu'il ne pourroit plus faire revenir, en ce qu'il a efté en fon pouvoir de ne la pas jetter, ou comme de celuy qui vivant en gourmand deviendroit neceffairement malade, en ce qu'il a auffi efté en fa puiffance de vivre fobrement.

Vn homme ignore de la derniere maniere, lequel pouffé par la paffion peut encore dire, *video meliora, probóque*; parcequ'il eft auffi alors en fa puiffance d'eftre attentif aux maux, ou de confiderer ferieufement quels & combien grands feront les maux qui doivent fuivre, ce que faifant il ne pecheroit pas. Cela, dis-je, eft en fa puiffance, puifqu'il arrive fouvent, que fi eftant fur le poinct de pecher il furvient une perfonne de confideration, ou un homme qui doive tirer la vangeance & le châtiment de l'action, il s'abstient de pecher, & qu'il y en a qui se retienent au milieu de la passion, & qui ont assez de generosité pour ne se laisser pas surmonter. Joint que l'usage des Loix, des Preceptes, & des Exhortations n'est pas en vain, *nous pouvons y prendre garde, & l'Esprit y estant attentif peut devenir maistre des apparences des choses*, & faire ensorte qu'elles luy paroissent de la maniere qu'elles doivent effectivement paroitre.

En effet, toutes les fois qu'on peut dire *video meliora, probóque*, il est evident que l'action qui se fait est deliberée, & que nous en sommes par consequent les maistres; car l'on ne sçauroit rien dire de tel lorsqu'elle se fait sans deliberation, comme lorsqu'au premier mouvement de Colere nous-nous emportons à la vangeance ; d'où vient l'excuse ordinaire, *que les premiers mouvemens ne sont pas en nostre puissance*.

Et l'on ne peut pas dire avec les Hegesiaques dans Laërce, que les pechez se doivent pardonner, parceque personne ne peche qu'il n'y soit contraint par quelque passion qui luy trouble l'Esprit,

Neque enim quemquam volentem, sed perturbatione aliquâ coactum peccare: Car du moins il est constant que lorsque l'on donne occasion au trouble, il n'y a point de contrainte.

Neanmoins parcequ'il y a de certains troubles naturels, & de certains desirs qui ont leur principe en nous-mesmes, & qui s'elevent malgré nous, Aristote enseigne qu'ils sont d'autant plus pardonnables qu'ils sont communs à tous: Et afin de montrer qu'il y a quelques passions qui naissent en nous, & qui passent de pere en fils, il cite l'exemple de celuy qui s'excusoit de ce qu'il battoit son pere, *car mon pere*, disoit-il, *a battu le sien, ce dernier le sien, & mon fils que voila me battra quand il sera grand.* Il cite encore l'exemple de celuy qui estât trainé par son fils, luy commanda quand il fut venu jusques à la porte, de ne le trainer pas plus avant, *parceque*, disoit-il, *je n'ay pas trainé mon pere plus loin.*

Au reste, je me sens obligé d'avertir, que ce qui s'est dit jusques icy de cette grande attache de la Volonté à suivre les mouvemens de l'Entendement, se doit entendre avec circonspection, & moderation: Car quoy qu'il soit constant que l'on ne desire jamais ce qui est inconnu, *ignoti nulla cupido*, & qu'ainsi la Volonté n'agit jamais que l'Entendement ne l'eclaire prealablement de ses connoissances, & ne porte, comme l'on dit d'ordinaire, le flambeau, & la lumiere devant elle: Quoy qu'il ne soit pas moins constant que la Volonté est tellement attachée à suivre l'Entendement, que de deux biens qui paroissent inegaux, elle embrasse d'ordinaire le plus grand: Toutefois il semble que lors qu'elle est encore sur le poinct d'agir, elle peut nonobstant cette connoissance, & sans qu'il en interviene aucune autre, laisser celuy qui paroit le plus grand, & embrasser ou suivre celuy qui paroit le moindre.

Il semble mesme que la Volonté exerce quelquefois cette puissance: Car si nous voulons nous consulter nous-mesmes, n'est-il pas vray qu'il est des temps que nous prenons garde à la bonté, & à l'excellence de la Vertu, que nous la voyons clairement, & que nous demeurons d'accord qu'elle est preferable à la bonté, ou au plaisir qui se trouve dans le Vice, ensorte que si nous suivions nostre propre interest, nous laisserions le Vice, & embrasserions la Vertu? N'est-il pas vray, dis-je, que quelquefois nous avons ces veues, & ces connoissances, & que nous ne laissons pas pour cela de nous porter au Vice, abandonnant la Vertu, que nous laissons le grand bien, & prenons le moindre, en un mot, que nous voyons le meilleur, & prenons le pire, selon ce que dit Medée.

Video meliora, probóque, deteriora sequor.

Cela estant, il semble que nous devons davantage etendre la puissance de la Volonté, que nous ne devons point la faire tellement attachée aux jugemens de l'Entendement, qu'elle ne puisse s'en departir, & que si nous voulons sauver nostre Liberté sans qu'il reste aucun scrupule, nous ne la devons point tant faire consister dans l'indifference de l'Entendement qui determine la Volonté, que dans l'indifference de la Volonté qui se determine d'elle mesme, ensorte que toutes les choses necessaires pour agir estant posées, elle puisse ou agir, ou n'agir pas, suivre le bien, ou ne le suivre pas, suivre le bien qui paroit le plus grand, ou celuy qui paroit le moindre;

de façon qu'il n'en soit pas de la Volonté comme d'une Balance qui est determinée à trebucher du costé qu'il y a plus de poids, mais comme d'une Balance qui se determineroit elle mesme, & par sa propre force, & quelquefois mesme du costé qu'il y a moins de poids, qu'il y a moins de raisons, qu'il paroit moins de bien.

Et qu'on ne dise point qu'un moindre bien en comparaison d'un plus grand est censé estre un mal, & que la Volonté ne se pouvant porter au mal comme mal, elle ne se peut par consequent porter au moindre bien : Car l'on peut nier absolument qu'un moindre bien soit un mal en comparaison d'un plus grand, puisque quelque petit qu'il soit c'est toujours un bien : Et d'ailleurs l'on peut repondre que si la Volonté laissant le plus grand bien se porte au moindre, elle ne se porte pas pour cela au mal comme mal, parce qu'elle ne le considere pas comme mal, mais simplement comme bien, lequel se trouve par hazard estre moindre : Et certes, si de deux biens qui luy sont proposez elle a bien le pouvoir de les negliger tous deux, elle aura bien le pouvoir de prendre l'un ou l'autre, & d'embrasser le moindre.

Quoy qu'il en soit, il est constant qu'encore qu'on s'en voulust tenir à l'Opinion de Platon, & d'Aristote, qui est celle pour laquelle nostre Autheur semble avoir plus de pente, ensorte qu'on fist consister primitivement & originairement la Liberté dans l'indifference de l'Entendement, il est, dis-je, constant que dans cette hypothese l'on peut toujours tres bien sauver la Liberté, en ce que lorsque nous sommes sur le poinct, & en estat d'agir, il est toujours en nostre pouvoir de suspendre l'action, & de nous arrester à considerer meurement les choses, ensorte que distinguant les veritables biens des biens apparens, nous fassions changer les fausses connoissances ou opinions qui pourroient estre dans l'Entendement, & par là faire changer la pente que la Volonté pourroit avoir à suivre les bien faux & trompeurs pour les veritables, le bien deshonneste pour l'honneste, le Vice pour la Vertu.

CHAP

CHAPITRE II.
Ce que c'est que la Fortune, & le Destin.

ENcore que selon Ciceron *la folie, l'erreur, l'aveuglement, & l'ignorance des choses, & des causes, semblent avoir introduit les noms de Nature, & de Fortune, & qu'ainsi la Fortune ne puisse estre sans ignorance*; neanmoins on ne demeure pas generalement d'accord que ce soit un nom purement vain, & imaginaire; puisqu'il y en a plusieurs qui tienent que c'est une cause, & mesme une cause Divine; ce qui a donné lieu à ces Vers de Juvenal.

———————Sed te
Nos facim, *Fortuna, Deam, cœlóq; locamus.*

Et qu'ainsi ne soit, Plutarque enseigne que selon Platon c'est *Vne Cause par accident, laquelle suit inopinemēt dans les choses qui se font par conseil*; & selon Aristote, *que c'est une cause par accident dans les choses qui se font pour quelque fin, & que cette cause est incertaine, & variable.* L'on en apporte d'ordinaire un exemple dans celuy qui creusant en terre à dessein de plâter un arbre, trouve un thresor, à quoy il n'a point pensé: Car la decouverte du thresor est un effet par accident, c'est à dire qui arrive contre la pensée, & l'intention de celuy qui agit: Desorte que celuy qui creuse la terre estant cause du trou qui s'est fait en terre, est aussi cause par accident de la decouverte du thresor.

C'est ainsi qu'on explique ordinairement la notion de la fortune; cependant il semble que par ce nom l'on entende je ne sçais quelle autre chose, & qu'on n'appelle pas proprement fortune ou celuy qui creuse, ou son action. C'est pourquoy pour ne dire point que souvent l'on appelle fortune la chose fortuite mesme, ou ce qui arrive fortuitement, il semble que par le nom de fortune on doive entendre *le Concours de diverses causes fait sans conseil mutuel, ensorte qu'il suive un evenement, ou un effet appellé fortuit que toutes les causes, ou quelques-unes, ou du moins celuy auquel il arrive n'ayent point eu dans l'intention.* Ainsi, comme pour la decouverte fortuite du Thresor, il est non seulement necessaire que quelqu'un foüille dans la terre, mais aussi que quelqu'un cache premierement de l'argent ; il est evident que la Fortune, ou la cause d'une telle decouverte, est le concours du *cachement* de l'argent, & du *creusement* de la terre en cet endroit là.

J'ay dit *sans le conseil mutuel, & outre l'intention de toutes, ou de quelques-unes des causes* ; parce qu'encore qu'une, ou plusieurs causes l'ayent peuteſtre en veuë, & dans l'intention, ce n'est pas moins Fortune à l'egard de celle qui ne l'aura point eu : Comme si quelqu'un cache un thresor, à dessein que celuy qu'il prevoit qui foüillera dans la terre le trouve, alors cet evenement n'est veritablement pas fortuit à l'egard de celuy qui aura caché, mais il le sera neanmoins à l'egard de celuy qui aura ignoré qu'il y ait eu rien de caché. Ainsi ce qui arriva de l'ouverture du Sepulchre de Nitocris ne fut pas absolument fortuit à l'egard de Nitocris, en ce qu'il se douta bien qu'il y auroit quelque Roy qui l'ouvriroit, y estant invité par cette inscription : *Si quelqu'un des Rois de Babilone qui viendront apres moy se trouve en disette d'argent, qu'il ouvre ce Sepulchre, & qu'il en prenne tant qu'il vou-*

dra : *Qu'il ne l'ouvre toutefois pas s'il n'en a besoin ; car il ne luy serviroit de rien :* Mais l'evenement fut neanmoins fortuit à l'egard de Darius, parce qu'au lieu d'argent il trouva cecy ecrit dedans: *Si tu n'estois insatiable d'argent, tu n'aurois pas ouvert les Sepulchres des morts.* Il faut toutefois avoüer, que l'on appelle proprement Fortune, lorsque de toutes les causes qui concourent, aucune n'a en veuë ce qui doit arriver du concours. L'on en apporte un illustre exemple dans le retardement de la mort de Socrate apres la Sentence prononcée. *Car la cause de ce retardement fut, que le jour precedent de la Sentence, il arriva que selon la coûtume annuelle, l'on couronna un Navire pour Delos, & cependant il n'estoit pas permis de faire mourir personne qu'apres le retour du Navire, mais ni le Prestre en couronnant le Navire, ni les Iuges en prononçant la Sentence ne songeoient point à retarder la mort de Socrate.*

Or ce n'est pas sans raison qu'Epicure recommande tant qu'on ne reconnoisse pas la Fortune comme quelque Deesse; car la foiblesse des hommes est telle, que non seulement ils admirent tout ce qu'ils n'entendent point, mais

DE LA LIBERTE'. 629

qu'ils le croyent mesme comme quelque chose de divin, & au dessus de la Nature, ensorte qu'ayant veu que la Fortune tantost estoit favorable, & tantost contraire, ils l'ont adorée sous diverses representations, & luy ont erigé des Temples sous ces differents titres, *Fortunæ Bona, Mala, Blanda, Averrunca, Calva, Equestri*, &c. d'où sont venuës ces plaintes de Pline, *Que par tout le Monde, en tout lieu, & à toute heure l'on invoque la Fortune; qu'elle seule est nommée, elle seule accusée, elle seule traitée de criminelle, elle seule loüée, blasmée; qu'elle seule est adorée avec des injures; que plusieurs la tiennent pour incertaine, inconstante, & aveugle, favorisant ceux qui ne le meritent pas*, &c. ce qui a donné lieu à cette maniere ordinaire de parler, *le joüet de la fortune*, & qui a donné occasion de comparer la vie des hommes à un jeu de hazard, qui est autant fortuit à l'egard du mauvais, que du bon joüeur.

Il est vray que comme le jeu, & la vie sont meslez d'industrie, le bon joüeur, & le Sage reüssissent quelquefois mieux, mais cela n'arrive pas toujours, le mauvais joüeur est souvent plus heureux que le bon, l'homme imprudent plus heureux que le sage, & souvent la Fortune a autant ou plus de part aux bons evenemens que la Sagesse; ce qui a fait dire à Plutarque, *que la Fortune, & la Sagesse quoy que tres dissemblables, produisent souvent des effects tres semblables*: Et mesme, comme il y en a peu entre ceux qui font profession de Sagesse, qui sçachent bien manier & conduire les evenemens de la Fortune, Theophraste a osé dire, que c'est la Fortune, & non pas la Sagesse qui conduit la vie.

Vitam regit Fortuna, non Sapientia.

Et Lucrece parlant populairement, dit que la Fortune vient souvent sans estre invoquée à ceux qui ne la cherchent point avec tant d'empressement, & qu'elle fuit souvent ceux qui la poursuivent jour & nuit, sans cesse, par mer & par terre; tant il est vray, ajoûte-t'il, qu'il y a quelque force occulte qui maistrise les choses humaines, & qui semble prendre plaisir à se mocquer des Puissances, & des Dignitez, & à les fouler aux pieds.

Usque adeò res humanas vis abdita quadã Obteris, & pulchros fasces, savásq; secures

Proculcare, & ludibrio sibi habere videtur!

Du Destin.

POurce qui est du *Destin*, Homere en a parlé plus expressement que de la Fortune; car il fait dire à Hector, que si les Destins ne l'ordonnent, rien n'est capable de luy oster la vie, mais que personne n'evite le Destin.
Nam nisi fata vocent, nemo me mittat ad Orcum :
At fatum vitat nemo, mihi crede, virorum
Or quoy que Ciceron tienne que le Destin est un nom vain, & superstitieux, *anilis plenum superstitionis fati nomen*, & Epicure, *Que c'est un nom imaginaire, & que rien ne se fait par le Destin* ; neanmoins comme il a toujours eu des Defenseurs, & que les uns l'ont pris d'une maniere, & les autres d'une autre, il faut connoitre les diverses Opinions qui les ont partagez.

Entre ces Opinions il y en a deux capitales ; car les uns veulent que le Destin soit une chose divine, les autres une chose purement naturelle. Les premiers sont principalement les Platoniciens, & les Stoïciens, selon lesquels

Plutarque, Chalcidius, & quelques autres considerent le Destin en deux façons. Premierement *comme une substance* qu'ils prenoient pour Dieu mesme, ou pour cette Raison eternelle qui de toute Eternité a disposé toutes choses, & a tellement lié les causes aux causes, que tout ce qui arrive soit bien, soit mal, arrive par la suite de ces causes. Ils donnoient divers noms à cette divine substance ou Raison; car tantost ils l'appelloient comme a fait Platon, *l'Ame du Monde, la Raison, & la Loy eternelle de la nature de l'Vnivers*; tantost comme Zenon, & Chrysippe, *la Vertu-motrice de la matiere, une vertu spirituelle, & la Raison de l'ordre gouvernant toutes choses*; tantost *Dieu, Iupiter, Entendement,* comme Aristote, & Seneque; tantost comme Heraclite, *la Raison qui penetre toutes choses*, & tantost comme Pythagore, *la cause directrice des choses universelles, & particulieres.*
Secondement *comme acte*, asçavoir en partie pour le Decret mesme, ou pour le commandement par lequel Dieu ait estably, & ordonné toutes choses; en partie pour l'ordre mesme, pour la suite ou pour l'enchainement qui est estably

dans les choses, lequel enchainement va poursuivant son train invariablemét selon la teneur qui a esté une fois prescrite. Car c'est ainsi qu'ils en parloient, comme lors qu'ils nommoient le Destin *la Loy de la Nature; la compagne du Tout; la Fille de la Necessité; l'Ordre comprenant tous les ordres*, ou comme dit Chrysippe, une certaine suite eternelle, & immuable des choses, &c. *Sempiterna quædam & indeclinabilis series rerum, & catena volvens semetipsa sese, & implicans per æternos consequentiæ ordines, in quibus apta, connexaque est*, ce que devoit avoir en veuë Lucain dans ces deux Vers.
At simul à prima descendit origine Mūdi
Causarum series, atque omnia fata laborāt.
Et Hesiode, lors qu'il distingue trois Parques qui filent la vie des Hommes, & dont la premiere est dite *Atropos*, a cause de l'irrevocable temps passé, qui est comme le fil fait & tourné dans le fuseau. La seconde *Cloto*, a cause du present, ou du courant, qui est comme le fil dans la main de celle qui file. La troisieme *Lachesis*, a cause du futur, ou du sort, qui est comme le lin qui n'est pas encore tors; Lachesis dans Platon gouvernant le passé, Cloto le present,

Atropos le futur. Ce que l'on Ajoûte de Lachesis, qu'elle reçoit les actions celestes des deux autres Sœurs, qu'elle les joint, & qu'elle les distribue icy bas sur les choses terrestres, marque l'Opinion des Astrologues qui attache la destinée des Hommes aux Astres, & qui l'en fait dependre, & descendre conformement à ce Vers de Manile.

Fata quoque, & vitas hominum suspendit ab Astris.

Opinion qui chez les Astrologues est plus seure que les Sybilles, & les Oracles qui sont dits *chanter la Destinée:* Car à les entendre parler, ils ne sont pas moins participans des volontez du Ciel, que les Chesnes dont Platon dit qu'il sortit *des voix Devineresses,* comme la marqué Virgile.

Quâ comitabātur fatalia carmina quercus.

Au reste, comme les Platoniciens, les Stoïciens, & les autres Defenseurs du Destin, semblent consequemment defendre la necessité, que Seneque appelle Necessité de toutes choses, & de toute action, qu'aucune force ne peut rompre. *Car les Destins,* dit-il, *vont exerçant leur droit, & leur puissance absolue, & sans faire grace à qui que ce soit, ou sans se* laisser toucher ni de prieres, ni de misericorde, ils gardent leur cours fatal, destiné, & irrevocable : Demesme que l'eau des rapides torrens ne retourne point sur elle-mesme, ni ne s'arreste point ; parceque celle qui survient precipite la premiere; ainsi la suite eternelle du Destin fait l'ordre des choses, sous cette premiere, & eternelle Loy, de s'en tenir irrevocablement au Decret : Comme ils semblent, dis-je, defendre une Necessité qui detruit entierement la liberté de toutes les actions humaines, & ne laisse rien dans nostre libre-arbitre, cela fait qu'on leur objecte les inconveniens qui suivent de là. Le principal de ces inconveniens est, que si nos Esprits, comme ils sont mis & rangez dans la suite des choses, sont conduits par le Destin, & que destituez de liberté ils fassent tout par une necessité immuable, & inevitable, la maniere & la conduite ordinaire de la vie humaine perit, & toutes les Consultations sont inutiles. Car quelque chose que vous deliberiez, il n'arrivera que ce qui aura esté decreté par le Destin. Ainsi la Prudence sera vaine, l'etude de la Sagesse inutile, & tous les Legislateurs seront ridicules, ou des

Tyrans ; parcequ'ils commandent des choses ou que nous devons faire absolument, ou que nous ne pouvons aucunement faire: Ainsi il n'y aura ni Vice, ni Vertu, ni rien qui merite d'estre loüé, ou blasmé, puisque ceux-là seuls sont censez dignes de loüange, qui pourroient faire du mal, & qui font du bien, ceux-là dignes de blasme, qui pourroient suivre la Vertu, & qui embrassent le Vice. Ainsi personne ne meritera de recompense pour ses belles actions, comme personne ne meritera de chatiment pour ses crimes; parceque celuy-là ne peut n'agir pas honnestement, & celuy-cy n'a pas la puissance de se retenir, & de s'abstenir du crime : Enfin toutes choses allant par une Necessité inevitable, en vain seroient les Prieres, les Vœux, les Sacrifices, &c.

Aussi est-ce en veuë de ce Dogme Stoïque que Lucian introduit assez plaisamment Cyniscus objectant à Jupiter, *qu'il ne craint point ses foudres, s'il n'est pas dans les Destinées qu'il perisse de la sorte ; puisque Iupiter, & les autres Dieux sont eux-mesmes attachez au Destin, & qu'ainsi ils ne sont eux, & les Hommes, que les Ministres des Parques*

DE LA LIBERTE'. 637

ou plutost de simples instrumens, comme une hache, ou une scie, jusques là que Iupiter avec toute sa grande puissance, n'a pû sauver de la mort son propre fils, son bien-aimé Sarpedon.

Tot nati cecidere Deûm, quin occidit unà Sarpedon mea progenies,

Ce mesme dogme Stoïque a fait dire à Seneque que Dieu a veritablement ecrit les Destinées, mais qu'il est luy mesme obligé de les suivre. *Ille ipse omnium conditor & rector scripsit quidem fata, sed sequitur; semper paret, semel jussit.*

Que nous sommes emportez par la force du Destin auquel il faut volontiers ceder; que rien n'est capable de flechir l'inexorable Lachesis, ou de luy faire retourner son fuseau; que tout ce que font, ou souffrent les mortels, cela vient d'enhaut; que tout va d'un train certain fixe & determiné, & que c'est le premier jour qui donne le dernier.

Fatis agimur, cedite, fatis?
Non sollicitæ possunt curæ
Mutare rati stamina fusi.
Quidquid patitur mortale genus,
Quidquid facimus, venit ex alto;
Servátque sua decreta colus
Lachesis dura revoluta manu;
Omnia certo tramite vadunt,

Primúsque dies dedit extremum.

Manile dit à peu pres la mesme chose, & crie hautement que les Destins gouvernent le Monde, que nous mourons en naissant, & que la fin de chaque chose depend de sa premiere origine.

Fata regunt Orbem, certa stant omnia lege,
Largáq; per certos signantur tēpora cursus;
Nascentes morimur, finisq; ab origine pēdet.

Les derniers, c'est à dire les Philosophes qui tienent que le Destin est une chose purement naturelle, & qui ne depend d'aucun Decret, sont divisez en deux classes : Car les uns ont posé une suite de causes naturelles, arrangées, & liées d'une telle maniere que les dernieres toûjours dependantes des premieres, & meuës par leur impression, ne peuvent ne pas faire ce qu'elles font, d'où il suit une necessité qui ne peut aucunement estre empeschée, & qui est toute pareille à celle qui a esté tirée de la premiere Opinion, ou du moins qui n'en est differente, qu'en ce que selon celle-là la suite des choses coule par un Decret eternel de Dieu, & que selon elle-cy elle coule d'elle-mesme, ou par elle mesme. Les autres posent veritablement une suite de causes naturelles liées, & jointes entre elles, mais de telle maniere toutefois que les dernieres causes ne dependent pas tellement des premieres, ou n'en font pas tellement meües, qu'elles ne puissent estre empechées de faire ce qu'elles feroient d'ailleurs; qu'elles ne puissent, dis-je, estre empechées ou par les choses fortuites, ou par celles qui agissent librement.

Entre les premiers l'on conte Heraclite, Empedocle, Parmenides, Leucippe, Democrite, & quelques autres; mais pour ne parler que de Democrite, comme estant le plus celebre de tous, ce Philosophe tient que la Nature ne sçauroit faire que ce qu'elle fait, par ce que les premiers principes, ou comme il parloit, les Atomes dont toutes les choses sont faites, & formées, ont un mouvement naturel & inamissible par lequel elles ne peuvent n'estre pas agitées ou meües ; les Composez, qui tous sont faits d'Atomes, ne pouvant n'estre pas meus par les mouvemens dont les Atomes sont meus. Et c'est de là qu'il tire cette pretendue Necessité par laquelle il veut que toutes choses se fassent, & par laquelle le Monde mesme se soit fait tel qu'il est ; parce que les Atomes qui se font, dit-il, fortuitement icy assemblez, ont eu de tels, & de tels mouvemens qu'ils n'ont pû s'assembler d'une autre maniere, ni faire une autre forme, & que cette forme estant posée, ils ne sçauroient ne pas faire les mouvemens qu'ils font, & par ces mouvemens tout ce qui se fait; *la Necessité, selon luy, n'estant autre chose que le mouvement, la percussion, & la repercussion de la matiere,* c'est à dire des Atomes qui sont la matiere des choses.

Ainsi il est aisé de voir ce qu'il avoit en veüe lorsqu'il a dit, *que la Necessité par laquelle toutes choses se font, est & le Destin, & la Iustice, & la Providence, & l'Architecte du Monde, &c.* Car il pretend que la suite des choses dans laquelle consiste la nature du Destin, ne peut estre autre qu'elle est, & qu'il depend de cette suite que cette chose soit, ou soit censée juste, celle-là injuste, que le Monde soit conduit de la maniere qu'il va, qu'au commencement il ait esté fait tel, &c. rapportant tout aux mouvemens naturels des Atomes: Et cela supposé il croyoit *Que l'Esprit mesme, qu'il composoit principalement* d'atomes ronds, & polis, se meut diversement de luy mesme, a cause de leurs differentes motions, autrement par exemple dans les Melancoliques, autrement dans les Coleriques, & autrement dans ceux qui sont d'un naturel temperé. II. Qu'il est diversement meu & poussé par les divers mouvemens des Atomes dont les images ou especes sensibles & intellectuelles sont tissuës, desorte qu'il ne peut n'estre pas attiré si ces especes sont convenables, & n'estre pas repoussé si elles sont disconvenables. III. Que si quelquefois il n'est pas attiré par quelque espece attirante, cela vient de ce qu'il s'en trouve du mesme costé de plus puissantes qui repoussent ; demesme que s'il n'est pas repoussé par quelques repoussantes, c'est parceque du mesme costé il s'en emeut de plus puissantes qui attirent en mesme temps vers le mesme endroit. IV. Qu'il ne peut par consequent n'estre pas porté au bien, ou à ce qui flatte & attire, tandis qu'il ne le voit meslé d'aucun mal, & ne fuir pas le mal, ou ce qui blesse, & qui donne de l'aversion, tandis qu'il ne le voit meslé d'aucun bien. V.

Que de deux biens proposez il ne peut n'estre pas porté au plus grand, comme en estant attiré plus fortement, & de deux maux ne fuir pas le pire, comme en estant plus fortement repoussé. Enfin, que l'ignorance & l'obscurité de l'Esprit humain faisant qu'il ne voit souvent pas tout le mal qui suit d'un bien, tout le bien qui suit d'un mal, il est veritablement trompé, & est souvent porté à un objet d'où il seroit à desirer qu'il fust detourné, fuyant ce qui seroit à desirer qu'il poursuivit ; mais cependant que les choses se rencontrant de cette façon, & non pas d'une autre, il ne peut n'estre pas porté où il est porté, n'estre pas detourné de ce dont il est detourné, de sorte qu'il ne luy reste autre chose à desirer, sinon que les especes des choses luy puissent venir telles qu'il le faut pour faire que les choses paroissent telles qu'elles sont, & faire que les mauvaises ne trompent pas sous l'espece du bien, ni les bonnes sous l'espece du mal.

Il tient consequemment que certaines choses semblét veritablement estre en nostre pouvoir, puisque nous experimentons que nous consultons, & que nous choisissons librement & sans contrainte une chose preferablement à une autre ; mais toutefois que cela n'est rien en effect, parceque l'occasion de la consultation, ou la representation de plusieurs choses qui nous meuvent presque egalement, & qui par leurs poids egaux tiennent l'Esprit en balance, ne peut ne nous estre pas faite acause de la suite des choses qui est prise de plus haut, l'Esprit demeurant dans cette incertitude jusques à ce que l'utilité de l'une paroissant surpasser l'utilité de l'autre, cette premiere utilité l'attire, & le determine : Comme si le choix n'estoit autre chose qu'une poursuite de la chose meilleure, ou qui paroit meilleure, & qui se fait sans contrainte, ou sans aversion; parceque de nous mesmes nous aimons le bien, & que nous-nous y portons volontiers ; la liberté selon luy n'estant autre chose que *Libentia*.

Bien davantage, il tient, comme font tous les Deffenseurs du Destin, & nommement Manile, que de traiter icy maintenant du Destin, & d'en examiner les Loix & la nature comme nous faisons presentement, cela mesme est dans la suite du Destin.

Hoc quoq; fatorũ est legem perdiscere fati.
Hoc quoq; fatale est sic ipsũ expẽdere fatũ.
Parceque quelque action humaine que vous supposiez, il veut que sa cause prochaine ait esté tellement meue par quelque autre cause antecedente, celle-cy par une autre, cette autre par une autre en remontant à l'infiny, que telle suite ait esté posée, & que telle action n'ait pû ne pas suivre, *Tel qu'est*, dit Ciceron, *ce souhait d'Ennius ; Pleust à Dieu que jamais haches n'eussent coupé ces malheureux arbres du Pelion ! Il eust pû reprendre ainsi la chose de plus loin: Pleust à Dieu qu'il ne fust jamais né aucun arbre dans le Pelion ! Et de plus loin encore : Pleust à Dieu que le mont Pelion n'eust jamais esté ? & ainsi en remontant retourner à l'infiny, afin de ne donner jamais commencement au Navire, & que Medée n'eust jamais sorty de sa maison.*

Entre ceux qui ont veritablement admis une Necessité naturelle, mais non pas toutefois absoluë, & inevitable, les principaux sont Aristote, & Epicure. A l'egard d'Aristote, il a voulu que le Destin, ou la fatale necessité ne fust autre chose que la Nature mesme, ou si vous aimez mieux, chaque cause entant qu'elle agit selon sa nature, ou selon son cours naturel.

Pour ce qui est d'Epicure, il estoit dans le mesme sentiment qu'Aristote, & il ostoit comme luy la necessité absoluë, & inevitable des choses; il a neanmoins cecy de particulier, que cherchant pour cela une Hypothese, il a feint ce mouvement de Declinaison, ou ce detour des Atomes dont nous avons parlé ailleurs, afin qu'il y eust quelque chose qui pûst rompre la Necessité du Destin, & qui conservast la liberté de la Volonté, qu'il dit estre libre, & tirée hors des Destinées,

—— *& fatis avolsa voluntas,*

c'est à dire hors de cette suite de mouvemens qui selon Democrite se suivent les uns les autres par une necessité absoluë, eternelle, & inevitable, comme si l'Experience, & la Raison avoient tiré cette verité de la bouche d'Epicure contre ses propres principes.

Denique si semper motus connectitur omnis,
Et vetere exoritur sẽper novus ordine certo,
Nec declinando faciunt primordia motus
Principiũ quoddã, quod fati fœdera rũpat,
Ex infinito ne causam causa sequatur;

Libera per terras unde hæc Animantibus exstat,
Vnde est hæc, inquam, fatis avolsa voluntas,
Par quam progredimur, quò ducit quemque
  Voluptas?

Mais Democrite, ainsi que Ciceron l'a fait ensuite, se mocqueroit avec raison de cette Hypothese, non seulement comme estant purement imaginaire, mais comme ne servant mesme de rien à Epicure pour son dessein ; parceque dira-t'il, ce mouvement de declinaison estant autant naturel aux Atomes que le perpendiculaire, toutes choses se feront toujours de même que par le Destin ; puisque ce qui arrivera, arrivera toujours par une mesme necessité, selon la diversité des mouvemens, des coups, des reflections, & des repercussions qui se suivent comme dans une espece de chaine par une certaine suite eternelle, parce que faisant l'Esprit humain corporel, ou composé d'Atomes comme les autres choses, il ne le tire point de cette chaine eternelle de mouvemens par soy, naturels, & necessaires qu'il attribue generalement à tous les Atomes.

Et qu'ainsi ne soit, diroit Democrite à Epicure, afin que l'Esprit humain montre ou exerce cette liberté par laquelle il desire, par exemple, une Pomme, il luy doit premierement venir de la pomme une image ou une espece visible, qui passant au travers de ses yeux, excite l'Entendement afin qu'il connoisse la pomme : Et afin que la pomme ait pû transmetre l'espece à l'œil, elle à deu estre mise en tel endroit par celuy qui l'a cueillie sur l'arbre, ou qui la eüe d'ailleurs : Or l'arbre, outre les rayons du Soleil, l'humidité, & la terre qui l'ont fait croistre, a aussi deu avoir un grain de semence d'ou il ait pris naissance : Ce grain a deu estre d'une autre pomme, cette pomme d'un autre arbre, lequel arbre ait esté planté dans cet endroit, & dans ce temps, & non pas dans un autre, & ainsi retournant jusques au commencemét du Monde, auquel temps la Terre, & les semences terrestres sont nées selon luy du concours des Atomes, qui afin de pouvoir concourir, & s'assembler dans cet endroit, & de cette maniere, ont deu venir de là, & non pas d'ailleurs, de ce Monde là, & non pas d'un autre, & ainsi dans toute l'Eternité antecedente. De plus, si comme il pretend, l'Esprit s'est aussi formé d'Atomes, ces Atomes ont necessairement deu estre contenus dans les semences des parens, ils ont deu s'amasser là de certains alimens, d'un certain Air, d'un certain Soleil: Tels & tels alimens ont deu estre pris, & non pas d'autres; leurs causes, & toutes les autres causes ont deu estre de telles, & de telles causes, & non pas d'autres, & ainsi de toute Eternité; desorte que les causes ont esté de toute Eternité tellement attachées aux causes, que ces dernieres ayant enfin concouru, l'Esprit n'a pû ne connoitre pas, & n'appeter pas la pomme.

Et c'est ce que devoit apparemment considerer Ciceron, lorsqu'il se mocque de cette declinaison d'Atomes comme d'une chose purement chymerique, & imaginaire, & de nulle utilité pour sauver la Liberté, & oster la necessité absoluë des choses; puisque si le mouvement droit ou perpendiculaire des Atomes vient d'une necessité de Nature, celuy de declinaison en sera aussi, ou se fera de mesme par une necessité de Nature: Desorte qu'encore qu'on puisse dire qu'Epicure merite de la loüange pour avoir tasché de sauver la Liberté humaine, l'on peut neanmoins dire aussi qu'il qu'il n'a pas reüssi, & qu'il ne l'a pû faire en demeurant dans ses principes; c'estpourquoy laissant là Epicure avec son *Clinamen Principiorum*, nous tenterons une autre voye.

CHAPITRE III.

Comment le Destin peut estre concilié ou accordé avec la Fortune, & la Liberté.

APres avoir expliqué les diverses Opinions des Philosophes sur le Destin, il nous reste à examiner si on le doit admettre, en quelle maniere il peut estre admis, & comment on le peut concilier ou accorder avec la Liberté. En premier lieu l'Opinion de Democrite doit estre rejettée, en ce qu'ostant à Dieu la creation, & l'administration des choses, elle ne peut subsister avec les principes de la Foy; joint qu'elle repugne à la lumiere de la Nature, qui nous fait reconnoistre par nostre propre experience que nous sommes libres. Celle d'Aristote, & d'Epicure peut veritablement estre soûtenüe, entant qu'elle tient le Destin, & la Nature, ou les causes naturelles pour choses Synonimes, & qu'elle tasche de sauver la Liberté; mais elle doit aussi estre rejettée en ce qu'elle n'admet pas dans Dieu la Science des choses, & qu'elle suppose qu'il n'y a ni Creation, ni Providence. Ainsi il ne reste que l'Opinion de Platon, & des Stoïciens à laquelle on puisse s'attacher, d'autant plus qu'elle tient que c'est Dieu qui a etably, ou disposé, & qui gouverne toutes choses.

Or comme la principale difficulté qui se rencontre icy, est à concilier le Destin avec la Liberté, il n'est pas fort necessaire de nous arrester à le concilier avec la Fortune. Car l'on peut dire en un mot, que le Destin, & la Fortune se peuvent admettre, pourveu que l'on demeure d'accord que le Destin soit le Decret de la Volonté divine, sans quoy rien ne se fasse, & la Fortune, le côcours, ou l'evenement, qui estant impreveu aux hommes, ait toutefois esté preveu de Dieu, & mis dans la suite des causes. Pour ne nous arrester donc point tant à concilier la Fortune, que le Libre-Arbitre avec le Destin, nous ne sçaurions, ce semble, mieux nous y prendre qu'en supposant avec S. Thomas, que le Destin à l'egard des hommes n'est autre chose que cette partie de la Providence que les Theologiens appellent Predestination; car par ce moyen l'on pourra concilier & la Predestination, & le Destin avec la Liberté; & l'on dira que Dieu a produit des causes necessaires, & des causes libres, & que les unes & les autres sont de telle maniere sujettes à la Divine Providence, qu'elles agissent chacune à leur maniere, les necessaires necessairement, & les libres librement, mais il se rencontre deux grandes Difficultez.

La premiere Difficulté est celle qui se prend de la Prenotion ou *Prescience* divine, & qu'Ammonius dit estre *tellement embarrassante, qu'elle a contraint des gens sçavans d'oster ce que nous appellons Contingent:* Car ce n'est pas seulement chez les Theologiens qu'on entend cette maniere d'Argumentation. *Ou Dieu sçait determinément, & certainement que Pierre reniera, ou il ne le sçait pas. L'on ne peut pas dire qu'il ne le sçache; car il l'a predit, & il n'est pas menteur; & s'il ne le sçavoit pas, il ne sçauroit pas tout, & ne seroit par consequent pas Dieu. Il sçait donc cela de-*

terminement, & certainement. Il ne se peut donc pas faire que Pierre ne nie; puisque s'il se pouvoit, & que se servant de sa puissance, il ne niast effectivement pas, l'on pourroit dire que la prenotion de Dieu seroit trompeuse, & sa prediction menteuse. Que s'il ne se peut, il n'est donc pas libre à nier, & à ne nier pas. Il n'a donc point de liberté: Ce n'est pas, dis-je, chez les Theologiens seuls qu'on entend cette sorte d'Argumentation, l'on en entend une pareille chez les Philosophes, voicy comme ils parlent chez Ammonius. *Ou les Dieux sçavent determinement l'issuë des choses contingentes (c'est à dire lequel des deux arrivera) ou ils ne le sçavent pas: L'on ne peut pas dire, &c.*

L'on sçait que les Theologiens repondent à la difficulté en distinguant deux sortes de Necessité, l'une Absolue, & l'autre de Supposition. Il est, par exemple absolument necessaire que deux fois deux soient quatre, ou que le jour d'hyer soit passé; mais quoy qu'il ne soit pas necessaire que vous jettiez des fondemens, ou que vous sortiez de la Ville, si toutefois vous supposez que vous bastirez, ou que vous ferez aux champs, alors il est necessaire que vous jettiez des fondemens, ou que vous sortiez de la Ville; mais cette necessité sera une necessité de Supposition, laquelle n'oste point la Liberté, en ce que celuy qui jette les fondemens pourroit absolument ne les pas jetter, comme celuy qui sort de la Ville pourroit absolument n'en pas sortir : Ainsi à l'egard de Pierre, il est bien vray, disent-ils, que le reniement de Pierre que Dieu a preveu sera necessairement ; mais ce ne sera toutefois que par une necessité de Supposition, laquelle comme il a esté dit, ne fait rien à la Liberté.

Et ce n'est assurement pas merveille, ajoûtent-t'ils, que cette Necessité ne repugne pas à la Liberté, parce qu'elle ne la precede pas, ou n'en precede pas l'usage, mais qu'elle la suit, & qu'elle n'est point tant dans la chose mesme, que dans la circonstance du temps. Car lors qu'on dit qu'il est necessaire que Pierre ait nié, l'on n'entend pas qu'antecedemment il y ait eu quelque chose dans Pierre qui l'ait contraint d'agir, mais seulement qu'il y a maintenant quelque chose dans le temps qui fait qu'il a agy, dans le temps, dis-je, qui comme il est passé, & ne peut n'estre pas passé, ainsi la chose qui est faite dans ce temps, de quelque maniere qu'elle y ait esté faite, ne peut n'y avoir pas esté faite; desorte que toute la Necessité tombe sur le temps passé.

Or comme Dieu sçait tout, il prevoit veritablement que Pierre niera, mais la prevision du reniement suit la prevision de la libre determination, & ainsi il prevoit simplement que Pierre niera, parcequ'il prevoit que Pierre se determinera librement à nier: D'où vient, ce que l'on dit d'ordinaire, que Pierre ne niera pas parceque Dieu a preveu, mais que Dieu a preveu parceque Pierre niera.

En effet, toute connoissance est exterieure à la chose connue, & une chose n'a pas ce qu'elle est de la connoissance, mais elle l'a de soy, ou de sa cause: De mesme que la neige n'est pas blanche parce qu'elle est connue blanche, mais elle est connue blanche parce qu'elle est blanche.

Il est vray qu'il y a cela de difference entre nostre connoissance, & la connoissance Divine, que la nostre à l'egard des choses Contingentes ne peut s'etendre distinctement qu'aux presentes, &

DE LA LIBERTÉ.

aux passées, au lieu que la Divine s'etend aussi aux futures; neanmoins, comme les choses qui maintenant sont passées, ont quelquefois esté futures, & dans la même condition que celles qui maintenant sont futures, & que l'on entend que celles qui maintenāt sont futures, serōt quelquefois passées, & dans la mesme condition que sont maintenant les passées; il est evident que de mesme que la connoissance soit de Dieu, soit des hommes, ne fait pas que les choses qui maintenant ont esté soient passées, parce qu'elles soient connues passées, mais qu'elles sont connues passées par ce qu'elles sont maintenant passées, ainsi celles qui sont futures ne sont pas futures parce que Dieu les connoisse, mais parce qu'elles sont futures.

De mesme lorsque l'on fait cette Instāce, si Pierre pouvoit ne nier pas, & qu'usant de sa liberté il ne niast pas, il arriveroit que dans la prevision ou prediction de Dieu il y auroit de la trōperie: C'est ce que l'on nie, parce qu'en même temps l'on n'accorde pas que Dieu prevoiroit ou prediroit que Pierre nieroit. Car en ce cas il eust preveu, & predit qu'il ne nieroit pas, parce qu'en ce cas il y auroit une supposition opposée, asçavoir que Pierre se determineroit librement à ne nier pas. Or maintenant l'on accorde que Pierre niera, & que Dieu prevoit ou predit cela veritablement, parceque Pierre pouvant se determiner à l'un, ou à l'autre, il se determinera neanmoins plutost à nier qu'a ne pas nier.

La seconde Difficulté se tire de cette espece d'Interrogation, ou de Sophisme que l'on appelle *la Raison paresseuse, parce que si nous y obeïssions,* dit Ciceron, *nous demeurerions les bras croisez, sans rien faire dans la vie.* Voicy comme elle se prend en Theologie. *Ou je suis predestiné, ou je ne le suis pas, c'est à dire, ou je suis eleu de toute Eternité à une gloire eternelle, ou reprouvé, & destiné à un supplice perpetuel: Si je suis predestiné, donc quelque chose que je fasse je ne puis estre damné: Si je suis reprouvé, donc quelque chose que j'entreprenne, & quelque peine que je me donne, je ne puis estre sauvé. Or l'un ou l'autre est necessaire: C'est pourquoy quelque chose que je fasse, puisque je n'avance en rien, qu'est-il besoin que je me soucie de rien?* Delà il y en a qui concluent qu'ils peuvent donc hardiment se jetter dans le Vice, & dans le Crime. Car l'on entend assez souvent des gens discourir de cette sorte. *Si je suis predestiné, les crimes & les meschancetez ne me sçauroient damner. Si je suis reprouvé, la Vertu ne me servira de rien. Mais je suis l'un ou l'autre : C'est pourquoy je n'ay que faire de me mettre en peine de rien, & je puis m'abandonner à tout.*

Demesme chez Ciceron il y a des Philosophes qui font ce raisonnement. *Si vostre Destin est que vous gueriffiez de cette maladie, soit que vous appelliez le Medecin, ou que vous ne l'appelliez pas vous guerirez : Et si vostre Destin est que vous n'en gueriffiez pas, appellez le Medecin ou ne l'appellez pas, vous ne guerirerez point : Mais l'un ou l'autre doit estre, il ne sert donc de rien d'appeller le Medecin.* L'on peut mesme sans se servir du mot de Destin changer les termes de cette sorte, & dire la mesme chose : *Si de toute Eternité cecy a esté vray, Vous guerirez de cette maladie, appellez, ou n'appellez pas le Medecin, vous en guerirez. Et demesme, si de toute Eternité cecy a esté vray, Vous ne guerirez point de cette maladie, soit que vous appelliez le Medecin, ou non vous ne guerirez point.*

Ee s.

Cette difficulté a donné sujet entre les Theologiens à deux celebres Opinions, dans l'une & l'autre desquelles il y a toujours cela de commun, qu'apres qu'on les a bien examinées, l'on est toujours obligé, quelque party que l'on puisse prendre, d'avoüer que ce Mystere est au dessus de la portée de l'Esprit humain, & de s'ecrier avec l'Apostre, que la profondeur des richesses de la Sagesse, & de la Science de Dieu est grande, que ses Jugemens sont incomprehensibles, & les voyes qu'il tient impenetrables ! *O altitudo divitiarum Sapientia, & Scientia Dei, quàm incomprehensibilia sunt judicia ejus, & investigabiles viæ ejus !*

La premiere Opinion soutient que Dieu de toute Eternité a Predestiné, ou choisi de la masse future des hommes un certain nombre d'hommes, ausquels par une pure bonté, & sans avoir eu en veüe leurs merites, ou preveu aucune de leurs bonnes actions futures, il a Decreté la felicité eternelle, & qu'il a Reprouvé, ou condamné tous les autres à des peines eternelles, ayant toutefois eu en veüe, ou ayant preveu leurs mauvaises actions.

La seconde Opinion soutient, que

DE LA LIBERTÉ 659

Dieu en a aussi Predestiné quelques-uns à la gloire, mais eu egard à leurs bonnes œuvres preveuës, comme il a Reprouvé tous les autres eu egard à leurs mauvaises œuvres preveuës. Car voicy à peu pres comme la chose conceuë à la maniere humaine s'explique. Dieu de toute eternité a decreté de creer le Monde, & dans ce Monde des hommes qui usant de leur raison, & de leur liberté, fussent capables de meriter, & de demeriter. Il a deplus decreté d'accorder à tous les hommes un secours surnaturel, c'est à dire une grace Suffisante, afin que ceux qui selon leur liberté se serviroient de cette grace à bien faire, fussent destinez à la gloire, & que ceux qui en abuseroient & feroient mal, fussent destinez aux tourmens. Enfin, parce qu'il a preveu que quelques-uns feroient un bon usage de la grace, & mourroient dans cet estat, au lieu que tous les autres en useroient mal, & ne s'amenderoient point, pas mesme à l'heure de la mort ; pour cette raison il a à ceux-là decreté la gloire eternelle, & à ceux-cy les peines eternelles.

Or l'une & l'autre Opinion ayant à

repondre à *la Raison Pareſſeuſe*, la derniere a l'avantage qu'elle y peut repondre plus facilement que la premiere. En effet, il eſt fort difficilé à la premiere Opinion de conſerver la liberté dans ceux qui par un decret efficace de Dieu, & ſans aucun egard à leurs bonnes œuvres preveuës, ont eſté Predeſtinez à la gloire. Car comme ce Decret precede tout concours de la Volonté preveu, comment la Volonté peut-elle eſtre libre à faire quelque choſe d'où puiſſe ſuivre la damnation eternelle, puiſque ſi elle le faiſoit, alors le Decret de l'election ſeroit eludé? Et il n'eſt pas moins difficile de la conſerver dans les Reprouvez; puiſque poſé qu'ils ne ſoient pas Eleus, ils ne peuvent, quoy qu'ils faſſent, eſtre mis au nombre des Eleus.

Il eſt vray qu'il y en a qui diſtinguent diverſement, lorſqu'ils donnent à Dieu une certaine Science Moyenne, & Conditionnelle, & qu'ils requierent de telle maniere de bonnes œuvres, ſinon pour le decret de l'election, du moins pour ſon execution, que perſonne ne parvienne jamais à la gloire ſas œuvres, & ſans merites antecedentes, du moins ſans celles du Sauveur: mais comme la difficulté retourne toujours, la verité est qu'ils ne reconnoissent point d'autre liberté que ce que l'on entend d'ordinaire par ce mot de *Libentia*.

Cependant ils ne laissent pas d'opposer à celuy qui se voudroit servir de la Raison Paresseuse, qu'il y a sujet pourquoy un homme se doive plutost attacher au bien qu'au mal, parce qu'encore qu'il soit incertain du Decret, il est neanmoins certain qu'il ne sera jamais elevé à la gloire s'il n'a fait de bonnes œuvres, qu'il ne sera jamais relegué dans les peines s'il n'en a fait de mauvaises.

Ils ajoûtent mesme qu'il luy importe extremement de se faire plutost, autant qu'il est possible, certain de l'Election par de bonnes œuvres, que de la Reprobation par de mauvaises, afin de pouvoir temperer cette crainte dans laquelle il doit passer sa vie, & agir ou operer avec cette confiance, qu'il sçait que tant qu'il fera bien il n'a aucun mal à attendre de Dieu qui est & tres bon, & tres juste.

Et afin cependant que personne ne se glorifie, comme ayant deu estre eleu à cause de ses bonnes œuvres, ou ne se plaigne, comme n'ayant pas esté compris, sans toutefois qu'il y ait de sa faute, dans l'election, contre celuy qui se glorifie, ils se servent de ces paroles, *O homme qui est-ce qui te distingue?* Si quelqu'un se plaint, ils luy disent, *Qui es-tu toy qui ose repondre à Dieu? Est-ce que le vaisseau de terre dira au Potier, pourquoy m'as-tu fait de la sorte? Est-ce qu'il n'est pas permis au Potier d'en faire l'un un vaisseau d'Honneur, & l'autre d'Ignominie?* Et à l'egard de ceux qui recherchent avec trop de curiosité les secrets de Dieu, ils se servent de ces paroles qui sont du sacré Docteur. *Noli judicare quare hunc trahat, &c. Ne determine point pourquoy il tire celuy-cy, & ne tire pas celuy-là, si tu ne veux errer?*

Pour ce qui est de la derniere Opinion, ses Deffenseurs semblent pouvoir plus aisement refuter celuy qui se sert de la raison Paresseuse: *Ou je suis*, dites-vous, *predestiné, & eleu à la gloire, ou reprouvé, & condamné aux peines?* C'est ce qu'il faut conceder, mais il faut en mesme temps ajouter, Il est à present en vostre pouvoir que vous ayez esté predestiné, ou reprouvé: Car vous estes maintenant en l'estat dans lequel Dieu a preveu que vous seriez avec une grace Suffisante, & il depend maintenant de voſtre libre-arbitre qu'il vous ait preveu bien, ou mal-faiſant, enſorte qu'en conſequence de cette previſion il vous ait predeſtiné, ou reprouvé: Deſorte que vous voyez que c'eſt à vous, & qu'il eſt de voſtre intereſt de bien-faire maintenant, & de cooperer à la grace, afin que Dieu prevoyant de toute eternité cette cooperation, vous ait predeſtiné: Car ſi vous en agiſſez autrement, ce ſeront ces meſmes œuvres mauvaiſes en veuë deſquelles Dieu vous aura reprouvé.

Et n'objectez point que Dieu ſçait de toute Eternité, ſi vous eſtes predeſtiné, ou non, & qu'ainſi vous ſerez neceſſairement ce que vous avez deu eſtre, puiſque la Science divine ne peut ni eſtre trompée, ni eſtre changée: Car Dieu l'a veritablement ſceu de toute eternité, mais conſequemment à ſon decret, & il n'a point fait ſon decret qu'en prevoyant ce que vous deviez faire. C'eſt pourquoy cette action de voſtre volonté precede dans la previſion & le decret Divin de voſtre predeſtination, ou reprobation, & la Divine prenotion de voſtre perpetuel ou bonheur, ou malheur. Non que ces *anteceſſions*, & *conſe-*

cutions soient temporanées, mais à la maniere humaine nous le concevons, & le disons de la sorte, considerant la nature du Libre-arbitre, & la nature de Dieu qui est juste ou qui ne peut n'agir pas justement.

Cependant quoyque l'on puisse inferer qu'il n'y a icy aucune Volonté antecedente qui fasse que la Volonté ne soit pas libre, ne puisse pas faire ce qui luy plaist, ne soit pas en estat de porter sa main ou au feu, ou à l'eau; il n'y a pourtant pas lieu d'objecter qu'il est donc en vous, ou en vostre pouvoir de faire le Decret de Dieu muable; parceque le Decret n'a esté fait qu'en supposant ce que vous deviez faire, & son immutabilité vient d'une necessité de Supposition laquelle n'oste rien de la Liberté.

Mais, direz-vous, si Dieu ayant en veuë les bonnes œuvres que je fais maintenant m'a predestiné, ce sera donc moy qui me distingueray ? Nullement, Car ce ne sera pas vous qui par vos propres forces vous distingueres, mais bien la grace sans laquelle vous ne feriez pas ces bonnes œuvres: Ainsi il ne sera au moins pas difficile de dire pour quoy ce vaisseau ayt esté fait de la sorte, celuy-cy un vaisseau d'honneur, celuy-là un vaisseau de mepris, pourquoy celuy-cy soit attiré, celuy-là ne le soit pas ; puisque la grace Suffisante estant dans tous, le concours mesme de la Volonté à la grace en peut estre dit la cause.

Il est vray qu'il sera toujours difficile de dire, pourquoy Dieu ait fait les hommes tels, que les uns pussent estre destinez à l'honneur, & les autres au mepris, & non pas tous tels qu'ils se laissassent volontiers, & librement attirer, ou voulussent cooperer à sa grace, puisqu'il les pouvoit tous faire tels qu'ils fussent destinez à l'honneur, qu'aucun ne fust destiné au mepris, qu'ils cooperassent tous librement à la grace. Et certes comme le choix de la Vertu, ou du Vice que nous embrassons, & que Dieu a preveu en predestinant, & reprouvant les hommes, depend des notions ou especes des choses qui se presentent à nous, il y a toujours grand sujet de s'ecrier, ce que nous avons deja fait plus haut, *O altitudo*, &c. d'autant plus qu'il ne depend pas de nous que tels & tels objets se presentent, & consequemment que nous ayons telles &

telles notions, ou especes, mais de la suite, de l'enchainement, de la disposition des choses que Dieu a etably selon les Ressorts adorables, & inscrutables de sa Sagesse. Aussi est-ce pour cela qu'encore que cette Opiniou semble plus aisée, elle semble neanmoins toujours laisser quelques difficultez, & l'on ne voit point si clair en tout cecy, que l'on ne soit toujours obligé d'en revenir aux paroles de l'Apostre, *O altitudo divitiarum Sapientiæ,* &c.

Au reste, comme j'ay longtemps demeuré parmy des Nations entestées de Predestinatioon, je diray de bonne foy, selon ce que j'ay veu & reconnu, que la premiere Opinion a d'etranges suites, & qu'elle me semble tres dangereuse, & tres pernicieuse à la Societé publique, comme estant capable ou de porter les hommes à toutes sortes de vices, ou de les jetter dans le desespoir. Car sans m'arrester aux raisons Theologiques, ou à cet Autheur Persan, qui la considerant comme celle qui en detruisant la Liberté, detruit la Religion, l'a nommée *l'Eponge qui efface toutes les Religions,* comment pensez-vous qu'un Turc, par exemple, excuse ses crimes quand un

Derviche entreprend de luy faire quelque remontrance? *Hé quoy, Derviche, dit-il, est-ce que tu ne sçais pas aussi bien que moy, que tout est ecrit là haut, que ce sont des Carecteres ineffaçables, & des Decrets eternels & irrevocables? Ne conviens-tu pas aussi avec moy, que cette pretendüe Liberté, ce pretendu pouvoir à faire, ou à ne faire pas, a faire bien, ou à faire mal, est un vain phantôme des Iahours ou Infidelles, & par consequent qu'il n'y a au plus en nous que du Volontaire, que de la pente, que de l'inclination, ce qui est bien eloigné de ce qu'ils appellent Libre, de ce qu'ils appellent Liberté? Ne font-ce pas la, dis-je, tes principes aussi bien que le miens? Et cependant tu nous viens dire que Dieu nous Predestine, & nous Sauve sans avoir en veüe nos bonnes Oeuvres, sans avoir egard à nos Merites, mais qu'il nous Reprouve neanmoins & nous Damne ayant en veüe nos Crimes & nos demerites: Comme si ce n'estoit pas se contredire? Comme si tu voulois nous faire à croire que nous fussions Libres à l'un, & que nous ne fussions pas Libres à l'autre? Ou comme si nous pouvions meriter un chatiment eternel, & que nous ne pussions pas meriter la moindre recompense? Cesse donc, Derviche, cesse de parler de la sorte si tu veux parler consequemment à tes principes, & aux miens? Dieu nous Damne comme il nous Sauve: Je te le dis encore une fois, Tout est ecrit là haut, & selon ta doctrine ces noms de Choix, & de Liberté ne sont que des noms vains, & imaginaires. Si je fais bien c'est que je ne puis pas faire mal; Si je fais mal, c'est que je ne puis pas faire bien; Si je suis Destiné au Bonheur, de toute necessité je mourray Sainct comme Aly; Si tu es Destiné au Malheur, de toute necessité tu te pendras desesperé comme Yahoud.*

Paroles horribles, & qui marquent un aveugement, un abandon, & un endurcissement d'un Pharaon: Cependant ce sont là les discours, & les excuses ordinaires de ces malheureux Mahumetans, ou plutost ces blasphemes qui m'ont souvent fait trembler ou en les lisant dãs leurs Livres, ou en les entendans de leur bouche: Car, je vous prie, de quelles meschancetez ne sont point capables des gens qui raisonnent de cette sorte, si principalement ils sont puissants, & d'un temperament qui les porte ou à la Cruauté, ou à la Vengeance, ou à l'Avarice? Y a t'il Crimes? Y a-t'il Tyrannie qui leur puissent faire

DE LA LIBERTÉ. 669

horreur ? Les pauvres Peuples ne le ressentent que trop, Et y-a-t'il Plaisirs si infames à quoy ils ne soient prests de s'abandonner ? C'est ce que l'on reconnoit bientost pour peu que l'on converse avec eux.

Y a-t'il rien d'ailleurs de plus effrayant, & de plus affligeant que cette Doctrine, & ces sortes de pensées à un homme qui est d'un naturel tendre, ou qui n'est pas tout à fait enducy ? Car il ne sçauroit, ce semble, presque plus considerer Dieu que comme quelque puissant, & inexorable Tyran, il n'aura plus d'esperance dans sa bonté & misericorde, plus d'esperance de le flechir per ses prieres, par ses aumônes, ou par sa penitence, il croira toujours voir les Enfers ouverts pour l'engloutir, & s'il ne s'abandonne pas à un dernier desespoir, du moins menera-t'il une vie malheureuse, & troublée de mille visions lugubres, & funestes, comme estant privé de cette douce & souveraine consolation que je viens de dire, de l'esperance qu'il pourroit avoir dans la Bonté, & dans la Misericorde infinie de Dieu.

Aussi l'ay-je dit plusieurs fois, & le

dis encore ; cette Opinion me paroît tellement dangereuse pour ses consequences, que si par impossible elle pouvoit estre vraye, je ne sçais s'il ne seroit point à propos pour le bien, & pour le repos public, sinon de l'etouffer, du moins qu'il ne s'en parlast point parmy les hommes : Ce n'est pas certes qu'il ne faille inspirer la crainte de Dieu dans l'Esprit des peuples, & leur representer la rigueur de ses jugemens, mais c'est qu'il faut bien se donner de garde de les jetter dans le desespoir en leur ostant (on ne sçauroit trop le dire) l'esperance dans la Bonté, & dans la Misericorde Divine, qui est la seule resource, & l'unique consolation des Pauvres, des Malades, des Affligez, & de ceux qui touchez de l'horreur de leur vie passée, pensent enfin à se remetre au bon chemin.

Joint que pour reprimer les Peuples, & les contenir dans le devoir, il est de la derniere importance de leur bien persuader qu'il sont Libres, que la Prevision Divine ne force pas davantage que feroit celle d'un homme, ou d'un Ange qu'on supposeroit estre aussi certaine que celle de Dieu, qu'ils ne sont

Predestinez, ou Reprouvez qu'en veuë de leurs bonnes, ou mauvaises actions, & qu'ils ont tous les moyens, & tous les secours necessaires pour en faire de bonnes, que par consequent il ne tient qu'à eux de bien faire, & de se sauver, & que s'ils font mal, & se damnent, ce n'est pas à Dieu à qui il s'en faut prendre, mais à eux-mesmes, à leur propre volonté, & à leur propre & volontaire ou negligence, ou malice.

De tout cecy jugez si j'ay sujet de croire cette Doctrine si pernicieuse à la Société humaine. Certainement à considerer que se sont principalement les Nations Mahumetanes qui s'en trouvent infectées, & que c'est principalement encore parmy elles presentement qu'elle est fomentée, & entretenuë, je douterois presque que ce ne fust l'Invention de quelques-uns de ces Tyrans d'Asie, comme auroit pû estre un Mahomet, un Enguis-Kan, un Tamerlan, un Bajazet, ou quelqu'un de ces autres Fleaux du Monde, qui pour assouvir leur ambition demandoient des soldats qui estant entestez de Predestination, s'abandonnassent brutalement à tout, & se precipitassent mesme volontiers aux occasions la teste la premiere dans le fossé d'une Ville assiegée pour servir de Pont au reste de l'Armée.

Je sçais bien qu'on pourroit peuteste dire que cette Opinion est mal prise, & mal entendue par les Mahumetans, & qu'ils n'ont pas ces grandes veues de la corruption de la Nature par le peché Originel telles qu'il les faut avoir: Mais quoy qu'il en soit, que doit-on raisonnablement penser d'une Doctrine qui peut si aisement estre mal prise, & mal entendue, & qui peut soit par erreur, ou autrement, avoir de si etranges suites?

Pour moy, si j'en estois creu nous n'en parlerions que peu, ou point, & sans nous amuser à reveiller des Difficultez qui ne servent qu'a embarrasser les Esprits, & que l'Apostre luy-mesme tient indissolubles, & inscrutables à l'intelligence humaine, nous avoüerions de bonne foy nostre ignorance, & nous-nous en tiendrions simplement à dire avec luy, O profondeur infinie & impenetrable de Sagesse, & de Science! Que vos jugemens sont incomprehensibles, & les voyes que vous tenez inconnues aux hommes! *Quàm incomprehensibilia sunt judicia ejus, & investigabiles viæ ejus!*

CHAP

CHAPITRE IV.

De la Divination, ou du Pressentiment des choses futures purement fortuites.

COmme Epicure ne pouvoit comprendre, que de deux propositions opposées qui regardent le futur contingent, l'une pust estre determinement vraye, l'autre determinement fausse, & que l'homme cependant ne laissast pas de demeurer libre, de pouvoir choisir, & de deux choses proposées faire l'une ou l'autre, quoy qu'il n'y en ait determinement qu'une qui puisse estre faite, il soûtint consequemment qu'il n'y avoit aucune Divination ou prediction certaine à l'egard des choses futures contingentes, & qu'ainsi *il n'y avoit aucun Art de deviner, ni aucune Divination, & que quand il y en auroit, les choses qui seroient predites, & qui arriveroient ne seroient pas en nostre puissance*; parce que si ce qui seroit predit estoit absolument vray, & indubitable, il ne pourroit en aucune maniere n'arriver pas, ni par consequent l'opposé aucunement arriver; desorte qu'il y auroit necessité à l'un des deux, & non pas liberté à l'un & à l'autre. Mais nous avons montré que la Prescience ou science antecedente de Dieu peut tres bien s'accorder avec le libre-arbitre, & qu'ainsi la verité des choses qui ont esté predites par les Prophetes divinement inspirez, & qui sont contenues dans les Saintes Ecritures demeure en son entier.

C'est pourquoy, pour ne parler que de cette Divination qui estoit si celebre parmi les anciens Idolatres, Ciceron dit que de tous les Philosophes il n'y en a eu aucun qui l'ait plus méprisée, & qui s'en soit plus mocqué qu'Epicure, *Nihil tam ridet Epicurus quàm prædictiones rerum futurarum*: Et en parlant des Stoïciens qui y estoient attachez, il dit qu'il est fasché que des gens qui sont d'ailleurs de mesme Secte que luy, ayent donné occasion aux Epicuriens de se mocquer d'eux, *doleo Stoïcos nostros Epicureis deridendi sui facultatem dedisse; non enim ignoras quàm ista derideant*: Si nous voulons, dit il ailleurs, prester l'oreille à ses discours, nous en viendrions à un poinct de Superstition, qu'il nous faudroit adorer tous ces Devins, *tantâ imbueremur Superstitione, ut Haruspices, Augures, Harioli, & Conjectores nobis essent colendi.* Epicure, ajoûte-t'il, nous a delivrez de ces terreurs, & nous a remis en liberté. *His terroribus ab Epicuro soluti fuimus, & in libertatem vindicati, &c.*

Epicure ne croyoit pas davantage aux Songes, temoins Eumolpus dans Petrone. *Cela nous fait voir,* dit-il, *qu'Epicure estoit un homme divin, qui se mocquoit fort plaisamment de ces sortes de badineries.* Tertullien, *Vana in totum Somnia Epicurus judicavit.* Ciceron, *Insolenter credo ab Epicureo aliquo inductus disputat somniis credi non oportere.*

Il se mocque aussi dans Lucrece de l'interpretation qui se prend des Prodiges.

Non Tyrrhena retrò volventem carmina frustrà,
Indicia occulta Divûm perquirere Mentis.

Il n'avoit pas plus d'estime pour les Oracles, si nous en croyons à Origene, & à Eusebe qui asseurent *qu'Epicure, & les Epicuriens s'en rioient :* Et Plutarque introduit un certain Boëthus Epicurien qui reprenoit les Vers des Sybilles comme foibles, tronquez, sans pieds & sans mesure, & comme ne ressentant rien de Divin, *tanquam principio truncos, medio elumbes, fine claudicantes, &c.* & dont le style estoit si plat qu'il n'y avoit Poëte qui les eust voulu imiter. Joint que le mesme Plutarque remarque que Colotes tenoit pour suspect l'Oracle d'Apollon touchant Socrate. Et d'ailleurs Lucrece recommande Empedocle, & d'autres Philosophes, comme ayant donné des Reponses plus saintes, & plus certaines que celles de l'Oracle de Delphes.

—multa bene ac divinitùs invenientes
Ex adyto tanquam cordis, responsa dedere
Sanctius, & multò certa ratione magis, quàm
Pythia quæ Tripode ex Phœbi, lauróque
profatur.

Et parce qu'Epicure voyoit que vulgairement on se laissoit aller à croire que cette sorte de Divination se faisoit par l'entremise des Dieux, ou des Demons, & que ceux qui pratiquoient cet Art estoient epris comme d'une espece de fureur Divine, lorsqu'ils estoient sur le poinct de deviner, ou de predire l'avenir conformement à ces Vers.

*Ventū erat ad limen, cū Virgo, poscere fata
Tempus ait ; Deus ecce , Deus*——
*Nec mortale sonans , afflata est Numine
   quando
Iam propiore Dei*———

Et conformement à ce passage d'Apulée où l'on voit le detail de toutes ces badineries des Anciens que le peuple tenoit pour des veritez, & les plus eclairez pour des impostures. Entre les Demons chacun a son office determiné ; les uns ont soin de former, & d'ajuster les Songes, les autres de faire de petites crevasses aux entrailles des Animaux; les autres de diriger le vol des Oyseaux, ou leur enseigner le chant augurial ; les autres inspirer les Devins, lancer les foudres, faire sortir les eclairs des Nues, & ainsi des autres circonstances par le moyen desquelles nous connoissons les choses futures, qui dependent veritablement de la volonté, & de la puissance des Divinitez celestes, mais qui se font par l'entremise, & par le soin des Demons, afin que les Songes avertissent Annibal de la perte d'un œil ; que les Auspices predisent à Flaminius le danger où il est de perdre la Bataille; qu'Accius coupe miraculeusement une pierre à aiguiser avec un rasoir, & qu'il paroisse des signes du changement de la Royauté; qu'une Aigle se tienne au dessus de la teste de Tarquin pour luy faire ombre, & que le visage de Servius Tullus paroisse enflammé; en un mot, afin que tous les presages des Devins, les apparitions des eclairs, les Vers des Sybilles, &c. Parce qu'Epicure, dis-je, voyoit qu'on se laissoit vulgairement aller à croire des choses qui luy sembloient si pueriles, & si eloignées de toute raison, il nia tout d'un coup l'existence des Demons, & crut que ces evenemens se devoient plutost attribuer à la fortune, & au hazard, qu'a des causes inconnues, d'autant plus que quand on demeureroit d'accord qu'il y auroit des Demons, l'on ne devroit pas pour cela demeurer d'accord qu'ils eussent l'intelligence assez grande pour penetrer dans l'avenir, & pour prevoir, ou predire les choses futures.

Il nioit demesme la Divination que l'on prouvoit d'ordinaire par les choses que les Demons, ou les Genies en se manifestant predisoient; car apres que Brutus eut recité cette celebre apparition de son Genie à Cassius Epicurien, Cassius repondit nettement à Brutus, vous-vous estes trompé, il n'est pas croyable qu'il y ait des Demons, & quand il y en auroit, ils n'auroient ni la forme humaine, ni la voix, ni la force proportionnée à nos Sens. Que pleust à Dieu que cela fust, & que nous-nous pûssions fier non seulement aux armes, aux chevaux, & à tant de grands Navires, mais encore au secours des Demons ou Genies, nous qui sommes les Chefs d'un party tres saint, & tres-honneste!

Or cette Opinion d'Epicure ne doit veritablement pas estre blasmée, en ce qu'il se soit mocqué de cette trop grande credulité, & superstition des Gentils tant à l'egard de la Divination, qu'a l'egard des Demons, mais elle est blasmable en ce qu'il n'a du moins pas generalement creu l'existéce des Demons; puisque non seulement la Religion, mais aussi la Raison le persuade, comme elle l'a effectivement persuadé à ces Philosophes, entre lesquels Plutarque cite principalement Thales, Pytagore, Platon, les Stoïciens, outre Empedocle, & quelques autres qui assurent *qu'il y a des Demons, qui sont des Substances animées, qu'il y a aussi des Heros, qui sont des Ames ou bonnes, ou mauvaises deli-*

vrées de leurs corps : Car quoy qu'ils ayent erré tant à l'egard de la Substance, que des adjoints qu'ils ont attribué aux Demons, ils ont du moins bien jugé lorsqu'ils ont cru qu'il y en avoit quelques-uns. Mais puisque nous avons à traitter de la Divination, peuteftre ne sera-t'il pas hors de propos de dire premierement un mot des Demons ausquels elle est vulgairement rapportée.

Des Demons selon les Anciens.

SUppofant donc que ce font eux aufquels la Sainte Ecriture donne ordinairement le nom d'Ange, & quelquefois celuy de Demon, de Diable, ou de Satan lorfqu'elle parle des Anges qui ont prevariqué; les Gentils les appellent non feulement des Demons, mais auffi des Genies, quoy qu'eftant chez eux eftimez eftre de nature Divine, ou d'une nature un peu moindre que Divine, ils foient auffi nommez Dieux, & demi-Dieux, & fils de Dieux, mais toutefois Baftards, comme eftant nez de Nymphes, &c. Pour ne dire point qu'ils font de plus appellez felon Ariftote des Subftances feparées, en ce qu'ils sont incorporels, & selon ses Sectateurs, des Intelligences, en ce qu'ils sont douez d'Entendement; *Intelligens* en Latin estant le mesme que δαίμων en Grec, si ce que Lactance, & Macrobe apres Platon enseignent est veritable.

Cecy supposé, afin de pouvoir voir quelle notion Pytagore, Platon, & les autres ont eu des Demons, il faut se remettre en memoire ce qui a esté dit de l'Ame du Monde: Car ceux qui ont admis cette Opinion, ont crû que les Demons, aussi bien que nos Ames, n'estoient autre chose que des particules de l'Ame du Monde: Et parcequ'ils croyoient d'ailleurs que l'Ame du Monde estoit la mesme chose avec Dieu, ils ont aussi crû que les Demons estoient des particules de la nature Divine, & ont par là donné occasion à divers Heretiques dans les premiers temps de l'Eglise de philosopher des Anges de la mesme maniere, les considerant comme tirez de la Substance divine.

Ces Philosophes ont donc tenu l'Ame du Monde comme un Ocean inepuisable, d'où les Demons, & les Ames estoient tirez, à condition de s'y rendre, & se reunir enfin dans la suite des temps, comme autant de petits Ruiſſeaux qui ſe vont enfin rendre à la mer. Plotin ſemble auſſi les comparer à un tronc d'Arbre dont les Demons, & les Ames ſoient comme les branches, les petis rameaux, les feüilles, les fleurs, les fruits. Ils s'imaginoient d'ailleurs que de meſme que l'eau en penetrant la Terre ſe charge de la ſubſtance des Mineraux au travers deſquéls elle paſſe, ainſi les particules de l'Ame du Monde ſe revêtoient ſouvent de la ſubſtance des corps les plus ſubtils, auſquels elles demeuroient ſpecialement attachées.

Et comme ils eſtimoient que cette Ame, quoyque diffuſe par tout le Monde, reſidoit neanmoins particulierement dans la Region Etherée, & par conſequent dans les Aſtres, & principalement dans le Soleil; ils ont cru que lorſque les choſes celeſtes vivifient, & entretienent les terreſtres, il vient du Ciel comme divers rayons de cette Ame vivifiante, que ces rayons ſe *corporiſent* diverſement dás le paſſage, ſe revêtants d'une eſpece de veſtement d'air, & demeurants enſuite les uns dans l'Air, & les autres parvenants juſques à la Terre: Deſorte qu'ils ont cru que ces sortes de Substances qui sont ainsi composées d'un corps tenu, tel qu'est l'Air, & d'une particule de l'Ame du monde, sont les Demons, & les Ames; mais Demons quand elles demeurent libres du meslange des corps les plus grossiers, & Ames quand elles sont plongées dans les corps grossiers d'icy bas.

Je passe sous silence que si le corps tenu dont les particules de l'Ame sont revestues, se trouve estre d'une tissure douce & benigne, il se fait selon eux de bons Demons, & de mauvais lorsqu'elle est aspre, & maligne. Je passe de mesme sous silence qu'ils tenoient que nos Ames estant sorties des corps devenoient encore une fois des Demons, non pas neanmoins sitost, ni toutes egalement, parceque retenant souvent quelques restes du corps humain, elles n'estoient point Demons qu'elles n'en fussent entierement depouillées, mais seulement des Heros, ou des demi-Dieux. Ce qui soit dit selon ceux qui suivent principalement Hesiode, qui au rapport de Plutarque a fait mention de quatre Genres d'Estres douez de raison, asçavoir de Dieux, de Demons, d'Heros,

& d'Hommes. Ie dis ceux qui suivent Hesiode, car Platon, Pythagore, & ceux qui croyent ces derniers pour les principaux defenseurs des Demons, n'ont divisé les Estres douez de raison qu'en trois Genres, asçavoir en Dieux, en Demons, & en Hommes.

Au reste, nous pourrions montrer par plusieurs authoritez, comme ils tenoient que les Demons estoient d'une certaine nature moyene entre les Dieux, & les Hommes, ou comme ils parlent, dans les confins des immortels, & des mortels; mais personne n'explique mieux cela qu'Apulée; car apres qu'il a dit que c'est par eux que se fait le commerce des Dieux, & des Hommes, & que de mesme que les autres Regions du Monde ont leurs Animaux qui les habitent, l'Ether ayant les Astres, le Feu ces petis Animaux dont parle Aristote, la Mer les Poissons, la Terre tous nos Animaux terrestres, ainsi l'Air ne doit pas estre sans les siens qui soient les Demons, voicy comme il s'explique. *Les corps des Demons, dit-il, ont tant soit peu de pois, pour ne pas monter tout au haut, & tant soit peu de legereté, pour ne pas descendre tout au bas. Ce sont des Animaux* d'une tierce nature, pour repondre à la Region moyene qu'ils habitent. Ils sont entre les Hommes & les Dieux, ayants l'immortalité commune avec les Dieux, & les passions avec les Hommes. Car ils sont comme nous sujets à la colere, & à la misericorde, & demesme qu'ils se laissent comme nous flechir par les prieres, par les presens, & par les honneurs, demesme ils sont comme nous excitez à la colere par les injures, & par le mespris. En un mot, dit-il, *Demones sunt genere animalia, ingenio rationabilia, animo passiva, corpore aëria, tempore æterna.*

Où vous remarquerez que ce qu'il dit de l'Eternité ne se peut point accorder avec l'Opinion des autres qui les font sujets à la generation, & à la corruptiõ, si ce n'est qu'on prene un têps tres long pour un temps eternel. Car de mesme, disent ces derniers, que l'Homme est dit mortel acause de la dissolution de la contexture par le moyen de laquelle l'Ame est attacheé au corps, quoyque l'Ame ne perisse pas pour cela ; ainsi les Demons doivent estre censez mortels, parce qu'encore que ce rayon de la Divinité qui fait leur partie principale & intelligence ne perisse point, il arrive neanmoins que cette partie se separe de ce corps, auquel estant jointe, elle est censée Demon. Ce qui apparemment a donné occasion à ce que nous venons de dire plus haut, que des Demons il s'en fait des Dieux, comme le croyoient autrefois les Egyptiens à l'egard d'Isis, & d'Osiris, d'Hercule, de Liber, & autres, selon la remarque qu'en a fait Plutarque; & c'est par là que se doit interpreter ce que dit Iupiter dans Ovide, qu'il a des demi-Dieux, des Faunes, des Nymphes, des Satyres, &c.

Sunt mihi Semi-Dei, sunt rustica Numina Fauni,
Et Nymphæ, Satyriq; & Mōticolæ Silvani;
Quos quoniā Cœli nondū dignamur honore,
Quas dedimus certè terras habitare sinamus.

Au reste, quoy que tout cecy soit plein de Fables, du moins pouvons-nous reconnoitre par là que les anciens Philosophes admettoient des Demons, & mesme que plusieurs en ont disputé comme de natures differentes de la nature Divine. Que si d'ailleurs ils les ont cru corporels, cela semble d'autant plus excusable à des Philosophes, qu'il n'y a que peu de Siecles qu'il se trouvoit encore des Theologiens, qui persuadez qu'il n'y avoit que Dieu d'incorporel, tenoient que les Anges, & les Ames des Hommes estoient formez d'un corps tres tenu, & que pour cette raison rien n'empeschoit qu'on ne fist leurs images, quoy qu'ils les crussent d'ailleurs immortels par une grace speciale de Dieu.

La Raison qui pouvoit porter ces anciens Philosophes à admettre des Demons, semble estre fondée sur l'Opinion de la Providence: Car comme ils estoient persuadez que Dieu a soin de toutes choses, & qu'ils estimoient neanmoins qu'il estoit indigne de la Majesté Divine qu'il eust soin de tous les particuliers par luy meme, & sans aucuns Ministres qui obeïssent à ses ordres; ils en vinrent à croire que Dieu tenant sa Cour dans le Ciel, avoit auprès de soy des Ministres ou Serviteurs toujours prests, par l'entremise desquels il pourvoyoit à tout le Monde, & specialement à ce Monde inferieur. Ils nommoient ces Ministres, qu'ils reconnoissoient estre des Substances tres agissantes, & toutefois invisibles à nos yeux, des Demons, attribuant le nom de Genie à ceux qui ont specialement soin des Hommes.

Cependant; quoy qu'on ne puisse pas douter qu'ils n'ayent conclu une chose vraye, puisqu'il est certain qu'il y a des Demons, ou des Anges dans le Monde, qui sont les Ministres de Dieu, & qui assistent specialement aupres des Hommes; neanmoins leur raison se doit prendre avec precaution. Car absolument parlant, il n'est pas indigne de la Majesté de Dieu de faire tout, & de pourvoir à tout par soy-mesme, puisque c'est de luy que les Ministres tiennent toutes leurs forces, puisqu'il est est present à toutes choses, & qu'il concourt à toutes les actions particulieres; defaçon que Dieu se sert de Ministres, non parce qu'il y ait de l'Indecence à ne s'en servir pas, ou parce qu'il ne puisse pas gouverner autrement, mais parceque supposé l'estat du Monde tel qu'il l'a voulu estre, il l'a ainsi jugé convenable.

Or de quelque maniere que la chose se fasse, leur pensée se trouve non seulement conforme à cette distinction de Hierarchies, & d'Ordres qui se tire des Saintes Ecritures, & que les Theologiens expliquent, mais aussi à l'Opinion de plusieurs Docteurs, qui tiennent que

Dieu a ordonné des Anges particuliers qui veillent à la conservation de divers genres de choses, du genre des Animaux, du genre des Plantes, &c. & qui estiment que rien ne repugne que dans l'Air il se trouve quelquefois des Demons, qui par la permission, ou par le commandement de Dieu, fassent des choses admirables, comme des pluyes de sang, ou de pierres, des foudres, & des tempestes, ou excitent des tremblemens de Terre extraordinaires. Et certes, si nous en croyons à Philon, *ce que les Philosophes appellent des Demons, c'est ce que Moyse appelle des Anges, asçavoir des Ames qui volent par l'Air, afin que l'Air ait ses Animaux comme la Terre, l'Eau, & le Feu ont les leurs.* D'ailleurs dans les Livres Sacrez il se lit quelque chose de certaines Puissances Aëriennes; & il y a des Exorcismes alencontre des Demons qui se meslent dans les Nuës noires, & epaisses dont on craint d'ordinaire des foudres, des gresles, & des tempestes.

Ce que ces mesmes Philosophes disent des Genies, asçavoir qu'il y en a un general qui preside à tout un Peuple, & qui s'appelle Genie du peuple, & un particulier pour chaque homme singulier, & qui est specialement & proprement dit Genie, est aussi conforme à ce que nous disons en autres termes l'Ange tutelaire d'une Nation entiere, & l'Ange Gardien de chaque homme en particulier. *Car Dieu*, dit Epictete, *a donné à chaque homme un Genie tutelaire qui veille sans cesse, qui ne dort jamais, & qui ne peut point estre trompé. O Hommes, lorsque vous avez fermé sur vous les portes, & les fenestres, & que vous estes dans les tenebres, prenez garde de croire que vous soyez seuls, & de faire quelque chose de deshonneste! Vous n'estes certainement point seuls, Dieu est dans vostre chambre, vostre Genie y est, & ils n'ont point besoin de lumiere pour voir tout ce que vous y faites.* Platon dit à peu pres la mesme chose, & tient *que nous avons chacun nostre Gardien, auquel nous ne sçaurions rien cacher, qui est un temoin inseparable de tout ce que nous faisons de bien, & de mal, & que nous devons religieusement honorer,* &c.

Ces Philosophes disoient aussi Bons, & Mauvais Genies, comme nous disons bons, ou mauvais Anges; car ils estoiét persuadez que le bien venoit des Bons, & le mal des Mauvais. Or que Dieu permette qu'il y ait des Demons, ou de mauvais Anges, qui soient ennemis des Hommes, & qui taschent de les perdre, c'est ce qui regarde la Providence generale de Dieu, qui n'a rien fait sans des fins & tres justes, & tres raisonnables, quoy que peu connues aux Hommes. Et l'on peut dire en un mot, que Dieu les souffre, tant afin que les gens de bien soient exercez, & que par leur patience & souffrance ils meritent davantage, qu'afin que les méchans soient punis par leur entremise.

Ce qui se doit icy ajoûter est, qu'encore que nous soyons quelquefois tentez par le Demon, nous ne devons neanmoins pas pretendre que ce soit une excuse legitime au mal que nous faisons, comme si c'estoit l'œuvre du Demon; puisque la Sainte Ecriture temoigne *qu'un chacun est plutost tenté, & attiré par sa concupiscence propre.* Ce qui nous doit faire connoitre que nous n'avons point tant à craindre du Demon, que de nous-mesmes, & que nous devons nous accoûtumer par la temperance à moderer le feu de la concupiscence, ce qui rendra les efforts du Demon inutiles.

—*Dij ne hunc ardorem mentibus addunt*
Euryale? An sua cuiq; Deus fit dira cupido?

Ils ont aussi connu *ce mauvais Art des Enchantemens*, & des Prestiges, qui s'apprend & s'exerce par le commerce des Demons; si ce n'est qu'il y a du fabuleux beaucoup, quand principalement les Poëtes y meslent leurs exagerations, comme quand Horace fait dire à Canidie en colere, qu'elle peut par ses paroles faire mouvoir des images de cire, arracher la Lune du Ciel, & faire revivre les cendres des Morts.

An quæ movere cereas imagines,
Vt ipse nosti curiosus, & Polo
Deripere Lunam vocibus possim meis,
Possim crematos excitare mortuos? &c.

Ou comme Ovide, lorsqu'il introduit Medée faisant ses invocations à Diane, aux Dieux des Forests, & de la Nuit, par l'ayde desquels elle faisoit retourner les Fleuves à leur source, rapelloit, & écartoit les Vents & les Tempestes, faisoit crever les Viperes, marcher les Forests, trembler les montagnes, mugir les antres de la Terre, sortir les ombres des sepulchres, &c.

Nox ait, arcanis fidissima, quæque diurnis
Aurea cum Luna succeditis ignibus Astra;

Túque triceps Hecate, quæ cœptis conscia
 nostris,
Adjutrixque venis, cantúsque, artésque
 Magorum ;
Quæque Magos tellus pollentibus instruis
 herbis ;
Auræque & Venti, montésque amnésque,
 lacúsque,
Diique omnes Nemorum, Diique omnes
 noctis adeste.
Quorum ope cum volui, ripis mirantibus,
 Amnes
In fontes rediere suos, concussáque sisto,
Stantia concutio cantu freta: Nubila pello,
Nubiláque induco: Ventos abigóque, vocó-
 que :
Viperas rumpo verbis, & carmine fauces ;
Vivaq; saxa, suà convulsáque robora terrâ ;
Et sylvas moveo, jubeóq; tremiscere môtes,
Et mugire solum, manésq; exire sepulchris.
Te quoque Luna traho, &c.

Le mesme se doit dire de tant d'Histoires dont on nous remplit incessamment les oreilles, & d'où si vous ostiez les tromperies & les artifices des Imposteurs, les maux que causent les Empoisonneurs, les contes & les resveries de Vieilles, la credulité facile du vulgaire, à peine y trouveriez-vous rien de vray.

Ce qui semble aussi se devoir dire de cette detestable Magie, par laquelle ces malheureux se croyent estre transportez dans l'Air par des Boucs qui les enlevent, ou par des Serpens aislez, apres que s'estant frottez d'onguens narcotiques, ils ont songé par une forte imagination qu'ils sont transportez, & qu'ils assistent à des assemblées horribles & detestables.

Et il en est presque de mesme de ceux qui se croyent devenus Loup-garous, lorsque l'humeur melancolique dominant, & boüillonant, ils se font farouches, & sauvages, & ainsi de ces autres sortes de folie.

Car pour ce qui est de ceux qu'on dit estre tourmentez ou possedez du Demon, il faut veritablement avoüer qu'il y en a quelques-uns, puisque les Saintes Ecritures en font foy, & que la pratique des Exorcismes prouve la chose; mais l'on sçait aussi de quelle precaution l'on se doit servir pour discerner ce qui est d'une veritable possession, & ce que peut une imagination blessée, la foiblesse ou la malice du Sexe, la force d'une maladie, la tromperie affectée entre plusieurs qui s'entendent les uns les autres, &c.

Mais revenons enfin à la Divination dont nous devons toucher quelque chose. Les Payens ont reconu qu'il s'en faisoit quelquefois par l'entremise des Demons. En effet, quoy qu'il y ait aussi eu en cecy beaucoup de Superstition, & d'imposture ; neanmoins il a fallu qu'il soit quelquefois arrivé quelque chose de vray, pour avoir pû donner naissance à une si generale Anticipation : *Car je ne vois*, dit Ciceron, *aucune Nation, quelque docte, & humaine, ou ignorante, & barbare qu'elle soit, qui ne croye qu'il y a des signes des choses futures, & qu'il se trouve des gens qui les entendent, & les peuvent predire.* La difficulté consiste seulement à discerner quand la prediction aura esté faite par l'entremise du Demon, ou par la finesse, & par l'adresse des Devins, ou par la credulité de ceux qui font les demandes. Car demesme que Dieu a predit par les Anges plusieurs choses qui sont contenues dans les saintes Ecritures ; demesme aussi il a souffert que chez les Payens il se fit plusieurs Divinations par l'entremise du Demon. Et c'est de là que les Peres, & les Docteurs Sacrez crient contre les Payens, de ce qu'ils se laissêt persuader, & tromper par le Demons; & il y a des Histoires, & des Vers touchant certains Demons qui sont devenus muets, & qui ont esté contraints de se taire soit à la venüe de nostre Seigneur, soit à la veüe, & au commandement de certaines personnes illustres pour leur sainteté: Mais d'un autre costé il est aussi constant que souvent ce n'estoit que de pures resveries, ou de pures tromperies & impostures qu'on rapportoit aux Demons; mais ne nous arrestons pas à cecy davantage.

Remarquons plutost, que lors qu'il s'agit icy de la Divination, ou du pressentiment des choses futures, l'on n'entend pas cette Divination par laquelle l'on prevoir, ou l'on predit des choses dont il y a des causes naturelles, necessaires, & incapables d'estre empechées, comme les Eclipses, le lever des Astres, & autres semblables Phenomenes qui dependent d'une disposition certaine, & du mouvement constant des corps Celestes. L'on n'entend pas aussi celle qui passe simplement pour une conjecture fondée sur des causes vray-semblables qu'un chacun pourra prevoir par conjecture selon sa capacité, & selon qu'il sera plus heureux à atteindre le but; auquel

quel sens Euripide, & apres luy Ciceron ont dit, que celuy qui conjecture bien, est le meilleur Devin.

Qui conjicit bene, ille Vates optimus.
Ainsi Thales qui predît autrefois l'abondance des Olives par des signes naturels dont nous avons parlé ailleurs, eust pû passer pour Devin: De mesme que Pherecides, qui en voyant de l'eau qu'on venoit de tirer du puits, dît qu'il se feroit bientost un tremblement de terre, & generalement quiconque est tres habile dans son Art: Car, pour le dire avec Ciceron, *personne ne conjecturera mieux de quelle tempeste la Ville est menacée, que le Gouverneur, ni quelle est la nature du mal, que le Medecin, ni comment il se faut gouverner dans la guerre, que le General d'Armée.* L'on n'entend donc pas icy parler de cette sorte de Divination conjecturale, mais de celle qui regarde des choses purement fortuites, c'est à dire ces sortes d'evenemens qui n'ont pas des causes qu'on puisse voir, & qui sont tels que la dependance qu'ils ont avec leurs causes est inconnuë, comme qu'Eschyle mourra par la chûte d'une tortuë qu'une Aigle luy laissera tomber sur la teste, & autres semblables.

Cecy supposé, l'on sçait que toute Divination estant ou avec Art, ou sans Art, la Divination qui a de l'Art est celle qui se vante de tirer son origine de l'Experience, & d'une longue observation, quoy qu'elle ne puisse rendre raison, ou dire la cause des choses qui se predisent. Telle est celle que pretendent avoir ceux que les Latins appellent *Augures*, ou qui predisent par le vol, & par le chant des Oyseaux; *Haruspices* qui predisent par l'inspection des entrailles des Animaux; *Sortilegi* qui predisent par le Sort; les Interpretes des Songes obscurs ou ambigus; les Interpretes des foudres, des monstres, des prodiges; les Physionomistes; les Chyromanciens ou ceux qui par les lineamens des mains predisent quelques evenemens particuliers que ce soit, & cela avec les circonstances des lieux, des temps, des personnes, & des affaires. Car quant à ce qui regarde generalement la temperature, & le naturel, ou les inclinations, il y en a veritablement des signes dans le corps, mais ils ne marquent pas pour cela que telles & telles choses arriveront dans tel ou tel temps, & de telle ou de telle maniere.

L'on sçait aussi que la Divination sans Art est celle qui n'est point fondée sur des signes qui ayent esté observez, ou ramassez, mais sur l'apparition, ou sur le parler de quelque Genie, ou par une certaine agitation & fureur d'Esprit soit Divine, soit causée par le Demon. Telle est celle qu'on admet dans les Sybilles, & dans les Extatiques, dont l'Entendement quelquefois en veillant, & quelquefois en dormant est tellement emeu, & tellement tiré hors de son estat ordinaire, qu'il voit des choses que dans l'estat naturel & paisible il ne voit point.

Quant à la Divination Artificielle, il n'est pas necessaire de nous arrester à la refuter, puisque de ce qui a esté dit contre l'Astrologie Iudiciaire, il est constant que si cet Art qui de tous les Arts Divinatoires tient le premier rang, est vain & imaginaire, les autres ne le doivent pas moins estre. Et certes, s'il y avoit quelque chose d'effectif dans ces Arts, pourquoy maintenant qu'ils ne sont en usage dans aucune Religion, ne les tiendroit-on pas pour tels, puisqu'autrefois mesme lorsque la Religion commandoit de les observer, les gens sçavans, & de bon sens les rejettoient? Car l'on n'ignore pas le conseil que Thales donna à Periander sur ce monstre à demy-homme qui nasquit d'une Cavale, d'ou le grand Prestre tiroit un signe d'une Sedition future. L'on n'ignore pas aussi ce que Caton au rapport de Ciceron disoit assez plaisamment, qu'il s'etonnoit de ce qu'un Augure en rencontrant un autre Augure, c'est à dire un autre fourbe comme luy, se pouvoit tenir de rire, *mirari se quòd non rideret Haruspex Haruspicem cùm vidisset*. Il en est de mesme de ce bon mot qui se dît à l'occasion du Serpent qui s'estoit entortillé alentour d'un Levier, *que c'eust veritablement esté alors un prodige si le Levier s'estoit entortillé alentour du Serpent*. Ainsi Annibal dît au Roy Prusias qui n'osoit combatre parceque les entrailles le defendoient: *Aimez-vous mieux croire à une caruncule d'un Veau, qu'a un vieil General d'Armée comme Annibal?* L'on raconte une semblable chose de Claudius Pulcher qui vouloit donner Combat sur la Mer, quoyque les poulets ne voulussent point sortir de leur cage. Hé bien dît-il au Gardien qui soutenoit que c'estoit un mauvais augure, jette-les dans la mer, puisqu'ils ne veulent pas manger, qu'ils boivent, *quia esse nolunt, bibant.* Marcellus disoit aussi en raillant, *que quand il vouloit faire quelque chose, il avoit accoûtumé pour n'estre point empesché par les Auspices, de marcher sa Litiere fermée.* Et Mosamac, qui tua un Oyseau qui empeschoit toute une Caravane de partir, parcequ'on le voyoit tantost voler d'un costé, & tantost retourner, dît de mesme, *Estes-vous fous de croire que cet Oyseau qui n'a rien sceu prevoir pour conserver sa vie, ait pû prevoir quelque chose sur nostre Voyage?*

L'on oppose l'Experience journaliere. Certainement si l'experience estoit côstante, il n'y a raison qui ne luy deust ceder: Mais combien souvent arrive-t'il le contraire de ce qui se predit? *Flavinius*, dit Ciceron, *obeit aux Auspices, & perit avec son Armée. Vn an apres Paulus y obeit aussi, & ne laissa pas de perir avec l'Armée à la Bataille de Cannes.* Que dirons-nous donc des Reponses des Augures? J'en pourrois rapporter une infinité qui n'ont eu aucuns evenemens, ou qui en ont eu de contraires. Les Auspices defendoient à César de passer en Afrique devant l'Hyver, il y passa, il vainquit. Que si ce que nous songeons arrive quelquefois, combien de fois n'arrive-t'il pas ? Et de ce qu'il n'arrive pas quelquefois, ne doit-on pas plutost conclure que lorsqu'il arrive c'est par hazard, que de conclure qu'il y a de l'Art ? Qui est celuy qui tirant de l'Arc tout le jour, n'atteigne pas quelquefois le but ? Nous dormons toutes les nuits, il n'y en a presque pas une que nous ne songions, & nous-nous etonnons que ce que nous songeons arrive quelquefois ? Il est, dites-vous, de la Providence des Dieux de nous montrer par des signes les choses qui nous doivent arriver, comme n'y ayant rien de plus utile. Mais à quoy-bon les Dieux nous donneroient-ils des signes des malheurs qui nous devroient arriver ? Pourquoy nous donner des signes que nous ne puissions entendre sans interpretes ? Pourquoy nous avertir de ce que nous ne sçaurions eviter, & si les Signes sont Divins, pourquoy sont-ils si obscurs? Est-il probable que les Dieux immortels, ces divines, & excellentes Natures s'amusent à roder alentour des licts, & des miserables paillasses de tous les Mortels en quelque part du Monde qu'ils soient, & que lors qu'ils en voyent quelques-uns qui ronflent ils leur presentent des visions tortuës, embroüillées, & obscures qui les epouvantent, & qui les obligent au matin de courir au Devin? N'est-ce pas un effect naturel que l'Esprit mobile ayant esté agité, s'imagine voir en dormant ce qu'il aura veu en veillant? Lequel des deux est plus dignes d'un Philosophe, ou d'interpreter les choses par la superstition des Sorciers, ou par l'explication de la Nature, d'autant plus que ceux qui exercent cette profession sont des gens de la lie du peuple, & ignorans? Vn Coureur dans le dessein qu'il a de se presenter aux Ieux Olympiques, songe en dormāt qu'il est emporté sur un Chariot à quatre chevaux; Le Matin il s'en va au Devin; Le Devin luy dit, Vous remporterez infailliblement le prix; la vitesse, & la force des Chevaux le marque. Le mesme s'en va ensuite trouver Antiphon, qui luy dit: Il faut de necessité que vous soyez vaincu; Ne voyez-vous pas que quatre courent devant vous? Vne Matrone qui souhaitte d'avoir un Enfant, & qui doute d'étre grosse, songe qu'elle a la matrice scellée : le Devin qu'elle va consulter le matin, luy dit qu'elle ne peut pas avoir conceu puisque la matrice est scellée : Vn autre luy dit qu'elle est grosse sans doute ; parce qu'on ne scelle d'ordinaire rien en vain, & inutilemēt. Que doit-on penser de cette sorte d'Art de conjecturer qui ne va qu'a eluder, & à tromper par une subtilité d'Esprit ? Est-ce que cette multitude innombrable de remarques, & de preceptes que les Stoïciens ont ramassé là dessus, signifie quoy que ce soit, si ce n'est un peu d'Esprit, qui de quelque ressemblance, porte sa conjecture tantost icy, & tantost là ? Qu'on ait trouvé un Serpent entortillé alentour de Roscius encore Enfant, c'est ce qui pourroit bien estre faux, mais qu'on en ait trouvé un dans le berceau, il n'y a pas grande merveille ; parceque les Serpens sont fort communs à Celonium, & qu'on les vend au coin du feu. Je sçais que les Aruspices repondent qu'il n'y a rien de plus illustre, rien de plus grand, rien de plus noble ; mais je m'étonne que les Dieux immortels ayent voulu faire un eclat, & une chose merveilleuse en faveur d'un Charlatan, & qu'ils n'ayent rien voulu faire pour Scipion l'Africain.

Quant à cette Divination qui est sans Art, l'on pourroit, ce semble, tenir pour fabuleux ce qui s'est dit chez les Payens de certains Genies qui ont apparu clairement, qui ont parlé familierement, & qui ont predit des choses à venir. Car pour dire un mot de celuy de Brutus qui luy predît qu'il perdroit la Bataille aux champs de Philippe, & qu'il luy apparoitroit ensuite ; il faut remarquer que Brutus ayant le matin raconté à Cassius son apparition du soir precedent, Cassius luy montra alors mesme que cette pretendue apparition de Spectre n'avoit esté qu'une tromperie ou de ses yeux, ou de son imagination : Ce qui est d'autant plus probable que Brutus, comme remarque Plutarque, estoit d'un naturel melancolique, que l'inquietude l'accabloit, & qu'il ne dormoit presque point, considerant le danger dans lequel estoit la Republique, se ressouvenant combien Pompée avoit esté malheureux dans une pareille cause, meditant quel conseil il pourroit prendre les choses succedant mal, & ce qui est encore considerable, roulant & repassant ainsi ces choses, & autres semblables dans son Esprit la nuit estant deja fort avancée, tout le Camp dans le silence, les lumieres ereintes, luy à demy-endormy. C'est pourquoy ce n'est pas merveille qu'il luy ait semblé voir, &

entendre un mauvais Genie, luy principalement qui estoit persuadé par les Dogmes de sa Secte Stoiciene qu'il y en avoit de bons, & de mauvais.

Deplus quatre circonstances montrent assez le trouble où il estoit, & qu'il ne devoit que sommeiller, ou comme on dit, *révasser* à demy-endormy. La premiere, c'est qu'il demanda à ses Domestiques s'ils n'avoient rien entendu; ce qui marque qu'il estoit en doute si cela luy estoit arrivé en veillant, ou plutost en dormant. La seconde, que les domestiques repondirent qu'ils n'avoient ni rien veu, ni rien entendu; cependant ils devoient bien, sinon avoir veu cette horrible & monstrueuse image, du moins avoir entendu sa voix que Brutus disoit estre celle-cy. *Ie suis, ô Brutus, ton mauvais Genie, tu me verras aux champs de Philippe.* La troisieme, que les domestiques devoient avoir entendu la voix de Brutus qui demandoit au Spectre s'il estoit un Dieu, ou un homme, & ce qu'il vouloit, *Ecquis tu deorum, aut hominum es? Ecquid tibi vis qui ad nos venisti?* Et ce mot qu'il dit avec intrepidité apres que le Spectre eut parlé, *Videbo?* La quatrieme est, que

Brutus, selon le rapport qu'en fait Plutarque, se rassure apres avoir entendu parler Cassius, comme ayant reconnu par son Raisonnement que tout cela n'estoit qu'un Songe.

Mais que dira-t'on de ce Genie ou Demon si celebre de Socrate? Il est vray que Socrate en dit luy-mesme cent choses en divers endroits, mais comme ce Philosophe s'occupoit entierement à donner des preceptes pour les bonnes mœurs, il a pû se servir de cet artifice pour donner plus de poids à ses avis salutaires; car l'on sçait assez quelle authorité a celuy qui est cru donner des avis par inspiration Divine. Joint que Simmias dans Plutarque dit qu'il s'enquesta fort curieusement de Socrate mesme quel estoit ce Genie, & que Socrate ne luy fit aucune reponse; ce qui montre clairement que Socrate ne voulut veritablement pas mentir en assurant, mais qu'il ne voulut pas aussi nier en parlant, de peur que ses conseils salutaires ne perdissent de leur force, & de leur grace.

Ainsi il est à croire que le Genie de Socrate n'estoit autre chose que sa raison, sa sagacité, & sa prudence naturelle, qui estant cultivées par un exercice philosophique assidu, & continuel, luy montroient le party qu'il y avoit à prendre, & luy donnoient les avis dont il faisoit part à ses Auditeurs. Et cecy est d'autant plus vray-semblable, que Xenocrate qui fut disciple, & puis Successeur de Platon, & qui devoit par consequent bien sçavoir la pensée de Platon, & celle de Socrate, dit *que celuy-là est heureux qui se trouve doüé d'une bonne Ame, & que cette Ame est à chacun de nous son Demon.* Et voicy ce que Platon dit de la partie la plus excellente de nostre Ame, *que Dieu nous l'a donnée pour estre nostre Demon qui habite dans la haute forteresse de nostre corps; & que celuy qui a soin de ce qu'il a en soy de divin, & qui cultive bien son Demon familier, devient souverainement heureux.* Clement Alexandrin parle à peu pres de mesme, lors qu'il enseigne *que la Felicité n'est autre chose que d'avoir son Demon bien cultivé, & que la partie principale de nostre Ame est appellée du nom de Demon.*

Pour ce qui est de cette pretenduë agitation, par laquelle l'Esprit estant comme sorty hors de luy-mesme, &

comme separé de la matiere, il predit l'avenir ; cela suppose que l'Esprit soit une particule de Dieu, ou de l'Ame du Monde, & qu'ainsi il sçache toutes choses, comme estant de mesme nature avec Dieu, qui estant present à tout & par tout, n'ignore par consequent rien. Or les Platoniciens, & generalement ceux qui sont attachez à l'opinion de l'Ame du Monde, tienent que l'Esprit estant plongé dans le Corps, ne voit veritablemét pas toutes choses comme fait cette Ame dont il est une particule, mais qu'il les peut neanmoins voir ou connoitre, Premierement lors qu'il est emeu par la force de certaines maladies, Aristote reconnoissant *que dans ceux que l'on appelle melancoliques il y a quelque chose de Divin, & qui predit l'avenir.* Secondement, lors qu'il se retire au dedans de soy-mesme, dans une parfaite tranquillité, se retirant en mesme temps de la pensée, & du commerce des choses corporelles, & estant, pour ainsi dire, tout à luy, ce qui arrive, disent-ils, principalement dans le sommeil, ou lors qu'on est sur le poinct de mourir, & qu'il commence deja comme à se degager du corps. Voicy les termes de Platon rapportez par Ciceron. *Platon ordonne donc que nous preparions & disposions de telle maniere nos Corps au Sommeil, qu'il n'y ait rien qui puisse causer de l'erreur & du trouble; d'où vient qu'il estoit mesme deffendu aux Pytagoriciens de manger des Feves, parce que cet aliment enfle l'estomac, & cause des vents & des vapeurs qui troublent la tranquillité de l'Esprit. Lors donc que dans le sommeil l'Esprit est degagé du commerce du corps, alors il se souvient du passé, voit le present, & prevoit l'avenir. Car le corps d'un homme qui dort est comme celuy d'un homme mort, mais son Esprit est vivant & dans sa pleine vigueur.*

Mais sans nous arrester à refuter cecy, puisque c'est une pure fable que nos Esprits soient des particules de la Substance Divine, & qu'il y en ait qui devinent dans la furie, dans la melancolie, ou dans le sommeil; disons seulement avec Ciceron, *qu'il est absurde de croire que Dieu envoye les Songes, quand ce ne seroit qu'il ne les envoye pas aux honnestes gens, ni aux gens sages, mais aux gens du bas peuple vils & grossiers.*

Des Oracles.

POur ce qui est enfin des Oracles, & de ces Predictions qu'on attribue aux Sybilles, & aux Devins entant qu'ils sont epris d'une certaine fureur Divine qui les agite, qui les fait changer de couleur, & de visage, qui leur enfle le cœur, & la poitrine, qui leur fait perdre l'haleine, & le reste que Virgile nous a si admirablement exprimé dans ces beaux Vers.

Ante fores subitò non vultus, non color unus,
Non compta mansere coma ; sed pectus anhelum ,
Et rabie fera corda tument, majorque videri ;
Nec mortale sonans, afflata est Numine quando
Iam propiore Dei————
————*immanis in antro*
Bacchatur Vates, magnum si pectore possit
Excussisse Deum; tanto magis ille fatigat,
Os rabidum fera corda domans, fingitque premendo.

Je passe sous silence que cette sorte de fureur semble estre indigne de la Divinité, & que ce n'est pas sans raison que Ciceron en parle en ces termes. *Quel poids, & quelle authorité a cette fureur que vous appellez Divine, pour que les choses que le Sage ne voit pas, le fou & le furieux les voye, & que celuy qui aura perdu les Sens humains, en acquiere des divins?* Ie remarque seulement quelques Chefs qui nous font voir la vanité de la chose Le premier est cette affectation de rendre les Oracles en Vers, & non pas en Prose. Nous avons deja marqué que les Epicuriens se mocquoient de ces Vers, comme estãt ridicules, & indignes de Dieu: Et voicy à peu pres la maniere dont Ciceron en a parlé, *Ces Vers qu'on dit que la Sybille a fait dans sa fureur, ressentent plus l'artifice & la finesse, que l'agitation & le trouble; car celuy qui les a composez a finement fait ensorte que quelque chose qui arrivast, cela parust avoir esté predit, ne determinant rien precisement & clairement soit des Hommes, soit des temps. D'ailleurs il a affecté de les faire obscurs de façon que les mesmes Vers pussent sembler dans un autre temps pouvoir estre accommodez à une autre chose, ce qui ne marque point un Esprit en furie, mais un* homme qui se peine, & qui prend fort garde à ce qu'il fait.

Le second Chef est cette Amphibologie, ou maniere de dire les choses à double entente dans laquelle se rendoient les Oracles, ce qui marque, & ressent une certaine finesse qui n'est point plus qu'humaine. Ioint qu'entre ceux qui sont tres celebres, il y en a plusieurs qui sont feints, & inventez à plaisir. Car, par exemple, à l'egard de ceux-cy.

Crœsus Halym penetrans magnam pervertet opum vim.

Aio te Æacida Romanos vincere posse.

Ciceron enseigne à l'egard du premier, qu'il n'a jamais esté rendu à Crœsus, & qu'Herodote l'a bien pû inventer, comme Ennius a inventé le dernier; & specialemét à l'egard du dernier, qu'il a esté evidemment feint à plaisir, & qu'il n'a aussi jamais esté rendu à Pyrrus; *parceque Apollon n'a jamais parlé en Latin, & que du temps de Pyrrus Apollon avoit deja cessé de faire des Vers.*

Le troisieme est l'Imposture rapportée tout au long par Eusebe, qui prouve de là que les Oracles n'ont point esté rendus par les Dieux, ou par les Demons, mais qu'ils ont esté tissus par des fourbes, & par des Charlatans, par finesse, & par artifice, comme l'a fort bien remarqué Lucian, lorsqu'il rapporte la maniere dont il decouvrit luy-mesme tout l'artifice par lequel le faux Prophete Alexandre se rendoit si fameux dans les Oracles; ajoûtant que ce faux Prophete hayssoit extremement les Chrestiens, & les Epicuriens, parce qu'ils soûtenoient que les Oracles n'estoient que de purs mensonges, voicy de quelle maniere Eusebe en parle. *Ils ont*, dit-il, *des Ministres de leurs fourberies & artifices, qui vont çà & là aux environs, qui s'enquestent soigneusement, & qui demandent à ceux qui vienent, à quel dessein, & pour quelle necessité un chacun vient consulter l'Oracle. Ils ont dans leurs Temples plusieurs recoins obscurs & plusieurs lieux retirez & cachez où le Peuple n'entre point, & où ils se mettent pour entendre ce qui se dit sans estre veus; de sorte que les Tenebres, la Prevention, la Superstition de ceux qui vienent, & l'authorité des Anciens qui y ont cru, leur sert beaucoup. Ajoûtez d'un costé la sot-*

tife & la beftife du Peuple qui ne raifonne point, & n'examine rien, & de l'autre l'adreffe, la fourberie, & la fineffe de ceux qui machinent l'affaire, & qui promettent à un chacun des chofes agreables, repaiffant tout le monde de belles efperances, &c.

Il rapporte enfuite leur maniere de parler ambigue, leurs termes barbares, & la tiffure affectée de leurs paroles, combien de fois les Oracles ont efté convaincus de fauffeté, combien ceux qui par leurs avis ont entrepris des guerres s'en font mal trouvez, combien ils ont trompé de gens à qui ils avoient promis de la fanté, & de la profperité, & apres avoir inferé de là que ce ne font pas des Dieux, mais des Impofteurs, il pourfuit de cette forte. *Mais pourquoy penfez-vous qu'ils donnent de grandes efperances aux Etrangers qui vienent de loin, & non pas aux habitans du lieu qui font leurs Amis, ou leurs Concitoyens, & aufquels ils devroient par confequent plutoft rendre les Dieux propices qu'à des Etrangers qui ne leur font rien? C'eft qu'il eft bien plus aifé de tromper des Etrangers qui ne fçavent pas les fourbe-*

ries, que des voisins qui sçavent tout l'artifice ; ce qui fait voir qu'il n'y a rien icy de divin, rien qui surpasse l'invention humaine.

Apres cecy il fait le denombrement de divers Oracles qui ont manqué, & de plusieurs de leurs Temples qui ont esté bruslez, puis il raisonne de cette sorte. *Si ces admirables rendeurs d'Oracles ne peuvent pas deffendre leurs propres Temples, ni se secourir eux-mesmes dans les dangers, comment pourront-ils secourir les autres ? Mais la plus forte raison de toutes, c'est que plusieurs de ces sortes de Devins, Theologiens, & Prophetes, ayant esté recherchez autrefois par nos Anciens, & de nostre temps par les Romains, ont enfin tout avoüé à la Question, & ont declaré que l'erreur venoit de la fourberie des hommes, & que tout cela n'estoit qu'artifice, & qu'imposture.*

Nous ne devons pas oublier icy qu'Eusebe apres avoir fait mention des Sectateurs d'Aristote, & des Cyniques, dit à l'egard des Epicuriens, qu'il les admire, de ce qu'ayant esté nourris dés leur enfance dans les mœurs des Grecs, & elevez par leurs parens dans la doctrine des faux Dieux, ils ne se sont neanmoins jamais laissez prendre par ces erreurs, mais qu'ils se sont genereusement declarez contre ces sortes d'Oracles, quoy qu'ils fussent tres celebres, & qu'on y courust de toutes parts, soutenant que ce n'estoit que de purs mensonges, & faisants voir qu'ils estoient vains, inutiles, & pernicieux.

FIN.

Pagination incorrecte — date incorrecte

www.ingramcontent.com/pod-product-compliance
Lightning Source LLC
Chambersburg PA
CBHW071707300426
44115CB00010B/1332